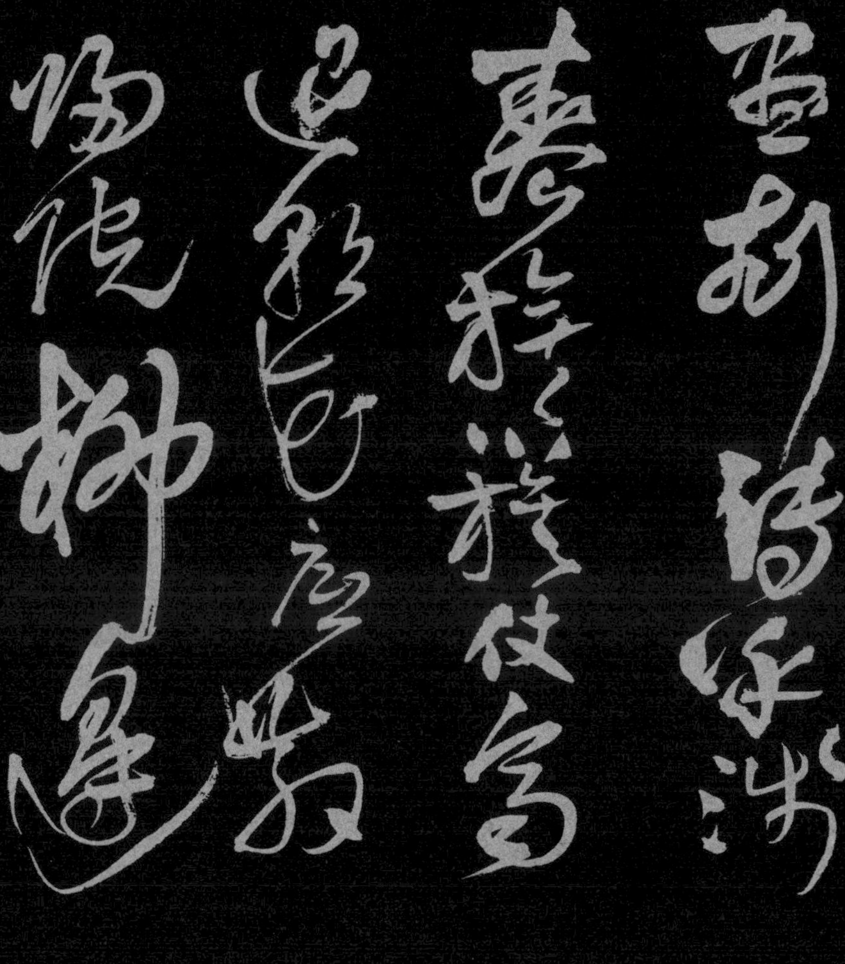

제3권 【두보위관시기시역해】

두보전집

정본완역

김만원
김성곤
박홍준
이남종
이석형
이영주

서울대학교출판문화원

머리말

우리가 청대에 구조오가 엮은 《두시상주》를 기본서로 삼고 수종의 관련 서적을 참고하여 두보시 전체를 역해서로 내놓기로 작심한 지 어느덧 10여 년이란 세월이 흘렀다. 그동안 《두보초기시역해》와 《두보지덕연간시역해》 2종을 출간하기 위해 적지 않은 노력을 기울였음에도 불구하고, 몇 가지 시행상의 착오가 없지 않았다. 그러나 이제 우리들은 초기에 비해 작업의 효율뿐 아니라 질적인 측면에서도 다소 진전된 느낌을 갖게 되었다. 그렇다고 우리가 내놓고 있는 역해서가 완벽하다는 것은 아니다. 여전히 미숙한 부분이 있으며, 보완되어야 할 부분도 많다는 점을 익히 알고 있다. 그럼에도 우리가 이러한 작업을 계속하고 있는 것은 《두시언해》 이래 국내에는 두보시에 대한 상세한 역해서가 나와 있지 않은 점을 심각히 고려하고 이 부분의 공백을 우리가 메워야 한다는 지극히 소박한 생각에서이다.

기출간의 2권에 이어 이번에 내놓는 부분은 《두보위관시기시역해杜甫爲官時期詩譯解》라는 이름을 달기로 하였다. 《두보초기시역해》에서는 안녹산의 난이 발발하기 이전의 작품 100편을 대상으로 하였고, 《두보지덕연간시역해》에서는 함적위관陷賊爲官 시기의 일부 작품을 그 대상으로 하였었다. 그 서문에서도 밝혔다시피 함적위관 시기의 작품이 다소 많아서 그중 지덕 연간까지에 해당하는 52편의 작품만을 다루었던 것이다. 이번에 출간하는 《두보위관시기시역해》는 《두보지덕연간시역해》와 마찬가지로 함적위관 시기의 작품을 대상으로 하되, 그중 건원 원년 이후 두보가 장안에서 머물다 화주로 가고, 다시 건원 2년 관직을 내놓고 진주秦州로 가기까지의 작품들, 즉 〈봉화가지사인조조대명궁奉和賈至舍人早朝大明宮〉시부터 〈이완은거貽阮隱居〉까지의 총 60편을 대상으로 하였다.

이번 역해서는 우리가 계획한 전체 작업 가운데 세 번째에 불과하다. 다루어야 할 작품들이 많이 남아 있는 것이다. 앞으로의 결과물이 이전의 것들에 비하여 좀 더 완벽한 상태를 담보해 내려면 무엇보다도 독자 제현의 기탄없는 지적과 충고가 절실히 요구되어진다고 하겠다. 우리는 여러분들의 귀한 의견과 질정을 감사한 마음으로 겸허히 받아들일 것이다.

이 책의 출간을 흔쾌히 허락해 주신 서울대학교출판부에 깊은 감사를 드리며, 아울러 우리의 작업이 진행되는 동안 여러 가지로 격려와 도움을 아끼지 않으신 주위의 모든 분들께 감사의 말씀을 올린다.

2004. 8.
역자 일동

차 례

머리말 iii

일러두기 xi

1. 奉和賈至舍人早朝大明宮 1
중서사인 가지의 〈조조대명궁〉에 삼가 화답하다

2. 宣政殿退朝晚出左掖 14
선정전에서 조회를 마치고 저물녘 문하성을 나서며

3. 紫宸殿退朝口號 20
자신전에서 조회를 마치고 물러가면서 입에서 나오는 대로 읊조리다

4. 春宿左省 27
봄에 좌성에서 숙직하며

5. 晚出左掖 31
늦게 문하성을 나서며

6. 題省中壁 36
문하성의 벽에 적다

7. 送賈閣老出汝州 41
여주로 가시는 가각로를 배웅하며

8. 送翰林張司馬南海勒碑 47
남해로 비문을 새기러 떠나는 한림 장사마를 전송하며

9. 曲江陪鄭八丈南史飮 ··· 53
정 사관을 모시고 곡강에서 마시다

10. 曲江二首 ··· 57
곡강

11. 曲江對酒 ··· 65
곡강에서 술을 대하고

12. 曲江對雨 ··· 70
곡강에서 비를 마주하고

13. 奉答岑參補闕見贈 ··· 78
잠삼 보궐이 준 시에 삼가 답하다

14. 奉贈王中允維 ··· 83
왕유 중윤에게 삼가 드리다

15. 送許八拾遺歸江寧覲省, 甫昔時嘗客游此縣, 於許生處乞瓦棺寺維摩圖樣, 志諸篇末 ··· 89
부모님을 뵈러 강녕으로 돌아가는 허습유를 배웅하게 되었는데, 내 예전에 그 고을에서 객지생활을 하다가 허씨의 거처에서 와관사의 유마도를 얻은 적이 있기에 말미에 이를 적어 본다

16. 因許八奉寄江寧旻上人 ··· 98
허팔 편에 강녕의 민상인께 삼가 부치다

17. 題李尊師松樹障子歌 ··· 102
이존사의 소나무 그림 가리개에 부치는 노래

18. 得舍弟消息 ··· 109
아우의 소식을 듣고

19. 送李校書二十六韻 ··· 113
이교서를 전송하며

20. 偪側行贈畢四曜 ··· 128
이웃의 노래를 지어 필요에게 드리다

21. 贈畢四曜 136
필요에게 바치다

22. 題鄭十八著作丈故居 140
저작랑 정건의 옛집에 쓰다

23. 瘦馬行 148
여윈 말의 노래

24. 義鶻行 158
의로운 송골매의 노래

25. 畫鶻行 169
송골매 그림

26. 端午日賜衣 175
단옷날에 옷을 하사하시다

27. 酬孟雲卿 179
맹운경에 답하다

28. 至德二載, 甫自京金光門出, 間道歸鳳翔, 乾元初, 從左拾遺移華州掾, 與親故別, 因出此門, 有悲往事 182
지덕 2년 두보 나는 금광문을 나서서 사잇길로 봉상으로 갔었는데, 건원 초에 좌습유로부터 화주연으로 자리를 옮겨 친지들과 이별하느라 이 문을 나서면서 지난날을 슬퍼하다

29. 寄高三十五詹事 188
고첨사에게 드리는 시

30. 贈高式顏 192
고식안에게 바치다

31. 題鄭縣亭子 196
정현의 정자에 쓰다

32. 望岳 200
화산을 바라보며

33. 早秋苦熱堆案相仍 205
초가을에 더위로 고생하는데 서류뭉치마저 연이어 닥치다

34. 觀安西兵過赴關中待命二首 211
안서의 병사들이 화주를 지나 관중으로 나아가
명을 기다리는 것을 보다

35. 九日藍田崔氏莊 217
중양절 남전의 최씨 별장에서

36. 崔氏東山草堂 223
최씨 동산초당

37. 遣興三首 229
마음을 달래려 쓴 시 세 수

38. 獨立 236
홀로 서서

39. 至日遣興, 奉寄北省舊閣老兩院故人二首 240
동지에 시름을 풀어 북성의 옛 각로들과 양원의 친구들에게
받들어 부치는 두 수

40. 路逢襄陽楊少府入城戲呈楊四員外綰 250
성으로 들어가는 양양 양소부를 길에서 만나,
원외랑 양관에게 장난삼아 드리는 시

41. 冬末以事之東都湖城東遇孟雲卿
復歸劉顥宅宿宴飮散因爲醉歌 255
겨울이 끝날 무렵 일 때문에 낙양에 갔다가 호성 동쪽에서
맹운경을 만나 다시 유호의 거처로 돌아가서는 하룻밤을 묵으며
술을 마시고 헤어지면서 그 김에 취가를 지었다

42. 閿鄉姜七少府設鱠戲贈長歌 263
문향의 강소부가 회를 차렸기에 장난삼아 긴 노래를 드리다

43. 戲贈閿鄉秦少府短歌 270
장난삼아 문향 진소부에게 준 짧은 노래

44. 李鄠縣丈人胡馬行 ······ 275
호현 현령 이씨 어르신의 호마를 노래함

45. 觀兵 ······ 283
군대를 보다

46. 憶弟二首 ······ 290
아우를 생각하며

47. 得舍弟消息 ······ 296
동생의 소식을 듣고

48. 不歸 ······ 300
돌아오지 못하다

49. 贈衛八處士 ······ 303
위처사에게 주다

50. 洗兵行 ······ 310
종전의 노래

51. 新安吏 ······ 337
신안의 관리

52. 潼關吏 ······ 348
동관의 관리

53. 石壕吏 ······ 358
석호의 관리

54. 新婚別 ······ 367
신혼의 이별

55. 垂老別 ······ 376
늘그막의 이별

56. 無家別 ······ 384
헤어질 가족조차 없다

57. 夏日歎 ············ 393
여름날의 탄식

58. 夏夜歎 ············ 399
여름밤의 탄식

59. 立秋後題 ············ 406
입추 뒤에 쓰다

60. 貽阮隱居 ············ 409
은자 완씨에게 주는 시

시구 찾아보기 415

일러두기

1. 이 책은 두보의 건원乾元원년부터 건원 2년 진주秦州로 가기까지의 시를 역해하였다.
   1) 작품의 저작 시기는 《두시상주》를 따랐다.
   2) 이 책에 수록된 시의 배열 순서는 《두시상주》를 따랐다.

2. 이 책은 《두시상주》(청나라 구조오仇兆鰲, 주注 중화서국中華書局, 북경, 1989)를 저본으로 하고 각종 주석서들을 참고하였다.
   1) 주요 참고 주석서들은 다음과 같다.

《구가집주두시九家集注杜詩》	송나라 곽지달郭知達
《두공부초당시전杜工部草堂詩箋》	송나라 채몽필蔡夢弼
《보주두시補注杜詩》	송나라 황희黃希, 황학黃鶴
《분문집주두공부시分門集註杜工部詩》	송나라
《두억杜臆》	명나라 왕사석王嗣奭
《두시해杜詩解》	청나라 김성탄金聖歎
《두시상주杜詩詳註》	청나라 구조오仇兆鰲
《독두심해讀杜心解》	청나라 포기룡浦起龍
《두시경전杜詩鏡銓》	청나라 양륜楊倫
《두시전주杜詩錢注》	청나라 전겸익錢謙益

《독두시설讀杜詩說》 청나라 시홍보施鴻保

《두시언해杜詩諺解》 조선朝鮮

2) 그 외의 주석서들은 해당 부분에서 밝혔다.

3. 주석서를 인용함에 있어서 다음과 같은 원칙을 따랐다.

1) 주석서 편찬자 자신의 주를 인용할 경우에는 편찬자의 이름을 따로 밝히지 않았다. 단, 편찬자가 인용한 주를 재인용했을 경우에는 그 주석자의 이름이나 책명을 밝혔다.

2) 《구가집주두시》를 인용한 경우 왕수 주는 이름을 따로 밝히지 않았다.

3) 《보주두시》를 인용한 경우 황희 주는 이름을 밝혔으나 황학 주는 이름을 따로 밝히지 않았다.

4) 《두시언해》를 인용한 경우 현토懸吐는 생략하였다.

5) 《두억》은 현전하는 판본이 완전하지 못하기 때문에, 필요에 따라서는 다른 주석서에 인용된 것을 재인용하였다.

4. 이 책은 다음과 같은 체재와 방식으로 편찬되었다.

1) 원문은 《두시상주》의 원문을 따랐다. 판본에 따른 원문의 차이에 대해서는 《두시상주》에서 지적한 것을 위주로 하여 주석에서 밝혔다.

2) 시의 역문은 원시原詩의 뜻을 그대로 살리기 위해 직역을 위주로 하였다. 단, 직역으로는 의미 전달이 모호하다고 여겨질 경우 해당 주석에서 보충하여 자세히 설명함으로써 의미 전달이 명료하게 되도록 하였다. 그리고 《두시상주》의 분단分段에 따라 단락을 나누어 번역하였다.

3) 이전 주석서의 주석을 번역할 때에도 직역을 원칙으로 하여 원문을 해독하고자 하는 독자의 편의를 도모하였다.
4) 설명 부분에서는 먼저 작품의 대체적인 내용과 저작 시기를 밝히고, 제목에 대한 주석을 가하였다. 관련된 이전 주석은 아래에 따로 번역하여 수록함으로써 독자들이 참고할 수 있도록 하였다.
5) 시의 주석은 구 단위로 번호를 붙였다.
6) 두 구 이상에 대한 설명은 〔 〕 표시를 하여 구별하였다.
7) 한 단락이나 연작시의 매 수에 대한 종합적인 설명과 주석은 # 표시를 하였다.
8) 작품 전체와 관련된 이전 주석이 있을 경우 ## 표시를 하여 해당 시 끝부분에 수록하였다.
9) 연호의 표기는 '…년'으로 통일하였다.

5. 각 시의 끝에 초고 집필자의 이름을 밝혔다.

1. 奉和賈至舍人早朝大明宮
중서사인 가지의 〈조조대명궁〉에 삼가 화답하다

五夜漏聲催曉箭[1]　九重春色醉仙桃[2]
旌旂日暖龍蛇動[3]　宮殿風微燕雀高[4]
朝罷香煙攜滿袖[5]　詩成珠玉在揮毫[6]
欲知世掌絲綸美[7]　池上于今有鳳毛[8]

오경 물시계 소리 새벽을 재촉하는데
구중궁궐의 춘색에 복숭아꽃 취한 듯 붉구나.
햇볕 따사로이 비쳐 깃발에는 용과 뱀이 꿈틀대고
바람 살며시 불어 궁전에는 제비와 참새 높이 난다.
조회를 끝내고 소매 가득 향기로운 연기를 담아와
시를 이루니 주옥이 휘두르는 붓 끝에 있어라.
대대로 칙서를 담당한 아름다움을 알고자 하는가?
지금 연못 위 봉황의 깃털을 보시게나.

이 시는 건원 원년(758) 봄, 좌습유로 봉직하고 있던 두보가 중서사인 가지가 지은 〈조조대명궁정량성료우早朝大明宮呈兩省僚友〉에 화답하여 지은 것이다. 두보 외에도 왕유, 잠삼 등이 시를 지어 화답하였다. 두보는 이 시에서 궁궐의 봄 경치를 묘사하면서 아울러 가지의 문재를 칭송하고 있다. '사인'은 '중서사인中書舍人'을 가리키며 중서성의 관리로서 황제의 칙서를 관장한다. '조조'는 이른 아침에 조회하는 것을 가리킨다. '대명궁'은 장안성 동쪽에 있던 궁궐로서 '동내東內'라고 하였으며 이곳에서 조회가 가장 빈번하게 열렸다.

《두시상주》 이 시는 건원 원년 봄, 문하성에 있을 때에 지은 것이다. 《신당서》에 "가증은 경운 연간에 중서사인으로 발탁되었으며 개원 연간에 다시 중서사인에 임명되었다. 아들 가지는 자가 유린으로 현종이 촉으로 갈 때 호종하여 기거사인지제고에 임명되었다. 황제가 제위를 아들 숙종에게 물려주려 함에 가지가 책명을 쓰는 일을 맡게 되었다. 초고를 진상하자 황제는 '옛날 선천 시절에 고명誥命을 쓰는 일을 그대 부친이 하였는데 지금에 이르러 이 책명冊命을 그대가 또 맡게 되었구료. 정말로 아름다움을 계승한다고 할 수 있겠도다.'라 하니 가지는 머리를 조아리며 눈물을 흘렸다. 중서사인을 역임하였다"는 기록이 보인다. 《구당서》에는 "동내 대명궁은 금원의 동남쪽에 있으며 본래 영안궁이었다. 정관 8년에 세웠으며 9년에 대명궁이라 고쳤다가 용삭 2년에는 봉래궁으로 불렀고, 함형 원년에 함원궁으로 고쳤으며, 얼마 뒤에 다시 대명궁으로 고쳤다. 정전을 함원전이라고 했는데, 측천무후 시절에 대명전으로 고쳤다"는 기록이 있다. 《옹록》에 "당 도성에는 궁궐이 셋이 있었는데, 태극궁은 서쪽에 있었으므로 서내라고 했고, 대명궁은 동쪽에 있어서 동내라 했으며, 또 흥경궁이 있어 남내라고 불렀다. 세 궁궐에서 번갈아가며 조회를 열었는데 대명궁이 가장 빈번하였다"는 기록이 있다.(此乾元元年春, 在諫省作. 唐書, 賈曾, 景雲中擢中書舍人, 開元中復拜中書舍人. 子至, 字幼隣, 從玄宗幸蜀, 拜起居舍人知制誥. 帝傳位, 至當撰冊, 旣進藁, 帝曰, 昔先天誥命, 乃父所爲, 今玆命冊, 又爾爲之, 可謂繼美矣. 至頓首流涕. 歷中書舍人. 舊唐書, 東內大明宮, 在禁苑之東南, 本永安宮. 貞觀八年置, 九年改大明宮, 龍朔二年號蓬萊宮, 咸亨

元年改含元宮, 尋復大明宮. 正殿曰含元殿, 天后改大明殿. 雍錄, 唐都城有三大內, 太極宮在西, 故名西內, 大明宮在東, 故名東內, 別有興慶宮, 號南內也. 三內更迭受朝, 而大明最數.)

《보주두시》 이 작품은 건원 원년 문하성에 있을 때 지은 것이다. (此當是乾元元年諫省作)

주 석

1 五夜(오야) – 오경. 밤 시간 전체를 아울러 말한 표현으로 보기도 한다. 漏聲(누성) – 물시계에서 물이 떨어지는 소리. 箭(전) – 물시계 바늘을 가리킨다.

《구가집주두시》 조언재주 한위 이래로 밤을 이름함에 있어서는 다섯 시기가 있었으니 갑에서 시작하여 무에서 끝났다. 그래서 오야라고 한다. 그러므로 공이 말한 것은 오경 초를 가리키는 것이다.(魏漢以來名夜有五, 起於甲, 盡於戊, 故曰五夜. 故公所言, 指言五更初也.)

《두시상주》에 인용된 소보 주 밤은 오등분하여 갑에서 시작하여 무에서 그친다. 오경이라고도 한다. '漏箭'은 '시간을 재는 도구〔更籌〕'이다.(夜以五爲節, 起於甲, 止於戊, 又謂之五更, 漏箭卽更籌.)

《보주두시》 '五夜'는 '五鼓'로서 날이 장차 새벽이 되려는 것이다.(五夜謂五鼓, 天將曉也.)

2 九重(구중) – 구중궁궐. '重'을 '天'으로 쓴 판본도 있다. 醉仙桃(취선도) – 궁궐의 복사꽃이 취한 듯 붉다는 말이다. '仙'자를 쓴 것은 궁궐 내에 있는 복숭아나무이기 때문이다. 이 구절은 구중궁궐의 완연한 봄색에 복사꽃이 술 취한 듯 붉다는 말이다.

《두시언해》 '仙桃'는 춘색이 복숭아꽃에 물들어 거나하게 취한 듯하다는 것이며, 궁중에 있는 까닭에 '仙桃'라고 한 것이다.(仙桃, 春色著桃, 如酣醉然. 在宮中, 故謂之仙桃.)

《두시상주》 당나라 때에는 궁궐 정원에 복숭아와 버들을 많이 심었다.

그래서 잠삼의 시에 '柳拂旌旗'라고 했고, 두보의 시에도 '春色仙桃'라고 한 것이다. 모두 면전의 실제 풍경이다. 장성은 천자의 얼굴에 희색이 있어 취한 선도와 같다고 풀이하였는데 옳지 않다.(唐時殿庭多植桃柳, 故岑詩言柳拂旌旗, 杜詩言春色仙桃, 皆面前眞景. 張性謂天顏有喜, 如醉仙桃, 誤矣.)

《두시싱주》에 인용된 주학령 주 춘색이 짙어져 복숭아꽃이 취한 듯 붉다. 금중에 있기 때문에 선도라고 한 것이니 서왕모의 일을 쓴 것이 아니다.(春色之穠, 桃紅如醉, 以在禁中, 故曰仙桃, 非用王母事也.)

3 旌旂(정기)－깃발. '旂'의 뜻을 살려서 용이나 뱀이 그려져 있는 기를 가리킨다. 이 구절은 날이 따뜻해져서 깃발에 그려진 용과 뱀이 꿈틀댈 것만 같다는 말이다.

《두시상주》에 인용된 《주례》 깃털을 쪼개어 만든 것이 '旌'이며, 용을 교차하여 그린 것이 '旂'이고, 곰과 호랑이를 그린 것이 '旗'이며 거북과 뱀을 그린 것이 '旐'이다.(析羽爲旌, 交龍爲旂, 熊虎爲旗, 龜蛇爲旐.)

《두시상주》에 인용된 《석명釋名》 '旂'는 기댄다는 뜻과 관계가 있다. 두 마리의 용을 그리는데 서로 의지하고 있다.(旂, 倚也. 畵作兩龍, 相依倚也.)

《두시상주》 속본에서는 '旗'로 쓰기도 하는데 틀렸다.(俗作旗, 非.)

4 風微(풍미)－바람이 약하다. 燕雀高(연작고)－제비와 참새가 높이 난다.

《구가집주두시》 조언재 주 혹자는 천착하여 '연작이 높이 난다'는 것을 가지고 소인이 지위를 얻었음을 비유한다고 하는데, 그렇다면 용과 뱀이 움직인다고 하는 것은 무엇을 비유한 것인가? 후학들 중에 이처럼 멋대로 두시를 논하는 자가 있다.(或者穿鑿以燕雀高比小人得位, 則龍蛇動何所比乎. 後學妄論杜詩有如此者.)

5 朝罷(조파)－조회가 끝나다. 携滿袖(휴만수)－소매 가득 가지고 오다. 이 구절은 중서사인 가지가 조회를 끝내고 대명궁 정전의 향로 연기를 소매 가득 품고 온다는 말이다.

6 珠玉(주옥) – 여기서는 가지가 지은 훌륭한 시를 가리킨다. 在揮毫(재휘호) – 휘두르는 붓 끝에 있다. 가지가 붓을 놀리면 주옥 같은 작품들이 지어진다는 말이다.

7 世掌(세장) – 대대로 담당하다. 絲綸美(사륜미) – 임금의 칙서를 쓰는 아름다움. '絲綸'은 조칙의 뜻이다. 이 구절은 가지가 부친의 뒤를 이어 중서사인의 직에 있어서 임금의 칙서를 관장하는 영예를 누리고 있다는 말이다.

《예기 · 치의緇衣》 왕의 말이 실과 같으면 그것이 나가서 굵은 실과 같이 커지고, 왕의 말이 굵은 실과 같으면 그것이 나가서는 밧줄과 같이 커진다.(王言如絲, 其出如綸, 王言如綸, 其出如綍.)

《두시상주》 당서에 의하면 현종이 "두 조정의 성대한 의전이 경 집안의 부자에게서 나왔으니 아름다움을 계승하였다 할 만하다"고 한 말이 실려 있는데, 제7구의 뜻은 바로 여기에 근거하고 있다.(唐書載玄宗曰, 兩朝盛典, 出卿家父子, 可謂繼美矣, 七句意本此.)

8 池上(지상) – 여기서는 봉지鳳池, 즉 중서성을 가리킨다. 于今(우금) – 지금. '于'를 '如'로 쓴 판본도 있다. 有(유) – '得'으로 쓴 판본도 있다. 鳳毛(봉모) – 봉황의 깃털. 아들이 아버지의 뒤를 이어 문장에 뛰어날 경우를 일컫는 말이다.

《두시상주》에 인용된 《세설신어》 진 왕소는 풍채가 그 아버지 왕도를 닮았다. 환온이 말하기를 "왕소가 본디 봉의 깃털이 있도다"고 하였다.(晉王劭, 風姿似其父導. 桓溫曰, 大奴固自有鳳毛.)

《두시상주》에 인용된 《송서》 사봉의 아들 초종은 글을 잘 지었다. 〈은숙비뢰〉를 지으니 황제가 크게 칭찬하여 사장에게 이르기를 "초종은 정말 봉의 깃털이 있도다"고 하였다.(謝鳳子超宗, 有文詞, 作殷淑妃誄, 帝大嗟賞, 謂謝莊曰, 超宗殊有鳳毛.)

《두시상주》: 시는 4구에서 분절되어 상반부에서는 이른 아침 조회의 정경을 읊었고, 하반부에서는 가사인의 작품에 화답하였다.(詩在四句分

截, 上詠早朝景, 下和賈舍人.)

《두시상주》에 인용된 《두율연의杜律演義》: 첫 연은 이른 아침 조회의 시간이요, 둘째 연은 대명궁의 경치요, 셋째 연은 퇴조하여 시를 지음이니 가지의 재주를 칭송한 것이요, 마지막 연은 부자가 아름다움을 이은 것을 말하였으니 사인의 일에 딱 들어맞는다고 할 것이다. 이 시를 제공들의 작품과 비교해 보면 격법이 훨씬 근엄함을 알 수 있다.(初聯, 早朝之候, 次聯, 大明宮景, 三聯, 言退朝作詩, 稱賈至之才, 結聯, 言父子繼美, 切舍人之事. 此詩比諸公所作, 格法尤爲謹嚴.)

《두시상주》에 인용된 고신 주: 가지의 시가 봉지를 말하였으므로 공은 바로 봉모를 활용하여 가씨 부자의 일에 딱 들어맞게 하였으니 다른 사람에게 줄 수는 없는 것인바, 결어가 홀로 뛰어나다고 하겠다.(賈詩言鳳池, 公卽用鳳毛, 貼賈氏父子, 不可移贈他人, 結語獨勝.)

附 早朝大明宮呈兩省僚友

대명궁에서 일찍 조회를 한 후에 두 성의 동료들에게 바치다

賈至

銀燭朝天紫陌長[1]　禁城春色曉蒼蒼[2]
千條弱柳垂青瑣[3]　百囀流鶯遶建章[4]
劍佩聲隨玉墀步[5]　衣冠身惹御爐香[6]
共沐恩波鳳池裏[7]　朝朝染翰侍君王[8]

밝은 촛불 켜고 조회하러 갈 제 경사의 길은 길고

새벽녘 궁궐의 춘색은 푸르기만 하다.
천 줄기 부드러운 버들은 청쇄문에 늘어졌고
펄펄 날며 지저귀는 꾀꼬리들 건장궁을 둘렀어라.
칼과 패옥 소리가 궁궐 섬돌을 오르는 발걸음을 따르고
의관을 갖춰 입은 몸에는 어전 향로의 향기 배었구나.
봉지에서 함께 은혜의 물결에 목욕하며
아침마다 붓을 적시어 군왕을 모시노라.

이 시는 건원 원년(758) 봄, 중서사인으로 재직하고 있던 가지가 지은 작품으로, 중서성과 문하성의 관리였던 두보, 왕유, 잠삼 등에게 보인 것이다. 이른 아침 조회의 풍경을 평화롭고 화기롭게 잘 그려내고 있다.

주 석

1 銀燭(은촉) – 밝은 촛불. 일반적으로 물체가 흰색을 띠고 빛나는 것을 '銀'으로 표현한다. 朝天(조천) – 천자께 조회하다. 천자를 배알하다. 紫陌(자맥) – 황제가 계신 경사의 길을 가리킨다.

2 蒼蒼(창창) – 푸르다.

3 青瑣(청쇄) – 청쇄문. 본래 한나라 때에 있었던 궁궐의 문 이름으로 쇠사슬 모양을 새기고 푸른 칠을 하였으므로 '청쇄문'이라고 했다. 여기서는 중서성의 문을 가리킨다.

《두시상주》에 인용된 《한서・원후전元后傳》 '曲陽侯根, 驕奢僭上, 赤墀青瑣' 안사고주顔師古注: '青瑣'는 연이어진 사슬무늬를 새기고 푸른색으로 칠한 것이다.(青瑣者, 刻爲連瑣文而青塗也.)

4 百囀(백전) - 새들이 시끄럽게 지저귀는 것을 뜻한다. 流鶯(유앵) - 이리저리 옮겨 다니는 꾀꼬리. 遶(요) - 두르다. 에워싸다. '繞'와 같다. 建章(건장) - 건장궁. 한나라의 궁전 이름.

《두시상주》에 인용된 《삼보황도三輔黃圖》 한무제 태초 원년에 백량전이 소실되었다. 월지역의 무당인 용지가 말하기를 월지방의 풍속에 화재가 나면 곧 다시 큰 집을 지어서 재앙을 제압한다고 했다. 황제는 이에 건장궁을 지었는데 그 규모가 천문만호가 되었다. 궁궐은 미앙궁 서쪽 장안성 밖에 있었다.(武帝太初元年, 柏梁殿災. 粵巫勇之曰, 粵俗有火災, 卽復起大屋以壓勝之. 帝於是作建章宮, 度爲千門萬戶, 宮在未央宮西, 長安城外.)

5 劍佩聲(검패성) - 검과 패옥이 흔들리면서 나는 소리. 玉墀(옥지) - 옥돌을 깐 계단. 여기서는 조회가 열리는 정전의 계단을 가리킨 말이다. 이 구절은 조회에 참석하는 신하들이 정전으로 향하여 부지런히 걷는 모습을 형용한 것이다.

6 衣冠身(의관신) - 의관을 갖춘 몸. 신하들을 가리킨다. 惹(야) - 배어들다. 御爐(어로) - 대전에 있는 향로.

7 恩波(은파) - 은택. 황제의 은택을 말한다. 鳳池(봉지) - 봉황지. 중서성을 가리킨다. 본래는 금원 안에 있는 연못을 가리키는 말이었으나 위진 이후로 중서성을 금원에 설치하여 중요한 기밀 사항을 관장하게 함에 따라 천자와 가까이 있게 되었기에 '봉황지'라고 칭한 것이다.

《두시상주》에 인용된 《진서 · 순욱전 荀勗傳》 순욱이 오랫동안 중서성에 근무하며 전적으로 국가의 기밀을 관장하였더니, 그곳을 그만두게 되자 매우 상심하여 슬퍼하였다. 어떤 사람이 그 일을 축하하자, 순욱이 말하기를 "내 봉황지를 빼앗겼거늘 그대들은 오히려 축하하는가?"라고 하였다.(勗久在中書, 專管機事, 及失之, 甚罔罔悵悵. 或有賀之者, 勗曰, 奪我鳳凰池, 諸君賀我耶.)

8 朝朝(조조) – 매일 아침. 아침마다. 染翰(염한) – 붓을 적시다.

##《두시상주》: 위 4구는 이른 아침 대명궁에서 조회하는 것이요, 아래 4구는 중서성, 문하성의 동료에게 바친 것을 적은 것이다. '은촉', '춘효', '약류', '류앵'을 말한 것은 모두 이른 아침 조회의 풍경을 적은 것이요, '자맥', '금성', '청쇄', '건장'을 말한 것은 모두 궁전에 이르는 순서를 말한 것이다. '검패', '의관'은 두 성의 조회하는 모습이며, '봉지'와 '염한'은 동료들의 직무를 적은 것이다. (上四早朝大明宮, 下四呈兩省僚友. 曰銀燭, 曰春曉, 曰弱柳, 曰流鶯, 皆早朝景物. 曰紫陌, 曰禁城, 曰青瑣, 曰建章, 皆宮殿層次. 劍佩衣冠, 兩省朝容. 鳳池染翰, 同僚職事也.)

附 和賈舍人早朝大明宮之作
가사인의 〈조조대명궁〉에 화답하다

王維

絳幘鷄人報曉籌[1] 尙衣方進翠雲裘[2]
九天閶闔開宮殿[3] 萬國衣冠拜冕旒[4]
日色纔臨仙掌動[5] 香烟欲傍袞龍浮[6]
朝罷須裁五色詔[7] 佩聲歸向鳳池頭[8]

붉은 두건 쓴 계인이 새벽을 알리니
상의는 막 푸른 구름 갖옷을 올리네.
구천의 천문처럼 궁전이 열리고
만국의 신하들 천자께 절하네.

햇볕이 선인의 손바닥에서 막 움직이니
향로 연기가 곤룡포에 다가들어 떠오를 듯.
조회 끝나니 오색의 조서를 마름질하러
패옥 소리 찰랑거리며 봉황지로 돌아간다네.

이 시는 왕유가 가지의 〈早朝大明宮呈兩省僚友〉에 화답하여 지은 것이다. 당시 왕유는 가지와 함께 중서사인으로 있었다.

주 석

1 絳幘(강책) – 붉은 두건. 鷄人(계인) – 궁중에서 날이 밝은 것을 알려 잠을 깨우는 일을 맡은 사람. 報(보) – '送'으로 쓴 판본도 있다. 曉籌(효주) – 새벽 시간.

《두시상주》에 인용된 《한관의漢官儀》 궁중의 낮은 관리들은 모두 닭을 키울 수가 없었다. 밤시계가 날이 밝기 전 삼각을 가리킬 즈음에 닭이 울면 경비하는 군사가 주작문 밖에서 기다렸다가 붉은 두건을 쓰고 닭울음소리를 내었다.(宮中輿臺, 並不得畜鷄, 夜漏未明三刻鷄鳴, 衛士候於朱雀門外, 著絳幘鷄唱.)

《두시상주》에 인용된 《삼체시주三體詩註》 '絳幘'이라는 것은 붉은 모자를 써서 닭의 모습을 본뜬 것이다.(絳幘者, 朱冠以象鷄.)

2 尙衣(상의) – 천자의 복식을 관장하는 관리. 翠雲裘(취운구) – 푸른 구름의 문채가 있는 갖옷.

《두시상주》에 인용된 《당서 · 백관지百官志》 '상의'는 면류관과 의복을 제공하는 것을 담당한다.(尙衣, 掌供冕服.)

3 九天(구천) – 하늘을 통칭하여 이르는 말. 閶闔(창합) – 천문. 이 구절은 하늘의 문이 열리듯이 궁전의 문들이 열린다는 말이다. 이 구를 '九天宮

殿開閶闔'으로 쓴 판본도 있다.

《두시상주》에 인용된 《여씨춘추》 하늘에는 아홉 구역이 있으니 중앙을 '균천', 동방을 '창천', 동북을 '변천', 북방을 '현천', 서북을 '유천', 서방을 '호천', 서남을 '주천', 남방을 '염천', 동남을 '양천'이라고 한다.(天有九野, 中央曰鈞天, 東方曰蒼天, 東北曰變天, 北方曰玄天, 西北曰幽天, 西方曰顥天, 西南曰朱天, 南方曰炎天, 東南曰陽天.)

《두시상주》에 인용된 〈대인부大人賦〉 '排閶闔而入帝宮'의 위소주韋昭注 '창합'은 하늘문이다.(閶闔, 天門也.)

4 萬國(만국)－만방. 衣冠(의관)－신하들을 가리킨다. 冕旒(면류)－천자를 가리킨다.

5 日色(일색)－햇빛. 纔(재)－막. 仙掌(선장)－이슬을 받는 승로반을 받들고 있는 동으로 만든 신선의 손바닥. 이 구절은 햇볕이 승로반을 받치고 있는 신선의 손에 움직이는 듯하다는 말이다.

《두시상주》에 인용된 《묘기廟記》 신명대는 한무제가 만들었는데, 위에는 이슬을 받는 접시인 승로반이 있다. 동으로 만든 신선이 손바닥을 펼쳐 구리 접시와 옥으로 만든 잔을 받쳐 들어 구름 밖에서 내리는 이슬을 받는 것이다. 이슬과 옥가루를 함께 복용하여 선도를 구하고자 한 것이다.(神明臺, 武帝造, 上有承露盤, 有銅仙人舒掌捧銅盤玉杯, 以承雲表之露, 以露和玉屑服之, 以求仙道.)

6 傍(방)－다가가다. 붙다. 袞龍(곤룡)－곤룡포.

7 五色詔(오색조)－오색의 종이에 쓴 천자의 조서.

8 佩聲(패성)－가지가 찬 패옥이 내는 소리를 가리킨다. 鳳池(봉지)－중서성을 가리킨다.

《두시상주》 위 6구는 이른 아침 조회의 풍경과 일을 적었고 마지막 2구에서는 가사인을 찬미하였다.(上六早朝景事, 末二美賈舍人.)

附 和前

岑參

鷄鳴紫陌曙光寒[1]　鶯囀皇州春色闌[2]
金闕曉鐘開萬戶[3]　玉階仙仗擁千官[4]
花迎劍佩星初落[5]　柳拂旌旗露未乾[6]
獨有鳳凰池上客[7]　陽春一曲和皆難[8]

닭 우는 경사의 길에 새벽빛 차가운데
꾀꼬리 지저귐에 황도의 봄빛이 흐드러졌구나.
금궐의 새벽 종소리에 천문만호가 열리고
옥섬돌에는 의장대가 천관을 옹위하누나.
꽃이 칼과 패옥을 맞이할 제 별은 갓 지고
버들이 깃발을 스칠 제 이슬은 아직 마르지 않았어라.
봉황지의 홀로 뛰어난 객이여
양춘 일곡에 화창하기 모두 어렵기만 하네.

이 시는 당시 우보궐로 있었던 잠삼이 가지의 〈早朝大明宮呈兩省僚友〉에 화답하여 지은 것이다. 이른 아침 조회의 풍경을 아름답고 자연스럽게 잘 묘사하고 있다.

주 석

1 曙光(서광) – 새벽빛.

2 皇州(황주) – 황도皇都. 色(색) – '夜'로 된 판본도 있다. 闌(란) – 다해가다. 흐무러지다.

3 萬戶(만호) – 천문만호千門萬戶. 궁궐 안의 많은 문들을 가리킨다.

4 仙仗(선장) – 천자의 의장대.

5 劍佩(검패) – 검과 패옥을 찬 신하들을 가리킨다. 星初落(성초락) – 별이 막 지다. 이른 새벽임을 나타낸다.

6 旌旗(정기) – 여기서는 의장대의 깃발을 가리킨다.

7 鳳凰池(봉황지) – 중서성을 가리킨다. 客(객) – 중서사인 가지를 가리킨다.

8 陽春(양춘) – 곡명. 여기에서는 가지가 지은 시 〈早朝大明宮呈兩省僚友〉를 가리킨다. 和(화) – 화창하다. 화답하다. 이 구절은 가지가 지은 시의 수준이 너무 높아 응대하기가 어렵다는 말이다.

> 《두시상주》에 인용된 송옥의 〈대초왕문對楚王問〉 영에서 노래하는 객이 있었는데, 그가 처음 '하리파인'을 부르자 나라 안에 그 노래를 좇아서 화창하는 자가 수백이나 되었다. 그가 '양춘백설'을 노래하자 나라 안에서 그 노래를 좇아 화창하는 자가 몇 사람에 불과하였다. 이는 곡의 수준이 높을수록 화창하는 자가 더욱 적어지기 때문이다.(客有歌於郢中者, 其始曰下里巴人, 國中屬而和者數百人. 其爲陽春白雪, 國中屬而和者, 不過數人而已. 是其曲彌高, 其和彌寡.)

《두시상주》: 위 6구는 이른 아침의 조회를 적은 것이요, 마지막 2구는 가지의 작품에 화답한 것이다.(上六早朝, 末二和賈.)

(**김 성 곤**)

2. 宣政殿退朝晩出左掖

선정전에서 조회를 마치고 저물녘 문하성을 나서며

天門日射黃金牓[1]　春殿晴曛赤羽旗[2]
宮草霏霏承委珮[3]　鑪烟細細駐游絲[4]
雲近蓬萊常五色[5]　雪殘鳷鵲亦多時[6]
侍臣緩步歸青瑣[7]　退食從容出每遲[8]

천자의 문은 햇빛이 황금 편액에 비치고,
봄 전각은 개인 날 붉은 깃 깃발에 어스레하다.
궁원의 풀은 무성히 자라 늘어진 패옥을 받들고,
향로의 연기는 가늘게 피어올라 유사를 멈춰놓은 듯하다.
구름은 봉래궁 가까이로 늘 다섯 빛깔을 띠고 있고,
눈이 지작관에 남아있음 또한 오래이다.
측근에 모시는 신하는 느린 걸음으로 청쇄문에 돌아갔다가,
물러나 식사하러 천천히 나오매 늘 늦게 마련이다.

이 시는 건원 원년 봄 두보가 좌습유로 있을 때의 작품으로, 선정전에서의 조회를 마치고 물러나와 문하성으로 돌아갔다가, 다시 그곳을 나와 처소로 돌아가는 일을 서술하고 있다. 저작 시기와 관련하여 건원 2년이라는 견해가 있지만 취하지 않는다. 선정전은 함원전 뒤에

위치하는 정식의 조회가 행해지던 궁전이다. 선정문 안에 있으며 동쪽과 서쪽으로 각각 동상합문과 서상합문이 있다. 두보가 임직하고 있던 문하성은 동상합문에 있었는데, 제목에서 좌액이라 한 것이 이에 해당된다.

《보주두시》 《구당서》에 의하면, 고종 용상 2년 정전을 설치하여 함원전이라 하였다고 한다. 함원전의 뒤편이 선정전이며, 선정전의 좌우에 중서성과 문하성 두 성이 있다. 두보가 좌습유로서 문하성에 속해 있었기 때문에 좌액이라 하였다. 마땅히 건원 2년 봄에 지은 것이리라.(舊史高宗龍翔二年置正殿曰含元, 含元之後曰, 宣政. 宣政左右有中書門下二省. 公爲左拾遺, 屬門下. 故曰, 左掖. 當是乾元二年春作.)

《두시상주》 《당회요》에는 "선정전은 함원전 뒤에 있는데, 곧 정전이다"라고 하였다. 《당육전》에는 "(선정전은) 선정문 안에 있는데, 전의 동쪽에 동상합문이 있고 전의 서쪽에 서상합문이 있다. 동상합문에는 문하성이 있고, 서상합문에는 중서성이 있다"고 하였다. 두보는 당시 좌습유였으니 문하성에 속한다. 따라서 좌액에서 나온 것이다. 《한서》의 주에는 "액문은 양편에 있어서 사람의 겨드랑이와 같다"고 하였다.(唐會要, 宣政殿, 在含元殿後, 卽正衙殿也. 唐六典, 在宣政門內, 殿東有東上閤門, 殿西有西上閤門. 東上閤門, 門下省在焉. 西上閤門, 中書省在焉. 公時爲左拾遺, 屬門下, 故出左掖. 漢書注, 掖門在兩旁, 若人之臂掖.)

주 석

1 天門(천문) – 천자가 사용하는 궁문이다. 日射(일석) – 햇빛이 비치다. 黃金牓(황금방) – 황금으로 장식한 편액. '牓'은 '榜'과 同字이다.

《두시상주》에 인용된 노원창 주 천문은 천자의 문이다.(天門, 天子之門.)

《두시상주》에 인용된 소보 주 방은 문의 편액이다.(牓, 門扁也.)

2 春殿(춘전)－봄철의 궁전. 선정전을 가리킨다. 晴曛(청훈)－개인 날 저물면서 어둑해지는 모습을 가리킨다. '曛'이 '薰'으로 되어 있는 판본도 있다. 赤羽旗(적우기)－주작朱雀을 그린 깃발. 혹 붉은 새의 깃을 장식한 깃발로 보기도 한다.

《두시상주》 구주에 "깃발에 붉은 깃의 새를 그린 것으로, 이른바 주작이다"라고 하였다.(舊注, 旗畵赤羽鳥, 所謂朱雀也.)

《보주두시》에 인용된 왕수 주 붉은 새의 깃으로 기를 만든 것이다.(以赤鳥羽爲旗也.)

3 宮草(궁초)－궁정의 풀. 선정전의 뜰 안에 자라고 있는 풀을 가리킨다. 霏霏(비비)－풀이 무성히 자라 있는 모습. '微微'로 되어 있는 판본도 있다. 承委珮(승위패)－'承'은 받들다는 뜻이고, '委珮'는 늘어져 땅에 닿은 패옥을 뜻한다. 임금을 모시고 있는 신하들이 몸을 숙여 예를 갖추자 몸에 지니고 있던 패옥이 땅에 드리워져 선정전 뜰에 무성히 자라 있는 풀들이 받들고 있는 것처럼 보이는 상황을 묘사한 것이다.

《예기禮記·곡례曲禮》 군주의 패옥이 드리워져 있으면, 신하의 패옥은 땅에 닿게 하여야 한다.(主佩垂, 則臣佩委.)

4 鑪烟(노연)－향로에서 피어오르는 연기. 駐游絲(주유사)－유사를 멈춰 놓다. '游絲'는 본디 거미 따위가 토해낸 실이 공중에 부동하는 것을 가리키는 말이다. 여기서는 가늘게 피어오르는 향연이 바람이 없어 마치 유사를 멈춰 놓은 듯한 모습임을 말한 것이다.

〔天門 4구〕

《두시상주》에 인용된 고신 주 햇빛이 궁문의 편액을 비추면, 황금이 더욱 황금색을 띨 것이며, 맑게 개인 날 저물녘 어스름에 깃발은 더욱 붉게 보일 것이다. 몸을 굽히니 두르고 있던 패옥이 땅 아래에 닿게 되고, 따라서 풀이 그것을 받들고 있게 된다. 바람이 없으면 향연이 움직이지 않기에, 유사가 머물러 있는 것과 같게 된다.(日射牓, 則金謚黃. 晴曛氣, 則羽更赤. 身俯則佩下委, 故草相承. 無風則烟不動, 故如絲駐.)

5 蓬萊(봉래) – 궁전 이름으로, 대명궁의 옛 이름이다. 봉래전이 자신전과 함께 모두 대명궁 안에 있었다는 견해도 있다. 五色(오색) – 다섯 가지 빛깔. '五'가 '好'로 되어 있는 판본도 있다.

《두시상주》에 인용된 《당회요唐會要》 정관 연간에 영안궁을 지었는데, 뒤에 봉래궁이라 고쳤다. 함형 초에 함원전이라 고쳤으며, 또 대명궁으로 고쳤다.(貞觀間營永安宮, 後改爲蓬萊宮. 咸亨初, 改爲含元殿, 又改爲大明宮.)

《구가집주두시》 조언재 주 봉래전은 자신전의 뒤에 있으며, 모두 대명궁 안에 있었다.(蓬萊殿在紫宸殿之後, 皆大明宮中也.)

6 雪殘(설잔) – 눈이 다 녹지 않고 남아 있다. '殘'은 '남다(餘)'의 뜻으로 사용되었다. 鳷鵲(지작) – 한漢의 관觀 이름으로 무제 건원 연간에 세워졌으며, 감천궁 밖에 있었다. 한나라 궁관의 이름을 빌려 당시의 궁전을 나타낸 경우이다.

《두시상주》 두보의 시에서 '殘'字를 쓸 적에는, 많은 경우 '餘'字의 뜻으로 풀이된다.(杜詩用殘字, 多作餘字解.)

《두시경전》 이 구절은 봄날의 화창한 경물을 말하고 있다.(句言春和之景.)

《두억》 지작은 관觀 이름이다. 지작관은 내궁에 있고 화창한 기운이 피어올라, 눈이 녹는 것이 늘 일렀다.(鳷鵲觀名. 觀在內禁, 和氣薰蒸, 故雪消恒早.)

《구가집주두시》 조언재 주 한의 관 이름으로 감천궁에 있었다. … 한나라 궁관의 이름을 빌려 당시의 궁전을 비유하였다.(鳷鵲, 漢觀名, 在甘泉宮. … 則借漢宮觀名以比當時之禁掖.)

《두시상주》 《상림부上林賦》에 '지작관을 지나, 노한관을 바라본다'고 했는데, 주에 '(지작과 노한은) 모두 관觀의 이름으로 운양雲陽 감천궁甘泉宮(감천궁은 또 운양궁으로도 불렸음)의 바깥에 있다'고 하였다. (上林賦, 過鳷鵲, 望露寒. 注, 皆觀名, 在雲陽甘泉宮外.)

7 侍臣(시신) – 천자를 곁에서 모시는 신하. 좌습유 벼슬을 하고 있던 두보 자신을 가리킨다. 緩步(완보) – 천천히 걷다. 歸青瑣(귀청쇄) – 청쇄는 본디 한대 궁전의 문 이름인데, 여기서는 두보가 임직하고 있던 문하성의 문을 가리킨다.

《구가집주두시》 조언재 주 청쇄는 한대의 문 이름으로, 미앙궁에 있었다. 지금 또한 빌려 쓰고 있는 경우이다.(青瑣, 漢門名, 在未央宮. 今亦借用.)

《두시상주》 청쇄는, 성의 문을 일컫는다.(青瑣, 謂省門.)

8 退食(퇴식) – 관청에서 일을 마치고 물러나와 식사하다. 從容(종용) – 여유 있고 단아한 모습을 가리킨다. 出每遲(출매지) – 궁문을 나서 처소로 돌아옴이 매번 늦어진다는 뜻이다.

《시경詩經 · 고양羔羊》 관청에서 퇴근하다.(退食自公.)

《두시경전》 '歸青瑣'는 조회를 마치고 간원諫院으로 돌아옴을 말하고, '出每遲'는 편문을 나와 처소로 돌아옴이다.(歸青瑣, 謂退朝回院. 出每遲, 則出掖還邸也.)

##《두시상주》: 위 4구는 선정전을 읊은 것으로 경물이 외부로부터 내부로 그려진 것이다. 아래 4구는 조정에서 물러나와 편문을 나서는 것인데, 시간적으로 아침부터 저녁까지의 내용이다. '日光射膀'은 선정전의 바깥에 있는 것이고, '晴氣薰旗'는 선정전의 앞에 있는 것이다. '草承委珮'는 전각의 아래에 있는 것이고, '烟駐游絲'는 전각의 가운데에 있는 것이다. '雲氣雪殘', 이것은 또 멀리서 전각의 위쪽을 바라본 것으로, 역시 조정에 오래 있었음을 나타낸다. '歸青瑣'는 조정에서 물러나와 문하성으로 돌아오는 것이다. '出每遲'는 편문을 나서 처소로 돌아오는 것이다.(上四詠宣政殿, 景之自外而內者. 下四退朝出掖, 時之自早而晩也. 日光射膀, 在殿外. 晴氣薰旗, 在殿前. 草承委珮, 在殿下. 烟駐游絲, 在殿中. 雲氣雪殘, 此又遙瞻殿上者, 亦見在朝之久. 歸青瑣, 退朝回院也. 出每遲, 出掖還邸也.)

《독두심해》: 제1구는 궁문에 들어가는 것, 제2구는 궁전을 봄, 제3구는 섬돌 앞에 있는 것, 제4구는 전각 위를 바라본 것이다. 5, 6구는 경물을 아름답게 그려낸 것이고, 7, 8구는 조회에서 물러나와 느지막이 나오는 것이다. 금과 옥이 가락을 맞춘 듯한 아름다운 작품이다.(一, 入門. 二, 見殿. 三, 在階前. 四, 瞻殿上. 五六, 卽景設色. 七八, 退朝晚出. 金和玉節之篇.)

(이 남 종)

3. 紫宸殿退朝口號

자신전에서 조회를 마치고 물러가면서 입에서 나오는 대로 읊조리다

戶外昭容紫袖垂[1]　　雙瞻御座引朝儀[2]
香飄合殿春風轉[3]　　花覆千官淑景移[4]
晝漏稀聞高閣報[5]　　天顔有喜近臣知[6]
宮中每出歸東省[7]　　會送夔龍集鳳池[8]

전각문 밖으로부터 소용이 보랏빛 소매를 드리우고,
나란히 어좌를 바라보며 조회의 의열을 이끈다.
향기는 온 전각 안에 날리어 봄바람이 구르고,
꽃은 여러 신하를 덮는데, 맑은 해그림자 옮겨간다.
낮의 각루 소리 희미하여 고각에서 알려 오고,
임금 얼굴에 희색이 있음을 가까이 모시는 신하가 안다.
매번 궁중에서 나와 동성으로 돌아갔다가,
함께 기, 용을 전송하러 봉지로 모인다.

이 시는 두보가 자신전에서 조회를 마치고 돌아가면서 읊은 것이다. 작자가 좌습유로 임직하고 있을 때로서 봄철에 속하니, 저작 시기는 건원 원년 봄이 된다. 자신전은 편전으로 선정전의 북쪽에 위치한다. 혹 내조의 정전이라는 견해도 있다. '퇴조退朝'는 조회가 파하여 돌아

가는 것이고, ‘구호口號’는 입에서 나오는 대로 읊조린다는 의미이다.

《보주두시》 지금 시에서 ‘매번 궁중에서 나와 동성으로 돌아갈 때면’이라고 하였으니, 마땅히 건원 원년 좌습유로 있을 때에 지은 것이다.(今詩云, 宮中每出歸東省, 當是乾元元年爲拾遺時作.)

《두시상주》 《당육전》에는 “자신전은 곧 내조의 정전이다”라고 하였다. 《옹록》에는, “함원전 북쪽이 선정전이고, 선정전 북쪽이 자신전이다”라고 하였다. 양신은, “당의 조정제도에 선정전은 전전으로 ‘아衙’라 하는데 아에는 의장대가 있으니 두보의 시에서 ‘깃발 의장행렬이 가지런히 모여 있네(春旗簇仗齊)’라 한 것이 이것이다. 자신전은 편전으로 ‘각閣’이라 하는데, 초하루와 보름에는 전전에 납시지 않고 자신전에 납시는데 이를 각에 든다고 하니, 두보의 시에서 ‘막 자신전의 조회를 파하고 집에 돌아가네(還家初散紫宸朝)’라 한 것이 이것이다. 구양수가 당으로부터 멀지 않으나 각閣에 드는 제도는 이미 분명치 않았으니, 유공부에게 물은 다음에야 알았다. 그러나 그 대략은 이와 같은 내용을 벗어나지 않는다”고 하였다. 전겸익 전에는, “《오대사 · 이기전》에는 당 고사에 천자는 매일 전전에 나아가서 여러 신하를 만났는데, 상참常參이라고 하였다. 삭망에는 능원의 묘침에 음식을 올리고 편전에 납시어 여러 신하를 만났는데 입각入閣이라고 하였다. 선정전은 전전으로 아衙라고 하고, 아에는 의장이 있었다. 자신전은 편전으로 합閤이라고 한다. 전전에 납시지 아니하고 자신전에 납실 때에는, 곧 정아正衙로부터 의장을 불러 합문閤門을 통해 들어오는데 백관으로서 아에서 조회를 기다리던 자들은 인하여 그를 따라 들어와 뵙기 때문에 입합入閤이라고 한다”라고 하였다. 고신의 주에, “‘구호’는 입에서 나오는 대로 읊조린 것이다”라 하였다.(唐六典, 紫宸殿, 卽內朝正殿也. 雍錄, 含元之北爲宣政, 宣政之北爲紫宸. 楊愼曰, 唐之朝制, 宣政, 前殿也, 謂之衙,

衙有仗, 杜詩所謂春旗簇仗齊是也. 紫宸, 便殿也, 謂之閣, 朔望不御前殿而御紫宸, 謂之入閣, 杜詩所謂還家初散紫宸朝是也. 歐陽公去唐不遠, 入閣之制已未明, 問於劉貢父而後知之. 然其大略, 不過如此. 錢箋, 五代史李琪傳, 唐故事, 天子日御前殿見群臣, 曰常參. 朔望薦食諸陵寢, 御便殿見群臣, 曰入閣. 宣政, 前殿也, 謂之衙, 衙有仗. 紫宸, 便殿也, 謂之閤, 其不御前殿而御紫宸也, 乃自正衙喚仗, 由閤門而入, 百官候朝於衙者, 因隨之以入見, 故謂之入閤. 顧注, 口號, 言隨口號吟.)

《두억》 선정전은 함원전의 북쪽에 있으며, 삭망에 납시는 곳이고, 자신전은 매일 납시는 곳으로 예전의 연조이다.(宣政殿, 在含元殿北, 朔望所御, 紫宸殿日御, 古之燕朝也.)

주 석

1 戶外(호외) – 문의 바깥, 자신전의 문밖을 뜻한다. 昭容(소용) – 궁중의 여관女官으로 품계는 정2품이다. 紫袖垂(자수수) – 보랏빛 소매를 드리우다.

《두시경전》 당제에 소용은 정2품으로 구빈이 이에 해당한다. 《유양잡조》에, "지금 합문에 궁인이 있어 비단을 드리우고 백관을 이끌어들이고 있는데, 혹 측천 시기부터라고 하기도 하고 혹 후위로부터 시작된 제도를 따른 것이라고도 한다"고 하였다.(唐制, 昭容, 正二品, 係九嬪. 酉陽雜俎, 今閤門有宮人垂帛引百僚, 或云自則天, 或言因後魏.)

《사물기원事物紀原 · 빈어명부부嬪御命婦部 · 소용昭容》 한 효무제가 설치한 것인데, 남조에서도 그것을 두는 경우가 있었으며, 당대에는 이를 구빈으로 삼았다.(漢孝武所置, 南朝亦或置之, 唐以爲九嬪.)

2 雙瞻(쌍첨) – 소용이 좌우의 각 대열로부터 어좌를 바라보는 일을 가리킨다. 소용은 좌우에 한 사람씩으로, 문무 양반의 신하들을 인도하여 전안으로 들어왔다. 御座(어좌) – 천자의 자리. 引朝儀(인조의) – 조회에

참여하는 의열儀列을 인도하다. 소용이 인도할 때는 여러 신하를 향하고 있으면서 뒷걸음질하여 어좌쪽으로 나아갔다.

〔戶外 2구〕

《두시상주》에 인용된 고신 주 '수수袖垂'는 몸을 굽히는 것이고, '쌍첨雙瞻'은 나누어 나아가는 것이며, '첨어좌瞻御座'는 안쪽을 향하는 것이고, '인조의引朝儀'는 뒷걸음질하는 것이다. 이것은 소용이 인도하는 방식에 대하여 쓴 것으로, 매우 상세하다.(袖垂爲傴僂, 雙瞻爲分行, 瞻御座爲內向, 引朝儀爲却行. 此寫昭容導駕之制甚詳.)

3 香飄(향표) – 꽃향기가 날리다. 合殿(합전) – 자신전의 내부 전체를 말한다.

4 花覆(화부) – 꽃이 덮고 있다. 자신전의 뜰에 많은 꽃들이 피어 있음을 가리킨다. 淑景移(숙영이) – 봄철의 맑은 그림자가 옮겨가다. '景'은 '影'과 같이 그림자인데, 혹 햇빛으로 보기도 한다. 전각 안에서 이루어지는 조회로 인하여 시간이 경과하는 것을 가리켜 한 말이다.

〔香飄 2구〕

《두시경전》에 인용된 오견사吳見思 주 향기가 바람을 따라 구른다는 것은 전각이 넓은 것을 말하고, 꽃 아래에 그림자가 옮겨간다는 것은 주대의 시간이 길어짐을 드러내고 있다.(香隨風轉, 言殿宇之寬. 花下影移, 見奏對之久.)

5 晝漏(주루) – 낮 시간을 알리는 물시계. 稀聞(희문) – 희미하게 들리다. 잘 들리지 않는다는 뜻이다. '稀'는 구본에 '聲'으로 되어 있던 것을 천가본千家本에서 '稀'로 교정하였다. 高閣報(고각보) – 고각으로부터 알려오다. 이 구절은 자신전의 전각 내부가 깊숙하여 물시계 소리가 잘 들리지 않기 때문에, 고각으로부터 시간을 알리도록 한 것을 가리켜 한 말이다. 《두시언해》에서는 고각에서 각루 소리를 알려 오는 것을 드물게 듣는다는 의미로 번역하고 있다. 고각은 금중禁中에 있다고도 하고, 외정外庭에 있다고도 하는데, 어느 것이 옳은지 확실치 않다.

《두시상주》에 인용된 고신 주 고대의 각루에는 주간에, 조, 우, 중, 포, 석이 있었고, 야간에 갑, 을, 병, 정, 무가 있었다.(古刻漏, 晝有朝禺中晡夕, 夜有甲乙丙丁戊.)

《두시경전》에 인용된 주학령 주 《장안지》에, 함원전의 동남쪽에는 상란각이 있고, 서남쪽에는 서봉각이 있는데, 복도와 이어져 있다고 하였다. 알린다는 것은 주간의 시각을 진하여 일리는 것을 말하는데, 자신전은 내아에 속하므로 주간의 각루 소리가 희미하게 들려와, 반드시 외정의 고각으로부터 알려 오는 것이 필요하였다.(長安志, 含元殿, 東南有翔鸞閣, 西南有棲鳳閣, 與飛廊相接. 報, 謂傳呼晝刻. 紫宸內衙, 故稀聞晝刻, 必待外庭高閣之報.)

《두시상주》에 인용된 황생 주 고각은 금중에 있는데, 궁녀들이 시계를 관리하며 서로 전하여 알려 왔다.(高閣在禁中, 宮女司漏, 遞相傳報.)

《독두심해》 주학령의 주에는 외정에서 시간을 알려 온다고 하였고, 황생은 금중에서 시간을 알려 온다고 하였다. 누가 옳은지 모르겠다.(朱注謂外庭報漏, 黃生謂禁中報漏. 未知孰是.)

6 天顔(천안) – 천자의 얼굴. 近臣知(근신지) – 가까이에서 천자를 모시는 신하가 안다. '근신'에 대하여는 습유에 임직하고 있던 두보 자신이라는 견해와 재상을 지칭한다는 견해로 나누어진다. 여기서는 전자를 따르기로 한다.

《두시상주》 간관은 가까이 모시는 직책이기 때문에 천자의 안색에 기쁨이 있으면 가까이에서 모시는 신하로서 먼저 알게 된다. 장성이 습유는 천자의 얼굴을 보지 않는다고 한 것은 옳지 않다.(諫官侍班, 故天顔有喜, 而近臣先知. 張性謂拾遺不見天顔者, 非是.)

《두시상주》 당제에 의하면 간관은 재상을 따라 들어가 어전에 가까이 갈 수 있었다. 공은 습유였기 때문에 근신이라 칭하였다.(唐制, 諫官隨宰相而入, 得近御前, 公爲拾遺, 故稱近臣.)

《두억》 천자의 얼굴에 기쁜 빛이 있음을 가까이 모시는 신하는 알고 있지만, 습유는 말단의 관료라서 그저 앙모의 사사로운 정을 품고 있었을 따름이다.(天顔有喜, 近臣知之, 拾遺末僚, 空懷景仰之私耳.)

7 東省(동성) – 문하성을 가리킨다. 좌습유는 문하성에 속한다.

《보주두시》 당제에 좌습유는 문하성에 속해 있었고, 문하성은 동쪽에 있었기 때문에 동성이라고 하였다.(唐制, 左拾遺領門下省, 以門下省在東, 故曰東省)

《보주두시》에 인용된 사고 주 《당육전》을 살펴보건대, 좌습유는 문하성, 우습유는 중서성에 속해 있었다. 여기서 동성이라고 한 것은 문하성이다. 두보가 우습유에 배수되었다고 전하는 말은 사관의 잘못에서 기인한다.(按唐六典, 左拾遺門下, 右拾遺中書. 此言東省, 蓋門下也. 傳言子美拜右拾遺, 史氏之誤.)

8 會送(회송) – 모여서 전송하다. 조회에 참여했던 동료들이 모여서 재상을 전송한다는 말이다. 夔龍(기룡) – 순舜임금의 신하들로서, 기夔는 음악을 맡았고, 용龍은 왕명의 출납을 관장하였다. 여기서는 당의 재상을 가리킨다. 集鳳池(집봉지) – 봉지는 중서성을 가리키는 말이다. 두보를 포함하여 조회에 참여했던 신하들이 중서성에 모이는 것을 말한다. 혹 기와 용, 즉 재상이 모이는 것을 두고 한 말로 보는 경우도 있지만, 조회를 마치고 문하성으로 갔다가 재상을 전송하기 위하여 신하들이 중서성에 다시 모이는 것을 말한다.

《두시상주》 《옹록》에 의하면, 정사당은 동성에 있어 문하성에 속한다. 중종 때에 이르러 배염이 중서령으로서 정사당의 업무를 관장하였기 때문에, 정사당을 중서성으로 옮겼으니, 정사당은 우성에 있게 되었다. 두보가 습유로 임직하고 있을 때에 정사당은 이미 중서성에 있었다. 그가 궁중에서 퇴조하여 동성에 돌아간 것은 본디의 성으로 말한 것이다. 기와 용을 봉지에 모여서 전송했다고 한 것은 또 동성으로부터 서성에 모인 것이니, 정사당에 나아가 재상을 알현한 것이다. 장연의 주에, '기와 용은 순의 신하 이름이다. 용은 왕명의 출납업무를 담당하였으니 실로 중서성의 시초이다. 진대 사람들은 중서성을 천상의 봉황에 비유하였다. 그래서 당인들은 마침내 봉지를 가지고 중서성을 일컫게 되었다'고 하였다.(雍錄, 政事堂在東省, 屬門下. 至中宗時, 裴炎以中書令執政事筆, 故徙政事

堂於中書省, 則堂在右省也. 公爲拾遺時, 政事堂已在中書, 其自宮中退朝而歸東省者, 以本省言也. 會送夔龍於鳳池者, 又自東省而集於西省, 就政事堂見宰相也. 綖注, 夔龍, 舜二臣名. 龍在納言,實中書之始. 晉人以中書比天上鳳凰, 故唐人遂用鳳池稱中書省.)

《두시경전》에 인용된 장연張綖 주: 이것은 내전이라서 읊은 대상이 모두 궁중의 경물이다. 위 6구는 자신전을 읊은 것이고, 끝 2구는 퇴조를 말한 것이다.(此內殿也, 故所詠皆宮中景, 上六詠紫宸, 末二言退朝.)

(이 남 종)

4. 春宿左省

봄에 좌성에서 숙직하며

花隱掖垣暮[1] 啾啾棲鳥過[2] 星臨萬戶動[3] 月傍九霄多[4]
不寢聽金鑰[5] 因風想玉珂[6] 明朝有封事[7] 數問夜如何[8]

대궐의 담장에 꽃도 숨어드는 저녁,
잠잘 새들이 울며 날아간다.
별은 만호에 임하여 움직이고
달은 구중궁궐에 곁하여 많은 빛 뿌린다.
궐문 열리는 소리 듣고자 잠 못 이루고
바람으로 인하여 옥 굴레 장식의 소리 생각하였다.
내일 아침 올릴 상주문 있어
밤이 얼마나 되었는지 자주 물어보았네.

이 시는 건원 원년 봄, 두보가 좌습유로 재직하고 있을 때 문하성에서 숙직을 서면서 본 경물과 두보 자신의 감회를 적은 것이다. 제목의 '左省'은 문하성을 지칭한다.

《보주두시》 공은 좌습유였는데 이 벼슬은 문하성에 속하였다. 동쪽에 있었으므로 '좌성'이라 한다. 또 '좌액'이라고도 한다.(公爲左拾遺, 屬門下省, 在東, 故曰左省, 亦曰左掖.)

주 석

1 掖垣(액원) – 황궁의 곁담. 당대唐代에는 문하門下 중서中書 양성兩省을 가리킨다.

2 啾啾(추추) – 새가 우는 소리

3 萬戶(만호) – 궁궐의 많은 문. 이 구는 달이 뜨기 전의 상황을 말한 것이다.

《두공부초당시전》 '만호'구는 궁중의 문이 뭇별의 빛을 받아 흔들리는 것을 말한다.(萬戶, 指宮中之門引列星之光而動搖也.)

《두시상주》에 인용된 황생 주 '봄 별들이 초당草堂을 둘러 있다'(《夜宴左氏莊》)는 것은 달이 지고 난 뒤의 상황이고, '별은 만호에 임하여 움직인다'는 것은 달이 뜨기 전의 상황이다.(春星帶草堂, 在月落之後. 星臨萬戶動, 在月出之前.)

4 九霄(구소) – '구천九天'과 함께 높은 하늘을 뜻하는 말이지만 여기서는 구중궁궐, 혹은 그 위를 지칭하는 말로 쓰였다.

《두시상주》 '九霄'로 '萬戶'에 대하였는데 구중九重의 땅을 가리켜 말한 것이다.(以九霄對萬戶, 指九重之地言.)

《두시상주》에 인용된 조방 주 '궁전의 위'를 비유한다.(比廊廟之上.)

〔星臨 2구〕

《독두심해》 살펴보건대 3,4구는 그저 경치를 그린 것일 뿐이지만 황제가 높고도 먼 곳에 거하고 있음을 온전하게 그려내었다.(按三四只是寫景, 而帝居高逈, 全已畵出.)

5 不寢(불침) – 잠들지 못하다. 《문원영화》에는 '寢'이 '寐'로 되어 있다.

金鑰(금약) – 금으로 만든 문고리. 《문원영화》에는 '鑰'이 '鑠'로 되어 있다. 이 구는 '잠들지 못하여 궁중의 문고리 소리를 들은 것 같다'는 의미로 볼 수도 있다.

6 玉珂(옥가) – 옥으로 만든 말굴레 장식.

《두억》 바람이 불면 방울이 모두 울리기 때문에 굴레 장식에 생각이 미친 것이다. 문하성 안에서는 말굴레 장식의 소리를 들을 수 없다.(有風則鈴鐸皆鳴, 故因而想及玉珂. 在省中不得聞珂聲也.)

7 封事(봉사)－간관 등이 상주할 때에 누설을 막기 위해 상주문을 봉하였기 때문에 봉사로 불렀다.

《두시상주》에 인용된 《당서》 보궐과 습유는 모시고 풍간하는 일을 맡았는데 큰 일은 조정에서 간언하고, 작은 일은 봉사를 올렸다.(補闕拾遺, 掌供奉諷諫, 大事廷諍, 小則上封事.)

8 數(삭)－자주. 夜如何(야여하)－밤이 얼마나 깊었는가?

《두억》에 인용된 종성鍾惺 설 '數問夜如何'는 간언하는 신하의 마음이다.(數問夜如何, 是諫臣之心.)

〔不寢 4구〕

《두시상주》 《시·소아·정료庭燎》에 "밤이 어떻게 되었나? 밤이 아직 다하지도 않았는데 뜰의 횃불이 빛나는구나. 제후들이 당도하느라 말방울 소리만 짤랑짤랑"이라 하였는데 이 시의 하반부는 전적으로 그 뜻을 쓴 것이다.(詩, 夜如何其, 夜未央, 庭燎之光. 君子至止, 鸞聲鏘鏘. 此詩下半截, 全用其意)

《두시상주》: 위 4구는 문하성에서 숙직할 때 본 경치이고, 아래 4구는 숙직을 설 때의 마음이다. 꽃이 숨고 새가 깃든다는 것은 날이 이미 저문 것이요, 별이 임하고 달이 가까이 왔다는 것은 밤이 되어 잠자리에 든 것이다. 자물쇠 소리를 듣고 말굴레 장식 소리를 생각한다는 것은 자다가 일어난 것이요, 밤이 아직 다하지 않았는지를 물었다는 것은 일어나 아침을 기다린 것이다. 저녁부터 밤까지, 밤부터 아침까지 서술이 상세하고 명료한데 충성스럽고 근실하게 나라를 위하는 뜻이 곧 그 안에 있다.(上四宿省之景, 下四宿省之情. 花隱鳥棲, 日已暮矣. 星臨月近, 夜而宿矣. 聽鑰想珂, 宿而起矣. 問夜未央, 起而待旦矣. 自暮至夜, 自夜至朝, 敍述詳明,

而忠勤爲國之意, 卽在其中.)

(**이 석 형**)

5. 晩出左掖

늦게 문하성을 나서며

晝刻傳呼淺[1] 春旗簇仗齊[2] 退朝花底散[3] 歸院柳邊迷[4]
樓雪融城濕[5] 宮雲去殿低 避人焚諫草[6] 騎馬欲鷄棲[7]

낮 시각 알리는 소리 가늘게 들리고
푸른 깃발 들고 모여선 의장대는 가지런하다.
조회에서 물러나 꽃 아래로 흩어지고
관서로 돌아가다 버드나무 가에서 길을 잃는다.
누대에 쌓인 눈 성벽에 녹아 질척이고
궁궐 위 구름은 전각에 낮게 드리웠는데
사람들 피해 간서 초고를 불태우고
닭도 홰에 오를 무렵 말을 타고 나선다.

건원 원년 두보가 문하성에 재직하고 있을 때의 작품이다. 이 시에서 두보는 조정에서 하루 일과를 보내고 늦은 저녁 퇴근하기까지의 모습을 간략한 필치로 담아내고 있다.

《두시상주》 공의 조정에서의 여러 시들은 모두 건원 원년 봄에 지은 것들이다. 뒤의 작품들도 모두 마찬가지이다.(公朝宁諸詩, 皆乾元元年春作, 後並同.)

《보주두시》 시에서 '낮 시각 알리는 소리 가늘게 들리고, 푸른 깃발 들고 모여선 의장대는 가지런하다'라 했으므로 마땅히 건원 원년 봄 문하성에 재직할 때의 작품이다.(詩云, 晝刻傳呼淺, 春旗簇仗齊, 當是乾元元年春在諫省作.)

주 석

1 晝刻(주각)－낮의 시간. '刻'은 시간의 단위로 대략 현재의 15분에 해당한다. 傳呼(전호)－외쳐 알려주는 소리. 예전에는 궁궐의 한 장소에 물시계 등을 설치하고 때가 되면 시간을 알려주었던 것으로 보인다. 淺(천)－가늘다. 낮이기 때문에 소리가 작고 가늘게 들리는 것이다.

《두시상주》에 인용된 《오경절의五經折疑》 춘분과 추분에는 낮과 밤이 각각 50각이다.(春秋分, 晝夜各五十刻.)

《구가집주두시》 조언재 주 위굉衛宏 《한구의漢舊儀》에 밤에 물시계를 세우고 궁궐 위병들의 알리는 소리로써 방비하였다. … 알려주는 소리가 가늘다는 것은 낮이기 때문에 밤처럼 멀리 가지 않음을 말한 것이다.(衛宏漢舊儀, 使夜漏起, 宮衛傳呼以爲備. … 謂傳呼淺, 則在晝不若夜之遠也.)

2 春旗(춘기)－봄깃발. 푸른색의 깃발을 말한다. 簇仗(족장)－모여선 의장대. '仗'은 본래 각종 병기를 통칭하는 말인데, 여기서는 궁궐에 늘어선 의장대의 행렬을 가리킨다.

《유신부庾信賦》 버드나무 봄깃발과 한가지 색이라.(楊柳共春旗一色.)

《구가집주두시》 '春旗'는 황제의 의장대를 말한다.(春旗言羽衛也.)

3 退朝(퇴조)－조회에서 나오다.

《두시상주》에 인용된 《문창잡록文昌雜錄》 당대의 궁궐 마당에는 꽃과 버드나무를 많이 심었다.(唐殿庭多種花柳)

4 歸院(귀원)－관서로 돌아가다. 迷(미)－길을 잃다. 여기서는 조회에서 나와 각자의 처소로 돌아가는 관리들이 무성한 나무로 인해 자신이 가야

할 길을 잃고 헤맨다는 것이다.

《독두심해》 '院'은 문하성이다.(院, 卽左掖.)

《두시상주》 각자 관서로 돌아갈 제 버드나무 가에 이르러 길을 잃는다.(各歸院舍, 至柳邊而遮迷.)

〔退朝 2구〕

《두시상주》에 인용된 《옹록雍錄》 선정전 아래에 동서 양성이 있고 별도로 중서문하외성이 있는데 승천문 바깥에 있다. 양성의 관원들 역시 좌우로 나뉘어 각각 관서를 삼았다. 두보의 시에서 '흩어지다(散)' 또 '돌아가다(歸)'라고 읊은 것은 바로 동서 양성이 나뉘어 나와서 각각 그 처소로 돌아가는 모습인 것이다.(宣政殿下有東西兩省, 別有中書門下外省, 又在承天門外. 兩省官亦分左右, 各爲廨舍. 杜詩曰散, 曰歸, 東西分班而出, 各歸其廨也.)

5 融城濕(융성습) – 성에 녹아 질척이다. 초봄의 잔설이 햇볕에 녹아 흐르는 것이다.

《두억》 '樓雪融城濕'은 직접 눈으로 보지 않고서는 써낼 수 없는 경치이며, 또한 다른 사람들은 주목하지 못했던 것인데 공은 매번 이런 것들을 써서 성공을 거두었다.(樓雪融城濕, 非觸目寫不出, 而亦人所不及着眼, 公每用此取勝.)

6 避人(피인) – 사람들을 피하다. 焚諫草(분간초) – 간서諫書의 초고를 태우다. 간서는 외부로 공개할 수 없는 기밀 서류이기에 다른 사람들의 눈을 피해 소각 처리하는 것이다.

《두시상주》에 인용된 유신옹劉辰翁 설 간서의 초고를 태운다는 것은 다른 사람들이 알지 못하게 하려는 것이다. 그런데 사람들을 피해 불태우므로 그 흔적까지 감추는 것이다.(焚諫草, 不欲人知也. 避人而焚, 幷掩其迹矣.)

《두시상주》에 인용된 《진서晉書 · 양호전羊祜傳》 훌륭한 계책과 올곧은 의론들은 모두 그 초고가 불살라졌기에 세상에 알려지지 않았다.(嘉謀讜議, 皆焚其草, 故世莫聞.)

7 騎馬(기마)－말을 타다. 여기서는 하루의 일과를 마치고 귀가하는 모습이다. 鷄棲(계서)－닭이 자리에 들다. 즉 잠을 자기 위해 홰에 오르는 것이다. 여기서는 시간이 저물어 이미 저녁이 되었음을 말한다. 이에 대해서 수레가 보잘것없음을 비유한다는 설이 있으나 취하지 않는다.

《두공부초당시전》 말을 탄다는 것은 문하성을 나오는 것이다.(騎馬, 出左掖.)

《두시상주》 《시경詩經・왕풍王風・군자우역君子于役》에서 "닭은 홰에 오르고, 날은 이미 저녁이 되었다"라고 하였다. 그러므로 '닭이 자리에 들다(鷄棲)'라는 말로 '저녁에 나오는(晩出)' 것을 나타내었다.(詩, 鷄棲於塒, 日之夕矣. 故用鷄棲以點晩出.)

《두시상주》 고염무顧炎武는 후한의 주진朱震이 주州의 종사 벼슬을 하였는데 당시 삼부에서 "수레는 닭장 같고 말은 개와 같지만 악을 미워함이 바람 같은 주백후朱伯厚"(《후한서後漢書・진번전陳蕃傳》)라 한 것을 끌어다가 수레가 작음을 말한다고 하였다. 이 설은 오약吳若의 주에 근거한 것인데, 전겸익의 전에서 이미 그것이 사실이 아님을 통박하였다.(顧炎武引後漢朱震爲州從事, 三府語曰, 車如鷄棲馬如狗, 疾惡如風朱伯厚, 言車小也. 此說本於吳若注, 錢箋已駁其非是.)

《두시상주》: 처음 두 구는 조회의 정경이며 3, 4구는 조회에서 나와 관서로 돌아가는 것이고, 5, 6구는 관서 내의 경치이며, 7, 8구는 관서에서 나와 집으로 돌아가는 것이다. '晝刻'으로 하루 중의 시간을 밝히고, '春旗'로 시절을 드러냈으니 가운데 네 구는 모두 봄날의 정경을 말하고 있다. 당대의 궁전 정원에는 꽃과 버들을 많이 심었기에 막 조회를 마치고 나서는 길 꽃나무 밑을 따라 흩어지고, 각자 관서로 돌아갈 제 버드나무가에 이르러 길을 잃는 것이다. 누대는 성 위에 있으므로 눈이 녹아서 축축하다. 전각이 높아 구름에 닿을 듯하므로 전각에 낮게 드리운 것이다. 초고를 태우고 나서는데 시간은 마침 닭이 홰에 오를 때이니 날이 이미 저물었음을 드러내었다.(首二朝班之景, 三四退朝歸院, 五六院中之景, 七八出院歸舍. 晝刻記日, 春旗記時, 中四皆言春景. 唐時殿庭, 多植花柳,

故初退朝班, 從花底而分散, 各歸院舍, 至柳邊而遮迷. 樓在城上, 故雪融而濕. 殿高逼雲, 故去殿若低. 及焚草而出, 時值鷄棲, 見日已晩矣.)

《독두심해》: 조회에 들어갔다가 조회에서 나와서 관서로 돌아가고, 다시 관서에서 궁중의 경치와 관서에서의 일을 두루 묘사하고, 그런 다음에야 문하성을 나오는 것으로 결말을 맺었으니 시간이 늦을 수밖에 없다.(由入朝而退朝而歸院, 再從院中回寫宮景幷院中之事, 然後結到出掖, 時自晩矣.)

《두시상주》에 인용된 황생黃生 설: 두 시(〈晩出左掖〉과 〈春宿左省〉) 모두 마지막 말에서 신분을 드러내었으니, 만약 조정의 일을 데면데면하게 서술했다면 비록 공교롭다고 해도 무슨 이득이 있겠는가.(二詩皆于結語見身分, 若泛敍朝省, 雖工亦何益哉.)

《두억》: 두보시의 묘처는 기상에 있는데, 이 시는 퇴근하여 집으로 돌아가는 장면에서 여유롭고 자득한 기상을 드러내었다.(老杜詩妙在氣象, 此于退食時寫出委蛇氣象.)

(**박 홍 준**)

6. 題省中壁

문하성의 벽에 적다

掖垣竹埤梧十尋[1] 洞門對霤常陰陰[2]
落花遊絲白日靜[3] 鳴鳩乳燕靑春深[4]
腐儒衰晩謬通籍[5] 退食遲廻違寸心[6]
袞職曾無一字補[7] 許身愧比雙南金[8]

궁 옆 담장의 대나무 울타리에는 오동이 열 길이나 되고
동문이 낙숫물을 대하고 있는 곳 늘 어둑어둑하다.
떨어진 꽃과 유사, 한낮은 고요하고
지저귀는 비둘기와 어린 제비, 푸른 봄이 깊다.
썩은 유생이 노쇠한 몸으로 잘못 관직을 받았으니
퇴조退朝할 때 머뭇거리는 것은 한 치 마음을 어겼기 때문이다.
천자의 일에 한 자 보탬도 없었으니
자신을 자랑하여 한 쌍의 남금에 견준 것 부끄럽기만 하다.

이 시는 문하성 안에 있는 좌습유의 관소 벽에 써서 붙인 것으로, 저작기시는 건원 원년 봄이다. 간관諫官의 직책을 제대로 수행하지 못하는 자신을 나무라는 말 가운데 실의의 감정이 짙게 배어 있다. 시제가 '제성중원벽題省中院壁'으로 된 판본도 있다.

《보주두시》 '제성중벽'이라 하고 또 시에서 '곤직증무일자보'라고 하였으니 응당 건원 원년 좌습유 시절에 지은 것이다. '성'은 문하성을 말한다.(旣謂之題省中壁, 又詩云袞職曾無一字補, 當是乾元元年爲拾遺時作. 省謂門下省也.)

주 석

1 掖垣(액원) – 황궁 옆의 담장. 당대에는 문하성과 중서성을 뜻하였는데, 이 두 성이 황궁의 좌우 곁문 쪽에 나뉘어 위치하고 있었기 때문이다. '掖'은 궁정 정문 양 쪽에 있는 곁문이다. 竹埤(죽비) – 대나무 울타리. '埤'를 '비卑'와 같은 뜻으로 보는 설도 있으나 취하지 않는다.

《두공부초당시전》 '원'과 '비'는 모두 담장이다. 높은 것이 '원'이고 낮은 것이 '비'이다.(垣埤, 皆墻也, 高曰垣, 低曰埤.)

《두시상주》에 인용된 장연張綖 주 죽비는 궁 옆 담장 위에 대나무를 엮어서 울타리를 만든 것을 말하니 성 위의 성가퀴와 같다.(竹埤謂掖垣之上, 以竹編爲儲胥, 若城埤然.)

《독두심해》 (죽비는) 지금의 대나무 울타리나 대나무 병풍과 같은 것이다.(如今竹籬竹屛之類.)

《두시상주》에 인용된 진정경陳廷敬 설 '비' 자에 대하여 풀이하는 자마다 각각 다르다. 지금은 또 '비'는 '비卑'와 같아서 이 구는 대나무는 낮고 오동은 높음을 말하는 것이라는 설도 있다.(埤字, 解者各異, 今更有說埤與卑同, 此言竹卑梧高也.)

2 洞門(동문) – 겹겹으로 서로 마주하고 있는 문을 말한다. 霤(유) – 낙숫물 또는 낙숫물을 받는 그릇. '雪'로 된 판본도 있다. 陰陰(음음) – 깊고 어두운 모습.

《두시상주》 구본에는 '설'로 되어 있었는데, 《정이》에서 '유'로 정하였다.(舊作雪, 正異定作霤.)

《두시상주》에 인용된 두정공杜定功 설 '대류'를 '대설'로 한 것은 옮겨

적는 과정에 생긴 잘못이다. 좌사의 〈오도부〉에 '옥당이 낙숫물을 마주하고 석실이 서로 떨어져 있다'라는 말이 있다. 그리고 이 시에 떨어진 꽃과 유사, 지저귀는 비둘기와 어린 제비가 나오니 이때에 눈이 있을 수가 없다.(對霤作對雪, 此傳寫之誤耳. 左思吳都賦, 玉堂對霤, 石室相距. 是詩有落花游絲, 鳴鳩乳燕, 此時不宜有雪.)

《독두심해》 여기서 '설'을 '류'로 바꾸어도 또한 통한다. 그러나 '대설' 자를 살려서 보아야 한다. 동문이 대하고 있는 곳은 바로 울타리 사이 오동을 심은 곳이다. 그 곳에는 혹 담장 모퉁이나 돌 틈 사이에 눈이 쌓였다가 아직 녹지 않은 것이 있을 수 있다. 〈만출좌액〉 시를 보면 '누각의 눈이 녹아 성이 축축하다'라고 하였는데 또한 같은 시기에 지은 시이니, 이때서야 봄 눈이 막 개었음을 알 수 있다.(此改雪作霤, 亦通. 但對雪字須活看. 洞門所對, 卽埤間植梧之處, 其處或有牆隅石罅之雪, 積而未銷. 觀晚出左掖詩, 樓雪融城濕, 亦一時之作, 知此時春雪方晴也.)

〔掖垣 2구〕 문하성 주위의 경물을 묘사하였다.

《두시상주》에 인용된 고신顧宸 주 담이 오동에 덮여 있고 문마다 낙숫물을 대하고 있으니, 의당 그 기상이 음삼하다.(垣覆梧桐, 門皆對霤, 宜其氣象陰森.)

3 遊絲(유사) – 거미 등이 토해서 퍼뜨린 실이 허공에 떠다니는 것을 말한다.

4 乳燕(유연) – 어린 제비. 또는 새끼를 기르는 어미 제비를 뜻하는 것으로 볼 수도 있다.

〔落花 2구〕 비유의 뜻이 담겨 있다는 설도 있다.

《두시상주》에 인용된 장연 주 '백일정'은 하는 일 없이 녹을 받는 것을 개탄한 것이고, '청춘심'은 시간이 흘러가는 것을 안타까워한 것이다.(白日靜, 慨素餐也. 靑春深, 惜時邁也.)

5 通籍(통적) – 문적門籍(궁문 앞에 걸어 놓은 명패로, 관원의 성명, 연령, 신분 등을 기재한다)에 이름을 적고 궁문을 출입하는 것이다. 여기서는 궁중의 관직을 맡았음을 뜻한다.

6 退食(퇴식) – 퇴조하여 귀가하는 것을 말한다. 遲迴(지회) – 머뭇거리다. 빨리 귀가하지 않는 것을 뜻한다. 寸心(촌심) – 임금에게 보답하려고 한 처음의 마음을 뜻한다. 벼슬을 하지 않으려고 한 마음을 뜻한다는 설도 있으나 취하지 않는다.

《두시언해》 '위촌심'이란, 두보가 만년에 습유 직을 얻게 되어 군주에게 보답하려고 하였는데 하지 못하여 퇴조할 때에 머뭇머뭇 천천히 걸으며 그가 본심을 어긴 것을 한탄한다는 것이다.(違寸心, 甫晩得拾遺, 思欲報主而不得, 故退朝之際, 遲回徐行, 恨其違本心也.)

《두공부초당시전》 (이 구는) 벼슬하는 것이 그의 본심이 아니었음을 말한다.(謂仕宦, 非其本心也.)

7 袞職(곤직) – 천자 또는 천자의 일을 뜻한다. 補(보) – 천자의 잘못을 바로잡거나 미비한 것을 보완하는 것을 말한다.

《두시언해》 '곤직'은 천자를 가리켜 말한 것으로, 한 자의 상주문이라도 올려서 천자가 빠뜨린 것을 보완하지 못했음을 말한다.(袞職, 指言天子. 謂曾無一字奏疏, 以補袞職之闕.)

《두공부초당시전》 (이 구는) 천자의 잘못을 보완할 충언이 없었음을 부끄러워한다는 말이다.(謂愧無忠言以補天子之過也.)

8 許身(허신) – 스스로 인정하다. 자부하다. 雙南金(쌍남금) – 한 쌍의 남금. '남금'은 남방에서 출산되는 동銅으로, 귀한 물건을 뜻한다.

《두시상주》에 인용된 장재張載의 〈의사수擬四愁〉 미인이 나에게 녹기금을 주셨으니, 무엇으로 보답할까? 한 쌍의 남금이지.(美人贈我綠綺琴, 何以報之雙南金.)

〔腐儒 4구〕 시인의 감회를 적은 부분이다.

《두시상주》 공은 나이 마흔여섯에 처음으로 습유에 배수되었으니, 때가 이미 늦었다. 그런데도 한 벼슬자리에 머뭇거리며 간관의 책임을 다하지 못하고 헛되이 평소의 마음을 어기고 있을 뿐이다. 직책에서 돕는 것이 없어서 일신에 부끄러움이 있으니, 이에 관사 벽에 이 시를 적어서 스스로를 경책한 것이다.(公年四十六始拜拾遺, 時已晩矣, 乃遲回一官, 未盡言責, 徒違素心耳. 職無補而身有愧, 乃題於院壁以自警.)

《두시상주》: 위의 4구는 문하성 안의 경물이고, 아랫부분은 그의 감회를 서술한 것이다.(上四省中之景, 下乃自述其懷.)

《독두심해》: 문하성 안의 봄눈이 막 개었을 때 지은 것이다.(省中春雪新晴時作也.)

(**이 영 주**)

7. 送賈閣老出汝州
여주로 가시는 가각로를 배웅하며

西掖梧桐樹[1] 空留一院陰[2] 艱難歸故里[3] 去住損春心[4]
宮殿青門隔[5] 雲山紫邏深[6] 人生五馬貴[7] 莫受二毛侵[5]

중서성의 오동나무
부질없이 정원에 그늘을 남기고,
힘들게 고향으로 돌아가시게 되어
떠나고 머무니 춘심이 줄겠지요.
궁전의 청문과 떨어져
구름 낀 자라산 깊은 곳에 머무실 터,
사람이 태어나 오마를 타는 것도 귀한 일이니
머리카락 희도록 마음 쓰지 마소서.

이 시는 두보가 건원 원년에 여주자사로 내려가는 가지를 배웅하면서 지은 것이다. '閣老'는 중서성이나 문하성의 속관을 높여 부르는 호칭이다. 가지도 당시 중서사인을 지내고 있었기에 이런 호칭으로 불린 것이다.

《보주두시》 가지의 전기에는 여주로 나갔다는 말은 없고 포주로 나갔다고 적고 있다. 그러나 이제 이 시에서 '힘들게 고향으로 돌아간다', '구름 낀 자라산 깊은 곳에 머문다'고 한 말에 근거해 보면, 가지는 사실 여주를 맡으러 갔던 것이다. 가지의 부친인 가증은 하남 낙양 사람이다. 여주는 당대에 하남도에 속하였고, 또 하남과 이웃하고 있었으며, 자라산 역시 여주에 있었다. 전기에 적혀 있지 않은 것은 사가가 이를 빠뜨렸던 것이다. 그가 양주와 등주로 도망간 것은 건원 2년 3월이다. 이제 시에서 '중서성의 오동나무 부질없이 정원에 그늘을 남긴다'고 하고, 또 '떠나고 머무니 춘심이 준다'고 하였으니, 이 시는 원년 봄에 지어졌다. 두보는 당시 간관의 거처인 좌액에 있었다.(至傳不書出汝州, 而書出蒲州. 今考此詩云, 艱難歸故里, 雲山紫邏深, 則至誠守汝州. 蓋至之父曾河南洛陽人, 而汝州唐屬河南道, 與河南又爲鄰, 而紫邏山亦在汝州. 傳不書, 史失之. 其奔襄鄧, 在乾元二年三月. 今詩云, 西掖梧桐樹, 空留一院陰, 又云, 去住損春心, 則是在元年春作. 公是時在左掖.)

《두시상주》 이 시에 근거하면 가지가 여주로 나간 것은 건원 원년 봄이다. 《숙종본기》를 보면 아홉 절도사의 군대가 무너져 자사인 가지가 양주와 등주로 도망간 것이 이듬해 3월이니, 이 시와 전후 시기가 일치한다. 본전에서 포주로 나갔다고 한 것은 사가가 잘못 적은 것일 뿐이다. 《구당서》에 "사인 중에 나이가 많은 사람을 각로라 부른다"고 하였다. 《당지》에서는 "여주 임여군은 하남도에 속한다. 본래는 이주였는데 정관 8년에 이름을 바꾸었다"고 하였다. 여주는 지금의 하남 남양부에 속한다.(據此詩, 賈出汝州在乾元元年之春. 考肅宗本紀, 九節度師潰, 刺史賈至奔於襄鄧, 在次年三月, 與此詩前後相合. 本傳以爲出蒲州, 史氏誤書耳. 舊唐書, 舍人年深者, 謂之閣老. 唐志, 汝州臨汝郡, 屬河南道, 本伊州, 貞觀八年更名. 汝州, 今屬河南南陽府.)

《구가집주두시》 조언재 주 이 시는 가지를 배웅하며 지은 것이다. 앞의 작품 가운데 〈엄가이각로양원보궐〉이라는 시가 있는데, 두보 스스로 엄무와 가지라고 주를 달았다. 가지가 여주자사가 되었다는 것을 《당서》에서는 기재하지 않았다.(此送賈至也. 前篇有嚴賈二閣老兩院補闕, 公自注云, 嚴武賈至也. 至爲汝州, 唐史不載.)

주 석

1 西掖(서액) – 중서성을 가리킨다.

《두시상주》 《초학기》에 "중서성은 오른편에 있다. 그래서 중서성을 '우조'라 하고 또한 '서액'이라고도 한다"고 하였다.(初學記, 中書省在右, 因謂中書爲右曹, 又稱西掖.)

《구가집주두시》 조언재 주 가지가 지덕 연간에 중서사인을 역임하였는데, 중서사인은 중서성에 속하며 월화문 서쪽에 있기 때문에 '서액'이라고 한 것이다.(至於至德中, 歷中書舍人, 而中書舍人隷中書省, 在月華門西, 故曰西掖.)

2 一院(일원) – 여기서는 중서성에 있는 뜰을 가리킨다.

〔西掖 2구〕 중서사인이었던 가지가 여주로 내려가기 위해 중서성을 나선 것을 말한다.

《두시상주》 '중서성의 오동나무 부질없이 남긴다'는 것은 가지가 이미 중서성을 나섰다는 것을 말한다.(掖梧空留, 賈已出院矣.)

《구가집주두시》 가지의 덕망이 아직 중서성을 뒤덮고 있다는 것을 비유한다.(喻賈之德, 猶足庇覆一院.)

3 艱難(간난) – 고생하다. 고향으로 돌아가는 여정이 힘든 것을 뜻한다. 또는 시기적으로 어려운 때를 뜻하는 말로 볼 수도 있을 듯하다.

4 去住(거주) – 떠나고 머물다. 가지는 조정을 떠나고 두보 자신은 남아 있는 것을 말한다. 損春心(손춘심) – 봄의 홍취가 줄다. 함께 봄을 만끽하는 홍취를 놓치게 되었다는 말이다. 혹은 젊은 시절의 기개가 준다는 뜻으로 볼 수도 있다.

〔艱難 2구〕 가지가 여주로 내려가 자신과 헤어지고 나면 함께 하던 흥취가 없어지는 것을 말한다.

《두시상주》 ‘艱難’은 도중에 육로와 수로를 두루 거치는 것을 말하고, ‘去住’는 두 사람의 행적을 말한다.(艱難, 言中途跋涉, 去住, 謂彼此踪跡.)

《보주두시》에 인용된 사씨師氏의 설 분주하게 다니느라 피곤하여 젊은 시절의 마음이 줄어든 것을 말한다.(言奔走之勞, 而減少年之心也.)

5 靑門(청문) – 푸른 문. 장안의 성문을 가리킨다.

《구가집주두시》 ‘靑門’은 장안의 동쪽 성문이다. ‘청문과 떨어졌다’는 것은 가지가 여주로 나간 것을 말한다.(靑門, 長安東城門也. 隔靑門, 謂賈出汝州也.)

《두시상주》 《전한서》 주에 “패성문이 민간에서 말하는 청문이다”라는 말이 있다.(前漢書注, 覇城門, 民間所謂靑門也.)

6 紫邏(자라) – 여주에 있는 산 이름.

《두시상주》에 인용된 《구역지九域志》 여주의 양현에 자라산이 있다.(汝州梁縣有紫邏山.)

《구가집주두시》에 인용된 《두보유杜補遺》 자라는 산 이름이다. 《구역지》를 잘 살펴보면 여주의 양현에 세 개의 산이 있는데, 하나는 곽양산이고 또 하나는 공동산이며 다른 하나는 자라산이라고 하였다.(紫邏, 山名也. 謹按九域志, 汝州梁縣有三山, 一霍陽, 二崆峒, 三紫邏.)

〔宮殿 2구〕 두보와 가지가 서로 떨어져 지내게 되었음을 말한다.

《두시상주》 ‘靑門隔’은 떠난 사람은 장안을 보지 못하리라는 뜻을 담고 있고, ‘紫邏深’은 남은 사람은 여주를 보지 못할 것이라는 뜻을 담고 있다.(靑門隔, 去者不見長安, 紫邏深, 住者不見汝州也.)

7 五馬(오마) – 다섯 마리 말. 다섯 마리 말이 끄는 수레를 탄다는 말로, 태수나 자사의 직분을 가리킨다. 여기서는 가지가 여주자사가 된 것을 말한다.

《구가집주두시》 조언재 주 다섯 말이 끄는 수레는 태수를 뜻한다. 이에 관한 고사는 본래 《한관의》의 '태수는 다섯 말이 끄는 수레를 탄다'는 말에서 나왔다. 대개 천자는 여섯 말이 끄는 수레를 타고, 제후는 다섯 말이 끄는 수레를 타기 때문일 것이다. 《만수시화》에서는 "고악부인 〈맥상상〉에서 '다섯 말이 선 채로 우물쭈물한다'고 하여 다섯 말로 태수를 가리켰으니, 이와 관련된 고사는 서한 때부터 시작되었다. 그러나 옛날에는 네 마리 말이 끄는 수레를 타다가 한대에 이르러 태수가 외출할 때는 한 마리를 더 보탰던 것이다. 이에 관한 고사는 《한관의》에 보인다"고 하였다. 《반자진시화》에서는 "《예기》에 의하면 천자는 여섯 말이 끄는 수레를 타는데 좌우로 곁말을 붙이고, 삼공과 구경은 네 마리 말이 끄는 수레를 타면서 오른쪽에 곁말을 붙인다. 한대의 제도에 의하면 구경은 중이천석의 연봉을 받았으므로 역시 오른쪽에 곁말을 붙이고, 태수는 네 마리 말이 끄는 수레를 탔을 뿐이다. 그중 왕성처럼 공적이 있어 봉급이 보태져서 중이천석의 연봉을 받게 되는 사람이라야 오른쪽에 곁말을 붙였다. 그래서 '오마'로 태수의 미칭으로 삼았던 것이다"라 하였다.(五馬, 太守. 事本出漢官儀, 太守五馬. 蓋天子六馬, 而諸侯則五馬故也. 漫叟詩話云, 古樂府陌上桑云, 五馬立踟躕, 用五馬作太守, 事自西漢時始. 然古乘駟馬車, 至漢時, 太守出, 則增一馬. 事見漢官儀. 潘子眞詩話, 禮, 天子六馬左右驂, 三公九卿駟馬右騑. 漢制, 九卿則中二千石, 亦右驂. 太守則駟馬而已. 其有功德, 加秩中二千石, 如王成者, 乃有右騑. 故以五馬爲太守美稱.)

《두시상주》에 인용된 《오색선집五色線集》 북제의 유원백은 다섯 아들이 동시에 군의 태수를 맡아 수시로 다섯 마리 말이 정원에 북적대곤 하였다. 그래서 당시 사람들은 태수를 오마라고 불렀다.(北齊柳元伯, 五子同時領郡, 時五馬參差於庭, 故時人呼太守爲五馬.)

8 二毛(이모) – 반백의 머리카락. 마음고생으로 머리가 흰 것을 말한다. 《두시상주》 《좌전》 '不禽二毛'의 주에 "귀밑머리에 검고 흰 두 가지 색이 뒤섞여 있는 것을 뜻한다"는 말이 있다.(左傳, 不禽二毛, 注, 鬢毛班白二色也.)

〔人生 2구〕 가지에게 지방관인 여주자사로 내려가도 너무 서운해하지 말라는 뜻을 담고 있다.

《두시상주》에 인용된 장원張遠 주 사람이 세상에 태어나 자사가 될 수 있다면 이 또한 보잘것없는 것이 아니니, 깃발 하나 들고 자사로 내려간다고 불만을 품어 희끗희끗한 머리가 나도록 하지는 말라는 뜻으로, 이는 위로하기 위해서 한 말이다.(人生得爲刺史, 亦不賤矣, 莫以一麾出守, 感憤而生二毛, 此作慰詞.)

《두억》 마지막 구절에서는 가지가 제때에 업적을 세우기를 권면하고 있다.(末句勉其及時立業.)

《두시상주》: 앞의 4구는 가지가 여주로 나간 것을 말하고, 뒤에서는 이별 뒤의 우정을 말하고 있다.(上四賈出汝州, 下言別後交情.)

(**김 만 원**)

8. 送翰林張司馬南海勒碑
남해로 비문을 새기러 떠나는 한림 장사마를 전송하며

冠冕通南極[1] 文章落上台[2] 詔從三殿去[3] 碑到百蠻開[4]
野館穠花發[5] 春帆細雨來 不知滄海使[6] 天遣幾時廻

갓 쓴 그대 남쪽 끝으로 가는데
문장이 상태에서 내려졌다.
삼전으로부터 명령이 나가
남쪽 오랑캐 땅에 비문이 열린다.
들 여각에 화사한 꽃 피어나고
봄 돛에 가랑비 내리겠지.
드넓은 바다로 떠난 사신
하늘은 언제 돌려보내시려나?

이 시는 남해로 비문을 새기러 떠나가는 한림원의 장사마를 전송하는 작품이다. 두보의 원주에 '상국이 비문을 지었다(相國製文)'라고 되어 있다. '한림'은 한림원을 가리키는데 당 초기에 설치되었고 궁정에 필요한 각종 문예나 기예를 관장하였다. '장사마'가 누구인지는 분명하지 않다. '사마'는 '학사學士'로 된 판본도 있다. 당대에는 절도사의 속료屬僚로서 행군사마行軍司馬가 있었고 각 주州마다 사마司

馬를 두어 폄적되거나 혹은 일이 없는 사람을 관리하였다. 남해는 당대 영남도에 속하는 군이다.

저작 시기는 이설이 있으나 일반적으로 건원 원년으로 본다.

《보주두시》 《당지》에 의하면 한림에는 사마가 없었고 다만 왕부 장사 아래에 사마 1인이 있었으며 또 원수부에 행군사마 행군좌우사마가 있었고 대도독부 상하주에 사마가 있었다. 지금 제목에 '한림장사마'라고 하였으니 어찌 사마로서 한림의 일을 맡은 것이 아니겠는가? 살펴보건대, 당 위집의의 《한림고사》에 "한림원은 우은대문 안쪽, 인덕전 서쪽 중랑의 뒤에 있는데 천하에서 예능이나 기예로 부름받은 자가 거처하는 곳이다"라고 하였고, 《당서 · 백관지》에는 또 "한림원이란 조명을 기다리는 곳이다. 황제가 있는 곳이면 반드시 문사 경학의 선비에서 아래로 점쟁이 의원 기예인에 이르는 부류가 모두 별원에서 당직하였다"고 하였다. 지금 제목에 '비문을 새긴다'고 하였고 시에 '비문이 남쪽 오랑캐 땅에 열린다'고 하였으며 그 글에 또한 '상국이 이미 지었다'고 하였으니 장사마가 문사 경학의 선비가 아닌 것은 분명하다. 아마도 조각하는 기술이 뛰어난 사람이었을 것이다. 양권도는 건원 원년에 편재하였는데 또한 옛 차례를 따른 것일 뿐이다. 살펴보건대, 〈남조전〉에 '현종이 하리광에게 무력으로 남조의 경계를 평정하라 명령하여 마원 동주를 세우고 돌아왔다'고 하였는데 대체로 천보 7년의 일이다. 아마도 이때 가서 비문을 새긴 것일 것이다. 그 후 선우중통과 양국충이 이들을 토벌하였으나 모두 실패하였다.(唐志, 翰林無司馬, 唯王府長史下有司馬一人, 又元帥府有行軍司馬行軍左右司馬, 大都督府上下州有司馬. 今題云翰林張司馬, 豈非以司馬而居翰林之事. 按唐韋執誼翰林故事云, 翰林院者在右銀臺門內, 麟德殿西重廊之後, 天下以藝能技術召見者之所處也. 唐百官志又云, 翰林院者待詔之所也. 乘輿所在, 必有文詞經學

之士, 下至卜醫技術之流, 皆直於別院. 今題云勒碑, 詩云碑到百蠻開, 其文又是相國已製, 則張非文詞經學之士, 明矣. 殆鐫工之精者. 梁權道編在乾元元年, 亦從舊次耳. 按南詔傳,元宗詔何履光以兵定南詔境, 立馬援銅柱, 乃還, 蓋在天寶七載. 恐是此時往勒碑. 其後鮮于仲通楊國忠討之, 皆敗.)

《두시상주》에 인용된 강신영姜宸英 설 《신당서 · 여향전》에 의하면 여향이 좌보궐에 나아가자 황제 자신이 글을 짓고 서악에 비문을 새기려 하여 향에게 준륵사를 맡도록 명령하였다. 이는 비록 임시변통이기는 하지만 역시 사인으로 그 일을 하게 한 것이다. 황학은 아마도 조명을 받아서 조각하는 부류였을 것이라고 말하였는데, 만약 이 사람이 잡직의 관리였다면 공이 시를 지어 칭송하지는 않았을 것이다.(鶴注, 唐志, 翰林無司馬. 玄宗置翰林院, 延文章之士, 下至藝能伎術之流, 皆待詔於此. 今曰勒碑, 或是鐫工之精者. 姜氏曰, 新唐書呂向傳, 向進左補闕, 帝自爲文, 勒石西嶽, 詔向爲鐫勒使. 此雖權設, 亦以士人爲之. 鶴謂或待詔鐫刻之流, 若是雜流, 公不須作詩推重矣.)

《독두심해》 황학은 '《당지》에 의하면 한림에는 사마가 없었다'고 주하였다. 살펴보건대 당시 아마도 조명을 받들어 비문을 새기러 감에 새로이 겸직을 제수받은 것일 것이다.(鶴注, 唐志, 翰林無司馬. 按, 時或奉詔勒碑, 新授兼銜也.)

《두시상주》에 인용된《당서唐書》 광주 남해군은 영남도에 속한다.(廣州南海郡, 屬嶺南道.)

주 석

1 冠冕(관면) - 고대 제왕이나 관원이 썼던 모자. 갓. 여기서는 조정의 관리를 말하며 구체적으로는 한림의 장사마를 가리킨다. 通(통) - 도달하다. 가다. 南極(남극) - 남쪽 끝. 여기서는 남해군을 가리킨다.

《구가집주두시》 조언재 주 '관면'은 장사마를 가리켜 말한 것이고 '남극'은 남해의 땅을 가리켜 말한 것이다.(冠冕, 指言張司馬. 南極, 指言南海之地.)

《두시경전》 관면은 한림을 가리키는 것이며, 바다 끝의 남쪽은 평소 중국과 왕래가 없었는데 이제 사마가 떠나가게 되어 관원이 비로소 남쪽 끝에 도달하게 되었다는 말이다.(冠冕指翰林, 言極海之南素與中華不通, 今司馬去而冠冕始通南極也.)

2 落(낙) – 내려지다. 上台(상태) – 별 이름. 삼공에 비유되는 삼태성 여섯 별 가운데 서쪽 문창성에 근접해 있는 두 별을 말하는 것으로 여기서는 재상을 비유한 것이다. 이 구는 비문에 쓰일 문장이 재상의 손에 의해 지어졌음을 말한다.

《진서晋書 · 천문지》 삼태의 여섯 별은 둘씩 모여 있다. … 서쪽으로 문창성에 가까이 있는 두 별은 상태라고 하는데 사명이며 수명을 주관한다. 다음 두 별은 중태라고 하는데 사중이며 종실을 주관한다. 동쪽 두 별은 하태라고 하는데 사록이며 군대를 주관한다.(三台六星, 兩兩而居 … 西近文昌二星曰上台, 爲司命, 主壽. 次二星曰中台, 爲司中, 主宗室, 東二星曰下台, 爲司祿, 主兵.)

3 三殿(삼전) – 궁전의 이름. 삼면으로 이루어진 궁전이란 뜻으로 대명궁의 인덕전을 말한다. '天上'으로 되어 있는 판본도 있다. 이 구는 비문을 새기라는 조명이 궁전에서 나갔음을 말한다.

《두시상주》 《양경신기》에 "대명궁에 인덕전이 있는데 선거전 서북쪽에 있다. 이 궁전은 삼면으로 이루어져 있어서 삼전으로 이름을 삼았다"고 하였다. 백거이 〈酬和元九東川路詩 · 夜深行〉의 '삼전 모서리에 숙직하는 사람'이라는 것이 이것이다.(兩京新記, 大明宮有麟德殿, 在仙居殿西北. 此殿三面, 故以三殿爲名. 白樂天詩三殿角頭宵直人, 是也.)

《구가집주두시》 조언재 주 이조 《한림지》에 이르기를 '한림원은 인덕전 서편 결채 중랑의 뒤에 있는데 문은 동쪽을 향하고 있었다'고 하였다. 그러므로 '조서가 삼전으로부터 나갔다'는 말은 한림원의 담장으로부터 삼전을 거쳐 나갔다는 말이다. 옛 주는 틀린 것이다.(李肇翰林志曰, 翰林院在麟德殿西廂重廊之後, 門東向. 故曰詔從三殿去者, 言自翰林壁經三殿而出也. 舊注非.)

4 百蠻(백만) – 남방 이민족. 開(개) – 열리다. 새기다. 여기서는 비석에 글을 새긴다는 말이다.

《두공부초당시전》 '백만'은 이민족의 총칭이다.(百蠻, 夷狄之總稱也.)

5 野館(야관) – 들 여각. 시골에 있는 여관. 穠(농) – 꽃이 무성한 모양. '濃'으로 된 판본도 있다.

〔野館2구〕 장사마가 길을 가면서 보게 될 풍경을 가리키는 것으로 볼 수도 있고, 두보가 장사마를 전송하는 시점의 풍경으로 볼 수도 있다.

6 滄海使(창해시) – 드넓은 바다로 떠나간 사신. '使'는 《문원영화》에 '使'로 되어 있고 다른 여러 판본들은 '上'으로 되어 있다.

〔不知2구〕

《두시상주》에 인용된 황생 주 결어에서는 장건의 고사를 암용하고 있다. 성이 같을 뿐만 아니라 경사를 떠나 사신간 것, 그리고 해상으로 나갔다는 점에서 고사를 사용함이 정세하고 절실한데 옛날에는 이것을 언급한 주가 없었다.(結語暗用張騫事, 旣同姓, 又出使, 且往海上, 用事精切, 舊無注及者.)

《두시상주》: 위 4구는 장사마가 남해로 가는 것이요, 아래 4구는 장사마를 보내는 마음이다. 앞의 묘사는 기상이 높고 아래의 묘사는 정경이 지극히 위완委婉하다. '관면'은 한림을 가리키고 '문장'은 비문의 문장을 가리킨다. '삼전거'는 '상태'를 받고 '백만개'는 '남극'을 받는다. '조'란 관리를 파견하는 명령이요, '개'란 비석에 비문을 새기는 것이다. '농화', '세우'는 떠날 때의 봄 경치이다. '창해로 떠나는 사신이 돌아옴'이란

오는 날의 노정과 시기이다.(上四張赴南海, 下四送張之意. 上寫氣象巍峩, 下摹情景婉至. 冠冕, 指翰林, 文章, 指碑詞. 三殿去, 承上台. 百蠻開, 承南極. 詔是遣官之命, 開是勒文於石. 穠花細雨, 去時春景. 滄海使回, 來日程期.)

《두억》: 앞 4구는 큰 체식體式을 지극히 잘 갖추었다. 뒷 연의 '야관농화'는 지극히 완상할 만한 것이고, '춘범세우'는 또한 처량함을 느끼게 한다. 머나 먼 길의 정경은 곳곳에 있는 것이지만 묘사가 깊고 자세하다. 조정에서 사신을 파견하는 데는 오고 감에 본디 정해진 기한이 있다. 그러나 '창해'라고 말하였으니 바람과 파도를 예측할 수 없어 일정을 늦추게 될 수도 있다. 그러므로 '천견'이라고 말한 것이다. 이 2자는 다른 사람은 결코 쓸 수 없는 것이다.(前四句極得大體. 後聯野館濃花, 極堪賞玩, 春帆細雨, 又覺凄涼. 長途情景, 在處有之, 描寫深細. 朝廷遣使, 來廻自有定期, 但云滄海, 則風濤不測, 以致稽程有之, 故云天遣, 二字他人必不能下.)

(**이석형**)

9. 曲江陪鄭八丈南史飮

정 사관을 모시고 곡강에서 마시다

雀啄江頭黃柳花[1]　鵁鶄鸂鶒滿晴沙[2]
自知白髮非春事[3]　且盡芳樽戀物華[4]
近侍卽今難浪跡[5]　此身那得更無家[6]
丈人才力猶强健[7]　豈傍靑門學種瓜[8]

참새들 강가의 노란 버들꽃을 쪼아대고
교청새, 원앙새 맑게 개인 백사장에 가득하네.
백발 노인한테 봄일이야 가당찮음을 알지만
잠시 향기로운 술잔을 기울이며 만물의 아름다움을 사모한다네.
천자를 가까이 모시고 있어 이제는 떠돌기 어렵거니와
이 몸 어찌 또 집이 없을 수 있는가?
선생께선 재주와 힘이 아직 강건하신데
무엇하러 청문 곁에서 외 심는 법을 배우려 하시는가?

이 시는 건원 원년 봄, 두보가 좌습유로 있을 당시에 지은 것이다. 정팔장은 당시 조정의 사관이었다. '南史'는 본래 춘추시대 제나라의 사관으로 당시에 직필로서 유명하였다. 여기서는 정팔장을 높이기 위해 끌어 쓴 것이다. 정팔장의 귀은歸隱하고자 하는 심경을 빌려서 자신의 답답한 마음을 드러내고 있다.

《보주두시》 시에서 '近侍只今難浪跡'이라고 했으니 건원 원년 문하성에 있을 당시 지은 것이다. 이때는 아직 화주사공으로 폄적되지 아니하였다.(詩云, 近侍只今難浪跡, 當是乾元元年在諫省時作, 是時未貶華州司功也.)

《춘추좌전 · 양공이십오년襄公二十五年》 대사관이 '최저가 그 임금을 죽였다'고 기록하니 최저가 그를 죽였다. 그 아우 중에 이어 쓰다가 죽은 자가 둘이나 되었다. 그 아래 동생이 또 기록하니 이번에는 내버려두었다. 남사씨가 태사가 모두 죽었다는 소식을 듣고 죽간을 가지고 갔다가 그 일이 이미 기록되었음을 듣고는 돌아갔다.(大史書曰, 崔杼弑其君. 崔子殺之, 其弟嗣書, 而死者二人. 其弟又書, 乃舍之. 南史氏聞大史盡死, 執簡以往, 聞旣書矣, 乃還.)

주 석

1 江頭(강두) – 강변. 강가. 黃柳花(황류화) – 노란 버들꽃.

《두시상주》 고신顧宸 주 버들은 처음에 연한 꽃이 피는데 그 색깔이 노랗다. 그래서 '黃柳'라고 말하는 것이다. 잎이 나기 전에 먼저 꽃이 피므로 참새가 그것을 쪼아먹는다고 한 것이다.(柳始生嫩蕊, 其色黃, 故曰黃柳. 未葉而先花, 故雀啄之.)

2 鵁鶄(교청) – 백로과에 속하는 새. 백로보다 좀 크며 연못, 물가에 서식한다. 鸂鶒(계칙) – 자원앙. 원왕보다는 좀 크고 자줏빛이 도는 물새.

《두시상주》에 인용된 《자치통감》 현종 초년에 관리를 강남 지역으로 파견해서 교청, 계칙 등을 잡아다 원 중에 두었다.(玄宗初年, 遣宦者詣江南, 取鵁鶄鸂鶒等置苑中.)

3 春事(춘사) – 봄날에 즐기는 일. 혹은 춘흥. 이 구절은 봄은 젊은이들의 계절이지 자기와 같이 이미 백발이 된 노인들의 계절이 아니라는 말이다.

《구가집주》 조언재 주 봄날에 즐겁게 놀면서 구경하는 것을 일삼는 것은 모두 젊은이들에게 어울리는 것이다.(春事嬉遊賞玩, 皆年少之所宜.)

4 物華(물화) – 만물의 아름다움. 여기서는 눈앞에 펼쳐지는 봄날의 아름다운 경치를 가리킨다.

《두억》 앞에 두 구가 바로 '物華'의 사랑스러운 것들이다.(首二句正物華之可戀者也.)

5 近侍(근시) – 임금을 가까이 모시는 것. 여기서는 두보가 좌습유의 벼슬로 임금을 가까이에서 모시기 때문에 한 말이다. 浪跡(낭적) – 정처없이 떠돌다. 이 구절은 좌습유의 벼슬을 하고 있기 때문에 이전처럼 자유롭게 다닐 수 없다는 것이다. 이 구절을 좌습유의 직책에 대한 두보의 성실성을 설명하는 것으로 보는 경우도 있으나 취하지 않는다.

6 那得(나득) – 어떻게 …할 수 있는가. 이 구절은 자신을 돌아보니 평생 거할 집조차도 마련하지 못했다는 것이다. 이제는 집을 마련하여서 안정된 생활을 누리는 것으로 보는 경우도 있으나 취하지 않는다.

〔近侍2구〕 이 구절은 두보가 멀리 떠나 마음껏 다니고 싶은 마음이 있지만, 현재 좌습유의 벼슬을 하고 있어 떠나기 어렵다는 것과, 또 벼슬을 버리고자 해도 몸을 의탁할 집조차 변변히 마련하지 못하였기 때문에 벼슬을 버릴 수도 없는 상황을 설명하는 것이다. 《두시상주》와 《구가집주두시》에서는 조금씩 다른 해석을 가하고 있다.

《두시상주》 관직이 임금을 가까이에서 모시는 직책에 있으니 멋대로 할 수가 없는데, 자신을 돌아보니 또한 의지할 집안 형편조차 없다. 봉록만 받는 신하도 될 수 없고, 또 벼슬을 버릴 수도 없음을 알 수 있으니 진퇴양난인 것이다.(官居近侍, 旣難浮沈浪跡, 回念此身, 更無家計可資. 見尸位不可, 去官不能, 進退兩難也.)

《구가집주두시》 조언재 주 윗구는 슬퍼한 것이요, 아랫구는 즐거워한 것이다. 아마도 공은 성품이 진솔하여 지난날에는 방랑을 하였으나 지금은 임금을 가까이에서 모시게 되었으므로 방랑이 어렵게 된 것이다. 이에 앞서 자신은 홀로 반군 중에서 옮겨 다녔고, 집안은 부주에 맡겨 두고 있어서 일찍이 시에서 '집도 없이 한식을 대한다'고 한 적이 있다. 지금은 이미 다시 모이게 되었으니 즐거워서 '어떻게 또 집이 없을 수 있는가'고 말한 것이다.(上句所以自戚, 下句所以自喜. 蓋公性眞率, 平昔放浪, 今爲近侍, 故難浪跡. 前此一身轉徙賊中, 寄家鄜州, 嘗有詩曰, 無家對寒食. 今旣復聚, 故喜而曰那得更無家也.)

7 丈人(장인) – 여기서는 정팔장을 가리킨다. 才(재) – '文'으로 된 판본도 있다.

8 青門(청문) – 장안의 패성문霸城門을 가리킨다. 學種瓜(학종과) – 외 심는 법을 배우다. 이 말은 진 동릉후 소평의 은둔고사와 관련된 것으로서 정팔장이 벼슬을 그만두고 은둔하려는 뜻이 있음을 드러낸 것이다.

《두시상주》에 인용된 《삼보황도》 장안의 패성문은 그 색이 푸르기 때문에 '청문'이라고 했다. 진나라 동릉후인 소평이 이곳에 은거하면서 오색의 외를 심었다.(長安霸城門, 其色青, 故曰青門. 秦東陵侯邵平隱居於此, 種瓜五色.)

〔丈人2구〕

《보주두시》 마지막에서는 정공이 벼슬을 해야지 대뜸 은거하지 말 것을 권면한 것이다.(末章勉鄭公出仕未可遽隱.)

《두시상주》 정팔장은 분명 돌아가 은거하겠다는 말을 하였을 것이다. 그래서 그의 재주와 힘이 아직 강건하니 소평의 외 심는 법을 배우는 것이 옳지 않다고 말한 것이다.(鄭丈必有歸隱之語, 故稱其才力猶强, 不當學邵平之種瓜.)

《두시상주》: 처음 2구는 경치를 서술한 것이요, 3, 4구는 정공을 모셨음이요, 5, 6구는 스스로를 말한 것이요, 7, 8구는 정공을 면려한 것이다.(首二敍景, 三四陪鄭, 五六自敍, 七八勉鄭.)

(**김 성 곤**)

10. 曲江二首

곡강

一片花飛減却春[1]　　風飄萬點正愁人[2]
且看欲盡花經眼[3]　　莫厭傷多酒入脣[4]
江上小堂巢翡翠[5]　　苑邊高塚臥麒麟[6]
細推物理須行樂[7]　　何用浮名絆此身[8]

한 조각 꽃잎이 날아도 봄빛은 줄어들거니
바람에 날리는 만 점 꽃잎은 정녕 사람을 시름겹게 하여라.
다 지려는 꽃잎이 눈앞 스치는 걸 잠시 바라보거니와
과다한 술 입술에 들이는 것 싫어하진 말아야지.
강가의 작은 집엔 물총새가 둥지를 틀고
궁원宮苑 옆 높다란 무덤에는 기린 석상도 누웠구나.
사물의 이치를 곰곰이 생각하노라면 모름지기 놀며 즐길 일,
어찌 헛된 이름으로 이 몸 얽어매랴!

이 시는 건원 원년 늦은 봄, 두보가 좌습유로 재직할 때 곡강 일대의 경치를 보고 벼슬길에서 뜻을 얻지 못한 자신의 신세에 대해 감회를 적은 것이다. 곡강은 장안 동남쪽에 있던 못인데 그 모양이 굽어 흐르는 강과 같았기 때문에 붙여진 이름이다. 연못 주변에는 자운루紫雲樓, 부용원芙蓉苑, 자은사慈恩寺, 낙유원樂游原 등의 명승지가 있었다.

《보주두시》 마땅히 건원 원년에 좌습유가 되어 장안에 있을 때 지은 것이다.(當是乾元元年爲拾遺在京師作.)

《두시상주》에 인용된 장연張綖 주 두 편의 시는 벼슬에 뜻을 얻지 못하여 늦봄에 감회가 있어 지은 것이다.(二詩以仕不得志, 有感於暮春而作.)

주 석

1 減却春(감각춘)－봄빛을 덜다. 봄빛을 줄이다.

《두억》 꽃잎 한 조각이 날려도 봄빛이 줄어든다는 것은 말이 기발하고 의미가 심장하다.(飛一片而春色減, 語奇而意深.)

2 風飄萬點(풍표만점)－바람이 만 점의 꽃잎을 날리다. 바람에 만 점의 꽃잎이 날리다. '風'이 '花'로 된 판본도 있다.

3 且(차)－잠시, 잠깐. 欲盡花(욕진화)－지려고 하는 꽃. 다 떨어져 가는 꽃. 經眼(경안)－눈앞을 지나다. '經'이 '驚'으로 된 판본도 있다.

4 傷多酒(상다주)－지나치게 많은 술. '傷'은 '아주〔太〕'의 뜻이다. 많이 마시면 몸을 상하게 하는 술로 번역하는 설도 있다. 入脣(입순)－술을 마신다는 의미이다.

《두시상주》 '傷多'는 술에 몸이 상하는 것이다.(傷多, 傷於酒也.)

5 小堂(소당)－작은 집. '堂'이 '棠'으로 된 판본도 있다. 翡翠(비취)－물총새. 이 구절은 작은 집에 주인이 없어 비어 있으니 새가 마음대로 둥지를 틀게 되었다는 뜻이다.

6 苑邊(원변)－궁원 옆. 여기서의 궁원은 부용원을 가리킨다. '苑'이 '花'로 된 판본도 있다. 高塚(고총)－높다란 무덤. 麒麟(기린)－기린 형상으로 만든 무덤 앞의 석물石物.

《두시상주》 원은 부용원을 가리키는데 곡강 서남쪽에 있었다.(苑, 指芙

蓉苑, 在曲江西南.)

《두시상주》에 인용된 《서경잡기》 오작궁 서쪽 청오관 앞에 세 그루의 오동나무가 있고 나무 아래에 돌로 만든 기린 두 매가 있었는데 진시황秦始皇의 묘에 딸렸던 석물이라 한다.(五柞宮西青梧觀前, 有三梧桐樹, 足下有石麒麟二枚, 云是始皇墓物.)

7 細推物理(세추물리)－사물의 이치를 자세히 미루어 살피다. 須行樂(수행락)－모름지기 놀며 즐겁게 지내야 한다. 앞에서 말한 술 마시는 일을 두고 언급한 것으로 볼 수 있다.

《독두심해》 '須行樂'은 술 마시는 일을 늦추지 말아야 한다는 것이다.(須行樂, 把酒入脣莫緩也.)

8 用(용)－'事'로 된 판본도 있다. 浮名(부명)－뜬구름처럼 헛된 이름. '名'은 '榮'으로 된 판본도 있다. 絆(반)－얽어매다.

《두시상주》: 첫 수에는 '급시행락'의 뜻이 있다. 위 4구는 곡강의 경치와 일이고 아래 4구는 곡강에서의 감회이다. 한 조각의 꽃잎이 날더니 이제는 만 점의 꽃잎이 다 지려 함에 이르렀으니 이것은 눈에 닿는 근심할 거리이다. 따라서 술을 빌려 풀어버리려고 생각하였다. 또한 집이 비어 주인이 없어 나는 새들이 마음대로 둥지를 튼 것과 무덤이 피폐해졌는데도 돌보지 않아 돌 기린이 자빠져 누운 것을 보았다. 사물의 이치 변천이 이와 같으니, 더욱이 모름지기 꽃과 술을 빌려 놀며 즐길 것이지 하필 헛된 이름에 연연하겠는가? 공은 아마도 장차 관직을 그만두려고 하여 강개함이 있었을 것이다.(首章, 有及時行樂之意. 上四曲江景事, 下四曲江感懷. 一片花飛, 至於萬點欲盡, 此觸目之堪愁者, 故思借酒以遣之. 且見堂空無主, 任飛鳥之棲巢, 塚廢不修, 致石麟之偃臥. 物理變遷如此, 尤須借花酒以行樂, 何必戀戀於浮名哉. 公殆將解職而有慨歟.)

《두공부초당시전》: 곡강은 예전에 풍경이 자못 아름다워 도성의 명승지가 되었다. 안녹산이 분탕질한 뒤로 다시는 지난날의 사치스럽고 화려한 모습이 없었는데 이 때문에 집에 물총새가 둥지를 틀고, 무덤에는 돌기린이 쓰러졌던 것이다. 한번 성하고 한번 쇠하여 그 이치가 항상恒常되지 않으니, 이 이치를 보면 인생살이에서 행락하지 않을 수 없다는 것이다.(曲江舊時風景頗佳, 爲都城勝景. 自祿山焚蕩之後, 無復向時奢華, 是以堂巢翡翠, 塚臥麒麟. 一盛一衰, 其理不常, 觀此理則人生不可不行樂也.)

其二

朝回日日典春衣[1]　　每日江頭盡醉歸[2]
酒債尋常行處有[3]　　人生七十古來稀
穿花蛺蝶深深見[4]　　點水蜻蜓款款飛[5]
傳語風光共流轉[6]　　暫時相賞莫相違[7]

조회에서 돌아오면 날마다 봄옷 잡혀
매일 강가에서 흠뻑 취해 돌아오나니
술빚이야 늘 가는 곳마다 있는 것은
인생살이 칠십이 예로부터 드물었기 때문.
꽃 사이를 누비는 나비는 깊이깊이 보이고
물을 찍는 잠자리 느릿느릿 날고 있는데
풍광에게 말 전하노라, 함께 유전하는 터에
잠시나마 즐기는 일 저버리게 하지 말라고.

주석

1 朝回(조회) - 조회朝會에서 돌아오다. 典(전) - 전당 잡히다.

2 江頭(강두) - 강가. 곡강 근처를 말한다. 盡醉歸(진취귀) - 흠뻑 취해 돌아오다.

3 酒債(주채) - 술빚, 외상술값. 尋常(심상) - 늘, 으레.

4 穿花(천화) - 꽃 사이를 뚫고 지나가다. 꽃 사이를 누비다. 蛺蝶(협접) - 나비. 호랑나비. 深深(심심) - 깊이깊이. 깊숙이. 이 구는 나비가 꽃 사이를 보일 듯 말 듯 날아다니고 있음을 말한 것이다.

《두시상주》에 인용된 소보邵寶 주 '深深'은 나비가 훨훨 날며 사라졌다가는 나타나는 것을 그린 것이다.(深深, 摹其翩翻隱見.)

5 點水(점수) - 물에 닿다. 물을 찍다. 蜻蜓(청정) - 잠자리. 고추잠자리. 款款(관관) - 느릿느릿한 모습. 이 구는 잠자리가 물에 닿았다가 다시 천천히 날고 있음을 말한 것이다.

《두시상주》에 인용된 소보 주 '款款'은 잠자리가 오르내리고 왔다갔다 하는 것을 형용한 것이다.(款款, 狀其上下往來.)

6 傳語(전어) - 말을 전하다. 風光(풍광) - 경치. 여기서는 봄 풍경을 가리킨다. 共(공) - 함께. 流轉(유전) - 유전하다. 떠돌다.

《두시상주》 '共'자는 꽃과 나비 등을 두고 말한 것이다.(共字, 對花蝶等言.)

7 暫時相賞(잠시상상) - 잠시 그대를 감상하다. 잠시 그대를 즐기다. 莫相違(막상위) - 나를 저버리지 말라. 이 구는 두보가 봄 풍경에게 좀 더 오래 머물러 달라는 뜻을 전한 것이다.

〔傳語 2구〕 '傳語'를 동료들 혹은 당시 사람들에게 말을 전하는 것으로 보는 설도 있다.

《두시상주》에 인용된 왕수 주 이는 동료들에게 말을 전하는 것인데, 풍광은 얻기 어렵고 잃기 쉬우니 잠시나마 서로 즐기려 한다는 것이다.(是傳語同舍郎, 言風光難得而易失, 欲其暫時相賞也.)

《분문집주두공부시分門集註杜工部詩》 '傳語風光共流轉'은 당시 사람들에게 말을 전해, 인생이 풍광과 더불어 함께 유전하여 얻기는 어렵고 지나치기는 쉽다는 것을 알게 하는 것이다.(傳語風光共流轉, 傳語時人, 使知人生與風光, 共爲流轉, 難得而易過者也.)

《독두심해》 결구는 《연의演義》에 의거하면 풍광에게 말을 전하는 것으로 풀이되는데, '그대 풍광은 오로지 물정物情과 함께 유전할 뿐이니, 사람이 살면서 그대를 즐기는 것이 잠시의 일임을 어찌 알겠는가? 그대는 나를 저버리지 말라'는 것이다.(結依演義作寄語風光解, 言爾只管共物情流轉, 豈知人生相賞, 乃暫時事, 爾莫便相違也.)

《두시상주》: 제2수는 봄을 틈타 경물을 완상하는 뜻이다. 위 4구는 곡강에서의 주흥이고, 아래 4구는 곡강의 봄 경치이다. 옷을 잡히고 술에 취하였으니 벼슬살이는 가난한데 흥취는 호방한 것이다. 술빚이 많이 있기 때문에 옷을 잡히게까지 되었다. 일흔 살까지 산 사람이 별로 없으니 모름지기 흠뻑 취해야 했다. 두 구가 나뉘어 응한다. 꽃 사이의 나비와 물 위의 잠자리는 경물로서는 사랑할 만한 것으로, 모두 풍광을 잠시 빌려서 한때의 완상을 돕고자 한 것이다. 대체로 풍광이 화창하면 즐길 만하나 한번 음산한 비를 만나게 되면 어그러지게 되는 법이다.(次章, 乃乘春玩物之意. 上四曲江酒興, 下四曲江春景. 典衣醉酒, 官貧而興豪. 酒債多有, 故至典衣. 七十者稀, 故須盡醉. 二句分應. 花蝶水蜓, 景物堪戀, 倂欲暫借風光, 以助一時之玩賞. 蓋風光和暢則可賞, 一遭陰雨則相違矣.)

《두시상주》: 봄꽃이 지려 하니 서둘러 행락해야 하며 행락은 모름지기 취향醉鄕을 찾아야 하는데, 다만 지금의 풍광이 별안간 쉬 지나갈까 우려된다. 이 때문에 또 봄을 머무르게 하려는 시를 지은 것이다. 이것이

두 수 안에서 서로 이어지고 서로 조응하는 뜻이다. 곧 바로 《연의》처럼 풍광에게 부치는 말로 삼으면 무정無情한 가운데서 유정有情함을 보아 낼 수 있으며 절로 생생한 흥취가 드러나게 된다.(春花欲謝, 急須行樂, 而行樂須尋醉鄉, 但恐現在風光瞥眼易過, 故又作留春之詞. 此兩首中相承相應之意也. 卽就演義, 作寄語於風光, 從無情中看出有情, 自見生趣.)

《두억》: 나는 애당초 이 시에 불만이었다. 나라는 바야흐로 일이 많고 자신은 간관의 신분이니 어찌 행락할 때이겠는가? 후에 그의 〈자경부봉선현영회오백자自京赴奉先縣詠懷五百字〉 시의 '흠뻑 취하여 잠시 마음을 달래보고, 마음껏 노래하여 감당하기 어려운 시름을 깨어보네(沈醉聊自遣, 放歌破愁絶.)'라는 두 구절을 읽었는데, 스스로를 형용함이 더없이 핍진하여, 문득 이 두 시가 곧 부賦로써 비흥比興을 겸하고 있고, 우분憂憤을 행락에 기탁한 것임을 깨달을 수 있었다. 두 수는 하나의 의미로 꿰어져 있다. 앞에서는 '萬點愁人'이라 했고, 뒤에서는 '暫時相賞'이라 했는데, 두 말은 바로 통곡할 만한 것인데도 천 년의 세월에 누구도 간파한 사람이 없었으니 어째서인가? 물총새가 지붕에 깃들지 않고 작은 집에 둥지를 튼 것은 소인이 그가 의거할 곳이 아닌 데에 처해 있는 것을 비유한다. 돌 기린은 곧 천상의 물건인데 높다란 무덤에 누워 있음은 방정한 사람이 벼슬에 있기는 하지만 뜻이 펴지지 못하는 것을 비유한다. 전체적으로 임금이 소인배를 가까이하고 바른 선비를 소원히 함을 말하고 있다. '蛺蝶'과 '蜻蜓'은 모두 소인을 비유하는 것으로, '深深見'하고 '款款飛'하니 임금의 마음이 그 미혹을 받아 병이 이미 고황에 들어 있게 된 것이다. 비록 하나의 관직을 가지고 있다 하더라도 뜻을 펼 수 없었으니 그저 '浮名'일 뿐이었다. 어찌 이로써 이 몸을 얽어맬 필요가 있겠는가? 옷을 잡혀 술을 사고, 매일 취향에서 노닐면서 이 유한한 세월을 보냄만 못하다. 때는 이미 저무는 봄이고 6월이 되어서는 마침내 화주사공華州司功으로 내쳐졌다. 그의 시에 이르기를 '벼슬을 옮기는 것이 어찌 지존의 뜻이랴!'라 하였고, 이때 이미 그를 참소하는 자가 있었으니, 두 시는 곧 헐뜯어 참소함을 걱정하고 두려워하여 지은 것이다.(余初不滿此詩, 國方多事, 身爲諫官, 豈行樂之時. 後讀其沈醉聊自遣, 放歌破愁絶二語, 自狀最眞, 而恍然悟此二詩, 乃以賦而兼比興, 以憂憤而託之行樂者也. 二首一意聯貫, 前言萬點愁人, 後言暫時相賞, 二語便堪痛哭, 而千載無人勘破, 何也. 翡翠不屋栖而巢于小堂, 比小人之處非其據. 石麒麟乃天上之物, 而臥于高塚, 比正人在位而志不得展. 總謂人主暱宵小而疎遠正士. '蛺蝶蜻蜓, 俱比小人, 而深深見款款飛, 則君心受其蠱惑, 而病已中於膏肓矣. 雖有一官, 而志不得展, 直浮名耳, 何必用以絆此身哉. 不如典衣沽酒, 日遊醉鄕, 以送此有限之年而已. 時已暮春, 至六月, 遂黜爲華州掾, 其詩云, 移官豈至尊, 則此時已有讒之者. 而二詩乃憂讒畏譏之作也.)

(**이석형**)

11. 曲江對酒

곡강에서 술을 대하고

苑外江頭坐不歸[1]　水精宮殿轉霏微[2]
桃花細逐梨花落[3]　黃鳥時兼白鳥飛[4]
縱飮久判人共棄[5]　懶朝眞與世相違[6]
吏情更覺滄洲遠[7]　老大徒傷未拂衣[8]

궁원 밖 곡강가에 앉아 돌아가지 않자니,
수정 궁전은 점차 어스레해진다.
복사꽃은 세세히 배꽃 좇아 떨어지고,
노란 새는 때로 하얀 새와 함께 난다.
한껏 술에 절어 날 버린 지 오래라서 남들도 모두 날 버리고,
조회를 게을리 하니 진정 세상과 어긋나 버렸다.
벼슬아치 심정이라 창주가 더욱 멀리 느껴지고,
늘그막에 슬퍼만 할 뿐 아직 옷깃 떨치고 떠나지 못하고 있다.

이 시는 건원 원년 봄 좌습유로 있을 때의 작품으로, 벼슬길에서의 실의와 이로 인한 귀은에 대한 바람이 드러나 있다.

《보주두시》 시에 '조회를 게을리 하니 진정 세상과 어긋나 버렸다' 라고 했고, 또 '벼슬아치 심정이라 창주가 더욱 멀리 느껴진다'고

했으니, 마땅히 건원 원년 장안에서 습유로 있을 때의 작품이다.(詩云, 懶朝眞與世相違, 吏情更覺滄洲遠. 當是乾元元年爲拾遺在京師作.)

주 석

1 苑(원)－부용원芙蓉苑. 江(강)－곡강曲江. 곡강은 부용원의 밖에 있었다.

2 水精宮(수정궁)－수정水精은 수정水晶이다. 수정궁은 본디 수정으로 장식된 궁전인데, 전설상의 월궁月宮의 의미로 사용되기도 한다. 여기서는 궁전이 강 가까이에 있어서 이렇게 표현한 것이다. '宮'이 '春'으로 되어 있는 판본도 있는데, 이 경우에 춘전春殿은 궁전의 맑고 그윽함을 그려내기 위한 표현이라고 한다. 일설에 의하면 춘전을 궁전의 이름으로 보기도 한다. 轉(전)－시간이 흐를수록. 霏微(비미)－어둑하다. 날이 저물면서 봄빛이 가려져 몽롱해지는 것을 말한다. 일설에 의하면, 수정의 빛이 아른거림을 가리킨다고 보기도 한다.

《두시상주》 《위지》에 '대진국의 성 안에는 다섯 개의 궁전이 있는데, 서로 각각 오십 리 떨어져 있었다. 궁전은 모두 수정으로 기둥을 만들었다'고 하였고, 《술이기》에는 '합려가 수정궁을 세웠다'는 기록이 있다. 황생의 주에 '궁전이 물 가까이에 있음을 빌려 말한 것이다'라고 하였다.(魏志, 大秦國城中有五宮, 相去各五十里, 宮皆以水精爲柱. 述異記, 闔閭構水精宮. 生注, 借言宮殿近水也.)

《구가집주두시》 조언재 주 원외는 부용원 밖이다. 곡강은 부용원의 북쪽에 있다. … 월궁을 일러 수정궁이라고 하는데, 여기서는 이로써 춘전을 말하고 있으니, 아마도 그것이 지닌 맑고 그윽함을 그려낸 것이리라. 혹자는 바로 궁전의 이름이라고도 한다.(苑外者, 芙蓉苑之外也. 曲江在苑北. … 月宮謂之水精宮. 今以言春殿. 蓋以狀其淸幽也. 或云卽殿名.)

《두시상주》 '비미'는 봄빛이 막히어 가려진 모습이다.(霏微, 春光掩映之貌)

《두시경전》 (霏微에 대하여) 멀리 바라봄에 몽롱함을 일컫는다.(謂遙望迷離也.)

3 이 구는 복숭아 꽃잎이 배꽃을 좇아 떨어진다는 의미인데, 여기서 '細'자는 작은 꽃잎의 미세한 움직임을 나타내고 있다. '梨花'의 '梨'가 '楊'으로 되어 있는 판본도 있다.

《두시상주》 복숭아꽃과 버들꽃은 같은 시기에 피지 않는다. 마땅히 배꽃을 따르는 것이 옳다.(桃花楊花開不同時, 當依梨花爲是.)

《두시상주》 채몽필은, 두보의 묵적에 처음에는 '欲共楊花語'라고 하였다가, 스스로 흐릿한 글씨로 세 글자를 고쳤다고 하였다.(蔡云, 老杜墨跡初作欲共楊花語, 自以淡筆改三字.)

4 黃鳥(황조)－꾀꼬리. 時(시)－때때로. '仍'으로 된 판본도 있다. 白鳥(백조)－갈매기, 해오라기 등 흰 빛깔의 새를 가리킨다.

《보주두시》 소씨蘇氏 주 〈고의란곡〉에 '붉은 비 어지러이 봄비와 함께 떨어지고, 하얀 새 때로 노란 새와 함께 난다(紅雨亂和春雨落, 白鳥時兼黃鳥飛.)'라 하였다. 두보가 시어를 사용함에 있어서 체식과 법도를 지니고 있고, 또 고인의 시어를 사용하고 있으니, 귀감이 된다.(古倚欄曲云, 紅雨亂和春雨落, 白鳥時兼黃鳥飛. 工部用語有體法, 復用古人語者, 以爲龜鑑.)

5 縱飮(종음)－마음껏 술을 마시다. 判(판)－'拚'과 통하여, '버리다', '마음에 두지 않는다'는 의미로 사용되었다. 또는 '달게 바란다'로 보기도 한다. 人共棄(인공기)－사람들이 모두 버리다. 세상의 사람들이 모두 두보를 버린다는 뜻이다. 이 구절은 전체적으로 '마음껏 술 마셔서 오랫동안 스스로를 버렸더니, 남들 또한 모두 날 버린다'는 의미가 된다.

《두시상주》에 인용된 《방언方言》 초楚지역 사람들은 일반적으로 물건을 내버리는 것을 '判'이라고 한다.(楚人, 凡揮棄物, 謂之判.)

6 懶朝(나조)－조회에 참여하는 일을 게을리 하다. 與世相違(여세상위)－세상과 어긋나다.

7 吏情(이정) – 관리로서의 마음. 좌습유에 임직하고 있는 두보 자신의 마음을 가리킨다. 更覺(갱각) – 더 많이 느끼다. 滄洲(창주) – 물가. 은자의 거처를 의미한다. 이 구절은 미관말직에 몸이 얽매여 괴로워하고 있어 은거의 어려움이 더욱 크게 느껴진다는 뜻이다. 일설에 '更'이 벼슬 이전의 시기에 대하여 말한 것으로 보기도 한다.

《두시경전》 보잘것없는 벼슬살이에 얽매여 고아한 은거의 어려움이 더욱 절실하게 느껴진다는 말이다.(謂牽於薄宦, 更覺高隱爲難.)

8 老大(노대) – 나이가 많다. 나이 들어 늙었다는 의미이다. 徒傷(도상) – 한갓 마음 상해하기만 하다. 未拂衣(미불의) – 아직 옷자락을 떨치고 떠나지 못한다는 의미이다.

〔縱飮 4구〕

《두공부초당시전》 두보의 성품이 거리낌이 없어 세상과 어긋나 사람들에게 버려지게 되었던 까닭에, 마음껏 술 마시고 조회의 참여에 게을리 하면서 더 이상 돌아보며 아쉬워함이 없었다. 대체로 진실됨에 스스로를 맡겨둠이 이와 같았지만, 미관말직에 얽매여 창주에서의 신선이 되려는 기약을 이루지 못하였다. 나이들어 늙어가 슬퍼함에 이르러서는 옷깃을 떨치고 떠날 수 없었다.(甫性放誕, 與世相忤, 爲人所棄, 故縱飮嬾朝, 無復顧惜. 蓋任眞如此, 然爲薄宦所縶, 不遂滄洲神仙之期. 至於老大悲傷, 不能拂衣而去也.)

《두시상주》: 주한은, "전반 '曲江'은 '江頭' 두 자로써 말을 꺼내고 있다. 후반 '對酒'는 '縱飮' 두 자로써 말을 시작하고 있다"고 하였다. 오래 앉아서 돌아가지 않음은 봄을 찾아 물상을 완상함이다. 멀리 궁원 가운데를 바라보니, 궁전이 아물거린다. 강가를 죽 둘러보니, 꽃이 지고 새가 난다. 이것은 모두 앉아 있을 때 본 것들이다. 날마다 마음껏 마시고 조회에 참여하는 것을 게을리 하는 것으로부터 입세入世가 불가능함이 드러난다. 창주가 멀고 옷을 털고 떠나지 못함에서 또 출세出世가 불가능함이 드러난다. 公은 아마도 부득이하여 뒤웅박 모양으로 일개 관직에

얽매여 있었을 것이다.(朱瀚曰, 前半曲江, 以江頭二字提起, 後半對酒, 以縱飮二字提起. 久坐不歸, 尋春玩物也. 遙望苑中, 則宮殿霏微. 流覽江上, 則花落鳥飛. 此皆坐時所見者. 日縱飮, 懶朝參, 見入世不能. 滄洲遠, 未拂衣, 又見出世不能. 公蓋不得已而匏繫一官歟.)

(**이남종**)

12. 曲江對雨
곡강에서 비를 마주하고

城上春雲覆苑牆[1]　江亭晩色靜年芳[2]
林花著雨燕支濕[3]　水荇牽風翠帶長[4]
龍武新軍深駐輦[5]　芙蓉別殿漫焚香[6]
何時詔此金錢會[7]　暫醉佳人錦瑟傍[8]

성 위 봄구름이 부용원의 담장을 덮고
곡강 정자의 저문 빛에 봄철이 고즈넉하다.
숲에 핀 꽃은 비에 닿아 연지빛으로 젖어 있고
노랑어리연은 바람에 이끌려 푸른 띠 모양으로 길다.
새 용무군엔 깊숙이 천자의 수레가 멈춰 있고
부용원 별전에선 속절없이 향을 사르고 있다.
어느 때에 말씀이 내려 이 금전회에서
잠시 미인의 금슬 곁에서 취할 수 있을 건가.

건원 원년 장안에서 좌습유로 있을 때의 작품으로, 곡강에서 비 오는 경치를 대하고서 현종 당년의 성대했던 모습을 추억하는 내용이다. 제목에서 '對'가 '値'로 되어 있는 판본도 있다.

《보주두시》 시에 '어느 때에 말씀이 내려와 이 금전회에서, 잠시 미인의 금슬 곁에서 취할 수 있을 건가'라고 하였으니, 마땅히 건원 원년 좌습유로 경사에 있을 때의 작품이다.(詩云, 何時詔此金錢會, 暫醉佳人錦瑟傍. 當是乾元元年爲拾遺在京師時作.)

주 석

1 城上(성상) – 성 위. 부용원에 있는 이궁離宮의 성루 위를 가리킨다. 覆(부) – 덮다. 苑牆(원장) – 부용원의 담장을 가리킨다.

《구가집주두시》 조언재 주 원장은 또 부용원의 담장을 말한다.(苑牆, 又言芙蓉苑之牆也.

2 江亭(강정) – 곡강 근처의 정자. 晩色(만색) – 해가 저물 무렵의 경치. 靜(정) – 고요하다. 한가하고 고요한 것을 말한다. 年芳(연방) – 한 해의 꽃이라는 말로서 봄철을 가리킨다. '年'이 '天'으로 된 판본도 있다.

《두시상주》 강정은 곡강에 있는 정자이다. … 한 해에는 네 계절이 있어서 봄철을 꽃으로 표현한 것이다.(江亭, 曲江之亭. … 年有四時, 以春爲芳.)

3 著雨(착우) – 빗물이 묻다. 燕支(연지) – 연지. 검붉은 빛을 띤다. '支'가 '脂'로, '濕'이 '落'으로 된 판본도 있다.

《두시상주》에 인용된 《고금주古今注》 연지는 잎새가 엉겅퀴 같고, 꽃은 민들레(蒲公英)와 비슷하다. 서방에서 나며, 지방 사람들은 그것을 가지고 물을 들이며 연지라 부른다. 경사에서는 홍람이라 하는데, 이것으로 분을 물들여 얼굴을 단장한다.(燕支, 葉似薊, 花似蒲公, 出西方, 土人以染, 名燕支. 中國謂之紅藍, 以染粉, 爲面色.)

4 水荇(수행) – 노랑어리연꽃. 조름나물과에 속하는 다년생 수초이다. 翠帶(취대) – 푸른 띠.

《두시상주》 《시경》의 주(《國風 · 關雎》)에, "'荇'은 '접여'이다. 물밑에 뿌리를 내려 자라는데, 줄기가 비녀의 갈래 같으며 위쪽은 푸르고 아래는 흰색이고, 잎은 자주색이다. 둘레의 지름이 한 촌 남짓 되며, 수면에 떠 있다"고 하였다. … 왕수의 주에, "'荇'은 수초인데, 서로 연이어 자라기 때문에 푸른 띠와 같다"고 하였다.(詩注, 荇, 接余也. 根生水底, 莖如釵股, 上青下白, 葉紫赤, 圓徑寸餘, 浮在水面. … 王洙曰, 荇,水草, 相連生, 故如翠帶.)

5 龍武新軍(용무신군) – 새로 편성된 용무군. 용무는 궁중의 호위를 맡은 군대의 이름이다. 深駐輦(심주련) – 깊숙이 천자의 수레를 세워 두다. '輦'은 사람이 끄는 수레로, 천자의 수레를 가리킨다. '深'이 '經'으로 된 판본도 있다.

《두시상주》 《신당서》에, "용무군은 모두 공신의 자제를 썼는데, 편제가 숙위병과 같았다"라 하였다. 《옹록》에, "좌우의 용호군은 곧 태종 때의 '비기飛騎'로서 오색포를 입고 여섯 군데 마굿간의 얼룩말을 탔으며, 언치는 호랑이 가죽으로 하였다. 당대에는 '虎'자를 피휘했기 때문에 용무라고 하였는데, 그들의 자질과 복식이 용호와 유사한 점이 있음을 말한 것이다"라고 하였다. 《당서 · 병지》에, "고종 용삭 2년에 좌우우림군을 두었는데, 현종이 좌우용무군이라 고쳤다. 숙종 지덕 2년에 좌우신무군을 두고 '천기天騎'라는 이름을 하사했는데, 이것이 곧 신군이다"라 하였다. 《한서》주에, "사람에게 멍에를 지워서 가는 수레를 '輦'이라 한다"고 하였다.(新唐書, 龍武軍皆用功臣子弟, 制若宿衛兵. 雍錄, 左右龍虎軍, 即太宗時飛騎, 衣五色袍, 乘六閑駁馬, 虎皮韉. 唐諱虎, 故曰龍武, 言其才質服飾有似龍虎也. 唐書兵志, 高宗龍朔二年, 置左右羽林軍, 玄宗改爲左右龍武軍. 肅宗至德二載, 置左右神武軍, 賜名天騎. 此即新軍也. 漢書注, 駕人以行曰輦.)

6 芙蓉別殿(부용별전) – 부용원에 있는 이궁(離宮). 漫焚香(만분향) – 속절없이 향을 사르다.

〔龍武 2구〕 상황인 현종이 환궁하여 남내 깊숙이 거처하면서 더 이상 재위 당년의 부용원에서의 놀이가 없어지게 되었음을 상심하는 뜻이

담겨 있다.

《두시상주》 《당서·지리지》에, "흥경궁은 황성의 동남쪽에 있어서 남내라 하는데, 협성을 쌓아 부용원까지 들어갈 수 있다"는 기록이 있다. 살펴보건대, 부용원은 곡강과 연이어 있었고, 천자의 수레가 항상 그곳까지 유람차 납시었다. 부용원과 곡강에는 각기 전각이 있어서 별전이라 하였다. 〈애강두哀江頭〉시의 '궁전의 많은 문이 모두 잠겨져 있네'라 한 것이 바로 이것이다. … 고신의 주에, "'漫焚香'이란 하릴없이 향을 사르며 기다리는 것을 말한다"고 하였다.(唐書地理志, 興慶宮在皇城東南, 謂之南內, 築夾城入芙蓉園. 按, 芙蓉園與曲江相接, 駕常遊幸其中. 芙蓉, 曲江各有殿, 故曰別殿. 哀江頭詩, 宮殿鎖千門是也. … 顧注, 漫焚香, 謂空焚香以待.)

《두시경전》 구조오의 주에, "부용원은 곡강과 연이어 있다"고 하였는데, 두 구절에는 상황이 남내에 계신 것을 생각한 것이다. 현종은 일만 기병으로 위씨를 평정하고 용무군이라 고쳤는데, (이들은) 밖으로 나설 때면 호종하였고 들어와서는 숙위하였다. 여기서는 이것을 빌려다가 천자의 수레가 있는 곳을 말한 것이다. 이때 현종은 환궁하여 남내에서 깊숙이 지내면서 나오지 않고 있었기 때문에 '깊숙이 수레를 세워 두었다'고 한 것이다. (재위) 당년에 (현종이) 부용원에 유람차 납시면 별전의 궁인들이 향을 사르고 기다렸는데, 이제는 다시 이러한 일이 없어졌기 때문에 '속절없이 향을 사른다'고 한 것이다.(仇注, 園與曲江相接, 二句有懷上皇之在南內也. 玄宗以萬騎平韋氏, 改龍武軍, 出則扈從, 入則宿衛, 此借以言乘輿所在. 時玄宗迴鑾, 深居南內不出, 故曰深駐輦. 當時遊幸芙蓉園, 別殿宮人焚香以待, 今無復此事, 故曰漫焚香.)

7 詔(조)－조서를 내리다. '重'으로 된 판본도 있다. 상황인 현종이 내리는 조서. 숙종의 조서로 보는 것이 옳다는 견해도 있다. 金錢會(금전회)－금전이 황금으로 주조한 돈이라는 설과 그저 돈을 가리키는 말이라는 설이 있으며, 또 금전회에 대하여는 돈을 하사하여 베풀어지는 연회라는 설과 돈을 뿌려두고 다투어 줍게 하는 연회라는 설이 있다.

《구가집주두시》에 인용된 《두보유杜補遺》 《개원천보유사》에 이르기를, "내정의 비빈들은 봄철이 올 때마다 각각 궁중에서 편을 지어 황금 돈을 던지면서 놀았다"는 기록이 있다. 또 《유양잡조》에는, "양나라 때에 형주의 관리가 쌍륙을 하면서 황금 돈을 걸었다"는 기록이 있다.(開元天寶遺史云, 內庭嬪妃每至春時, 各于禁中結伴擲金錢爲戲. 又酉陽雜俎, 梁時荊州掾爲雙六賭金錢.)

《구가집주두시》 조언재 주 돈을 하사하여 잔치를 베푼 것을 말한 것 같다. 《극담록》에는, "개원 연간에 도성 사람들은 곡강으로 나와 노닐었는데, 중화절과 상사절에 성하였으니, 그때에 신료들에게 연회를 베풀어 산의 정자에 모이게 하고 태상교방악을 내려주었다"고 하였다. 이것을 미루어본다면 돈을 하사하여 잔치를 열게 하였음을 말한다. '금전'이란 글자는 그저 돈을 가리킬 따름이다. 예로서 전한의 조구생이 빈번히 권세에 의지하여 재물을 얻었다고 하였으니, 꼭 진정으로 황금을 가지고 돈을 만든 것은 아닐 것이다. 두보의 〈여호현원대소부연미피與鄠縣源大少府宴渼陂〉에 이르기를, '응당 서쪽의 못이 좋아서, 금전을 한 끼 식사에다 썼다(應爲西陂好, 金錢罄一飡.)'라 하였는데, 또한 이러한 금전을 말하는 것이다. 《두보유》에서 인용하고 있는 것은 오히려 황금으로 만든 돈인 것이다.(似言錫錢爲宴. 劇談錄載, 開元中都人遊賞曲江, 盛于中和上巳節, 即錫宴臣僚, 會于山亭, 賜太常教坊樂. 推此則謂賜金錢爲宴也. 金錢字止是言錢, 如前漢曹邱生, 數招權顧金錢, 不必眞是黃金爲錢者. 公宴渼陂云, 應爲西陂好, 金錢罄一飡. 亦此金錢之謂也. 杜補遺所引却是黃金爲錢者矣.)

《두시상주》 《한서 · 혜제기惠帝紀》의 사고師古 주에, "황금을 주겠다고 한 모든 사람에게는 모두 금을 주었고, '황'이라고 말하지 않은 것은 '일금'에 '만전'을 주었다"고 하였다. 고신의 주에, "《구당서》에는 개원 원년 9월 왕공과 백료들에게 승천문에서 연회를 베풀고, 좌우의 신하로 하여금 누대 아래에 돈을 뿌려두도록 하고는 중서성의 오품 이상 및 제사의 삼품 이상 벼슬아치들로 하여금 그것을 다투어 줍도록 허락했다"고 하였다. 《극담록》에, "개원 연간에는 상사절에 신료들에게 연회를 베풀었는데, 곡강의 산 위 정자에 모여서 교방의 성기聲妓와 악단을 은사하셨는데, 재상과 삼사북성의 관리, 그리고 한림학사들만을 그곳에 오르게 하였다"고 하였다.(漢紀注, 諸賜黃金者皆與之金, 不言黃者, 一金與萬錢. 顧注, 舊唐書, 開元元年九月, 宴王公百寮於承天門, 令左右於樓下撒金錢, 許中書以上五品官及諸司三品以上官爭拾之. 劇談錄, 開元中, 上巳節賜宴臣僚, 會於曲江山亭, 恩賜教坊聲樂, 唯宰相三使北省官與翰林學士登焉.)

8 暫醉(잠취)－잠시 동안 술에 취하다. '暫'이 '爛'으로 된 판본도 있다. 佳人(가인)－미인. 노래를 부르고 춤을 추는 교방에 소속된 기녀를 가리킨다. 錦瑟(금슬)－비단처럼 아름답게 무늬를 넣은 슬을 가리킨다.

《두시상주》 구주에는, 곡강에서 연회를 베풀었을 때에 태상교방악을 하사하였던 까닭에 미인이 있었다고 하였다. 《주례악기도》에는 "아슬은 23현이고 송슬은 25현이다. 보옥으로 장식한 것은 보슬이라고 하고, 비단처럼 아름답게 무늬를 넣은 것은 금슬이라 한다"고 하였다.(舊注, 曲江賜宴時, 賜太常教坊樂, 故有佳人. 周禮樂器圖, 雅瑟二十三絃, 頌瑟二十五絃. 飾以寶玉者曰寶瑟, 繪文如錦曰錦瑟.)

〔何時 2구〕

《두시경전》 당시 경사를 새로 수복하였으나, 유연의 잔치 자리는 더 이상 개원 시기의 성대함이 없었기에, 비록 술을 대하고 감회로 인한 탄식이 나왔음에도 불구하고, 본뜻은 역시 상황에게 있었다(時京師新復, 遊宴之會, 無復開元之盛, 雖對酒感嘆, 意亦在上皇也.)

《두시상주》: 위 4구는 곡강의 비오는 경치이다. 아래 4구는 비를 대하면서의 감흥이다. 봄날 저녁 무렵에 고요한 것은 비오는 가운데의 쓸쓸함이다. 수풀에 핀 꽃과 노랑어리연꽃은 곧 비가 내리는 가운데 본 것이다. 천자의 수레를 멈춰 둠과 향을 사르는 일은 바로 빗속에서 생각한 것이다. 끝 2구는 천자의 행차를 만나기 어려우므로 화려했던 금전회 역시 다시 볼 수 없음을 탄식한 것이다.(上四曲江雨景, 下四對雨興感. 年芳晚靜, 雨際寂寥也. 林花水荇, 乃雨中所見者. 駐輦焚香, 乃雨中所思

者. 末二因遊幸難逢, 而歎金錢勝會亦不可復見矣.)

《두시상주》에 인용된 주한朱瀚: 전반부는 비오는 경치의 황량함을 쓴 것이니, 장안이 새로 전란을 겪은 때문이다. 하반부는 남내의 쓸쓸함을 슬퍼한 것이니, 예전에 일찍이 상황으로부터 알아줌을 받은 때문이다. 수풀에 핀 꽃이 비를 맞았다는 것에서 부용원에 거마의 자취가 없는 고요함이 드러나 보인다. 노랑어리연이 바람에 끌리고 있는 것에서 강위에 비단으로 치장한 배의 자취가 끊어졌음이 드러나 보인다. 이것이 이른바 '봄철이 고즈넉하다'는 것이다. 상황은 만기군으로 위씨를 평정하고 용무군으로 고쳐서 숙위로 가까이 두었다. 지금 깊숙이 수레를 세워두고 있다고 하였으니 스스로 거느리지 않게 된 것이다. 또 항상 협성을 따라 부용원까지 이르고 흥경궁의 남루에 올라 술을 차려놓고 멀리 바라보곤 했었다. 지금 하릴없이 향을 사른다고 하였으니 다시 유람차 납시는 일이 없는 것이다. 말미에서 힘을 주면서 한 개 '詔'자를 사용하였으니, 임금을 사모하는 본의를 드러낸 것으로서, 그지없이 슬퍼하는 마음을 머금고 있다.(上半寫雨景之荒凉, 長安新經喪亂也. 下半傷南內之寂寥, 向曾受知上皇也. 林花著雨, 見苑中車馬闃然. 水荇牽風, 見江上綵舟絶迹. 此所謂靜年芳也. 上皇用萬騎軍平韋氏, 改爲龍武軍, 親近宿衛. 今曰深駐輦, 則不自臨閱矣. 又常從夾城達芙蓉園, 登興慶南樓, 置酒眺望. 今曰漫焚香, 則無復遊幸矣. 於掉尾拈一詔字, 露出思君本意, 含無限低徊傷感.)

《독두심해》: 이 시는 다른 여러 편들과 체례를 달리하고 있어 구상이 심원한데, 상황을 생각한 것이다. 비를 대하고 있으니 경치는 더욱 쓸쓸하여, 머리를 돌려 번화했던 옛 모습을 생각함에 차마 우러러보고 굽어볼 수가 없었다. 단지 '靜' 한 글자가 시 전체를 통괄하니, 수구에서 곧장 '靜'의 뜻을 포함하고 있다. … 내가 생각하기에, '詔'자는 마땅히 숙종에 붙여서 말한 것으로, 그가 이 금전회를 계속하여 베풀어서 어버이의 마음을 위로하기를 깊이 바라고 있는 것이다. 놀이에 탐닉하는 것은 안 되지만, 어버이를 즐겁게 하는 것은 옳다. 만약 상황쪽에 붙여둔다면, 아마도 그 자취가 꺼려하는 일에 걸릴까 염려된다. 황생은, “흔적을 드러내지 않고 기휘를 범하지 않았으니 시경시인의 충후함에 근본하였고 공자의 완곡한 화법을 따르고 있다”고 하였다.(是詩不與諸篇一例, 神遠思深, 憶上皇也. 對雨則景益寂寥, 故回首繁華, 不堪俯仰. 只一靜字, 籠通首. 首句便含靜意. … 愚按, 詔字宜貼肅宗說, 深望其續擧此會, 以慰親心. 蓋耽遊則不可, 娛親則可也. 若着上皇邊, 恐跡涉嫌疑. 黃生曰, 不露痕迹, 不犯忌諱, 本詩人之忠厚, 法宣聖之微辭.)

(이 남 종)

13. 奉答岑參補闕見贈
잠삼 보궐이 준 시에 삼가 답하다

窈窕淸禁闥[1] 罷朝歸不同[2] 君隨丞相後 我往日華東[3]
冉冉柳枝碧[4] 娟娟花蕊紅[5] 故人得佳句 獨贈白頭翁[6]

깊숙한 맑은 궁궐에서
조회를 끝내고 다른 길로 돌아간다네.
그대는 승상의 뒤를 따르고
나는 일화문 동쪽으로 가네.
한들한들 버들가지 푸르고
곱디고운 꽃은 붉은데,
그대 좋은 시구 얻어
유독 백두옹에게만 주었네.

이 시는 건원 원년 봄 당시 두보가 좌습유로 있을 때 보궐인 잠삼으로부터 〈기좌성두습유寄左省杜拾遺〉라는 시를 받은 뒤에 답한 것이다. 잠삼은 두보의 추천으로 보궐 직에 제수되었다.

《보주두시》 건원 원년 봄에 지은 것이다.(當是乾元元年春作.)
《두시상주》에 인용된 조방 주 두보가 습유가 되어 잠삼을 추천하여 이르기를, 견식과 도량이 맑고 깊으며 일을 의론함이 아담하고 바른

바, 세인들의 추앙을 받고 있으니 천자를 가까이 모시는 직책에 충당됨이 마땅하다 하였다.(杜公爲拾遺, 薦參識度淸遠, 議論雅正, 時輩所仰, 宜充近侍.)

주 석

1 窈窕(요조)－그윽하고 깊은 모양. 禁闥(금달)－궁중의 문. 궁궐을 가리킨다. '闥'은 '闕'로 된 판본도 있다.

2 罷朝(파조)－조회를 마치다. 이 구절은 조회를 마친 신하들이 각자 자기가 속한 부서로 돌아가는 것을 말한 것이다.

《두시상주》 '罷朝歸不同'은 동서반으로 나뉘어 각기 본래의 성으로 돌아가는 것을 말한다.(罷朝歸不同, 言分東西班各歸本省也.)

《두시상주》에 인용된 주학령 주 잠삼은 보궐이므로 중서성에 속하며 오른쪽 관공서에서 일한다. 공은 습유이므로 문하성에 속하고 왼쪽 관공서에서 일한다.(參爲補闕, 屬中書省, 居右署, 公爲拾遺, 屬門下省, 居左署.)

3 日華(일화)－일화문. 선정전의 동쪽 곁채에 있는 문이다. 往(왕)－어떤 판본에는 '住'로 되어 있으나 잘못된 것이다.

《두시상주》에 인용된 《당육전唐六典》 선정전 앞에는 두 개의 곁채가 있는데 두 곁채에는 각기 문이 있다. 그 동쪽 문을 '일화'라고 하는데 일화문의 동쪽은 문하성이다. 선정전 곁채의 왼쪽에 있기 때문에 좌성이라고 한다. 서쪽 회랑에는 '월화'라고 하는 문이 있으며, 월화문의 서쪽은 바로 중서성이다.(宣政殿前有兩廡, 兩廡各有門. 其東曰日華, 日華之東則門下省也. 居殿廡之左, 故曰左省. 西廊有門曰月華, 月華之西卽中書省也.)

〔君隨 2구〕

《두시상주》 '君隨丞相後'는 재상은 조회를 마친 뒤 월화문을 나와 중서성으로 들어가며, 서쪽 중서성의 뭇 관리들 또한 승상을 따라서 서쪽으로 나간다는 뜻이다. 좌측 문하성의 관리는 동문으로 나간다. 그래서 '我往日

華東'이라고 말한 것이다.(君隨丞相後, 宰相罷朝, 由月華門出而入中書, 凡西省官亦隨丞相出西也. 若左省官, 仍自東出, 故云我往日華東也.)

4 冉冉(염염)－버드나무 가지가 아래로 드리워진 모양.

5 娟娟(연연)－곱고 아리따운 모양. 花蕊(화예)－꽃.

6 獨(독)－유독. '猶'로 된 판본도 있다.

《두시상주》: 잠삼의 시에 '聯步', '分曹' 등의 말이 있기 때문에 앞 네 구는 그 뜻에 따라 답한 것이다. 잠삼의 시에 또 '白髮', '落花' 등의 말이 있기 때문에 뒤 네 구는 그 뜻을 뒤집어 답한 것이다. 옛 사람이 시에 화답할 때에는 단지 뜻에 맞추었지 운에 맞춘 것은 아니었다.(岑詩有聯步分曹之語, 前四就其意而答之. 岑又有白髮落花之語, 後四反其意而答之. 古人答詩, 但和意而不和韻.)

附 寄左省杜拾遺
좌성의 두습유에게 부치다

聯步趨丹陛[1] 分曹限紫微[2] 曉隨天仗入[3] 暮惹御香歸[4]
白髮悲花落[5] 青雲羨鳥飛[6] 聖朝無闕事[7] 自覺諫書稀[8]

발걸음 나란히 하여 궁전 계단에 나아가고
부서를 달리 하여 자미성紫微省을 경계로 했네
새벽에 천자의 의장을 따라서 들어가고
저녁에 궁전의 향에 젖어서 돌아가노라.

흰머리로 꽃이 떨어짐을 슬퍼하고

푸른 구름 저 높이 새 날아감을 부러워하노라.
성스러운 조정에 빠진 일이 없으니
간언할 글이 드묾을 스스로 알겠노라.

이 시는 건원 원년 봄에 두보와 잠삼이 조정에서 교유할 때 잠삼이 두보에게 보낸 것이다. 이 시에 대한 답시로 두보가 잠삼에게 보낸 것이 앞서 소개한 〈봉답잠삼보궐견증奉答岑參補闕見贈〉이다.

주 석

1 聯步(연보)－발걸음을 나란히 하다. 丹陛(단폐)－궁전의 계단.

2 分曹(분조)－부서를 나누다. 부서를 달리 하다. 잠삼과 두보가 각각 중서성과 문하성에서 근무함을 말한 것이다. 限(한)－경계로 하다. 紫微(자미)－자미성. 중서성을 가리킨다. '微'를 '薇'로 보고 궁전에 심은 '자미화紫薇花'로 이해하기도 한다.

《두시상주》 《진서 · 천문지》에는 "자미는 천제의 자리이다"라 하였고, 《초학기》에는 "당 나라 때에는 중서성을 고쳐 자미성이라고 불렀다."라고 하였다. 《화목보》에는 "자미화는 속칭 '간지럼나무'라고도 한다. 당나라의 대궐에서 이것을 심었는데, 이 꽃이 오래가기 때문이다."라고 하였다. '微'는 의당 '薇'로 해야 한다.(晉書天文志, 紫微, 天帝之座. 初學記, 唐改中書省曰紫微省. 花木譜, 紫薇花, 俗名怕痒. 唐省中植此, 取其花久也. 微當作薇.)

《두시언해》 자미는 궁전의 이름이다.(紫微, 殿名.)

《두시상주》 잠삼은 보궐이어서 중서성에 속하여 우측 관서에 거하고, 두보는 습유이어서 문하성에 속하여 좌측 관서에 거한다. 그래서 부서를 나누어 자미성을 경계로 하였다고 한 것이다.(岑爲補闕, 屬中書省, 居右署, 杜爲拾遺, 屬門下省, 居左署, 故曰分曹限紫微.)

3 天仗(천장) - 천자의 의장대.

4 惹(야) - 젖다. 물들다. 御香(어향) - 궁전에서 피우는 향.

5 白髮(백발)구 - 잠삼 자신이 중용되지 못한 채 세월만 덧없이 흘러감을 한탄한 것이다.

6 靑雲(청운)구 - 높이 나는 새처럼 청운의 뜻을 펼치고 싶어 하는 마음을 적은 것이다. 이 구절을 두보를 가리키는 것으로 보기도 한다.

〔白髮 2구〕

《두시상주》 '백발'은 자신을 말하고 '청운'은 두보를 가리킨다.(白髮自謂, 靑雲指杜.)

7 闕事(궐사) - 빠진 일. 그릇된 일.

8 諫書(간서) - 간언하는 글.

〔聖朝 2구〕

《두시상주》 간언하는 글이 드물다고 하였는데, 어찌 진실로 조정에 빠진 일이 없었겠는가? 풍자하는 말이 격을 갖추었다.(諫書稀少, 豈果朝無闕事乎, 諷語得體.)

《두시상주》: 위 네 구는 조회를 같이 하는 정황을 서술한 것이고 아래는 기뻐하면서도 풍자를 겸한 것이다.(上四敍同朝情事, 下則喜而兼諷也.)

(**김성곤**)

14. 奉贈王中允維
왕유 중윤에게 삼가 드리다

中允聲名久[1] 如今契闊深[2] 共傳收庾信[3] 不比得陳琳[4]
一病緣明主[5] 三年獨此心[6] 窮愁應有作[7] 試誦白頭吟[8]

중윤께서는 명성이 오래시더니
지금 고생이 깊으십니다.
모두들 유신을 거두어들인 것을 전하고 있는데
진림을 얻은 것과는 비할 수 없겠지요.
한 가지 병은 밝으신 임금으로 인한 것
삼 년 동안 오로지 이 마음이셨지요.
곤궁하여 근심할 때 지은 것이 있었을 테니
시험 삼아 〈백두음〉을 읊어 보시지요.

이 작품은 안녹산 반군에게 억류되었다가 풀려난 왕유가 반군에게 협조했다는 혐의를 받고 태자중윤으로 강등된 사건을 애석해하여 지은 시이다. '중윤'은 '태자중윤'을 말한다. 태자중윤은 본래 태자궁太子宮의 속관屬官으로 당 초기에는 중사인中舍人이라고 하였는데 정관 초기에 태자중윤으로 이름을 바꾸어 좌춘방좌서자左春坊左庶子 아래에 부관 격으로 두 사람을 두었다. 품계는 정오품하正五品下이다.

저작 시기는 건원 원년이다.

《보주두시》 《당지》에 의하면 좌춘방의 중윤 2인은 시중과 전례 인도, 논박교정과 상주 등을 관장하였는데, 왕유가 중윤으로 옮긴 것은 지덕 2년이다. 지금 '하나의 병으로 밝으신 임금을 따르며 삼년 동안 오로지 이 마음이셨지요'라고 하였으니 마땅히 건원 원년에 지은 것이다.(唐志, 左春坊中允二人, 掌侍從贊相, 駁正啓奏, 維遷中允在至德二載. 今云一病緣明主, 三年獨此心, 當是乾元元年作.)

《두시상주》 이는 마땅히 건원 원년에 지은 것이다. 《구당서》에 의하면 천보 말년, 왕유는 관직이 급사중에 이르렀는데 왕을 호종하지 못하고 반군에게 붙잡히자 약을 복용하고 설사병을 앓으며 거짓 벙어리 흉내를 내었다. 안녹산은 평소 그를 아끼고 있던 터라, 사람을 보내 낙양으로 맞아들여 보시사에 구금하고 반군의 관직을 맡으라고 협박하였다. 반군이 평정되자 반군의 수중에서 관직을 맡았던 이들에 대하여 여섯 등급으로 죄를 확정하였다. 왕유는 〈응벽〉시가 행재소에 알려져서, 숙종은 특별히 그를 용서하고는 책임을 물어 태자중윤으로 제수하였다.(此當是乾元元年作. 舊唐書, 天寶末, 維歷官給事中, 扈從不及, 爲賊所得, 服藥取痢, 詐稱瘖病. 祿山素憐之, 遣人迎至洛陽, 拘於普施寺, 迫以僞署. 賊平, 陷賊官六等定罪, 維以凝碧詩聞於行在, 肅宗特宥之, 責授太子中允.)

주 석

1 中允(중윤) - 태자중윤 왕유를 말한다.

2 契闊(결활) - 근고勤苦. 고생스럽다.

《두시상주》 《시경》에 '死生契闊'이라는 말이 있는데, 《모전》에서는 '결활'을 '힘들고 어려움'으로 풀이하였다. 시의 의미는 이것에 근거한 것이다.(詩, 死生契闊. 毛傳解契闊爲勤苦, 詩意本之.)

〔中允 2구〕 안녹산의 난 이전에는 재능으로 명성을 날리던 왕유가 안녹산 반군에 협조하였다는 혐의로 태자중윤으로 강등되어 고생이 심한 것을 안타까워한 것이다.

3 共傳(공전) – 모두 함께 전하다. 收庾信(수유신) – 유신을 거두어들이다. 유신은 남조 양梁의 문인으로 북조 서위西魏에 사신으로 갔다가 양이 멸망하자 고향에 돌아가지 못하고 고향을 그리는 많은 작품을 남겼다. 이는 왕유를 받아들여 중윤으로 삼았다는 말이다.

《두시상주》에 인용된 《양서梁書》 후경이 난을 일으키자 간문제는 유신으로 하여금 주작항에서 일을 맡아보게 하였다. 후경이 이르자 유신은 무리를 이끌고 강릉으로 도망하였다. 원제는 황제의 뜻을 받들어 유신을 어사중승에 제수하였다.(侯景之亂, 簡文帝使庾信營於朱雀航. 景至, 信以衆奔江陵. 元帝承制除信御史中丞.)

《구가집주두시》 조언재 주 '공전수유신'이란 말로 숙종이 왕유를 아껴서 그의 죽을죄를 풀고 아래로 태자중윤에 옮기는 데 그쳤다고 말하였으니 이것이 이른바 '거두어들였다'는 말이다.(共傳收庾信, 以言肅宗憐維, 釋其死罪, 止下遷太子中允, 此所謂收也.)

4 陳琳(진림) – 건안 칠자의 하나.

《삼국지·위서魏書》 진림이 기주로 피난하자 원소가 문장을 맡도록 하였다. 원소가 패하자 진림은 태조에게로 돌아갔다. 태조는 "경은 지난날 본초(원소의 자)를 위해 격문檄文을 써 주었는데 단지 나의 잘못만을 선포했더라면 좋았을 것이다. 악을 미워하는 것은 그 당사자에게 그쳐야지 어찌하여 위로 아버님 할아버님까지 언급하였는가?"라고 말하였다. 진림이 사죄를 하자 태조는 그의 재주를 아끼어 그를 나무라지는 않았다.(琳避難冀州, 袁紹使典文章. 袁氏敗, 琳歸太祖. 太祖謂曰, 卿昔爲本初移書, 但可罪狀孤而已, 惡惡止其身, 何乃上及父祖邪. 琳謝罪, 太祖愛其才而不咎.)

〔共傳 2구〕 사람들이 이구동성으로 왕유가 반군에 협조하였다는 혐의를 받은 것이 억울하다는 것을 이야기한다는 말이다.

《두시상주》 왕유가 당초 낙양에 매여 있었으나 숙종이 다시 등용한 것은 유신이 강릉으로 도망갔으나 원제가 거두어 등용한 것과 유사하다. 왕유가 〈응벽〉시를 지어 옛 임금을 잊지 않을 수가 있었던 것은 진림이 원소를 위하여 격문을 지어주고 뒤에 위 무제를 섬긴 것과는 같지 않다.(維初繫洛陽, 而肅宗復用, 與庾信之奔竄江陵, 元帝收用者相似. 維作凝碧詩, 能不忘故主, 與陳琳之爲紹草檄, 後事魏武者不同.)

5 一病(일병) – 한 가지 병. 왕유가 반군에 억류되었을 때 약을 먹고 거짓으로 벙어리 노릇한 것을 말한다. 緣(연) – 때문이다.

6 三年(삼년) – 왕유가 반군에게 억류된 천보 15년에서 건원 원년에 이르는 기간을 말한다.

〔一病 2구〕 왕유가 반군에 억류되어 있는 기간 동안 거짓 벙어리 노릇을 하면서 오직 한마음으로 숙종을 따를 것을 생각하였다는 말이다.

《두시상주》 '일병'이란 거짓 벙어리 노릇한 일을 가리키며, '삼 년'이란 천보 말년에서 건원 초에 이르는 시기이다.(一病, 指詐瘖事. 三年, 自天寶末至乾元初也.)

7 窮愁(궁수) – 곤궁하여 근심하다.

《두시상주》에 인용된 《사기》 우경은 곤궁하여 근심스럽지 않으면 글을 쓸 수 없었다.(虞卿非窮愁不能著書.)

8 白頭吟(백두음) – 탁문군이 사마상여의 변심을 비난하면서 지었다고 하는 노래. 이 구의 〈백두음〉을 읊는 주체를 왕유로 볼 수 있고 두보로 볼 수도 있다.

《두시상주》 《서경잡기》에 의하면 사마상여가 무릉 여자를 첩으로 맞아들이려 하자 탁문군은 〈백두음〉을 지어 스스로 관계를 청산하였고 이리하여 사마상여가 그만두었다고 한다. 탁문군의 〈백두음〉에 '쓸쓸하고 물론 쓸쓸하지만 시집가는 여자가 울 필요는 없다. 원컨대 한 마음 가진 사람 만나 백발이 되도록 헤어지지 않았으면'이라고 하였다. 살펴보건대, 탁문군은 변하지 않는 한 가지 마음을 원하였고 그런 까닭에 이를 빌려서 왕유를 비유한 것이다.(西京雜記, 相如將聘茂陵女子爲妾, 文君作白頭吟以自絶, 相如乃止. 卓文君白頭吟, 淒淒自淒淒, 嫁女不須啼, 願得一心人, 白頭不相離. 按, 文君願一心不二, 故借此喩維.)

〔窮愁 2구〕 왕유가 반군에 억류되어 있으면서 고통을 당했고 장안 수복 후에는 반군에 협조했다는 억울한 누명을 쓰고 있는 터라 그동안에 자신의 비분함을 표현한 시를 많이 지었을 것이니 그것을 읊음으로써 자신이 결백하다는 것을 증명하라는 말이다.

《두시상주》: 왕유는 재주가 뛰어나다는 명성을 누려 왔지만 신세가 어렵고 힘든 상황에 처하게 되었으므로 깊이 그것을 애석해한 것이다. '공전' 2구는 반군에 억류된 일을 변론하였고, '일병' 2구는 임금을 받들어 모시는 마음을 밝힌 것인데 모두 힘들고 고통스러움을 표명한 것이다. 왕유는 환난을 겪었으니 반드시 비분의 작품이 많았을 것이다. 그러므로 다시 시를 찾아 그의 고통스런 감정을 보이라는 것이다.(維負才名, 而身遭困苦, 故深惜之. 共傳二句, 辯陷賊之事. 一病二句, 原戴主之心. 皆申明契闊也. 維經患難, 必多悲憤之作, 故復索詩以見其苦情.)

《독두심해》: 《두억》에서는 '이 시는 바로 왕유의 억울함을 변론한 상소문이다'라고 하였다. 내가 살펴보건대, 이는 서사를 앞세우고 의론을 뒤에 놓은 글이다. 이 시의 뜻은 이러하다. 중윤이 재주를 믿다가 어려움을 당하였는데 지금은 사람들이 모두 이 소식을 전하면서 '요행히 받아들여지고 문책을 더하지 않았다'고 한다. 요컨대 이렇게 된 것이 어찌 요행으로 된 것이겠는가? 생각건대 임금을 사모하는 마음이 정성을 하나로 하여 감동시킬 수 있었던 것이다. 시험삼아 그가 슬피 노래한 것을 찾아 읊어보면 그가 두 마음을 품지 않았음을 분명하게 알 수 있을 것이다.

중윤은 참으로 완전한 선비인 것이다. 아, 공이 즐겨 남의 아름다움을 완성하는 데는 이와 같음이 있었다.(杜臆, 此直是王維辯冤疏. 愚按, 是先敘事後議論之文. 言中允負才蒙難, 今則人共傳之曰, 幸邀收錄, 不加責問矣. 要其得此, 豈倖致哉. 惟其戀主寸心, 足以一誠相感. 試索誦其哀吟, 可灼知其不二. 中允洵完士哉. 吁, 公之樂成人美有如此.)

《두억》: '유신을 받아들이다'란 왕유를 받아들여 중윤으로 삼은 것을 말한다. 진림은 본래 조조에게 죄를 지었으므로 '진림에 비할 수는 없다'고 말한 것으로 왕유가 본래 무죄임을 말한 것이다. 5,6구는 바로 그 뜻을 밝힌 것이다.(收庾信, 謂收維爲中允. 陳琳本得罪於曹, 故云不比得陳琳, 言維本無罪. 而五六正發其意.)

(**이석형**)

15. 送許八拾遺歸江寧覲省, 甫昔時嘗客游此縣, 於許生處乞瓦棺寺維摩圖樣, 志諸篇末

부모님을 뵈러 강녕으로 돌아가는 허습유를 배웅하게 되었는데, 내 예전에 그 고을에서 객지생활을 하다가 허씨의 거처에서 와관사의 유마도를 얻은 적이 있기에 말미에 이를 적어 본다

詔許辭中禁[1] 慈顏赴北堂[2] 聖朝新孝理[3] 祖席倍輝光[4]
內帛擎偏重[5] 宮衣著更香[6] 淮陰淸夜驛[7] 京口渡江航[8]
竹引趨庭曙[9] 山添扇枕涼[10] 十年過父老[11] 幾日賽城隍[12]
看畫曾飢渴[13] 追蹤恨淼茫[14] 虎頭金粟影[15] 神妙獨難忘[16]

폐하께서 궁궐을 떠날 것을 허락하셨으니
북당에 계신 어머님을 뵈러 가시게 되었군요.
성스런 왕조는 새로이 효로써 다스리기에
전송하는 자리가 더욱 빛을 발합니다.
받으신 비단 들어올리니 유달리 무거워 보이고
궁궐 옷을 입으시니 더욱 향그럽습니다.

맑은 밤에 회음의 역참을 들르고
강을 건너려 경구의 배를 타신 뒤,

대나무 숲에 새벽 햇살 비칠 때 마당을 공손히 지나고
산의 서늘한 기운이 스밀 때 베개 옆에서 부채질을 하시며,
십 년 만에 어른들을 찾아뵙고
며칠 동안 성황당에서 제를 올리겠지요.

그림을 보고 싶은 마음에 일찍이 주리고 목말랐는데
자취를 더듬어도 안타깝게 아득하기만 합니다.
고개지가 그린 금속여래의 영정은
그 신묘함을 유독 잊지 못하나이다.

이 시는 두보가 건원 원년 봄에 고향인 강녕으로 돌아가는 허씨를 배웅하며 지은 것이다. 제목에서 '八'은 형제간의 항렬이고, '拾遺'는 벼슬 이름이다. 허씨에 대해 전겸익은 천보 원년에 잠삼이 배웅했던 인물과 동일인으로 간주하였으나, 시홍보는 근거가 미약하여 단정할 수 없다고 하였다.

> 《보주두시》 강녕군은 당대에 승주였는데, 《지리지》에 "지덕 2년에 윤주 강녕현에다 설치하였다"는 기록이 있다. 두보는 개원 말엽에 이 곳에 머문 적이 있다. 허씨는 틀림없이 지덕 2년 6월 이후에 습유가 되었을 것이다. 그해 6월 12일에 두보는 습유와 보궐들과 함께 잠참을 천거하였는데, 당시 허씨는 명단에 끼지 않았다. 이 시는 건원 원년에 지어진 것이 틀림없다.(江寧郡, 唐爲昇州. 志云, 至德二載, 以潤州江寧縣置. 公開元末嘗遊此. 許當是二載六月後爲拾遺. 蓋是年六月十二日, 公同遺補薦岑參, 時許不預名. 此詩當是乾元元年作.)

《두시상주》 이 시는 건원 원년 봄에 지은 것이 분명하다. 전겸익의 《두시전주》에 "《잠참집》에 〈과거시험에 합격하여 모친을 뵈러 강녕으로 돌아가는 허씨를 전송하며〉라는 시가 있는데, 천보 원년, 영부를 하사했다고 고하고 존호를 올리던 날에 지은 것이다. 여기서 '許八拾遺'라고 하였으니, 아마도 과거시험에 합격한 뒤 10여 년이 지나서 습유직에 임명되면서 다시 모친을 뵐 수 있었을 것이다"라 하였다. 《당서》에 "승주 강녕군은 강남동도에 속하다"고 하였다. 두보는 개원 말엽에 이 곳을 떠돈 적이 있다. 채몽필은 "와관사는 바로 천복사이다"라 하였다.(此當是乾元元年春作. 錢箋, 岑參集有送許子擢第歸江寧拜親詩, 在天寶元年告賜靈符, 上加尊號之日. 此云許八拾遺, 蓋擢第後十餘年官拾遺, 又得省覲也. 唐書, 昇州江寧郡, 屬江南東道. 公開元末嘗遊此. 夢弼曰, 瓦棺寺, 卽薦福寺.)

《독두시설》 이제 전겸익의 설을 살펴보면 단지 똑같이 '강녕에서 부모를 뵙는다'는 말을 하고, 시에서 또한 '10년 만에 어른들을 찾아 뵙는다'는 말을 했다는 이유만으로 같은 사람으로 여기는데, 근거가 부족한 듯하다. 잠삼의 시에서는 단지 '허선생'이라 하였고, 이 시에서도 단지 '許八'이라고 하여 그 이름을 알 수 없으니, 강녕에 10여 년 동안 과거에 급제하여 벼슬을 받은 또 다른 사람이 없다고 단정지을 수는 없을 것이다. 또 이 시에 대해 황학은 건원 원년에 지어진 것이라고 단정하였는데, 천보 원년으로부터 이미 18년이 지난 셈이다. 대개 11, 12년이라면 성수를 들어 10년이라고 말할 수 있겠으나, 18년이라면 성수를 들더라도 의당 20년이라고 말해야지 10년이라고 말할 수는 없다. 당대 사람들은 진사를 가장 중시하였고, 합격한 뒤에는 몇 년 지나지 않아 고관에 오른 사람이 있었다. 허씨가 설사 관운이 없었다 하더라도, 어찌 18년이나 걸려서 고작 습유직에 임명되었겠는가? 이로써 고증하건대 전겸익의 견해는 근거가 부족하다는 것을 알겠다.(今按此說, 第因同是江寧省親, 又詩云, 十年過父老,

故謂卽一人, 恐不足據. 岑詩只云許子, 此詩又但云許八, 其名不可知, 不必江寧十餘年間, 竟無別一許姓人擢第授官也. 且此詩黃鶴定是乾元元年作, 去天寶元年已十八年, 凡十一二年可擧成數言十年, 若十八年, 擧成數當云二十, 不當仍云十年也. 唐人最重進士, 擢第後, 有不數年卽至大官者. 許卽拙宦, 亦何至十八年始官拾遺. 以此證之, 亦見錢箋不足據.)

주 석

1 詔許(조허) - 왕명이 허락하다. 《두시상주》에서는 '有詔'로 해야 옳다고 하였다. 한편 '天語'로 되어 있는 판본도 있다. 辭(사) - 하직하다, 떠나다. 中禁(중금) - 궁궐, 조정.

2 慈顔(자안) - 자애로운 얼굴, 즉 어머니를 가리킨다. 《두시상주》에서는 '承慈'로 해야 옳다고 하였다. 한편 '家榮'으로 되어 있는 판본도 있다. 赴(부) - '拜'로 되어 있는 판본도 있다. 北堂(북당) - 모친의 거처.

《구가집주두시》 《시경》에 '焉得諼草, 言樹之背'라는 구절이 있는데, 주에 "'背'는 북당이다"라 하였다. 북당은 어머니를 뜻한다.(詩焉得諼草, 言樹之背, 背, 北堂也, 北堂, 母氏也.)

〔詔許 2구〕 왕의 허락을 받아 모친을 뵐 수 있게 된 것을 말한다.

《두시상주》 두 번째 구절은 본래 모친을 뵙기 위해 북당으로 가는 것을 말하고 있지만, 표현이 다소 졸렬하다. 번씨의 판본에는 '慈顔拜北堂'이라고 되어 있어 뜻이 보다 분명하다. 또 다른 판본에는 '天語辭中禁, 家榮到北堂'이라고도 되어 있는데, 표현이 타당하지 못하다. '有詔辭中禁, 承慈赴北堂'이라고 하는 것이 마땅할 것이다.(次句, 本言爲慈顔而赴北堂, 但出語稍拙. 樊作慈顔拜北堂, 句意稍明. 別作天語辭中禁, 家榮到北堂, 語亦未安. 當云, 有詔辭中禁, 承慈赴北堂.)

《독두시설》 구조오의 설대로 두 구절을 바꾼다 해도 적절치 않다. 시에서 '詔許'라고 한 것은 '모친을 뵈러 돌아가고자 하는 청원을 허락하여 왕명으로 윤허한다'는 뜻이다. '有詔'로 바꾸면 '모친을 뵈러 돌아가라고 명령한다'는 뜻이 된다. 두보의 다른 시에 보면 '及歸優詔許'라고 한 구절이 있어 '詔許'라고 하는 것이 옳으므로, 앞의 구절은 굳이 바꿀 필요가 없을 듯하다. 아래 구절도 '承慈'라고 고치면 비록 양 간문제의 시에 바탕을 둔 것이긴 하나, '赴'자의 의미와 어울리지 못하여 '赴'자를 번황의 판본에 따라 '拜'로 해야 될 것 같으므로 나머지 네 자도 바꿀 필요가 없다. 다만 '詔許'와 '慈顔'이 다소 대를 이루지 못하는 감은 있지만, 두보의 시에서 첫 구를 대구로 지을 때 이와 같은 경우는 많다.(今按此改二句, 亦尙未是. 詩言詔許, 是許請歸省, 而詔許之也, 改作有詔, 是詔令歸省矣. 公他詩有言及歸優詔許者, 作詔許爲是, 上句似不必改. 下句改承慈, 雖本梁簡文帝詩, 然旣不合赴字意, 赴字似當從樊晃本作拜, 餘四字亦不必改. 惟詔許慈顔, 語稍不對, 然公詩對起句, 多有若此者.)

3 聖朝(성조) – 성스러운 왕조. 자신이 속한 왕조를 높여 부르는 말이다.
孝理(효리) – 효도로써 다스리다.

4 祖席(조석) – 전송하는 자리. 이 구절은 '行子倍恩光'으로 되어 있는 판본도 있다.

《구가집주두시》 '祖席'은 술자리를 베풀어 전송하는 것을 뜻한다.(祖席, 飮餞也.)

〔聖朝 2구〕 천자가 효도를 중시하여 허씨에게 모친을 뵐 것을 허락하고 하사품을 내린 것을 말한다.

《두시상주》 전해 11월에 상황을 맞아 경사로 모셨고, 그해 정월에 다시 상황에게 존호를 올렸다. 그래서 '새로이 효로써 다스린다'고 말한 것이다. '전송하는 자리가 빛난다'고 하였으니 당시 하사품을 내렸을 것이 분명하다.(去年十一月, 迎上皇至京. 是年正月, 又加上皇尊號, 故云新孝理. 祖席光輝, 時當錫類也.)

《구가집주두시》 조언재 주 '行子倍恩光'이라고 해야 옳다. '孝理'는 '효로써 천하를 다스린다'는 뜻이다. '恩光'은 은덕의 광채이다. '輝光'이라고 하면 대구가 되지 않는다.(行子倍恩光爲正. 蓋孝理者, 以孝治天下也. 恩光則恩之光也. 輝光則不對.)

5 內帛(납백) – 비단을 주다. '內'은 곧 '納'과 같으며, '贈'으로 되어 있는 판본도 있다. 擎(경) – 들어올리다.

6 宮衣(궁의) – 궁궐에서 입는 옷. 著(착) – 입다, 착용하다.

《두시상주》: 허씨를 전송하는 데서 서술을 시작하고 있다. 왕명을 받들어 모친을 뵙는다는 것은 첫머리에서 뜻을 밝힌 것이다. 동료들이 전송하는 자리를 베풀고 조정에서 은혜를 내린다는 것은 모두 그의 모친을 영광되게 하기 위함이다.(從送許敍起. 奉詔省親, 開首提明. 同僚餞別, 朝廷恩賜, 皆所以榮其親也.)

7 淮陰(회음) – 지명. 清夜(청야) – 맑은 밤. '淸'은 '新'으로 되어 있는 판본도 있다.

8 京口(경구) – 지명. 航(항) – 배.

〔淮陰 2구〕 허씨가 고향으로 돌아가기 위해 거쳐야 하는 여정을 말하고 있다.

《구가집주두시》 조언재 주 회음은 초주이고 경구는 윤주로서 강녕으로 갈 때 거치는 지역이었을 것이다.(淮陰, 楚州, 京口, 潤州, 蓋往江寧經歷之地.)

9 竹引(죽인) – 대나무가 끌어들이다. 대나무 숲으로 새벽 햇살이 스며드는 것을 말한다. 趨庭(추정) – 마당을 종종걸음으로 지나다. 어른 앞을 공손한 걸음걸이로 지나는 것을 말한다. 曙(서) – 새벽.

10 扇枕(선침) – 베개 옆에서 부채질을 해 드리다. 효도를 다해 부모를 모시는 것을 말한다. 이상 2구는 '春隔雞人晝, 秋期燕子涼'으로 되어 있는 판본도 있다.

《두시상주》에 인용된《동관한기東觀漢記》 황향은 성품이 매우 효성스러워 여름이면 베개 옆에서 부채질을 해 드리곤 하였다.(黃香性至孝, 夏月則扇枕.)

〔竹引 2구〕 허씨가 고향에서 효성스런 태도로 모친을 대하는 것을 그리고 있다.

《두시상주》 대나무를 거쳐 마당을 지나니 대나무가 아침 햇살을 끌어들이는 듯할 것이고, 산간에서 지내면서 베개 옆에서 부채질을 하니 산이 서늘한 기운을 보태주는 듯한 느낌이 들 것이다.(從竹裏趨庭, 似竹引其曙. 在山間扇枕, 覺山助其凉.)

《구가집주두시》 조언재 주 '趨庭'은《논어》의 '공자가 일찍이 혼자 서 있는데 아들 공리가 종종걸음으로 마당을 지나갔다'는 말에서 나왔고, '扇枕'은 황향의 고사와 관련이 있다. 그러나 '趨庭'에 입각해서 말한다면 '竹引'은 별다른 의미가 없을 듯하다. 아마도 그의 마당에 실제로 대나무가 있어서였을 것이다.(趨庭, 則論語孔子嘗獨立, 鯉趨而過庭. 扇枕, 則黃香事也. 然于趨庭而言, 竹引似乎無義. 豈其庭下實有竹耶.)

11 過(과)－들르다. 《두시상주》에서 '平聲'이라 하여 '들르다'는 뜻으로 쓰였다고 밝히고 있다. 父老(부로)－고향의 어른들을 가리킨다.

12 賽(새)－굿하다, 기원하다. 城隍(성황)－성황당. 허씨의 고향에 있는 성황당을 가리킨다. 한편 이상 2구는 '賜書誇父老, 壽酒樂城隍'으로 되어 있는 판본도 있다.

《두시상주》에 인용된 고염무 설 《북제서》에 "모용엄이 영주를 진수할 때 성 안에 사당이 있어 성황신이라고 하였는데, 그가 사람들을 이끌고 그 곳에서 기도를 올렸다"는 기록이 있다. 이것이 성황이라는 말이 처음으로 사서에 보이는 예이다.(北齊書, 慕容儼鎭郢州, 城中有神祠, 號城隍神, 儼率衆禱之. 此城隍始見史傳者.)

〔十年 2구〕 허씨가 10년 만에 고향으로 돌아가 성황당에 제를 올리는 것을 표현하고 있다.

《구가집주두시》 조언재 주 '賜書誇父老, 壽酒樂城隍'으로 되어 있는 판본도 있지만, '十年過父老, 幾日賽城隍'이라고 했을 때처럼 말이 노련하고 온당하며 함축적 의미가 담겨 있는 것에는 미치지 못한다. 아마도 10년 동안 어른들을 뵙지 못하다가 그들을 찾아뵙고, 또한 반드시 사당에 배알하여 영광으로 삼겠다는 것을 뜻하는 말일 것이다.(一作賜書誇父老, 壽酒樂城隍, 却不及十年過父老, 幾日賽城隍, 辭語老當, 有含蓄之意. 蓋謂十年不見父老而過之, 又必謁廟以爲榮也.)

《두시상주》: 둘째 단락에서는 집으로 돌아가는 일에 대해 말하고 있다. 회음과 경구는 강녕에서 가까운 지역이다. '정원에 새벽이 되었다'나 '베개가 시원하다'는 말은 부모님의 잠자리를 살피는 효성을 말한다. 아래에서는 이웃과 화목하게 지내는 우의와 신에게 보고하는 예의를 말하고 있다. 다른 판본에는 '春隔雞人晝, 秋期燕子涼'으로 되어 있기도 한데, 이는 봄에 길을 출발하여 가을에 집에 도착하리라는 말로, 전자가 모친을 찾아뵙는 것에 대해 절실하게 말하고 아울러 계절 경관을 포괄하고 있는 것에 비해 뒤떨어진다. 또 '내려주신 글', '축수하는 술'이라고 한 것은 말이 번다하고 중복되어 '십 년', '며칠'이란 말이 지니고 있는 경쾌하고 시원스러운 점에 미치지 못한다.(次言歸家之事. 淮陰京口, 江寧近境. 庭曙枕涼, 晨省昏定也. 下言睦鄰之誼, 報神之禮. 他本作春隔雞人晝, 秋期燕子涼, 是言春啓行而秋至家, 不如前說切省覲而兼包時景. 其云賜書壽酒, 語亦繁重, 亦不如十年幾日之輕逸也.)

13 看畫(간화) - 그림을 보다. 여기서 그림은 유마도를 가리킨다. 曾(증) - 일찍이. 飢渴(기갈) - 배가 주리고 목이 마르다.

14 恨(한) - '限'으로 되어 있는 판본도 있다. 淼茫(묘망) - 아득한 모양.

15 虎頭(호두) - 고개지를 가리킨다. 그의 아명이 호두라는 설과 그의 신분이 호두장군이었다는 설이 있다. 金粟(금속) - 금속여래.

《두시언해》 고개지의 아명이 호두로서 와관사 북쪽 벽에 유마힐을 그렸다. 유마는 곧 과거세의 금속여래이다.(顧愷之, 小字虎頭, 畵維摩詰於瓦棺寺北壁. 維摩卽過去世金粟如來.)

《구가집주두시》 조언재 주 구양솔경이 《예문류취》에서 《세설신어》의 기록을 인용하여 "고개지는 호두장군이었다"고 한 말은 '감자' 부문에 들어 있다. 반면 홍구보는 "고개지의 아명이 호두이고, 유마힐은 과거세의 금속여래이다"라 하였는데, 아마 《역대명화기》에 근거했을 뿐일 것이다. 《세설신어》는 유의경의 책으로 송대가 진대에서 그리 오래지 않으므로 믿을 수 있지만, 《역대명화기》는 후인이 지은 것이다. 견문이 넓은 사람의 고견을 기다린다.(歐陽率更, 於藝文類聚, 則載世說, 愷之爲虎頭將軍, 在甘蔗門中. 而洪駒父云, 顧愷之, 小字虎頭, 維摩詰是過去金粟如來, 蓋據歷代名畵記耳. 世說是劉義慶之書, 宋于晉未遠, 當可考信. 而歷代名畵記, 則後人爲之也. 以俟博聞.)

《두시상주》 오증의 《만록》에서는 "고개지는 호두장군이었다. 호두는 그의 아명이 아니다"고 하였다. 주학령 주에 "진대의 관직에는 호두장군이 없으며, 본전에도 이런 말이 적혀 있지 않다. 《만록》은 무엇에 근거하였는지 모르겠다"고 하였다.(吳曾漫錄, 顧愷之爲虎頭將軍, 非小字也. 朱注, 晉職官無虎頭將軍, 本傳亦不載此語. 漫錄未知何據.)

《독두심해》에 인용된 《정명경의소淨名經義疏》 산스크리트어의 유마힐을 정명이라고 한다. 나제의 아들로 과거세에서 부처가 되어 금속여래라 불렸다.(梵語維摩詰, 此云淨明. 那提之子. 過去成佛, 號金粟如來.)

16 神妙(신묘) – 유마도의 그림이 매우 절묘한 것을 가리킨다.

《두시상주》: 마지막 단락에서는 유마도를 언급하면서 강녕의 옛 자취에 대해 잊지 못하고 있다.(末及維摩圖樣, 不忘江寧舊迹也.)

(**김 만 원**)

16. 因許八奉寄江寧旻上人

허팔 편에 강녕의 민상인께 삼가 부치다

不見旻公三十年[1]　封書寄與淚潺湲[2]
舊來好事今能否[3]　老去新詩誰與傳[4]
棋局動隨幽澗竹[5]　袈裟憶上泛湖船[6]
問君話我爲官在[7]　頭白昏昏只醉眠[8]

민공을 뵙지 못한 지 삼십 년
편지를 봉하여 부치려니 눈물이 흐릅니다.
옛날부터 즐기시던 일 지금도 여전하신가요?
늙어가며 새로 지은 시는 누가 나에게 전할건가요?
나는 바둑판 들고 그대 따라 그윽한 시냇가 대밭으로 갔지요.
그대는 가사 걸치고 나와 함께 호숫가 배에 오르셨습니다.
그대 내 벼슬살이 잘하는가 말씀하셨다지요.
흰머리로 술에 취하여 어질어질 잠이나 자고 있을 뿐이옵니다.

이 시는 건원 원년 봄, 두보가 좌습유로 재직할 당시 지은 것이다. 당시 습유 벼슬을 하고 있던 허팔이 성친을 위해 강녕으로 가게 되었으므로 그 편에 민상인에게 소식을 전한 것이다. 민상인은 두보가 젊은 시절 오월 지역을 만유하던 시기에 사귀었던 승려이다.

《보주두시》 시에서 '그대 내 관직에 있음을 말씀하셨다고 들었습니다'라고 하였고, 또 허습유 편에 편지를 전하는 것이니 분명 건원 원년에 지은 것이다.(詩云, 聞君話我爲官在, 因許拾遺以寄之, 當是乾元元年作.)

주 석

1 不見(불견) - 만나지 못하다. 이 구절은 두보가 민공을 만나지 못한 것이 대략 30년이 된다는 말이다. 두보는 젊은 시절 오월 지역을 만유하면서 민상인을 만나 사귀었다.

《두시상주》에 인용된 황학 주 공이 〈진삼대례부표〉에서 이르기를 '폐하의 울창한 숲과 풍성한 초원을 만유한 것은 실로 약관이 되던 해로부터 시작하였습니다'라고 하였은즉 오월 지역을 만유한 것은 개원 19년, 공의 나이 바야흐로 20세가 되던 때이므로 건원 원년까지는 27년밖에 되지 않는다. 30년이라고 한 것은 대략적으로 말한 것이다.(公進大禮賦表云, 浪跡於陛下豐草長林, 實自弱冠之年. 其客遊吳越在開元十九年, 公方二十歲, 至乾元元年, 相距止二十七年. 曰三十年者, 亦約略之詞.)

2 封書(봉서) - 편지를 봉하다. 寄與(기여) - 부치다. 허습유 편에 편지를 부치는 것을 말한다. 潺湲(잔원) - 눈물이 줄줄 흘러내리는 모양.

3 好事(호사) - 좋은 일. 이 구절은 민상인이 이전에 두보와 교유할 때에 즐겨했던 일을 아직도 즐기고 있는지의 여부를 물은 것이다.

《두시상주》에 인용된 황생 주 민상인이 시를 읊는 것을 잘하고 바둑을 잘 두었으며 문인들과 교유함을 좋아하였으니, 그 좋은 일이 어떤 것임을 알 수 있겠다.(旻善吟善弈, 而喜與文士遊, 其好事可知.)

4 新詩(신시) - 새 시. 청신한 시. 誰與傳(수여전) - 누가 나에게 전해 주리오? '與'를 '爲'로 쓴 판본도 있다.

《두시상주》 '誰傳'은 누가 나에게 전해 주겠는가라는 말이다.(誰傳, 謂誰

傳於我.)

5 動(동)－툭하면. 걸핏하면. 늘. 隨(수)－민상인을 따라간다는 말이다. 幽澗竹(유간죽)－그윽한 시냇가 대나무 있는 곳. '幽'를 '尋'으로 쓴 판본도 있다.

6 袈裟(가사)－민상인이 승려이므로 한 말이다. 泛湖船(범호선)－호수에 띄운 배.

〔棋局 2구〕 '幽澗'을 민상인의 거처로, '湖船'을 두보의 거처로 보기도 한다.

《두시상주》에 인용된 주한 주 민상인은 그윽한 시냇가에 거하였으므로 공이 바둑판을 가지고 그를 따라갔으며, 공은 호수의 배에 있었으므로 민상인이 가사를 걸치고 함께 배를 띄웠던 것이다. 이것은 친밀한 우정을 서술한 것이다.(旻居幽澗, 公攜棋局以相隨. 公在湖船, 旻著袈裟而同泛. 此敍交誼之親切.)

〔舊來 4구〕

《두시상주》 옛날 좋아하던 일을 아직도 할 수 있는지, 새로 지은 시는 누구를 통해 전해 줄 것인지를 묻는 것은 현재의 모습을 생각한 것이다. 바둑판을 들고 시냇가로 따라가고, 가사를 입고 호수에 배를 띄우는 것은 이전의 모습을 추억한 것이다.(舊事尙能, 新詩孰傳, 是思其現在. 棋局隨澗, 袈裟泛湖, 是憶其從前.)

7 問君(문군)－'군'은 허습유로서, 민상인이 허습유에게 두보의 근황을 묻는다는 말이다. 이렇게 될 경우 이하의 '話'의 주체는 허습유가 되어서 허습유가 두보의 근황을 말하는 것이 된다. 그런데 '問'은 대다수 판본에 '聞'으로 되어 있다. 이렇게 될 경우 '聞君'에서 '君'은 '민상인'이며, 이하의 '話'의 주체도 그대로 민상인이 된다. 그래서 이 구절은 민상인이 한 말을 두보가 전해 들었다는 뜻으로 해석된다. 여기에서는 후자의 해석을 따랐다. 爲官在(위관재)－벼슬살이 하고 있다. '在'는 동작의 지속이나

정황의 존재를 표시하는 조사로 쓰였다.

《두시상주》 《두억》에서는 '問君'으로 쓰고는 민공이 묻고 허습유가 말한 것으로 보고 있다.(杜臆作問君, 謂旻公問而許話也.)

《독두심해》 혹자는 '問'으로 고쳤는데 말이 되지 않는다.(或改作問, 不成語.)

《독두심해》 마지막 구는 민공의 말을 전해 듣고, 늙고 게으른 상황을 고한 것일 뿐이다. 전체 시는 모두 민공에게 묻는 말로 일관하고 있는데 어떻게 결처에서 갑자기 허팔에게 말할 수 있겠는가? 《두억》에서는 '因許八'의 세 글자에만 집착하여 '聞'을 '問'으로 고쳤는데 지나친 천착이다.(末則傳聞旻公之語, 而告以衰懶之況耳. 通首皆通問旻公之詞, 何得結處忽致語許八. 杜臆認煞因許八三字, 遂改聞爲問, 鑿也.)

8 昏昏(혼혼)－어지러운 모양. 이 구절은 당시 정치적 실의에 빠진 두보 자신의 모습을 형용한 것이다.

《두시상주》: 앞 6구는 민상인을 그리워한 것이고, 마지막 2구는 자신의 근황을 서술한 것이다.(前六懷旻上人, 末二自敍近況.)

(**김성곤**)

17. 題李尊師松樹障子歌

이존사의 소나무 그림 가리개에 부치는 노래

老夫淸晨梳白頭[1] 玄都道士來相訪[2]
握髮呼兒延入戶[3] 手提新畵靑松障[4]
障子松林靜杳冥[5] 憑軒忽若無丹靑[6]
陰崖却承霜雪幹[7] 偃蓋反走虬龍形[8]
老夫生平好奇古[9] 對此興與精靈聚[10]
已知仙客意相親[11] 更覺良工心獨苦[12]
松下丈人巾屨同[13] 偶坐似是商山翁[14]
悵望聊歌紫芝曲[15] 時危慘澹來悲風[16]

맑은 새벽, 이 늙은이가 허여센 머리 빗고 있으려니
현도 도사께서 찾아오셨지요.
머리채 움켜쥐고 아이 불러 집안으로 모셔 들일 때
손에는 새로 그린 푸른 솔 가리개를 들고 계셨습니다.

가리개 속 솔숲은 고요하고 아득한데
난간에 걸어두니 문득 그린 것이 아닌 듯.
어둑한 벼랑 구부려 눈서리를 인 가지 받들고
소나무 가지는 규룡의 형상이 거꾸로 내닫는 듯합니다.

이 늙은이가 평생토록 기이하고 예스러운 것 좋아하였음에
이를 대하니 홍이 정령과 만난 듯한데
선객의 뜻이 서로 친함을 알았거니와
다시 훌륭한 화공이 홀로 고심했음을 깨달았습니다.

소나무 아래, 노인들이 같은 차림새로
나란히 앉아 있음이 상산의 노인인 것만 같아
서글피 바라보며 애오라지 자지가를 부르는데
시절 위태로운 이 무렵에 참담히 슬픈 바람이 불어옵니다.

이 시의 저작 시기는 건원 원년이다. 이 시는 이씨 성을 가진 도사가 가지고 온, 소나무가 그려진 가리개에 적은 것이다. 이존사가 누구인지는 미상이다. 제목에 쓰인 존사는 도사에 대한 경칭이다. 장자障子는 직물류에 글씨를 쓰거나 그림을 그려 만든 병풍의 일종이다.

《두시상주》 황학이 이 시를 건원 원년에 편재하였는데, 이는 아마도 시에서 말한 현도 도사가 장안 사람이기 때문일 것이다. 또 이르기를, "'時危慘淡'이라 하였으니 안사의 난이 아직 평정되지 않았음을 알 수 있다. 만약 (저작 시기가) 지덕 원년이라면 몸이 반군의 수중에 있는데 무슨 마음으로 시를 쓰고 읊었겠는가? 지덕 2년이라면 겨울에 장안에 도착했으므로 또한 여기에까지 마음을 쓸 겨를은 없었을 것이다"라고 하였다.(黃鶴載在乾元元年, 蓋詩言玄都道士, 乃長安人也. 又云, 時危慘淡, 知安史尚未平也. 若至德元年, 身陷賊中, 何心題詠. 若在二年, 則冬日至京, 亦恐不暇及此.)

《보주두시》 양권도는 구편을 따라 상원 원년 성도에서의 작품이라고 하였다. 그러나 현도단은 장안에 있고, 이제 시에서 "시절 위태로운 이 무렵에 참담히 슬픈 바람이 불어옵니다"라고 하였으니 마땅히 건원 원년 좌습유로 있을 때의 작품이다.(梁權道從舊編, 謂上元元年成都作. 然玄都壇在長安, 今云時危慘憺來悲風, 當在乾元元年諫省作.)

주 석

1 老夫(노부)－늙은이. 두보 자신을 가리킨다. 梳(소)－빗질하다. 머리를 빗다.

2 玄都(현도)－현도관. 현도관은 장안에 있었던 도관道觀 이름이다. 현도단으로 보는 설도 있다. 道士(도사)－이존사를 가리킨다.

《두시상주》에 인용된 《당회요唐會要》 경성의 주작가에 현도관이 있다.(京城朱雀街, 有玄都觀.)

《두공부초당시전》 도사는 이존사이다. 현도는 단명으로 곧 이존사가 거처하는 곳이다.(道士謂李尊師. 玄都, 壇名, 乃尊師之所也.)

3 握髮(악발)－머리채를 움켜쥐다. 손님을 맞이하기 위하여 서두르는 것을 뜻한다. '髮'이 '手'로 된 판본도 있다. 延入戶(연입호)－모시고 집에 들어가다. 집으로 모셔들이다.

《사기·주공세가周公世家》 나는 한 번 머리 감으면서 세 번 머리채를 움켜쥐고, 한끼 밥을 먹으면서 세 번 음식을 뱉어내며, 일어나 선비를 접대하면서도 오히려 천하의 현인을 잃을까 염려하였다.(我一沐三捉髮, 一飯三吐哺, 起以待士, 猶恐失天下之賢人.)

《두시상주》 머리채를 움켜쥐고 아이를 불렀다는 것은 급히 손님을 맞이했다는 것이다.(握髮呼兒, 急於迎客.)

4 手提(수제)－손으로 들다. 青松障(청송장)－푸른 솔이 그려진 장자. 장자

는 바람을 막기 위한 병풍의 일종인데, 여기서는 장자에 들어갈 그림을 가리키는 것으로 보는 설도 있다. 이 구는 이존사가 두보에게 제화를 부탁하기 위하여 찾아온 것임을 말한다.

《독두심해》 당시에 화폭이 아직 장자로 만들어지지 않았으므로 손으로 들 수 있었다.(時畵幅尙未裝潢入障, 故可手提.)

《두시상주》 새 그림을 들고 있다는 것은 공에게 시를 지어주기를 요구한 것이다.(手提新畵, 索公題句也.)

#《두시상주》: 첫 단락에서는 이존사의 방문을 받게 되었음을 서술하였다.(首敍李師見訪.)

5 杳冥(묘명)－그윽하고 아득하다.

6 憑軒(빙헌)－난간에 기대어두다. 또는 창에 걸어둔다는 뜻이다. 若無丹靑(약무단청)－단청이 없는 것 같다. 그림이 워낙 훌륭하여 그린 것 같지가 않다는 뜻이다.

《두시상주》 '無丹靑'은 진짜 소나무와 다르지 않음을 말한 것이다.(無丹靑, 言不異眞松.)

7 陰崖(음애)－햇빛이 비치지 아니하여 어둑한 벼랑. 却(각)－숙이다. 구부리다. 도리어로 번역할 수도 있다. 承(승)－잇다. 받들다. '承'이 '成'으로 된 판본도 있다. 霜雪幹(상설간)－눈서리를 이고 있는 소나무 줄기. '雪'이 '露' '霧'로 된 판본도 있다. 이 구는 눈서리를 인 소나무 줄기가 벼랑 위로 드리워져 있음을 말한 것이다.

《두시상주》 벼랑이 소나무 아래에 있기에 '却承'이라 한 것이다. … '却'은 '俯'의 뜻이다.(崖在松下, 故云却承. … 却, 俯也.)

8 偃蓋(언개)－수레 덮개 또는 일산日傘. 여기서는 소나무의 가지가 일산 모양으로 늘어진 것을 비유한다. 虯龍形(규룡형)－규룡의 형상. 규룡은 뿔이 없는 용이다. 이 구는 소나무의 기세가 거꾸로 드리워져 있음을 말한 것이다.

《두시상주》 소나무의 기세가 거꾸로 서려 있기에 '反走'라 한 것이다.(松勢逆盤, 故云反走.)

〔憑軒 3구〕

《독두심해》 '無丹青'은 그것이 그림이라는 것을 잊어버릴 정도라는 것이다. '뉴서리 맞은 줄기'와 '규룡의 형상'은 바로 '無丹青'을 거듭 말한 것이고, '却承'과 '反走'는 두 구가 서로 호응하니 벼랑의 소나무가 거꾸로 서린 모습이 마치 보이는 듯하다.(無丹青, 若忘其爲丹青也. 雪幹龍形, 正申無丹青. 却承反走, 兩句相呼應, 如見崖松倒盤之狀.)

《두시상주》: 이 단락은 소나무를 그린 것이 신묘함을 적은 것이다.(次記畫松神妙.)

9 奇古(기고)－기이奇異하고 고아古雅함.

《두시상주》 '霜雪'과 '虯龍', 이것이 곧 '奇古'이다.(霜雪虯龍, 此卽奇古.)

10 精靈(정령)－신, 신명, 영묘함. 이 시에서는 그림에 깃든 영묘함을 말한다.

《두시상주》 '精靈'은 그림을 가리킨다.(精靈指畫.)

11 仙客(선객)－신선과 같은 손님. 이존사를 가리킨다. 意相親(의상친)－뜻이 서로 가깝다. 여기서는 두보와 이존사의 뜻이 서로 통한다는 말이다. 이존사의 뜻이 소나무와 가깝다고 보는 설도 있으나 취하지 않는다.

《두시상주》 '仙客'은 이존사를 가리킨다.(仙客指李.)

《보주두시》 세한의 절조가 있음을 말한 것이다.(言有歲寒之操也.)

12 良工(양공)－훌륭한 장인. 그림을 그린 화공畫工을 가리킨다.

《두시상주》 '良工'은 그림을 그린 자를 가리킨다.(良工指畫者.)

《두시상주》: 이 단락은 이존사와 더불어 그림을 감상한 것이다.(此, 與李師賞畫也.)

13 丈人(장인)－어른, 노인. 巾屨(건구)－두건과 신발.

14 偶坐(우좌)－나란히 앉다. 似(사)－'自'로 된 판본도 있다. 商山翁(상산옹)－상산의 늙은이. 곧 상산사호商山四皓를 가리킨다. '商'이 '南'으로 된 판본도 있다.

《두시상주》 '偶坐'는 나란히 앉는다는 뜻이다.(偶坐, 並坐也.)

15 悵望(창망)－서글피 바라보다. 서글피 그려보다. 紫芝曲(자지곡)－곡명. 상산사호가 진의 난리를 겪고 은둔을 생각하며 불렀다는 노래.

16 時危(시위)－시절이 위태롭다. 慘澹(참담)－괴롭고 슬픈 모양.

〔悵望 2구〕

《두공부초당시전》: 두보가 시절을 아파한 것이다. 도적들이 소요를 일으키자 서글피 사호를 그리며 그 고아한 자취를 생각하였다. 그리하여 이런 말을 하게 된 것이다.(甫傷時. 盜賊擾攘, 悵望四皓而想其高躅, 故有是言也.)

《두시상주》: 이 단락은 그림을 대하고서 생겨난 감회이다. 소나무 아래의 노인들로 인하여 불현듯 상산의 흥회興懷를 발동시켰던 것은 대개 세상이 어지러워 고아한 은사를 그리워하였기 때문이다. '慘淡悲風'구는 그림의 풍경 또한 시름을 더하는 듯하다는 것이다.(此對畵而有感也. 因松下老人, 忽動商山之興, 蓋世亂而思其高隱也. 慘淡悲風, 畵景亦若增愁矣.)

《두억》: 막 머리에 빗질을 하려는데 도사가 내방하였음에도 '머리채 움켜쥐고'라 하지 않고 '손을 잡고 아이를 불러'라 하였으니 얼마나 각별한 사이겠는가? '青松障' 아래에 홀연 '障子松林'을 갖다 붙였으니 얼마나 대단한 필력인가? 그리고 '靜杳冥'하여 '若無丹青'이라 칭찬하였으니 형용을 극진히 한 것이다. 다시 '陰崖' 두 글자를 갖다 붙이고 '奇古' 두 글자로 개괄하였으니 어찌 많은 말을 바라겠는가? 선객은 비록 그것을 좋아할 줄은 알았다 하여도, 훌륭한 화공이 고심하여 홀로 그 묘함을

얻어 남에게 쉽게 얘기할 수 없는 것이 있음을 아마 아직 알지 못하였을 것이다. 그리하여 '更覺' 두 글자를 갖다 붙인 것이다.(正梳頭而道士來訪, 不云握髮而握手呼兒, 何等親厚. 青松障下忽着障子松林, 何等筆力. 而贊以靜杳冥, 若無丹青, 形容已盡矣. 再着陰崖二語, 而括以奇古二字, 豈俟多言哉. 仙客雖知好之, 而良工苦心, 有獨得其妙而未易語人者, 恐仙客猶未知也, 故着更覺二字.)

《두시경전》에 인용된 장상약張上若 설: 그림 속에 담긴 내용을 두 개의 층차로 서술하다가 마지막에 시절을 느껴 은자를 그리워한다고 하였으니, 담긴 뜻이 매우 깊어져서 꽉 막혀 답답한 제화시는 되지 않았다.(畵中所有作兩層寫, 末說到感時思隱, 寓意甚深, 方不是拘拘題畵.

(**박홍준**)

18. 得舍弟消息
아우의 소식을 듣고

風吹紫荊樹[1] 色與春庭暮 花落辭故枝[2] 風迴返無處[3]
骨肉恩書重[4] 漂泊難相遇 猶有淚成河[5] 經天復東注[6]

바람이 보라색 가시나무에 불어,
나무색은 봄 뜰과 함께 저물었네.
꽃이 떨어져 옛 가지를 떠나면,
바람에 불리어 돌아와도 머물 곳 없다네.
골육의 은애 담긴 서한은 귀중하나,
정처없이 떠도니 만나기 어렵네.
여전히 눈물이 강을 이루어,
은하 지나서 다시 동쪽으로 흐르네.

이 시는 동생으로부터 편지를 받고서 쓴 시이다. 두보에게는 모두 네 명의 동생이 있었는데, 당시 전란으로 인하여 뿔뿔이 헤어져 있었다. 저작 시기는 건원 원년 늦은 봄으로, 장안에서 좌습유에 임직하고 있을 때이다. 건원 원년 화주사공으로 있을 때의 작품이라는 견해도 있다.

《두시상주》 이 시는 마땅히 건원 원년 늦은 봄에 지은 것으로,

시에서 '봄 뜰이 저물어간다'고 한 것에서 알 수 있다.(此當是乾元元年季春作, 詩言春庭暮可見.)

《보주두시》 동생은 하남에 있고, 두보는 서쪽으로 갔기 때문에, '여전히 눈물이 강을 이루어, 은하를 지나 다시 동쪽으로 흐르네'라고 한 것이니, 마땅히 건원 원년 화주에서의 작품이다.(其弟在河南而公西去, 故云猶有淚成河, 經天復東注. 當是乾元元年在華州作.)

주 석

1 紫荊(자형) – 나무 이름. 봄에 붉은 보라색 꽃이 피고 약재로 쓰이는 나무인데, 흔히 형제와 관련된 전고로 사용된다.

《두시상주》 주경식의 《효자전》에, "옛날 형제가 분가하려 하여, 문을 나서서 세 그루의 보라색 가시나무가 그루를 함께하고 가지와 잎새가 잇닿아 그늘을 이루고 있는 것을 보고서, 탄식하여 말하기를, '나무도 오히려 기꺼이 모여 사는데 하물며 우리가 갈라설 수 있겠는가'라고 하였다"는 기록이 있다. 《속제해기》에 "전광, 전진, 전경의 형제 세 사람이 재산을 나누고자 하였는데, 그날 밤 뜰 앞의 세 그루의 보라색 가시나무가 곧 시들어 버렸다. 형제가 이를 한탄하고는 다시 합치자, 나무는 다시 생기를 회복하여 무성해졌다"고 하였다.(周景式孝子傳, 古有兄弟欲分異, 出門見三荊同株, 枝葉連陰, 嘆曰, 木猶欣聚, 況我而殊哉. 續齊諧記, 田廣田眞田慶兄弟三人, 欲分財. 其夜庭前三荊便枯. 兄弟嘆之, 却合, 樹還榮茂.)

2 辭故枝(사고지) – 옛 가지를 떠나다. 꽃이 가지에서 떨어짐을 말한다.

3 風迴(풍회) – 바람이 되돌아 불다. 返無處(반무처) – 돌아가지만 살 곳이 없다. 고향을 떠난 뒤 전란으로 인하여 다시 돌아갈 수 없는 상황을 뜻한다.

〔風吹 4구〕 보라색 가시나무의 꽃이 바람에 불려 떨어지는 것은 형제간의 이별을 비유하고 있다. 이에 착안하여 꽃이 지는 늦은 봄은 두보 형제가 이별하던 시기를 가리킨다는 견해가 있지만, 취하지 않는다. 꽃이 지는

시절에 동생의 편지를 받고서 시흥을 일으킨 것으로 이해하면 충분할 것이다.

《두시상주》 가시나무의 꽃이 바람에 불리어 떨어지는 것은 형제의 이산을 나타낸다.(荊花吹落, 喩兄弟分張.)

《두시경전》 ('風吹' 2구에 대하여) 꽃이 땅으로 떨어져 내림이 저물녘의 봄빛과 더불어 똑같이 참담함을 말하고 있다.(言花色下地, 與薄暮春光同一慘黯.)

《구가집주두시》 조언재 주 이 부분은 처음 (형제가) 헤어질 때가 늦은 봄이었음을 말한다. 옛날 형제 중에 이러한 일이 있어서, 두보가 가시나무로 인하여 시흥을 취한 것이다.(此言初別之時當暮春也. 古兄弟中事有此, 故公因荊以興焉.)

4 骨肉(골육) – 형제. 구체적으로 동생을 가리킨다. 恩書(은서) – 은애의 뜻이 담긴 편지. 동생에게서 온 편지를 가리킨다.

5 猶(유) – 여전히. 지금까지. 成河(성하) – 은하를 이루다.

《세설신어 · 언어》 고장강이 선무후 환온의 묘소에 절을 올리고 시를 짓기를, '산이 무너지고 바다가 마르면, 물고기와 새들은 장차 어디에 의지할까'라고 하였다. 어떤 사람이 그에게 묻기를, '당신께서는 환온을 두터이 신임하시기에 그러신 거죠? 곡하신 모습을 볼 수 있을지요?'라 하였다. 고장강이 말하기를, '코의 숨소리는 광막한 들판에 부는 바람과 같고, 눈물은 폭포가 쏟아져내리는 듯했다오'라 하였다. 또 다른 설로는, '곡소리는 우레가 쳐서 산을 깨뜨리는 듯하고, 눈물은 황하를 기울여 바다로 쏟아붓는 듯하다'라고 했다고 한다.(顧長康拜桓宣武墓, 作詩云, 山崩溟海竭, 魚鳥將何依. 人問之曰, 卿憑重桓乃爾, 哭之狀其可見乎. 顧曰, 鼻如廣莫長風, 眼如懸河決溜. 或曰, 聲如震雷破山, 淚如傾河注海.)

6 經天(경천) – 하늘을 지나다. 復東注(부동주) – 다시 동쪽으로 흐르다.

《두시상주》 은하가 봄날 밤에 동쪽을 향하고 있어서, 하늘을 지나서 동쪽으로 흐른다고 하였다.(天河春夜向東, 故曰經天東注.)

《두시상주》: 이 시는 경물을 대하고 정을 말한 것으로, 상반부는 비比이고 하반부는 부賦로서, 고시의 남은 뜻이 있다. 가시나무의 꽃이 바람에 불리어 떨어지는 것은 형제의 이산을 나타내고, 바람이 돌아불어도 돌아오지 못함은 표박하여 만나기 어려움을 나타낸다. 두보는 서경에 있고 동생은 하남에 있기에, 눈물이 동쪽으로 흘러내린다고 하였다. '恩書' 두 글자는 제목의 의미를 드러내고 있다.(此章對景言情, 上比下賦, 有古詩遺意. 荊花吹落, 喻兄弟分張. 風迴不返, 喻漂泊難遇. 公在西京, 弟在河南, 故云淚東注. 恩書二字, 點題.)

《두억》: 유신옹劉辰翁은 "괴로움과 원망의 가락이 사람을 슬프게 한다. 형제가 없는 아픔은 〈척령脊令〉시가 형제의 죽음을 비유하는 것보다 참담하다"고 하였다. '恩書'에 잘못이 있는 듯하다. 어찌 동생이 편지를 부쳐왔는데 또 만나기 어렵다고 말할 수 있겠는가? 이 시를 읽어보면 아마 소식이 좋지 않은 듯한데, 그리하여 비통함이 유다른 것이다.(須溪云, 苦心怨調, 使人凄然, 終鮮之痛, 慘于脊令死喪之喻. 恩書似有誤. 豈謂乃弟寄書亦難相遇耶. 讀此詩, 似消息不佳, 故悲痛獨至.)

(**이남종**)

19. 送李校書二十六韻

이교서를 전송하며

代北有豪鷹[1] 生子毛盡赤 渥洼騏驥兒[2] 尤異是虎脊[3]
李舟名父子[4] 清峻流輩伯[5] 人間好少年[6] 不必須白晳[7]
十五富文史 十八足賓客[8] 十九授校書 二十聲輝赫[9]
衆中每一見 使我潛動魄[10] 自恐二男兒[11] 辛勤養無益[12]
乾元元年春[13] 萬姓始安宅 舟也衣綵衣[14] 告我欲遠適
倚門固有望[15] 斂衽就行役[16] 南登吟白華[17] 已見楚山碧[18]
藹藹咸陽都[19] 冠蓋日雲積[20] 何時太夫人[21] 堂上會親戚
汝翁草明光[22] 天子正前席[23] 歸期豈爛漫[24] 別意終感激
顧我蓬屋資[25] 謬通金閨籍[26] 小來習性懶 晚節慵轉劇[27]
每愁悔吝作[28] 如覺天地窄 羨君齒髮新[29] 行己能夕惕[30]
臨岐意頗切 對酒不能喫[31] 迴身視綠野[32] 慘憺如荒澤[33]
老雁春忍饑[34] 哀號待枯麥[35] 時哉高飛燕[36] 絢練新羽翮[37]
長雲濕褒斜[38] 漢水饒巨石[39] 無令軒車遲 衰疾悲宿昔[40]

대북 지역의 큰 매는
새끼를 낳으면 털이 모두 붉고
악와강의 준마 기기의 새끼
진기한 호랑이 등뼈 털빛 같다네.
이주는 훌륭한 아비의 자식이라

청준한 성품으로 동년배의 으뜸이네.
인간 세상의 훌륭한 젊은이
굳이 얼굴이 휠 필요도 없음이라.
열다섯에 문사를 많이 보았고
열여덟엔 빈객이 가득했으며
열아홉에는 교서랑를 제수받아
스물엔 그 명성이 빛났네.
무리 가운데서 매번 볼 때마다
나로 하여금 몰래 놀라게 하니
나의 두 아들
힘들게 길러보아야 무익할까 염려라네.

건원 원년 봄에
온 백성이 비로소 편안해졌고
이주가 색동옷을 입고서
나에게 멀리 길 떠난다 말하네.
문에 기대어 틀림없이 바라보실테니
옷깃 여미고 길 떠날 수밖에.
남으로 올라 〈백화〉시를 읊조리니
이미 푸르른 초산이 눈에 보이는 듯.
성대한 함양 도읍지
사대부들 날마다 구름같이 모여드는데
태부인께서는 어느 때에나
집에서 친척들을 맞이할꼬.

그대의 아버지는 명광전에서 글을 초하시니
천자께서 몹시도 아끼신다네.
돌아오는 날짜 어찌 늦어질까마는
이별하는 마음에 끝내 울컥한다네.

돌아보면 초가집에나 어울릴 이 사람
잘못 벼슬길에 들어섰으니
어릴 때부터 게으른 습성이
나이 들수록 더욱 심해지네.
매번 과오를 저질러 놓고 근심하나니
천지가 좁은 것 같네.
그대 젊은 나이에
행실이 그리 저녁에도 조심하니 부럽다네.
기로에서 마음 자못 슬퍼지니
술을 대하고도 마실 수가 없다네.

몸을 돌려 푸른 들을 바라보니
참담한 것이 황량한 못 같네.
늙은 기러기 봄날 배고픔을 참으면서
슬피 울며 보리 익기를 기다리네.
때가 되었구나, 높이 나는 제비
빠르기도 하구나 새로운 날갯죽지는.
긴 구름 포사 지방을 적시고
한수에는 큰 돌이 많다 하는데

수레 더디게 몰아
늙은 이 몸 지난 추억에 가슴 아파하게는 마시라.

이 시는 고향으로 어머니를 모시러 떠나는 이교서를 전송하며 지은 작품이다. 이교서의 이름은 이주李舟이고 당시 교서 벼슬에 있었다. 교서는 곧 교서랑이다. 두보는 이 시에서 이교서의 출중한 재주와 효심을 노래하면서 동시에 그와 상반되게 늙고 무능한 자신의 신세를 한탄하고 있다. 이 시의 저작 시기는 건원 원년이다.

《보주두시》 〈당재상세계표〉를 살펴보건대 이주는 자가 공수이고 건주자사와 농서현남을 지냈다. 지금 이 시에서 '건원 원년 봄에, 온 백성이 비로소 편안해졌고'라 했으니 당연히 그해 간성에 있을 때의 작품이다.(按唐宰相世系表, 李舟, 字公受, 爲虔州刺史, 隴西縣男. 今詩云, 乾元元年春, 萬姓始安宅, 當是其年在諫省時作.)

《두시상주》에 인용된 주학령 주 《당서·종실세계표》에 이주는 자가 공수이고 건주자사와 농서현남을 지냈다. 그 아버지 잠은 수부랑중과 미주자사를 지냈다.(唐書宗室世系表, 舟字公受, 虔州刺史, 隴西縣男. 父岑, 水部郎中, 眉州刺史.)

《두시상주》에 인용된 노원창 주 이주는 덕종 조에 사신이 되어 유문희劉文喜에게로 가서 화복의 도리로써 설득하니 부하가 문희를 죽여 항복하였다. 또한 사신으로 양숭의梁崇義에게로 가서 뜻을 논하여 그를 안심시키고 숭의에게 입조하도록 권하였는데, 그 언사가 자못 반듯하면서 설득력이 있었다. 공의 이 시를 보니 소년시절에 이미 걸출하였음을 알 수 있다.(李舟於德宗朝奉使詣劉文喜, 陳以禍福, 帳下殺文喜以降. 又奉使詣梁崇義, 諭旨安之, 勸崇義入朝, 言頗

切直. 觀公此詩, 知少年時便已傑出矣.)

《두시상주》 두보시의 제목 중에서 운을 기록한 것은 모두가 배율이다. 그런데 이 시는 오언고시라 운을 기록하는 것이 적절치 않으니 아마도 출판 때의 실수인 듯하다.(杜詩凡題中紀韻者, 皆係排律. 此篇乃五古, 不當紀韻, 疑屬刊誤.)

주 석

1 代北(대북) – 지명. 한漢, 진晉의 대군代郡, 당대唐代 이후 대주代州의 북부 혹은 그 이북 지역을 가리킨다. 혹은 산 이름으로 보는 설도 있다. 豪鷹(호응) – 큰 매.

《두시상주》에 인용된 《한서》 안문, 대군은 모두 진의 땅이다.(雁門代郡, 皆晉地也.)

《두공부초당시전》 대는 산의 이름이다.(代, 山名.)

《구가집주두시》 종, 대 두 산에서 매가 나온다.(鍾代二山出鷹.)

〔代北 2구〕

《구가집주두시》 조언재 주 사물의 기이하고 빼어난 것으로써 이주를 비유한 것이다.(以物之奇俊者, 譬李舟也.)

2 渥洼(악와) – 강이름. 騏驥(기기) – 준마. 하루에 천리를 달린다는 명마. '兒'는 '種'으로 된 판본도 있다.

《두공부초당시전》 큰 매와 준마는 모두 이교서를 비유한다.(豪鷹騏驥, 皆喩李校書也.)

3 尤異(우이) – 진기한 것. 虎脊(호척) – '虎'는 '龍'으로 된 판본도 있다. 말의 털빛이 호랑이 같음을 말한다. 후에는 준마의 대칭으로 사용되었다.

4 名父子(명부자) – 훌륭한 아버지의 자식.

《두시상주》 《한서 · 소육전蕭育傳》에 왕봉이 소육을 명부의 아들이라

하여 공조에 제수하였다고 했는데, 이는 소육이 훌륭한 아비의 자식임을 말한 것이다.(漢書蕭育傳, 王鳳以育名父子, 除爲功曹. 言育爲名父之子也.)

《두공부초당시전》 《당서》의 기록에 따르면 이주의 아버지 잠은 수부랑관을 지냈다.(按唐書, 舟父岑, 爲水部郎官.)

5 淸峻(청준) – 사람됨이 맑고 고상함. 流輩伯(유배백) – 동년배의 으뜸. 동년배 중에 가장 뛰어난 사람을 가리킨다. '流'는 '時'로 된 판본도 있다.

《구가집주두시》 조언재 주 동년배의 우두머리이다. '伯'은 어른이란 뜻이다.(流輩之伯也. 伯者, 長之義.)

6 好少年(호소년) – 훌륭한 젊은이. '少'는 '妙'로 된 판본도 있다.

7 白晳(백석) – 피부가 희고 깨끗함.

《구가집주두시》 조언재 주 《좌전》 소공 26년에 "염수가 '얼굴이 하얀 군자가 있었습니다'라고 하였다"는 기록이 있다.(左傳昭公二十六年, 冉豎曰, 有君子白晳.)

8 足賓客(족빈객) – 빈객이 가득하다. 즉 당시의 유명한 인사들이 서로 이주와 교류를 가졌음을 말한다.

《두공부초당시전》 현사들이 모두 그와 더불어 노닐었음을 말한다.(謂賢士皆與之從遊也.)

9 輝赫(휘혁) – 밝게 빛나는 모양. '輝'는 '煇', '烜'으로 된 판본도 있다.

10 動魄(동백) – 크게 감동받아 놀라는 것을 말한다.

《두공부초당시전》 놀라 탄복함을 말한 것이다.(謂驚服也.)

11 二男兒(이남아) – 두보의 두 아들, 종문과 종무를 가리킨다.

《두시상주》 두 아들은 공의 아들 종문과 종무이다.(二男, 公子宗文宗武也.)

12 辛勤(신근) – 고생하다. 어렵게 애쓰다.

《두공부초당시전》 두보 스스로 두 아들이 그만 못함을 부끄럽게 여긴 것이다.(甫自愧二子不若之也.)

《구가집주두시》 조언재 주 도연명이 "비록 다섯 아들이 있지만 모두 글공부를 좋아하지 않는다"라고 하였는데, 두 아들 이야기 역시 이 이야기를 본받은 것이다.(淵明云, 雖有五男兒, 俱不好紙筆. 二男兒, 亦倣此矣.)

《두시상주》: 서두에서는 교서의 재주와 명망이 출중함을 서술하였는데, 그 아버지로부터 자식으로 이야기해 나갔다.(首敍校書才望出衆, 從父說到其子.)

13 乾元(건원) – 당 숙종의 연호. '元年'은 '二年'으로 된 판본도 있다.

〔乾元 2구〕

《구가집주두시》 건원은 숙종 때의 연호로 이때에 비로소 수도를 되찾고 백성들은 편안히 거할 수 있었다.(乾元, 肅宗時年號, 始收復京師, 民始安居.)

《두시상주》에 인용된 《숙종기肅宗紀》 건원 원년 2월 정미일에 대사면이 있었고 반군에게 점령되어 있었던 여러 주의 3년 간 세금을 면제해 주었으며, 천하에 조용이 아니면 갑작스런 부역이 없었다.(乾元元年二月丁未, 大赦, 免陷賊諸州三歲稅, 天下非租庸, 無輒役使.)

14 綵衣(채의) – 색동옷. 주로 어린 아이들이 입는 옷이다. 여기서는 노래자老萊子의 고사를 인용하여 이주의 효심을 나타낸 것이다.

《두시상주》에 인용된 《열사전列士傳》 노래자는 나이 칠십에 어린아이 시늉으로 노친을 기쁘게 하였으며 오색이 영롱한 색동옷을 입고 있었다.(老萊子行年七十, 作嬰兒娛親, 著五采斒爛衣.)

《두공부초당시전》 이주를 노래자에 비유한 것이다.(以李舟比萊子也.)

15 倚門(의문) – 문에 기대다. 여기서는 후한 설포薛包의 고사를 빌려 이주의 어머니 역시 고향에서 이주를 기다리고 있을 것임을 말한 것이다.

《두시상주》에 인용된 《후한서》 설포는 어머니를 모시는데 효성스러워 출입할 때는 시간을 정해 두었는데, 그때가 되면 어머니가 반드시 문에 기대어 기다리셨고 설포는 틀림없이 도착하였다.(薛包事母孝, 出入有時,

至期, 母必倚門望之, 包必至矣.)

16 斂衽(염임)－옷깃을 여미다. 어머니를 맞으러 떠나는 이주의 효심을 드러낸 것으로 보인다. 行役(행역)－먼 길을 가는 것.

《두시상주》 길을 나서는 것을 모두 행역이라고 한다. 예를 들어 공이 성도로 돌아올 때도 스스로 "타향에서 다시 길 떠나네"라고 하였으니 반드시 사신 가는 일 같은 것만을 행역이라고 하지는 않는다.(出行皆謂之行役, 如公還成都, 自云他鄉復行役, 不必奉使者稱行役也.)

17 南登(남등)－남행 길에 오르다. 여기서는 이주가 고향으로 돌아가는 길에 오른 것을 말한다. 白華(백화)－《시경 · 소아》에 시제가 보이는데, 효자의 깨끗한 마음을 노래한 것이라고 하였다.

《두시상주》에 인용된 《시서詩序》 백화는 효자의 깨끗한 마음을 노래한 것이다.(白華, 孝子之潔白也.)

《두공부초당시전》 이주는 한중사람이다. 남쪽으로 높은 산을 올라 한중으로 돌아가는 것이다. 백화는 그의 행실이 고결함을 비유한 것이다.(舟乃漢中人, 南登高山而歸漢中也. 白華, 喻其行之潔也.)

18 楚山(초산)－초지역의 산. 여기서는 어머니가 계신 고향을 가리킨다.

《두시상주》 《사기 · 진본기秦本紀》에 초나라는 한중으로부터 남으로 파검에 미치는데, 혜문왕 13년에 초의 한중을 공격하여 육백 리를 취하여 한중군을 두었다고 한다. 이에 근거한다면 촉한은 본래 초에 속한 지역이므로, '楚山碧'이라고 한 것이다.(史記秦紀, 楚自漢中, 南有巴黔, 惠文王十三年攻楚漢中, 取地六百里, 置漢中郡. 據此, 則蜀漢本屬楚地, 故云楚山碧.)

19 藹藹(애애)－번화하고 성대한 모양. 咸陽(함양)－장안長安을 가리킨다.

《구가집주두시》 애애는 그 기상을 말한 것이다.(藹藹, 言其氣象也.)

《두시상주》 함양은 바로 장안이 도읍한 곳이다.(咸陽, 乃長安所都.)

20 冠蓋(관개)－관과 수레덮개. 벼슬아치를 말한다. 日雲積(일운적) －매일 구름이 쌓인 듯 많다는 것이다. '日雲'은 '已如'로 된 판본도 있다. 이

구는 장안의 번화한 모습을 비유한 것이다. 일설에는 전별식에 많은 사람들이 모여든 것이라 하였으나, 취하지 않는다.

《구가집주두시》 '冠蓋'는 사대부이다. '雲積'은 많은 것을 말함이다.(冠蓋, 士大夫也. 雲積, 言多也.)

《두공부초당시전》 이주가 서울을 떠날 때에 사대부들이 전송을 하니, 사람이 많이 모인 것이 성한 구름 같다는 것이다.(舟離京城, 冠蓋之士餞行, 藹然如雲之盛也.)

21 太夫人(태부인) – 제후의 어머니를 말한다. 여기서는 이주의 어머니를 가리키는 말이다.

《두시상주》에 인용된 《한서》 열후의 처를 부인이라고 한다. 열후의 자식이 다시 열후가 되면 태부인이라고 칭한다.(列侯妻, 稱夫人. 列侯子復爲列侯, 稱太夫人.)

〔何時 2구〕

《두공부초당시전》 태부인은 바로 이주의 어머니이다. 언제 집으로 돌아와 여러 친척들을 모아 잔치를 베풀며 돌아온 것을 기뻐하게 될지 모르겠다는 것이다.(太夫人, 乃舟之母. 不知何日抵家, 宴會諸親, 喜其歸也.)

22 汝翁(여옹) – 그대의 아버지. 즉 이주의 아버지 잠岑을 말한다. 草明光(초명광) – 명광전에서 문서를 기초하다.

《두시상주》에 인용된 《삼진기三秦記》 미앙궁 점대 서쪽에 계궁이 있고, 안에 명광전이 있다.(未央宮漸臺西, 有桂宮, 內有明光殿.)

《독두심해》에 인용된 《한관의漢官儀》 상서는 건례문에서 숙직을 서고, 명광전에서 사무를 보았다. 붓으로 쓰면 조칙이 되었고, 말로 하면 조령이 되었다.(尙書直宿建禮門, 奏事明光殿下. 下筆爲詔策, 出言爲誥令.)

23 前席(전석) – 자리를 앞으로 당기다. 즉 천자가 상대를 각별히 대우한다는 의미이다.

《두시상주》에 인용된 《가의전賈誼傳》 주상께서 선실에 앉아 계시다가 한밤이 되었는데, 문제는 자리를 당겨 앉으셨다.(上坐宣室至夜半, 文帝

前席.)

《두공부초당시전》 황제의 돌보심이 두텁다는 말이다.(言帝眷之厚也.)

24 爛漫(난만) – 어지럽고 번다한 모양. 여기서는 돌아올 날짜가 길어지는 것을 말한다. '漫'은 '熳'으로 된 판본도 있다.

〔歸期 2구〕

《구가집주두시》 조언재 주 '豈爛漫'은 틀림없이 기일을 넘기지는 않을 것임을 말한다. 그러나 헤어질 때 끝내 울컥하는 감정이야 사람이라면 이별할 때 늘상 있는 일이다.(豈爛漫, 言必不至於過期也, 而別意終感激, 乃人情離別之常也.)

《두시상주》: 이 단락은 송별하면서 그의 효성스런 마음을 기록했는데, 어머니로부터 시작해서 아버지까지 이야기가 미치고 있다. 이주의 아버지는 예전에 미주자사를 지냈으니 천보의 난이 일어났을 때 틀림없이 이곳에서 우거했을 것이고, 그래서 그 어머니가 문에 기대어 기다리고 있었던 것이다. 초산은 어머니가 계신 곳이다. 함양은 어머니를 모시고 수도로 돌아오리라는 것이다. '豈爛漫'은 돌아오는 때가 멀지 않음이다. '終感激'은 차마 아버지와 작별하지 못하는 것이다.(此送別而記其孝思, 從母說及其父. 舟父向爲眉州刺史, 天寶之亂必寓家於此, 故其母倚門而望. 楚山, 母在之處. 咸陽, 迎母還京. 豈爛漫, 歸時不遠. 終感激, 不忍離父也.)

25 蓬屋(봉옥) – 쑥대로 엮은 집. 가난한 사람의 집을 말한다. '我'는 '己'로 된 판본도 있다.

26 金閨籍(금규적) – 궁궐에 있는 문적門籍. '金閨'는 '金門'이라고도 하며, 궁궐의 문, 조정의 뜻이다. 여기서는 두보가 좌습유의 관직에 있음을 말한다.

《두공부초당시전》 두보가 당시에 좌습유로 있었기에 궁궐에 출입할 수 있었다.(甫時爲左拾遺, 得通籍禁省.)

27 晚節(만절)－노년. '節'은 '歲'로 된 판본도 있다. 慵轉劇(용전극)－게으름이 더욱 심해지다.

《두시상주》 '慵'은 게으른 것이다. '劇'은 심한 것이다.(慵, 懶也. 劇, 甚也.)

28 悔吝(회린)－재앙. 과오나 실수.

〔悔吝 2구〕

《두공부초당시전》 두보가 게으른 것으로 예법을 따지는 선비들에게 참소를 당해 죄를 얻을까 염려한 것이다.(甫恐以慵懶, 見讒於禮法之士而得罪也.)

29 齒髮新(치발신)－치아와 모발이 새롭다. 즉 나이가 젊다는 뜻이다.

30 行己(행기)－행실이나 행동. 夕惕(석척)－저녁에 두려워함. 여기서는 항상 조심스럽게 처신한다는 뜻이다.

《역·건乾》 군자는 종일토록 열심히 하고, 저녁에도 조심을 하니 위험에 처할지라도 허물은 없느니라.(君子終日乾乾, 夕惕若, 厲無咎.)

31 喫(끽)－술을 마시다.

《두시상주》에 인용된 황상명黃常明《시화詩話》 사물을 헤아리면서 '箇'를 사용하고 음식을 먹는 것을 '喫'이라고 하는 것은 표현이 상당히 저속한 것인데 두보만이 자주 사용하였다.(數物以箇, 謂食爲喫, 字近卑俗, 獨杜屢用.)

《두시상주》: 이 단락은 이별에 임해서 스스로 노쇠함에 상심한 것이다. '通籍'구는 당시 습유였음을 말하고, '悔吝'구는 항소를 올리다 견책을 당한 일을 말한다. 앞에서 '意感激'이라고 한 것은 이주를 가리켜 말한 것이고, 여기서 '意頗切'이라고 한 것은 두보가 스스로를 두고 한 말이다.(此臨別而自傷衰老. 通籍, 時爲拾遺也. 悔吝, 抗疏蒙譴也. 前云意感激, 指李言. 此云意頗切, 公自言.)

32 迴身(회신) – 몸을 돌리다. 즉 이주를 전송하고 몸을 돌려 돌아오는 것이다.

33 荒澤(황택) – 황량한 못. 택은 습지를 가리킨다. 난리 후 장안성 들판의 황량함을 비유하였다. 이주와 작별한 후 슬픔에 안색이 황량하게 되었다는 설도 있으나 취하지 않는다.

《두시상주》 장안이 난리를 겪은 후여서 들판이 황량한 못과 같다는 것이다.(長安亂後, 故野如荒澤.)

《두공부초당시전》 이별에 즈음해서 안색이 참담한 것이 마치 황량한 못과 같다는 말이다.(言臨別之際, 顏色慘澹, 有如荒澤也.)

34 老雁(노안) – 늙은 기러기. 여기서는 두보를 비유한다. 春忍(춘인) – '忍春'으로 된 판본도 있다.

《구가집주두시》 늙은 기러기는 두보 자신을 비유한다.(老雁, 甫自喩也.)

〔老雁 2구〕

《두공부초당시전》 배고픈 기러기는 두보 자신을 비유한다. 가난하고 늙은 몸이 박봉에 의지하는 것이다. 그런데 두보가 이주와 작별할 때 마침 봄이라서 기러기의 계절이 지나갔음을 슬퍼하니 이는 바로 나이 들어 세월이 이미 흘러갔음을 비유한 것이다.(飢雁, 甫自喩也. 貧且老, 有資於薄祿也. 然甫與舟別, 正當春月, 自傷雁非其時, 喩年老日月已邁也.)

35 枯麥(고맥) – 여문 보리. 보리가 익으면 건조해지므로 이렇게 말한 것이다.

36 時哉(시재) – 때를 얻다.

37 絢練(현련) – 빠르다. 新羽翮(신우핵) – 새로운 날갯죽지.

《두시상주》에 인용된 《자백마부赭白馬賦》의 주 '絢練'은 빠른 것이다.(絢練, 疾也.)

〔時哉 2구〕

《두공부초당시전》 이주가 젊은 나이에 뜻을 얻고 때를 만났음을 비유한 것이다. 제비는 이때 막 당도하여 그 뜻을 얻었으므로 이로써 이주를 비유한 것이다.(喩李舟妙年, 得志遇時也. 燕於斯時新來, 方得其意, 故以況李舟.)

38 褒斜(포사) – 지명. 계곡의 이름이다.

《두시상주》에 인용된 《후한서 · 순제기順帝紀》의 주 포사는 한중지방의 계곡 이름이다. 남쪽 계곡을 '褒'라고 하고 북쪽 계곡을 '斜'라고 하는데 그 길이가 칠백 리에 달한다.(褒斜, 漢中谷名. 南谷曰褒, 北谷曰斜, 首尾七百里.)

39 饒巨石(요거석) – 큰 돌이 많다.

〔長雲 2구〕

《구가집주두시》 조언재 주 한수 주위 경물의 시름겹고 적막함을 말하여서 그가 돌아오기를 권한 것이다.(言漢上景物之愁寂, 以勸其歸也.)

40 宿昔(숙석) – 예전. 이전. 즉 두보가 이주와 함께 했던 예전의 추억을 말한다.

〔無令 2구〕

《두공부초당시전》 두보는 이주와 오래도록 사귀어 왔는데 노년에 이런 이별을 하게 되니 만약 혹시라도 늦게 돌아온다면 노환을 위로해 주지 못할 수도 있으니 어찌 슬픈 생각을 면할 수 있겠는가.(甫與舟有宿昔之懽, 況當老而有此別, 儻或來遲, 無以慰衰疾, 寧免悲愁之思乎.)

《두시상주》: 이 단락은 이별을 애석해하면서 아울러 정경을 서술하였다. '回身'은 이주가 떠나고 돌아보는 것이다. 장안이 난리를 겪은 후여서 들판이 황량한 못과 같다는 것이다. 기러기 배고픈 것으로 자신의 가난을 한탄하였다. 제비가 나는 것은 이주가 가는 길이 씩씩함을 말한다. 포사는 한중의 지나는 곳이다. 마지막 두 구는 그가 빨리 돌아와서 자신을 위로해 주기를 당부한 것이다.(此惜別而兼敍情景. 回身, 李去而回顧也. 長安亂後, 故野如荒澤. 雁飢, 自歎其貧. 燕飛, 李行之壯. 褒斜, 漢中所經之地.

末二, 囑其早還以慰己也.)

《독두심해》: 교서와 그 부친은 모두 수도에서 벼슬을 지냈다. 이 시는 두 수도가 모두 수복되어 돌아가 어머니를 모시고 오겠다고 고하니 이에 공이 그를 전송한 작품이다. 모두 세 단락으로 되어 있다. 처음은 교서의 비범함을 서술하였다. 다음은 그가 어머니를 모시고 수도로 돌아오는 것을 서술하니 이것이 본론이다. 끝에는 서로 비교하면서 감개한 감정을 서술하였다. 비의 기법으로 시상을 일으켜 시체를 제대로 이루었다. 교서만을 전적으로 칭찬하지 않고 앞서 그 조상을 서술하였다. 무릇 부친이 현직에 있으면서 그 자식을 보내는 경우 모름지기 이것을 방법으로 삼아야 할 것이다. 교서를 칭찬한 후에는 자신의 두 아들을 끼워 넣으니 표현에 큰 변화를 준 것이다. '乾元' 이하는 본론에 접어들었다. 먼저 국가의 운세를 거론하고 다음으로 색동옷에 미치니 모두 법도에 맞는 것이다. 그런데 '衣綵' 두 글자는 먼저 길 떠나기 이전 상황을 언급함으로써 부모 양쪽을 빛나게 하였다. '倚門' 4구는 어머니를 만나기 위해 가는 것이다. '藹藹' 4구는 어머니를 맞아서 돌아오는 것이다. '汝翁' 4구는 다시 아버지를 끌어당겨서 단락을 마무리도 하면서 다음으로 이어가는 것이다. '豈爛漫'은 돌아오는 것에 지체함이 없는 것을 말한다. '終感激'은 자신의 감정이 갑자기 뭉클해지는 것이다. '顧我' 이하의 뛰어난 점은 자신과 교서를 서로 비교하여 엇섞어 문장을 엮어나간 것에 있다. 이주는 건장하고 나는 노쇠하며, 이주는 부모를 위해 용감히 나아가는데 나는 편안히 돌아갈 집도 없다는 것을 보여 주고 있다. 그를 사모하고 또 그를 축원하고 있으니, 글의 정이 처연하다.(校書與其父, 皆官京朝. 此因兩京既復, 告歸迎母, 而公送之也. 凡三段. 首敘校書之不凡. 次敘其迎母來京, 乃正文. 後則相形生慨. 比起得體. 不專美校書, 而首敘其世類. 凡父在官而送其子者, 須以此爲法. 美校書後, 自插入二男, 筆有波瀾. 乾元以下入本事. 先提國運, 次及衣綵, 處處有法. 而衣綵二字, 先着在未登程時, 能使父母兩耀. 倚門四句, 覲母而去. 藹藹四句, 迎母而來. 汝翁四句, 仍挽其

父, 隨東隨渡. 豈爛漫, 言來無逗留. 終感激, 言我忽生慨. 顧我以下, 妙將己與校書, 兩兩比較, 相間成章. 見李壯而我衰, 李爲親而勇往, 我無家而安歸. 慕之祝之, 文情淒婉.)

《두시상주》에 인용된 왕사석王嗣奭의 설: 이 시는 한 편의 전송을 하는 서인데 운을 붙여 시를 만든 것이고, 어구의 표현도 모두 정련되어 있으면서도 기세가 유독 시원스럽다.(此明是一篇送人序, 韻而爲詩, 語皆工鍊, 而氣獨流暢.)

(박 홍 준)

20. 偪側行贈畢四曜

이웃의 노래를 지어 필요에게 드리다

偪側何偪側[1] 我居巷南子巷北
可恨鄰里間[2] 十日不一見顏色
自從官馬送還官[3] 行路難行澀如棘[4]
我貧無乘非無足 昔者相過今不得[5]
不是愛微軀[6] 非關足無力[7]
徒步翻愁官長怒[8] 此心炯炯君應識[9]
曉來急雨春風顚[10] 睡美不聞鐘鼓傳[11]
東家蹇驢許借我[12] 泥滑不敢騎朝天[13]
已令請急會通籍[14] 男兒性命絶可憐[15]
焉能終日心拳拳[16] 憶君誦詩神凜然
辛夷始花亦已落[17] 況我與子非壯年
街頭酒價常苦貴[18] 方外酒徒稀醉眠[19]
速宜相就飮一斗[20] 恰有三百靑銅錢[21]

가깝고도 얼마나 가까운지,
저는 골목 남쪽, 선생은 골목 북쪽에 살고 있습니다만,
안타깝게도 이웃지간에
열흘에 한 번도 얼굴을 뵙지 못했습니다.

관가의 말을 관청으로 돌려보낸 뒤로는

길을 가기가 어려워 마치 가시밭길을 가는 듯합니다.
저야 가난해 탈 것이 없어도 발이 없는 것은 아니지만,
예전에는 들렀는데 지금은 그러지 못합니다.
미천한 이 몸을 아껴서도 아니고
다리에 힘이 없어서도 아니지만,
걸어서 가려니 상관께서 노하실까 걱정되오니
이 마음 분명하기에 선생께선 알아주실 것입니다.

새벽이 되자 비가 급히 내리고 바람 거센데
단잠을 자는 바람에 종소리 북소리를 듣지 못했습니다.
동쪽 이웃이 절뚝거리는 당나귀를 저에게 빌려 준다 하지만
진흙땅이 미끄러워 감히 그것을 타고 조정에 들지 못합니다.
이미 사람을 시켜 휴가를 청하여 필히 명단에 올랐을 터,
남아의 운명 참으로 가련하기 그지없습니다.

어찌 종일토록 이 생각에 얽매일 수 있겠습니까?
선생께서 시 읊조릴 때 신기가 늠름하시던 모습 떠오릅니다.
신이화가 막 꽃을 피우더니 어느새 떨어졌거늘
하물며 저와 선생은 장년층이 아닌 바에야!

거리에 술값이 늘 너무도 비싸
속세 밖의 술꾼도 취해 잠들 일이 드뭅니다만,
속히 제게로 찾아와 술 한 말 마셔야 할지니
마침 청동전 삼백 냥이 있답니다.

이 시는 두보가 건원 원년 봄 좌습유로 있을 때 지은 것으로 추정된다. 두보가 시를 기증한 '필요'라는 사람은 누구인지 자세히 알려져 있지 않다. '四'는 형제간의 순서를 나타내는데, 어떤 판본에는 이 자가 빠져 있기도 하다. '偪側'은 '偪仄' 혹은 '傯傯'으로 되어 있는 판본도 있다.

《보주두시》 시에서 '동쪽 이웃이 절뚝거리는 당나귀를 저에게 빌려준다 하지만, 진흙땅이 미끄러워 감히 그것을 타고 조정에 들지 못한다'고 한 것으로 보아, 이 시는 건원 원년에 습유직을 맡아 경사에 있을 때 지은 것이 틀림없다.(詩云, 東家蹇驢許借我, 泥滑不敢騎朝天, 當是乾元元年爲拾遺在京師作.)

《두시상주》 이 시의 첫머리에 '偪側'이라는 두 자가 있어서 그것으로 제목을 삼긴 하였지만, 그 의미가 시 전체를 관통하고 있지는 않다. 〈상림부〉에 있는 '偪側泌瀄'이라는 구절에 대해 사마표는 "'偪側'은 서로 가깝다는 뜻이다"라고 설명하였다. 한편 제목을 〈식식행〉이라 하고, 시에서도 '식식'으로 되어 있는 경우가 있다.(因章首偪側二字以爲題, 非以偪側貫全詩也. 上林賦, 偪側泌瀄, 司馬彪曰, 偪側, 相偪也. 一作傯傯行, 詩中亦作傯傯.)

주 석

1 偪側(핍측) – 서로 가까운 모양. 혹은 비좁고 누추한 모양으로 풀이하기도 한다.

《두시언해》 '偪側'은 서로 가깝다는 뜻이다.(偪側, 相迫也.)

《구가집주두시》 조언재 주 '偪仄'은 골목이 비좁고 누추한 것을 말한다.(偪仄言巷之隘陋也.)

2 鄰里(인리) – 이웃지간.

《두시상주》: 첫 단락은 가까운 이웃이면서도 서로 만나지 못하는 것을 한탄하고 있다.(首歎比鄰不得相見.)

3 送還官(송환관)－관청으로 돌려보내다. 관청의 수요 때문에 말을 모두 반납한 것을 말한다.

《두시상주》 지덕 2년 2월에 천자가 봉상에 행차하여 군대를 일으켜 두 도읍을 수복할 것을 논의하고서 관공서의 말이나 개인 소유의 말들을 모두 거두어 군대를 돕게 하였다. 급사중 이이가 말이 없다고 하자, 대부 최광원이 그를 탄핵하여 강화태수로 좌천시켰다.(至德二載二月, 上幸鳳翔, 議大擧收復兩京, 盡括公私馬以助軍. 給事中李廙云無馬, 大夫崔光遠劾之, 貶廙江華太守.)

4 澀如棘(삽여극)－힘들기가 가시밭길을 가는 듯하다.

5 相過(상과)－상대방에게 들르다. 두보가 필요를 방문하던 일을 가리킨다. '過'는 '遇'로 되어 있는 판본도 있다.

6 不是(불시)－'未敢'으로 되어 있는 판본도 있다. 微軀(미구)－미천한 몸. 두보 자신을 낮추어서 한 말이다. '愛微軀'는 '慵相訪'으로 되어 있는 판본도 있다.

7 非關(비관)－관계가 있는 것이 아니다. 이상 두 구절에서 '不是' 앞에는 '實'자가, '非關' 앞에는 '又'자가 첨가되어 있는 판본도 있다.

8 徒步(도보)－말을 타지 않고 걷는 것을 말한다. 翻(번)－도리어. 官長(관장)－관공서의 수장.

《두시상주》에 인용된 장원張遠 주 '徒步'구에는 대부는 걸어서 갈 수 없다는 뜻이 담겨 있다.(徒步句, 卽大夫不可徒行意.)

9 此心(차심)－이 마음. 필요를 찾아가지 못해도 그와의 우의를 잊지 않고 있다는 두보 자신의 진심을 가리킨다. 炯炯(형형)－분명한 모양.

《두시상주》 진심이 분명하니 의당 알 거라고 한 것은 보고 싶은 자신의 마음을 필요가 의당 알아 줄 거라는 것을 말한다.(炯炯應識, 言欲見之心, 畢當知我也.)

《두시상주》: 두 번째 단락에서는 말이 없어서 필요를 방문하지 못한다는 것을 말하고 있다.(此言以無馬之故, 不能見畢.)

10 顚(전) – 비치나. 즉 바람이 거센 것을 말한다.

11 睡美(수미) – 잠이 맛 좋다. 즉 단잠을 잔다는 뜻이다.

12 蹇驢(건려) – 절룩거리는 당나귀. 즉 변변치 않은 탈것을 말한다.

13 朝天(조천) – 천자를 조알하다.

14 令(영) – 시키다. 請急(청급) – 급한 일로 휴가를 요청하다. 通籍(통적) – 명단에 올리다. 휴가자 명단에 오른 것을 말한다. 이 구절은 '已令把牒還請仮'로 되어 있는 판본도 있다.

《두시상주》 '請急'은 휴가를 청하는 것을 뜻하고, '通籍'은 명단에 이름을 올리는 것을 뜻한다. 《사영운전》에 "상소문을 올리지도 않았고 휴가를 청하지도 않았다"는 기록이 있다. 황정견이 말하길 "기록에서 말하는 '取急'이니 '請急'이니 하는 것은 모두가 휴가를 말한다. 거무자가 아침 일찍 급한 일로 휴가를 얻어 자경을 찾아뵈러 나섰다가 휴가가 끝나자 돌아왔다는 것이 그러한 예이다"라 하였다. 전겸익은 "진나라 법령에 의하면 휴가를 주는 경우 5일에 한 번 휴가를 주는데 1년 중 60일로 제한하였다. 《원희기거주》에는 '휴가를 청하여 한 달을 넘기면 법령에 어긋난다'는 기록이 있다. 당나라 법령에 의하면, 모든 조정 관리들은 휴가를 청할 수 있는데, 직급이 삼품 이상이면 3일을 주고, 5품 이상이면 10일을 준다고 한다"고 설명하였다.(請急, 請仮. 通籍, 註籍也. 謝靈運傳, 既無表聞, 又不請急. 黃庭堅曰, 書記所稱取急請急, 皆謂仮也. 車武子早急出詣子敬, 盡急而還, 是也. 錢箋, 晉令給仮者五日一急, 一歲中以六十日爲限. 元熹起居注云, 請急跨月, 有違憲制. 唐令, 諸京官請仮, 職三品以上給三日, 五品以上給十日.)

15 性命(성명) – '信命'으로 되어 있는 판본도 있다.

《두시상주》 '운명이 가련하다'는 것은 명단에 올린 이유가 진흙길에 미끄러져 넘어져서 다칠까 염려해서이다.(性命可憐, 乃告籍之故, 恐泥滑跌傷也.)

《두시상주》: 세 번째 단락은 휴가를 청해 명단에 올랐기 때문에 감히 필요를 뵙지 못하는 것을 말하고 있다.(此言以請告在籍, 不敢見畢.)

16 拳拳(권권) – 생각에 얽매인 모양.

《두시상주》 '心拳拳'은 '어찌 하루 종일 생각에 매달릴 수 있겠는가?'라는 말로 아래에 술을 마셔야겠다는 뜻을 일으키고 있다.(心拳拳, 言安能終日懸想乎, 起下就飮之意.)

17 辛夷(신이) – 꽃 이름. 목련꽃.

《두시상주》에 인용된 《한시변증韓詩辯證》 신이화는 장강 남쪽 지역은 따뜻해서 정월에 피고, 북쪽 지역은 추워서 2월에 핀다. 갓 폈을 때는 붓 모양을 하고 있어 북방 사람들은 '목필'이라고 부른다. 또 그 꽃이 가장 일찍 피기에 남방 사람들은 '영춘'이라고 부른다.(辛夷花, 江南地暖, 正月開. 北地寒, 二月開. 初發如筆, 北人呼爲木筆. 其花最早, 南人呼爲迎春.)

《구가집주두시》 조언재 주 철을 만나 핀 꽃이 폈다가 떨어진다고 한 것은 사람이 쉽게 늙는다는 것을 말하기 위함이다.(言時花之開落, 所以題人之易老也.)

18 苦(고) – 매우, 몹시. 괴로워하다.

《보주두시》에 인용된 사씨師氏 주 안녹산의 난 이후 도읍이 황량해지고 모든 물가가 뛰어올랐거늘, 어찌 술값만이었겠는가? 두보는 술값이 비싼 것 때문에 괴로워하였으니 시대를 걱정하는 마음이 여기에 잘 나타나 있다.(祿山以來, 京城蕭索, 百物踊貴, 何獨酒乎. 甫以酒貴爲苦, 傷時之意, 於此可見.)

19 方外(방외) – 속세 밖.

20 相就(상취) – 나에게 오다. 필요에게 자신을 방문해 달라는 말이다.

21 三百(삼백) – 삼백 냥. 靑銅錢(청동전) – 청동으로 만든 돈. 현금이라는 해석도 있다.

《구가집주두시》 조언재 주 송 진종이 측근들에게 당대의 술값을 물었지만, 아무도 대답을 하지 못했다. 정진공 홀로 대답하였다. "한 말에 삼백 냥이었습니다." 진종이 어떻게 아냐고 묻자, 정진공이 두보의 이 시를 인용하여 대답하였다.(眞宗問近臣唐酒價, 衆莫能對. 丁晉公獨曰, 每斗三百. 上問何以知之. 丁引此詩以對.)

《두억》 북제의 노사도는 일찍이 "장안은 술값이 싸서 한 말에 삼백 냥 나간다"고 말한 적이 있다. 이 시에서 '속히 제게로 와 술 한 말 마셔야겠습니다' 운운한 것은 바로 그 말을 사용한 것이다. 비록 앞에서는 '거리에 술값이 늘 너무도 비싸다'고 하였으면서 여기서는 술값 싼 얘기를 하였지만, 시인이라면 개의치 않는다. 옛 주에서 노사도의 말을 인용하지 않고 정위가 진종에게 한 말을 인용한 것은 잘못이다. 정위는 단지 구실거리를 끌어다 우스갯소리를 한 것에 지나지 않으니, 어찌 실제 가격이었겠는가? 또 이백의 '금릉의 좋은 술은 한 말에 만 냥이나 된다'는 구절을 인용하면서, 이백과 두보가 동시대 사람인데 술값이 많이 차이가 나는 것을 의아하게 여겼다. 이는 이백도 조식 시에서의 '군왕께서 평락원에서 연회를 여셨는데, 맛 좋은 술 한 말에 만 냥 나간다'는 말을 습용하였다는 것을 모르고 결국 이를 근거로 술값을 따진 것이니, 이른바 바보 앞에서 꿈 얘기를 할 수 없는 격이다. 또 술에는 좋고 나쁨의 차이가 있고 그 값도 이에 따라 달라지며 돈의 가치도 시대에 따라 달라지기 마련이거늘, 어찌 일정한 기준이 있을 수 있겠는가?(北齊盧思道嘗云, 長安酒賤, 斗價三百. 此詩速宜相就飮一斗云云, 正用其語. 雖上云街頭酒價常苦貴, 而此云酒賤, 詩家不拘也. 注不引盧, 而引丁謂對眞宗語, 誤矣. 丁不過取辯口給, 以當戲噱, 豈實價乎. 乃又有引李白金陵美酒斗十千之句, 疑李杜同時, 酒價頓異, 不知李亦襲用曹植, 君王宴平樂, 美酒斗十千之語, 乃相援以評酒價, 所謂癡人前不得說夢也. 且酒有美惡, 價亦隨之, 而錢亦隋時貴賤, 豈可有定準乎.)

《구가집주두시》 조언재 주 청동전은 아마도 동전 가운데에서도 구리의 순도가 완전하여 귀한 것일 게다. 당시 사람들은 장작에 대해 "청동전과 같아서 만 번 고르면 만 번 다 들어맞는다"고 하였다.(靑銅錢, 蓋銅錢中純銅之可貴者. 時人語張鷟曰, 有如靑銅錢, 萬選萬中.)

《두시상주》 장원 주에 의하면, 당대 사람들은 현재 사용되고 있는 동전을 청전이라고 하였다고 한다. 그러나 장작은 글이 만 번 청동전을 고르는 것과 같다는 얘기에 의거해 보면, 현재 통용되는 것을 말하는 것은 아니다.(遠注, 唐人以現錢爲靑錢. 按張鷟文如萬選靑錢, 則又非現之謂矣.)

《두시상주》: 마지막 단락에서는 필요에게 들러서 술을 마시자고 함으로써 보고 싶은 마음을 달래고 싶다는 것을 말하고 있다.(末欲邀畢過飮, 以慰願見之思.)

(**김 만 원**)

21. 贈畢四曜

필요에게 바치다

才大今詩伯[1] 家貧苦宦卑 飢寒奴僕賤[2] 顏狀老翁爲[3]
同調嗟誰惜[4] 論文笑自知[5] 流傳江鮑體[6] 相顧免無兒[7]

큰 재주 가진 당금當今의 대시인,
집안이 빈한하여 낮은 벼슬 고달파라.
굶주림과 추위에 노복처럼 천한 생활 하고
그 모습은 늙은 노인 꼴이 되었네.
나와 같은 재기才氣, 아아 그 누가 아껴 주리오?
시를 논함에 스스로 알 뿐임을 고소苦笑하노라.
강엄과 포조의 시체를 전함에
돌아보니, 자식 없는 신세만은 면하였다네.

필요에게 써준 시이다. 필요가 재주가 있음에도 불구하고 영달하지 못한 것을 위로하는 가운데 시인 자신의 불우한 감개를 기탁하였다. 필요의 생애는 자세하지 않다. 단 두보의 시에 〈秦州見勑目薛三璩授司議郎畢四曜除監察與二子有故遠喜遷官兼述索居凡三十韻〉이 있으니 그가 건원 2년에 감찰어사監察御使를 지낸 적이 있음을 알 수 있다.

이 시의 저작 시기는 건원 원년 장안에 있을 때로 추정된다.

《보주두시》 공이 진주에 있을 때 필요가 감찰어사에 제수된 것을 축하하는 시를 지어, "그와 연고가 있어서 벼슬을 옮긴 것을 멀리서 경하한다"고 하였는데, 건원 2년에 지은 것이다. 지금 이 시에서는 "큰 재주를 가진 당금의 대시인이 집안이 빈한하여 낮은 벼슬을 고달파한다. 나와 같은 재기를 아껴 주는 이 없음을 탄식하고 시를 논함에 스스로 알아 줄 뿐임을 고소한다"고 하였으니 바로 공이 장안에 있을 때 그에게 써준 것이니 그때는 응당 건원 원년이다.(公在秦州, 有賀畢曜除監察詩云, 與之有故, 遠喜遷官, 乃乾元二年作. 今詩云, 才大今詩伯, 家貧苦宦卑, 同調嗟誰惜, 論文笑自知, 則公在長安時贈之, 當是乾元元年.)

주 석

1 才大(재대)－재주가 크다. 재능이 훌륭하다. 詩伯(시백)－시단의 어른. 시단의 종사.

《구가집주두시》 조언재 주 '백伯'은 종사를 말한다.(伯, 宗師之稱也.)

2 老僕賤(노복천)－노복처럼 천시되다. '노복이 천시하다'로 풀이할 수도 있다.

《두시상주》에 인용된 신함광申涵光 설 '노복이 주인을 천시하다', '노복이 스스로를 천시하다', '노복과 함께 남에게 천시되다' 등 세 설이 모두 통한다.(老僕賤主, 老僕自賤, 與老僕爲人所賤, 三說俱通.)

3 顔狀(안상)－모습. 몰골. 이 구는 고생으로 모습이 초췌해져 노쇠한 사람의 몰골 같다는 뜻이다.

4 同調(동조)－재기를 같이하다. 취향을 같이하다. 시인과 필요의 재기나 취향이 서로 비슷하다는 뜻이다. 嗟誰惜(차수석)－누가 아껴줄까 하고 탄식하다. 애석해하는 사람이 없음을 탄식한다는 뜻이다. 이 구절은 '필요의 재기와 취향이 두보와 같은데 이를 아껴주는 사람이 없음을 안타까

위한다'는 뜻이다. 이와 달리 '재기나 취향이 같아서 필요를 아껴줄 수 있는 사람이 세상에 없음을 안타까워한다'는 뜻으로 풀이하기도 한다.

《두공부초당시전》 '조調'는 '徒弔切'로 재기이다.(調, 徒弔切, 才調也.)

《두시상주》 이는 자신과 필요가 재기가 서로 같음을 말한다.(此言己與畢才調相同也.)

5 論文(논문) - 글을 논하다. 시를 짓고 평가하는 것을 말한다. 笑自知(소자지) - 자신의 시를 자신이 알아줄 뿐임을 웃다. 지음知音이 없음을 개탄하는 것이다.

〔同調 2구〕

《구가집주두시》 조언재 주 취향을 같이하는 사람이 없어서 글을 논함에 또한 스스로 알 뿐이다.(爲無同調故, 論文亦自知而已.)

6 流傳(유전) - 전해 내려가다. 전파하다. 江鮑體 - 강엄江淹과 포조鮑照의 시를 말한다. 강엄과 포조는 모두 남조南朝의 시인이다.

7 相顧(상고) - 서로 돌아보다. 免無兒(면무아) - 자식 없는 신세를 면하다.

〔流傳 2구〕 다행히 자식이 있어서 시를 전할 수 있게 되었다는 뜻이다.

《구가집주두시》조언재 주 취향을 같이하여 함께 글을 논할 이가 없으니 그들이 잘한 강포체의 문장은 다만 그 자식에게 전할 뿐임을 말한다.(言旣無同調以共論文, 則所能江鮑體之文章, 止流傳於其子耳.

《두억》 강엄과 포조는 시를 후세에 전하였지만 필시 자식이 없었을 것이다. 그래서 아랫구를 두었으니, 애오라지 자식이 있다는 것으로써 스스로 위로한 것이다.(江鮑有詩傳後, 必定無兒, 故有下句, 聊以有兒自寬也.)

《두시언해》 두보와 필요가 모두 가업을 전할 자식이 있음을 말한다.(言甫與曜, 皆有傳業之子也.)

《두시상주》: 셋째 구와 넷째 구는 둘째 구를 이어서 가난하고 또 노쇠한 것을 말하였다. 다섯째 구와 여섯째 구는 첫 구를 이어서 시를 알아주는 사람이 없음을 말하였다. 끝에서는 자식이 있어서 가학을 전할

수 있음을 기뻐하고 이로써 그를 위로하였다.(三四承次句, 言貧而且老. 五六承首句, 言詩乏知音. 末喜有子以傳家學, 所以慰之也.)

《독두심해》: 이 시를 완미玩味해 보면, 필요에게 바치는 시가 단지 필요에게 바치는 내용만으로 그치지 아니하고 자기 묘사를 아울러 포괄하고 있다. 자기의 형편을 그려서 필요의 형편을 형용하였는데, 실제로는 필요의 형편을 빌려서 자기의 형편을 감개한 것이다.(玩此詩, 贈畢, 非止贈畢, 兼自寫抱. 狀己況以形容畢況, 實借畢況以感慨己況也.)

(이 영 주)

22. 題鄭十八著作丈故居

저작랑 정건의 옛집에 쓰다

台州地闊海冥冥[1] 雲水長和島嶼青[2]
亂後故人雙別淚[3] 春深逐客一浮萍[4]
酒酣懶舞誰相拽[5] 詩罷能吟不復聽[6]
第五橋東流恨水[7] 皇陂岸北結愁亭[8]
賈生對鵩傷王傅[9] 蘇武看羊陷賊庭[10]
可念此翁懷直道[11] 也沾新國用輕刑[12]
禰衡實恐遭江夏[13] 方朔虛傳是歲星[14]
窮巷悄然車馬絶[15] 案頭乾死讀書螢[16]

태주는 땅이 넓고 바다 아득한 곳
구름과 물이 섬과 어울려 늘 푸르겠지.
난리 후 친구는 두 줄기 이별의 눈물 흘렸고
봄은 깊은데 쫓겨난 나그네 한줄기 부평초 신세라.
술 취하여 게으르게 춤출 제 뉘 나를 끌어 주리오?
시 다 짓고 훌륭하게 읊던 것 다시 들을 수 없구나.
제오교 다리 동쪽으로 한스런 강물이 흐르고
황자피 언덕 북쪽에는 근심어린 정자가 있어라.

가생은 복새를 대하여 왕의 태부된 것을 슬퍼하였고
소무는 양을 치며 도적의 뜰에 갇혀 있었지.

이 노인네 곧은 도를 품고 있음을 생각할 수 있거니와
새 나라의 가볍게 벌하는 은혜를 또한 입게 되었네.
예형은 강하 태수를 만날까 진실로 두려워하니
동방삭이 목성이란 말은 헛되이 전해지누나.
궁벽한 골목은 조용하고 거마의 자취 끊겼는데
책상 머리에는 반딧불이만 말라죽어 있구나.

이 시는 장안 남쪽에 있었던 정건의 옛집을 방문하여 지은 것이다. 옛날 정건과의 즐거웠던 교유를 회고하고 지금 멀리 태주까지 귀양가 있는 정건의 불우함을 동정하고 있다. 저작 시기는 건원 원년 봄으로 추정된다.

《보주두시》 정건은 지덕 2년 12월에 태주로 폄적되었다. 지금 시에서 '봄은 깊은데 쫓겨난 객은 한줄기 부평초라네'라고 했으니 건원 원년 3월에 지은 것이 틀림없다.(虔以至德二年十二月貶台州, 而今詩云, 春深逐客一浮萍, 當是乾元元年三月作.)

《두시상주》 《두억》에서는 "시의 뜻을 음미해 보면 정건의 옛집을 생각하면서 지은 것이다. 옛날 책에는 장자 밑에 고거 두 글자가 빠진 것 같다"고 하였다. 이 시는 정건이 이미 태주로 간 뒤에 지었으니 건원 원년 늦봄에 지은 것이다.(杜臆, 玩詩意, 是憶其故居而題之. 舊本丈下疑脫故居二字. 此詩乃鄭虔旣往台州後作, 在乾元元年季春.)

주 석

1 台州(태주) - 주州의 이름. 지금 절강성 임해현臨海縣에 속한 지역이다.

춘추전국 시기에는 월나라에 속했으며, 진나라에서는 회계군會稽郡을 설치했다. 당나라에서 천태산天台山과 가까우므로 태주라는 명칭으로 바꾸었다. 闊(활)-'僻'으로 쓴 판본도 있다. 冥冥(명명)-어둑한 모습.

2 雲水(운수)-구름과 바닷물. 和(화)-어울리다. '與'와 같다.

3 亂後(난후)-'繾綣'으로 된 판본도 있다. 이 구절은 정건이 지덕 2년 12월 태주사호참군台州司戶參軍으로 폄적되어 이별하게 된 당시의 상황을 말한 것이다.

4 春深(춘심)-'飄飖'로 된 판본도 있다. 이 구절은 건원 원년 봄이 깊은 지금 정건의 소식이 감감하다는 것이다.

〔亂後 2句〕

《두시상주》: '난리 후의 친구'라는 말은 모였다가 급히 흩어지게 된 것이요, '쫓겨난 나그네 부평초'라는 말은 아득하여 알 수가 없다는 말이다.(亂後故人, 聚而倏散, 逐客浮萍, 杳不可知.)

5 酒酣(주감)-술에 취하다. 拽(예)-끌다.

6 詩罷(시파)-시를 짓는 일이 끝나다. 시를 다 짓다. 能吟(능음)-읊조릴 줄을 알다. 잘 읊조리다.

〔酒酣 2구〕

《두시상주》 술에 취하고 시를 다 지었다는 것은 함께 술마시던 흥취를 추억한 것이다. 바로 〈醉時歌〉에서 말한 '주저함 없이 술을 사고', '신들린 듯이 높이 노래 부르던' 일이다.(酒酣詩罷, 憶同飮之興, 卽醉時歌所云, 沽酒不復疑, 高歌有鬼神也.)

7 第五橋(제오교)-이전에 정건과 함께 노닐었던 다리 이름이다. 東(동)-'邊'으로 쓴 판본도 있다.

《두시상주》에 인용된 《통지通志》 위곡의 서쪽에 화엄사가 있고, 절서북쪽에 안목파 언덕이 있으며, 언덕 서북쪽에 제오교가 있다.(韋曲之西有華嚴寺, 寺西北有雁鶩坡, 坡西北有第五橋.)

8 皇陂(황피) – 황자피皇子陂. 위곡 서쪽에 있던 저수지의 이름.

《두억》 《명승지》를 살펴보건대, 두곡은 서안부 성의 동쪽에 있다. 자미가 예전에 살았던 위곡은 성의 남쪽에 있다. 위곡의 동쪽에는 정장이 있는데, 정건이 살던 곳이다. 서쪽에는 탑파가 있으니 하장군의 산림이다. 황자피는 위곡의 서쪽에 있다.(按名勝志, 杜曲在西安府城之東. 子美舊居韋曲在城南. 韋曲之東有鄭莊, 鄭虔所居. 西有塔坡, 何將軍之山林也. 皇子陂在韋曲之西.)

〔第五 2句〕

《두시언해》 모두 장안에 있으며, 정건과 함께 노닐었던 곳이다.(皆在長安, 與鄭同遊之地.)

《독두심해》 제오교와 황자피는 모두 하장군의 산림에 있던 곳으로, 옛날 정건과 함께 이곳에서 노닐었다.(第五橋, 皇子陂, 皆在何將軍山林處, 舊與鄭虔遊於此.)

《두시상주》 제오교의 동쪽과 황자피 언덕의 북쪽은 함께 노닐던 곳을 추억한 것이다. 바로 하씨의 산림에서 놀며 쓴 시에서 말한 '이제야 제오교를 알았네', '하늘 맑은 황자피'를 두고 한 말이다.(橋東岸北, 憶同遊之地, 卽何氏山林詩所云, 今知第五橋, 天淸皇子陂也.)

《두시상주》: 이 단락은 이별 후의 처량한 상황을 적은 것이다.(此敍別後淒涼之況.)

9 賈生(가생) – 한나라 때 장사왕長沙王의 태부太傅를 지냈던 가의賈誼를 가리킨다. 對鵩(대복) – 복새를 마주하다. 이 구절은 가의가 장사에 있을 당시 복새가 집에 날아드는 것을 보고 〈복조부〉를 지어서 자신의 신세를 슬퍼한 일을 말한 것으로, 정건이 먼 곳으로 폄적되어 갔음을 비유한 것이다. 정건이 태주사호로 폄적되기 전에 귀양갔던 일을 가리킨다고 보기도 한다.

《두시상주》에 인용된 《가의전》 가의가 장사왕의 태부가 된 지 3년이 되었는데, 복새 한 마리가 가의의 집에 날아들어 가의가 앉아 있는 자리 모서리에 머물렀다. 복은 올빼미와 비슷한데 상서롭지 못한 새였다. 이에 가의는 자신의 귀양살이가 슬퍼졌는데, 또 장사 지역이 낮고 습하였으므로 부를 지어서 스스로 마음을 달래었다.(誼爲長沙王傅三年, 有鵩飛入誼舍, 止於坐隅. 鵩似鴞, 不祥鳥也. 誼傷謫居, 長沙卑濕, 爲賦以自廣.)

《두시상주》 채몽필이 말하기를 "정건은 당초에 사적으로 국사를 찬수하였다고 누군가 고발하였으므로 그 일에 연계되어 10년 간 귀양살이를 하였다"고 하였다.(夢弼曰, 鄭虔初有告其私撰國史, 坐謫十年.)

10 蘇武(소무) - 한나라 때 흉노에 사신으로 갔다가 억류되었으나 절개를 지켜 굴복하지 않고 19년 동안 양을 치며 생활하다가 풀려났다. 여기서는 정건이 안녹산 반군의 치하에서 절개를 지켰음을 말한 것이다.

〔賈生 2句〕 정건이 안녹산 반군 아래서 벼슬을 하였다는 죄목으로 멀리 태주까지 귀양을 갔지만 사실은 정건이 반군에 붙지 않고 절개를 지켰음을 말하고자 한 것이다.

《구가집주두시》 조언재 주 윗구로는 정건이 귀양을 갔음을 말했고, 아랫구로는 정건이 반군에 의해 위협을 받았으나 반군에 붙지 않았음을 말하였다.(上句以言虔遷謫也, 下句以言虔爲賊所刦而不附賊也.)

《두시상주》 '가생'은 정건이 이전에 폄관이 된 적이 있음을 비유한 것이요, '소무'는 후에 반군에 붙지 않음을 비유한 것이다.(賈生比前曾謫官, 蘇武比後不附賊.)

11 此翁(차옹) - 정건을 가리킨다. '翁'을 '心', '公'으로 쓴 판본도 있다. 懷(회) - 품다. '常'으로 쓴 판본도 있다.

12 也(야) - 또한. 霑(점) - 은혜를 입다. 新國(신국) - 새로 들어선 숙종의 조정을 가리킨다. 輕刑(경형) - 가벼운 형벌. 이 구절은 정건에게 적용된 죄의 등급이 중하지 않다는 것을 말한 것으로 정건의 곧은 마음을 새로운 조정에서도 참작을 하였다는 뜻이다.

《두시전주》 당시 반군 밑에서 벼슬한 사람들은 6등급으로 죄를 정하였다. 정건은 차삼등에 해당하여 태주사호로 폄적되었다. 그래서 가벼운 형벌을 썼다고 한 것이다. 정건은 풍증이라 칭병하고는 비밀 상주문을 영무에 전달하였는데도 벌을 정한 것이 너무 중하였다. 그래서 애석해하는 말이 있게 된 것이다.(是時陷賊官以六等定罪, 虔在次三等之數, 貶台州司戶, 故曰用輕刑. 虔稱風緩, 以密章達靈武, 而議罰過重, 故有惜之之語.)

〔可念 2句〕

《두시상주》 '곧은 도'와 '가벼운 형벌'이란 말은 그의 고심함이 견책을 받게 된 것을 애석해한 것이다.(直道輕刑, 惜其苦心蒙譴.)

13 禰衡(예형)－동한 사람. 재주가 뛰어났으나 성격이 오만하여 강하 태수 황조에게 죽임을 당했다. 이 구절은 예형과 같이 재주가 많은 정건이 다른 사람의 시기를 사 죽임을 당하게 되지 않을까 염려한다는 말이다.

《두시상주》 후한의 예형은 재주가 많고 말을 잘했다. 그러나 기질은 매우 강하고 오만하여 시속을 바로잡으려 하고 사람들을 무시하곤 하였다. 후에 강하태수 황조에게 죽임을 당했다.(後漢禰衡有才辯, 而氣尙剛傲, 好矯時慢物, 後爲江夏太守黃祖所殺.)

14 方朔(방삭)－동방삭東方朔. 歲星(세성)－목성. 이 구절은 한무제가 동방삭의 재주 많음을 제대로 몰랐듯이 지금의 임금도 정건을 제대로 알아주지 않음을 말한 것이다.

《두시상주》 《한무제내전》에 "서왕모의 사자가 이르렀는데, 동방삭이 죽었다. 사자가 말하기를 '동방삭은 목제의 정으로서 목성입니다. 인간세상에 내려와 노닐면서 천하를 둘러본 것인바, 폐하의 신하가 아닙니다'라 하였다"는 기록이 있다. 《동방삭별전》에 "동방삭이 죽은 후에 무제가 태황공에게 '그대는 동방삭을 아는가?'라고 물었다. 그가 대답하기를 '모릅니다'라 하였다. 다시 묻기를 '그대는 무엇을 잘하는가?' 하자, '별자리와 역법을 조금 잘 압니다'라고 대답하였다. 황제가 모든 별들이 다 제자리에 있는가 물었더니 대답하기를 '모두 제자리에 있습니다. 유독 18년 동안 목성이 나타나지 않았는데, 이제 다시 나타났습니다'라 하였다. 황제가 탄식하여 말하기를 '동방삭이 짐의 곁에 있었던 것이 18년이었거늘 그가 목성인 것을 알지 못하였구나'라 하였다는 기록이 있다.(漢武帝內傳, 西王母使者至, 朔死. 使者曰, 朔是木帝精, 爲歲星, 下游人中以觀天下, 非陛下臣也. 東方朔別傳, 朔卒後, 武帝問太皇公曰, 爾知東方朔乎? 對曰, 不知. 公何所能, 曰, 頗善星曆. 帝問諸星具在否, 曰, 具在, 獨不見歲星十八年, 今復見耳. 帝嘆曰, 東方朔在朕旁十八年, 而不知是歲星哉.)

〔禰衡 2句〕

《구가집주두시》 조언재 주 윗구는 정건이 평소 재주가 뛰어나서 누군가 자기를 죽이려는 자가 있음을 걱정하였음을 말한 것이다. 그 처음 시절을 살펴보면, 당시의 세상 일을 수집하여 80여 편의 글을 썼었는데, 그 원고를 본 자 중에서 누군가 상서하여 정건이 사사로이 국사를 쓰고 있다고 고발하였다. 정건이 급히 그것을 불태웠으나 협율랑의 일과 연좌되어 10년간 귀양살이를 하였다. 그가 반군이 평정된 후에 구금이 되어서는 거의 죽을 뻔하였다가 폄적이 되었다. 그래서 정건은 죽는 것을 걱정하였던 것이다. 아래 구절은 정건이 재능이 많았음에도 동방삭과 같아서 가까이 기용되지 못했음을 말한 것이다.(上句以言虔素才俊, 嘗憂有欲殺之者矣. 觀其初, 集掇當世事著書八十餘篇, 有窺其稿者, 上書告虔私撰國史, 虔倉皇焚之, 由協律郞坐謫十年. 其於賊平被囚也, 幾死而貶, 則虔嘗以死爲憂矣. 下句以言虔多技能, 如方朔而不得親用.)

《두시상주》 '강하를 만난다'는 것은 폄적된 곳에서 죽게 될 것을 걱정한 것이요, '헛된 목성이다'라고 한 것은 임금에게 알려지지 않은 것이다.(遭江夏, 恐卒貶所也. 虛歲星, 上不見知也.)

15 窮巷(궁항) – 궁벽한 골목. 정건의 옛집이 있는 골목을 말한다. 悄然(초연) – 조용한 모습. '一朝'로 된 판본도 있다.

《두시상주》에 인용된 전겸익 전 《장안지》에 "한장은 위곡의 동쪽에 있고, 정장은 다시 그 동남쪽에 있는데, 정건의 거처이다.(長安志, 韓莊在韋曲之東, 鄭莊又在其東南, 鄭十八虔之居也.)

16 讀書螢(독서형)－반딧불이.

〔窮巷 2句〕

《구가집주두시》 조언재 주 정건이 이미 폄적이 되어 떠났으므로 지난날 찾아오던 수레의 소리가 끊어졌고 살던 집의 독서하던 곳에는 죽은 반딧불이만 공허하게 남아 있다.(虔既謫去矣, 則平昔過從車音絶, 而所居讀書之處空餘死螢也.)

《두시상주》 사람의 자취가 아득하고 소리도 들리지 않는다는 말이다.(人迹杳而聲音歇矣.)

《두시상주》: 정건이 멀리 귀양가 있어 옛집이 적막함을 슬퍼한 것이다.(傷鄭遠竄, 而故居闃寂也.)

《독두심해》: 처음 4구는 멀리 정건을 생각하며 이별을 아쉬워한 것이요, 다음 4구는 옛날을 추억하여 감정이 발한 것이며, 그 다음 4구는 정건이 죄를 얻게 된 것을 서술하며 슬퍼한 것이며, 마지막 4구는 정건이 폄적지에서 죽을까 걱정하며 그를 불쌍하게 생각한 것이다.(起四, 遙想而惜別. 次四, 憶舊而生感 又次四, 敍其得罪而傷之. 末四, 憂其貶死而憫之.)

(**김성곤**)

23. 瘦馬行
여윈 말의 노래

東郊瘦馬使我傷[1] 骨骼硉兀如堵牆[2]
絆之欲動轉欹側[3] 此豈有意仍騰驤[4]
細看六印帶官字[5] 衆道三軍遺路旁[6]
皮乾剝落雜泥滓[7] 毛暗蕭條連雪霜[8]
去歲奔波逐餘寇[9] 驊騮不慣不得將[10]
士卒多騎內廄馬[11] 惆悵恐是病乘黃[12]
當時歷塊誤一蹶[13] 委棄非汝能周防[14]
見人慘澹若哀訴[15] 失主錯莫無晶光[16]
天寒遠放雁爲伴[17] 日暮不收烏啄瘡[18]
誰家且養願終惠[19] 更試明年春草長

동쪽 교외의 여윈 말 나를 슬프게 하는데
뼈는 툭 솟아 담장과 같다.
묶으니 움직이려고 하여 더욱 더 기울어지는데
이것에 어찌 여전히 내달리려는 생각이 있겠는가?
여섯 도장을 자세히 보니 '관'자가 있는데
삼군이 길가에 버린 것이라고 사람들은 말한다.
가죽은 말라 벗겨져 진흙이 섞였고
털은 어둑하니 생기가 없이 눈과 서리가 붙어 있다.

지난해 세찬 파도처럼 남은 도적을 쫓을 적에
화류마는 익숙지 않아 부릴 수 없었다.
병사들이 궁중 마구의 말을 많이 탔으니
아아, 아마도 이 말은 병든 승황일 게다.
당시 흙무더기 지나다 한번 잘못 넘어져
버려진 것은 네가 두루 막을 수 있던 것이 아니다.
사람을 쳐다보는데 참담하여 슬피 호소하는 듯하고
주인을 잃은지라 쓸쓸하니 눈에 밝은 빛이 없구나.
날은 추운데 멀리 쫓겨나 기러기가 짝이 되고
해 저물어도 거두지 않으니 까마귀가 상처를 쪼는구나.
뉘 집에서 또 길러주고 끝까지 은혜 베풀기를 원하여
내년 봄 풀 자라날 때에 다시 시험해 줄까?

이 작품은 두보가 화주사공으로 폄적되어 가서 관군에 의해 버려진 길가의 여윈 말을 보고 느낀 감정을 써낸 시이다. 저작 시기는 건원 원년이다. 이 작품을 방관을 위해 지은 것으로 보고 저작 시기를 지덕 2년으로 보는 설도 있으나 취하지 않는다.

시 제목의 '瘦'는 《문원영화》에는 '老'로 되어 있다.

《보주두시》 방관을 위해서 지은 것이다. 방관이 실패한 것은 지덕 원년 10월이다. 이제 '지난해 세찬 파도처럼 남은 도적을 쫓았다'라고 하였으니 이것은 지덕 2년에 지은 것이 분명하다. 이해에 방관이 재상을 그만두었다.(爲房琯作. 當琯敗在至德元年十月. 今云去歲奔波逐餘寇, 則是二年作明矣. 是年琯罷相.)

《두공부초당시전》 《당서》를 살펴보건대, 방관은 재상의 그릇으로 그 재주는 또한 전쟁에도 뛰어났다. 당시 황제는 방관에게 명하여 군대를 이끌고 진도사에서 반군과 싸우게 하였다. 방관은 유자로서 군대를 알지 못하였으므로 춘추시대의 병거兵車로 싸우던 법을 사용하여 반군에게 패하였고 황제는 노하여 빈주자사로 내쳤다. 사람의 재주에는 각각 뛰어난 바가 있는 법이다. 방관은 보필하는 일에 뛰어났지만 지금 쓰임이 뛰어난 바와 어긋났으므로 군대가 패배한 것이다. 어찌 한번 넘어졌다고 다시 거두어 쓰지 않는가? 이 때문에 《당서》에서는 또한 그를 위해 탄식을 하였던 것이다. 두보가 이 시에서 기탁한 뜻은 방관이 버림을 받았는데 조정은 은혜를 적게 하여 그에게 은혜를 끝까지 베풀지 않았다는 것이다. 두보는 다시 한번 그를 등용하여 그의 장점을 다하게 하려 하였으니 그랬다면 좋았을 것이다. 그러므로 마지막에 '뉘 집에서 또 길러주고 끝까지 은혜 베풀기를 원하여, 내년 봄 풀 자라날 때에 다시 시험해 줄까?'라는 구가 있는 것이다.(按唐書, 房琯有宰相器, 其才亦長於戰. 時帝命琯將兵與賊戰陳濤斜, 琯儒者, 不知兵, 用春秋車戰法, 爲賊所敗. 帝怒斥爲邠州刺史. 夫人之材各有所長, 琯長於輔相, 今用違所長, 是以兵敗. 奈何一跌不復收用, 故唐史亦爲之嘆息. 甫此詩寓意, 琯之見棄而朝廷寡恩, 莫之終惠. 甫欲再試用之, 以盡其所長, 則可矣. 故末章有誰家且養願終惠, 更試明年春草長之句也.)

《두시상주》 이는 건원 원년 화주에 폄적되어 간 뒤에 그 일을 추억하여 서술한 것이다. 살펴보건대, 황학은 지덕 2년 방관이 재상을 그만둔 것 때문에 지은 것으로 보았다. 그렇다면 시 가운데서 말한 지난해란 지덕 원년을 가리킨다. 채흥종은 건원 원년 공이 스스로 관직이 강등된 것을 슬퍼하여 지은 것으로 보았다. 그렇다면 시에서 말한 지난해란 지덕 2년을 가리킨다. 지금 고찰하건대, 지덕 원년 진도와 청판에서 왕의 군대가 전멸되었으니 하잘것없는 병든 말이 또한 어찌 말할 만한 것이겠는가? 지덕 2년에 장안을 수복하여 사람들이 안도하게 되었기 때문에 길가의 파리한 말에 대하여 또한 감상에 젖을 수 있었던 것이다. 게다가 시에 '지난해 세찬 파도처럼 남은 도적을 쫓았다'고 하였으니 분명히 2년의 일을 추억하여 말한 것이다. 마땅히 채흥종의 설을 따라야 한다.(此是乾元元年謫官華州後, 追述其事. 按, 黃鶴以爲至德二載爲房琯罷相而作, 則詩中所謂去年者, 指至德元載也. 蔡興宗以爲乾元元年公自傷貶官而作, 則詩中所謂去年者, 指至德二載也. 今考至德元載, 陳陶青坂王師盡喪, 區區病馬又何足云. 及二載收復長安, 人情安堵, 故道旁瘠馬亦足感傷. 況詩云去年奔波逐餘寇, 明是追言二載事, 當從蔡說.)

《독두심해》 채흥종은 말하기를 건원 원년 화주에서의 시로 공이 스스로 관직이 강등된 것을 슬퍼하여 지은 것이라고 하였는데 이 견해가 옳다. 첫 부분에 '동교'자를 쓴 것은 화주가 장안 동쪽에 있었기 때문이다.(興宗云, 乾元元年華州詩, 公自傷貶官而作. 其說是也. 開口用東郊字, 華在長安東也.)

《구가집주두시》 조언재 주 양마에게는 일을 맡을 만한 덕이 있는데 말라서 스스로 떨칠 수 없고, 현사에게는 쓸 만한 재주가 있는데 곤경에 처하여 스스로 발탁할 수 없다. 말이 마른 것은 오직 길러줄 일이고 선비의 곤경은 오직 천거해 줄 일이다. 마지막 구에 '뉘 집에서 또 길러주고 끝까지 은혜 베풀기를 원하여 내년 봄 풀 자라날 때에 다시 시험해 줄까?'라고 하였으니 전편의 대의를 볼 수 있다. 채백세는 말하기를 "공이 화주사공으로 나갔는데 일 때문에 동도로 갔다가 이 시를 지은 것이다"라고 하였다. 어떤 사람은 "이 시는 방관이 쫓겨난 것을 말한 것 같다"고 하였고 또 "다만 공이 스스로를 비유한 것이다"라고 말한 사람도 있는데 모두 그렇지 않은 것으로 생각된다. 대체로 '뉘 집에서 은혜롭게 길러줄까?'라고 하였으니 지명하려는 뜻은 없다. 만약 방관 때문에 그렇게 말한 것이라면 은혜롭게 길러줄 사람은 반드시 천자이니 '뉘 집'이라고 말해서는 안 된다. 만약 공 때문에 그렇게 말한 것이라면 은혜롭게 길러줄 사람은 반드시 귀인이다. 공은 당시 곤궁하고 폄적되었으니 그를 돌아보아 발탁해 주는 사람에게 바라는 바가 있었을 것이라고 그런대로 말할 수 있겠다. 그러나 그것이 비유하는 바는 넓지 못하다. 그러므로 곧장 공이 여윈 말에 느낌을 받아서 현사의 곤경에 대하여 다만 그를 천거할 것에 뜻을 기탁하였다고 본다면 말하는 내용이 넓어지게 된다.(良馬有可任之德, 以瘦而不能自奮, 賢士有可用之材, 以困而不能自拔. 馬之瘦, 惟其養之而已, 士之困, 惟其薦之而已. 落句云, 誰家且養願終惠, 更試明年春草長. 一篇大意可見. 蔡伯世云, 公出爲華州司功, 以事之東都, 有此詩. 或曰, 此詩似言房琯之斥逐. 又曰, 特公以自比. 皆謂不然. 蓋謂誰家惠養, 則無所指名之義. 若以房琯言之, 則惠養之者, 必天子也, 不應謂之誰家. 若以公言之, 則惠養之者, 必貴人也. 公時困謫, 有所望於顧拔之者, 則猶有可言, 然其所喩不廣. 故直以爲公因感瘦馬而託意於賢士之困惟其所薦之, 則其說廣.)

주 석

1 東郊(동교) - 동쪽 교외. 당시 두보는 화주사공으로 폄적되어 갔고 화주는 장안의 동쪽에 있었다. 瘦(수) - 여위다. 마르다. '老'로 된 판본도 있다.

2 骨骼(골격) - 뼈. 골격. '骼'은 '骸'로 된 판본도 있다. 硉兀(율올) - 높이 솟아 있다. 툭 튀어나오다. 如堵牆(여도장) - 담장과 같다. 마른 모습을 비유한다. 말이 말라서 뼈가 솟아오른 모양이 담장과 같다는 말이다.

3 絆(반) - 묶다. 옭아매다. 轉(전) - 더욱 더. 갈수록. 점점. 欹側(의측) - 기울어지다.

4 騰驤(등양) – 내달리다.

5 六印(육인) – 여섯 군데에 찍힌 도장. '六'은 '火'로 된 판본도 있는데 《두시상주》에서는 잘못된 것이라 하였다. 帶官字(대관자) – '관'이라는 글자가 있다.

《두시상주》에 인용된 《당육전唐六典・제목감諸牧監》 무릇 목감에 있는 말들은 모두 도장을 찍었다. 오른쪽 어깨에는 작은 '관'자를, 오른쪽 넓적다리에는 태어난 해를, 꼬리 옆에는 목감 이름을 도장 찍었는데 모두 좌우 곁채에 따랐다. 만약 용모가 단정하여 상승에 보낼 예정이면 목감 이름을 사용하지는 않았다. 두 살 입춘에는 그 힘을 측정하여 또한 '비'자 인을 그 왼쪽 넓적다리와 어깨에, 세마・차마는 용 모양의 도장을 그 목 왼쪽에 찍었다. 상승에 보내는 것은 꼬리 옆에 좌우 마구간에 따라 '삼화' 인을 찍었다. 그 나머지 잡마 가운데 상승에 보내는 것은 '풍'자 인을 왼쪽 어깨에 찍고 '비'자 인을 왼쪽 넓적다리에 찍었다. 관마 중 사람에게 하사하는 것은 '사'자 인을 사용하였고, 군대에 배치하거나 역마에 충당하여 역참으로 보내는 것은 '출'자 인을 사용하였는데 모두 좌우 빰에 도장을 찍었다.(凡在牧之馬, 皆印. 印右髆以小官字, 右髀以年辰, 尾側以監名, 皆依左右廂. 若形容端正, 擬送尙乘, 不用監名. 二歲始春, 則量其力, 又以飛字印印其左髀髆, 細馬次馬以龍形印印其項左. 送尙乘者, 尾側依左右閑印以三花. 其餘雜馬送尙乘者, 以風字印印左髆, 以飛字印印左髀. 官馬賜人者, 以賜字印. 配諸軍及充傳送驛者, 以出字印, 並印左右頰也.)

6 三軍(삼군) – 군대의 통칭. 여기서는 관군을 말한다. '三'은 '官'으로 된 판본도 있다.

7 剝落(박락) – 벗겨지다. 雜(잡) – 섞이다. '盡'으로 된 판본도 있다. 泥滓(이재) – 진흙 찌꺼기

8 毛暗(모암) – 털이 어둡다. 말이 병들어 털이 빛을 잃은 것을 말한다. 蕭條(소조) – 스산하다. 생기가 없다.

《두시상주》에 인용된 이실李實 설　무릇 말이 병들면 털 끝에 티끌이 생겨나기 때문에 '털이 어둡다'고 말한 것이다.(凡馬病, 毛頭生塵, 故曰毛暗.)

《두시상주》: 이 단락은 여윈 말의 초췌한 모습을 쓴 것이다. '동교'는 장안의 동쪽을 가리키는데 바로 지덕 2년 겨울 반군을 추격하던 곳이다. 여윈 말이 아직 '관'자 인이 있다는 것은 그것이 옛날에는 쓰였으나 지금은 버려진 것을 탄식한 것이다.(此記瘦馬憔悴之狀. 東郊, 指長安之東, 卽至德二年冬追賊之處. 瘦馬猶帶官印, 歎其昔用而今棄也.)

9 去歲(거세) – 지난해.　奔波(분파) – 세찬 파도. 관군이 반군을 쫓는 모습을 비유한 것이다.

10 驊騮(화류) – 주周 목왕穆王 팔 준마의 하나. 양마를 가리킨다. 不慣(불관) – 익숙하지 않다. 잘 조련되지 않다. 또는 전쟁에 익숙하지 않다라고 풀이하기도 한다. 방관이 전쟁에 익숙하지 않음을 비유한 것으로 보는 견해도 있다.　不得將(부득장) – 부리지 못하다. '장'을 '여與'의 의미로 파악한 견해도 있다.

《두시상주》에 인용된 장원張遠 주　'불관부장'이란 잘 조련받지 못한 말은 쓸 수가 없다는 말이다. 그러므로 궁중 마구간에 있는 말을 사용할 뿐이다.(不慣不將, 未調習者不得用, 故用內廐馬耳.)

《두공부초당시전》 '화류'는 양마이다. 각축에 익숙하지 않다는 것으로 방관이 전투에 능하지 못함을 비유하였다.(驊騮, 良馬. 不慣於角逐, 以喩房琯不習乎戰鬪也.)

11 內廐(내구) – 궁중의 마구간.

12 乘黃(승황) – 원래 전설상의 신마神馬 이름인데 뒤에 어마御馬를 가리키는 말로 쓰였다. 승황이 짐승 이름이라는 설도 있다.

《두시상주》 《산해경》에 "백민의 나라에 승황이 있는데 그 모습은 여우와 같고 등에 뿔 두 개가 있으며 그것을 타면 이천 살까지 살 수 있다"라고 하였는데 곽박郭璞 주에 "바로 비황이다"라고 하였다. 《당육전》에 "승황 서령은 한 사람이다"라고 하였다. 왕수는 말하기를 "승황은 옛날의 신마로 또한 비황이라고도 한다. 등에 뿔이 있고 하루에 만 리를 갔다"고 하였다. 《회남자》에 "천하에 도가 있으면 비황은 구유에 엎드린다"고 하였다. 일설에는 "신황은 짐승이름으로 용의 날개를 하고 말의 몸통을 하였는데 황제가 이를 타고 신선이 되었다"고 한다.(山海經, 白民之國有乘黃, 其狀如狐, 背上有兩角, 乘之壽二千歲. 注, 卽飛黃也. 唐六典, 乘黃署令一人. 王洙曰, 乘黃, 古之神馬, 亦名飛黃, 背有角, 日行萬里. 淮南子, 天下有道, 飛黃伏皂. 一云, 神黃, 獸名, 龍翼馬身, 黃帝乘而登仙.)

13 歷塊(역괴) – 흙무더기를 지나가다. 매우 빠르다는 것을 비유적으로 표현한 말이다. 蹶(궐) – 미끄러지다. 넘어지다.

《한서 · 왕포전王褒傳》 '過都越國, 蹶如歷塊'의 안사고顔師古 주 한 흙무더기를 지나가는 것과 같다는 것으로 그 빠르기가 심하다는 것을 말한다.(如經歷一塊, 言其疾之甚.)

14 委棄(위기) – 버리다. 能(능) – '難'으로 된 판본도 있다.

15 慘澹(참담) – 참담하다. 비참하고 처량하다.

16 錯莫(착막) – 적막하고 쓸쓸하다. '착막錯漠', '낙막落寞'과 같다. 無晶光(무정광) – 밝은 빛이 없다. 아마 눈빛을 두고 한 말일 것이다. '晶'은 《문원영화》에는 '睛'으로 되어 있다.

《두시상주》 '착막'은 '낙막'이란 말과 같다.(錯莫, 猶云落寞)

17 伴(반) – 짝. '侶'로 된 판본도 있다.

18 不收烏啄瘡(불수오탁창) – 거두어 들이지 않아 까마귀가 상처를 쪼다. '不'은 '未'로 된 판본도 있다. 어떤 이는 '不衣烏作瘡'이라고 하였다.

19 終惠(종혜) – 끝까지 은혜를 베풀다.

〔誰家 2구〕 '뉘 집에서 또 길러줄까? 원컨대 끝까지 은혜를 베풀어 내년

봄 풀 자라날 때 다시 시험해 주기를 바란다'라고 번역할 수도 있겠다.

《두시상주》: 이 단락은 여윈 말의 슬프고 아픈 감정을 서술하였다. 궁정 마구간의 승황이었다가 멀리 쫓겨나 거두어들이지 않게 되었다는 것으로 또한 그것이 옛날에는 귀한 존재였으나 지금은 천하게 되었음을 탄식하였다. 공은 소를 올려 방관을 구하려다가 한번 넘어져 일어나지 못하는 데 이르렀다. 그런 까닭에 '흙무더기를 지나다 한번 잘못 미끄러져' '네가 두루 막을 수 있던 것이 아니었다'라고 말한 것이다. 관직에서 떨어진 뒤 이로부터 다시 임금을 만날 수 없었으므로 '사람을 바라보는데 슬피 호소하는 듯하고' '주인을 잃어 밝은 빛이 없다'고 말하였다. 몸소 폐기됨을 경험하고서 뒤에 능력을 펼쳐 보이고 싶었으나 그리할 수 없었으므로 '뉘 집에서 끝까지 은혜 베풀기를 원하여' '봄 풀이 자라날 때에 다시 시험해 주겠는가?'라고 하였다. 기탁된 뜻이 분명하다. 시는 건원 원년 봄에 지어졌는데도 '내년에 봄 풀이 자라나면'이라고 말한 것은 작년을 기준으로 말하여 올 봄에 이르렀으므로 내년이라고 한 것이다. 이것은 회상하여 서술한 말이다.(此敍瘦馬悲楚之情. 以內廐乘黃, 而至遠放不收, 又歎其昔貴而今賤也. 公疏救房琯, 至於一跌不起, 故曰歷塊誤一蹶, 非汝能周防. 落職之後, 從此不復見君, 故曰見人若哀訴, 失主無晶光. 身經廢棄, 欲展後效而不可得, 故曰誰家願終惠, 更試春草長. 寓意顯然. 詩作於乾元元年之春, 而云明年春草長, 從去年說至今春, 爲明年矣. 此追敍語也.)

《독두심해》: 첫 구는 큰소리로 선포하고 이어서 3구로 말의 여윈 상태를 묘사하였다. '슬퍼할 만하다'라고 말하지 않고 굳이 '어찌 다시 세상에 뜻을 가지고 있겠는가'라고 말하였으니 안타까워함이 배나 깊다. 가운데는 '세간' 2자로 시작하여 4구는 말이 오늘날 버려진 것을 서술하였고, 4구는 그것이 지난날 공을 세웠음을 추켜세웠으며, 2구는 그것이 버려진 이유를 밝혔고, 2구는 그것이 슬피 울며 실색한 것을 그려냈다. 모두 네 층으로 되어 있어 곡절이 무한하다. 마지막은 '원방' 2자로 스스

로 배척당한 것을 투영하였으며 '일모' 2자로 스스로 길이 막혀 있음을 투영하였다. 이는 바로 첫 구에서 말한 '나로 하여금 슬프게 한다'는 것이다. 마지막 연은 모름지기 당시 처음으로 폄적당한 사정을 이해해야 하는데, 임금을 연모하고 충성을 바치려는 한 조각 진심으로부터 나온 것이지 동정을 구하는 말이 아니다. '거세' 4구는 당시 도적을 쫓는 일은 전쟁에 익숙한 화류마가 아니면 참여할 수가 없었음을 말한다. 이 말이 이미 군대에서 버림받았으니 반드시 길거리의 평범한 말은 아니고 틀림없이 궁중 마구간의 승황에 속하는 것이다. '공시'는 바로 '세간'과 호응한다. '오일궐' '비능방'은 또한 '병'자로부터 말이 좌절을 당하게 된 근원을 밝히고 그것이 무고함을 헤아렸다. 이러한 깊은 마음을 갖추면 선비를 잃는 일은 없을 것이다.(起句喝破, 隨以三句寫其瘦態. 不曰可惜, 偏曰豈復有意於世, 惋惜倍深. 中以細看二字作提, 四述其見遺於今, 四推其立功在昔, 二原其委棄所由, 二狀其哀鳴失色, 凡作四層, 無限曲折. 末以遠放二字自影被斥, 日暮二字自影途窮, 此正起句所謂使我傷者也. 結聯, 須體貼當日初謫官情事, 從一片戀主效忠悃忱發出, 非乞憐語也. 去歲四句, 言當時逐寇, 非慣戰之驊騮不得與也. 此馬旣是軍中所遺, 必非街巷凡馬, 定屬內廐之乘黃矣. 恐是, 正與細看呼應. 誤一蹶, 非能防, 又從病字原其受挫, 而諒其無辜. 具此深衷, 可以無失士矣.)

(이 석 형)

24. 義鶻行

의로운 송골매의 노래

陰崖二蒼鷹[1]　養子黑柏顚[2]　白蛇登其巢　呑噬恣朝餐[3]
雄飛遠求食　雌者鳴辛酸[4]　力强不可制　黃口無半存[5]
其父從西歸[6]　翻身入長烟[7]　斯須領健鶻[8]　痛憤寄所宣[9]
斗上捩孤影[10]　噭哮來九天[11]　修鱗脫遠枝[12]　巨顙拆老拳[13]
高空得蹭蹬[14]　短草辭蜿蜒[15]　折尾能一掉[16]　飽腸皆已穿[17]
生雖滅衆雛[18]　死亦垂千年[19]　物情有報復[20]　快意貴目前[21]
玆實鷙鳥最[22]　急難心炯然[23]　功成失所往[24]　用舍何其賢[25]
近經潏水湄[26]　此事樵夫傳[27]　飄蕭覺素髮[28]　凜欲衝儒冠[29]
人生許與分[30]　只在顧盼間[31]　聊爲義鶻行　用激壯士肝[32]

북쪽 절벽에 두 마리 참매
검은 잣나무 꼭대기에서 새끼를 키우는데,
흰 뱀이 그곳 둥지로 기어올라
아침거리 삼아 제멋대로 삼켰다.

수컷은 멀리 먹이 찾아 날아가고
암컷만이 구슬프게 울어대지만,
뱀의 힘이 너무 강해 막을 수 없기에
새끼들 반도 살아남지 못했다.
아비가 서쪽으로부터 돌아왔다가

몸을 뒤집어 안개 속으로 들어가서는,
어느새 건장한 송골매를 거느리고 와
분통한 심경을 하소연한다.

갑자기 날아올라 외로운 그림자 맴돌다가
사납게 소리치며 하늘에서 내려오니,
긴 비늘이 높은 가지에서 떨어지고
큰 이마는 매서운 주먹에 터지고 만다.
높이 공중에서 몸부림치다가
짧은 풀숲에 떨어져서는,
꺾인 꼬리는 한 번 꿈틀거렸지만
배부른 창자는 이미 모두 뚫렸다.

살아서 비록 새끼들을 다 죽였지만
죽어서는 또한 천 년에 본보기를 보였다.
세상물정이란 복수를 하기 마련인데
마음 통쾌하려면 당장 하는 것이 중요하다.
송골매는 사실 맹금 가운데 으뜸으로
어려움을 급히 도와줄 때 그 마음 밝도다.
공을 이루고는 종적을 감추었으니
거취를 택할 때는 그 얼마나 현명하던가?

근자에 율수가를 지날 때
이 일을 나무꾼이 들려주어,

쓸쓸한 바람에도 흰 머리카락이
꼿꼿이 갓을 찌르는 것이 느껴진다.
사람이 살아가며 인정해 주는 정분이란
당장 빨리 해 주는 데 달려 있는 법,
애오라지 의골행을 지어
장사의 마음을 북돋우고자 한다.

이 시는 건원 원년에 두보가 장안에 있을 때 지은 것이다. 송골매를 통해 정의로운 용사의 기개를 노래하고 있다. 한편 《두공부초당시전》에서는 숙종 때 안녹산의 난을 진압하는 것을 도운 회골족에 대해 비유적으로 읊은 것으로 보고 있다.

《보주두시》 시에 '근자에 휼수가를 지날 때 이 일을 나무꾼이 들려주었다'는 구절이 있는 것으로 보아, 건원 원년 장안에서 지은 것이 틀림없다.(詩云, 近經潏水湄, 此事樵夫傳, 當是乾元元年在長安作.)

주 석

1 陰崖(음애) - 산 북쪽에 있는 절벽. 《두시언해》에서는 '어두운 절벽'으로 풀이하였다. 二蒼鷹(이창응) - 두 마리 참매. 즉 암수 한 쌍을 말한다. '有蒼鷹', '有二鷹'으로 되어 있는 판본도 있다.

2 黑柏(흑백) - 검은 잣나무. 수령이 오래된 잣나무를 가리키는 말로 보인다. 顚(전) - 꼭대기.

3 呑噬(탄서) - 삼키다. '呑之'로 되어 있는 판본도 있다. 恣(자) - 멋대로

하다. 즉 마음 놓고 잡아먹는 것을 말한다. '資'로 되어 있는 판본도 있다.

《두시상주》: 이 단락은 사악한 동물이 해를 끼치는 것을 서술한 것이다. (此惡物之殘害者.)

4 辛酸(신산) – 마음이 쓰라린 모양. 여기서는 구슬프게 우는 것을 말한다.

5 黃口(황구) – 노란 입, 즉 새끼를 뜻한다. 無(무) – '寧'으로 되어 있는 판본도 있다.

《두시언해》 날짐승의 새끼는 주둥이가 모두 노랗다.(禽鳥之雛, 口吻皆黃.)

〔陰崖 8구〕 참매가 뱀의 공격을 받는 것을 표현하고 있다. 한편 《두공부초당시전》에서는 안녹산의 난에 비유하여 설명하고 있다.

《두공부초당시전》 이상은 반군이 경사를 함락하여 백성들이 모두 안녹산에게 해를 당하고 살아남은 자손이 없다는 것을 비유한다.(此以上喩賊陷京師, 生民皆爲祿山之所呑噬, 靡有子遺者也.)

6 其父(기부) – 그 아비. 수컷 참매를 가리킨다. 歸(귀) – '來'로 되어 있는 판본도 있다.

《두공부초당시전》 왕 된 자는 백성들의 부모로서 어린아이처럼 보살피기에 그래서 부자라는 비유를 든 것이다.(王者爲民父母, 保若赤子, 是以有父子之喩.)

7 長烟(장연) – 긴 안개.

8 斯須(사수) – 잠시, 순식간. 健鶻(건골) – 건장한 송골매. 뱀을 쫓기 위해 데리고 온 송골매를 가리킨다.

9 痛憤(통분) – '憤懣', '寃憤'으로 되어 있는 판본도 있다. 寄所宣(기소선) – 하소연하는 데에 기탁하다.

《두시상주》 '寄所宣'은 분통한 마음을 호소하는 말에 담았다는 것을 말한다.(寄所宣, 謂痛憤之心寄於宣訴之語.)

#《두시상주》: 참매가 송골매에게 원통함을 호소할 수 있다니 이 일이야말로 참으로 신기하다. 암컷은 울어대고 수컷은 격분한다고 하여 두 참매의 딱한 형편을 생생하게 묘사하고 있다.(鷹能訴寃於鶻, 其事甚奇. 雌鳴雄憤, 寫兩鷹情狀如生.)

10 斗上(두상)－갑자기 날아오르다. '上'에 대해 《두시상주》에서는 '上聲'이라 하여 동사로 쓰였다고 밝히고 있다. 捩孤影(열고영)－송골매가 높은 창공에서 맴돌며 뱀을 공격할 기회를 노리는 모습을 말한다.

《두시상주》 '斗上'은 갑자기 날아오른다는 뜻이다. 살펴보건대 옛날에는 북두성의 위라고 해석했으나 크게 잘못된 것이다. '捩影'은 날개를 펼쳐 빙빙 도는 것을 뜻한다.(斗上, 陡然飛上也. 按, 舊解北斗之上, 大謬. 捩影, 張翅迴旋也.)

《두공부초당시전》 '斗上'은 북두성 위를 말한다. 회골족이 북쪽에 있었기에 북두성 위라고 말한 것이다.(斗上謂北斗之上也. 回鶻在北, 故言北斗上也.)

11 嗷哮(교효)－울부짖는 모양. '無聲'으로 되어 있는 판본도 있다. 九天(구천)－하늘.

《두시상주》 '嗷哮'는 사나운 소리로 길게 우는 것이다.(嗷哮, 厲聲長鳴也.)

《두공부초당시전》에 인용된 《회남자淮南子 · 천문훈天文訓》 가운데 하늘을 균천이라 하고, 동쪽 하늘을 창천이라 하며, 동북쪽 하늘을 변천이라 하고, 북쪽 하늘을 현천이라 하며, 서남쪽 하늘을 주천이라 하고, 서쪽 하늘을 호천이라 하며, 서북쪽 하늘을 유천이라 하고, 남쪽 하늘을 염천이라 하며, 동남쪽 하늘을 양천이라 한다.(中央曰鈞天, 東方曰蒼天, 東北曰變天, 北方曰玄天, 西南曰朱天, 西方曰昊天, 西北方曰幽天, 南方曰炎天, 東南方曰陽天.)

〔斗上 2구〕 송골매가 창공에서 선회하다가 뱀을 공격하기 위해 날아내려오는 모습을 묘사하고 있다.

《두시언해》 이것은 송골매가 날아오는 모습을 말한다.(此言鶻飛來之狀.)

12 修鱗(수린) – 긴 비늘. 뱀을 가리킨다.

《두시상주》 '修鱗'는 뱀의 몸을 가리킨다.(修鱗, 蛇身.)

13 巨顙(거상) – 커다란 이마. 뱀을 가리킨다. 老拳(노권) – 노련한 주먹. 송골매의 발톱을 가리킨다. 석륵의 고사와 관련지어 매서운 솜씨를 비유하는 것으로 보기도 한다.

《두시상주》 '巨顙'은 뱀의 머리이고, '老拳'은 송골매 날개 밑에 있는 단단한 뼈를 가리킨다.(巨顙, 蛇首. 老拳, 鶻翼下勁骨.)

《두시상주》에 인용된 주전周甸 주 송골매의 발톱에서 강한 곳은 크기가 탄환만하다. 비둘기가 그 발톱에 맞아 공중에서 떨어지면 즉시 몸을 기울여 아래에서 잡아채는데 참매나 새매보다도 빠르다.(鶻拳堅處, 大如彈丸, 鳩鴿中其拳, 隨空中墮, 卽側身自下承之, 捷於鷹隼.)

《구가집주두시》에 인용된 《두보유杜甫遺》 석륵이 이양과 이웃하고 살면서 삼을 담글 못을 놓고 다투어 해마다 서로 치고박고 싸우기까지 하였다. 귀한 신분이 된 뒤에 사람을 시켜 이양을 불러다가 함께 술을 마시게 되었는데, 장난기가 동하여 이양의 팔을 당기고는 웃으며 말했다. "내가 예전에 경의 거친 주먹에 많이 당했지만, 경도 내 매서운 주먹맛을 많이 보셨지요." 옛날에 유우석劉禹錫은 늘상 두보의 시를 읽으면서 '老拳'에 달리 근거가 없음을 의아하게 여기다가 석륵의 전기를 읽고서야 탄복하였다고 한다.(石勒與李陽隣居, 爭漚麻池, 歲相毆擊. 及貴, 乃使人召陽與酣, 謔引陽臂, 笑曰, 孤往日厭卿老拳, 卿亦飽孤毒手. 昔劉夢得常讀杜詩, 疑老拳無據, 及讀石勒傳, 乃歎服云.)

14 蹭蹬(층등) – 비틀거리는 모양.

《보주두시》에 인용된 왕수 주 '蹭蹬'은 물살이 힘을 잃은 모양이다.(蹭蹬, 波失勢貌.)

《두시언해》 '蹭蹬'은 기세를 잃은 모양이다.(蹭蹬, 失勢貌.)

《두시상주》 '蹭蹬'은 곤경에 처한 모양이다.(蹭蹬, 困頓貌.)

《독두시설》 이제 살펴보건대 뱀이 송골매의 공격을 받아 나무에서 땅으로 떨어졌으니, '蹭蹬'은 빌려 쓴 글자로 위에서 아래로 떨어지는 모양이다.(今按蛇被鶻擊, 從樹墜地, 蹭蹬乃借用字, 從上墜下貌也.)

15 短(단)－'茂'로 되어 있는 판본도 있다. 蜿蜒(원연)－뱀이 기어가는 모양.

《두시상주》 '蜿蜒'은 말았다 폈다 하는 모양이다.(蜿蜒, 卷舒貌.)

《독두시설》 '蜿蜒'은 본래 뱀이 기어가는 모양이다. 지금은 송골매의 공격을 받아 풀숲으로 떨어져 이미 죽어서 더 이상 기어갈 수 없게 되었고, 단지 부러진 꼬리가 한 차례 꿈틀거릴 수 있을 뿐이기에 그래서 '辭'라고 한 것이다. '辭'는 그치다는 뜻이다. '蜿蜒'은 역시 말았다 폈다 하는 모양이 아니다.(蜿蜒本蛇行貌, 今被鶻擊, 墜落草間, 已死不能復行, 惟折尾猶能一掉耳, 故云辭. 辭, 絶也. 蜿蜒亦非卷舒貌.)

16 掉(도)－흔들다. '擺'로 되어 있는 판본도 있다.

17 飽(포)－'饑'로 되어 있는 판본도 있다. 皆(개)－'今'으로 되어 있는 판본도 있다. 已(이)－'以'로 되어 있는 판본도 있다. 또 '皆已'가 '已皆'로 되어 있는 판본도 있다.

《두시상주》: 송골매가 참매를 위해 원수를 갚아 줄 수 있다니 그 일이 더더욱 신기하다. 송골매가 한 번 힘차게 쳐서 뱀이 마침내 죄의 대가를 받았으니 그 의롭고 용맹스러움이 대단하다는 것을 알겠다.(鶻能爲鷹報讐, 其事更奇. 鶻一奮擊, 蛇遂伏辜, 見其義勇特絶.)

18 衆雛(중추)－새끼들.

19 垂千年(수천년)－천 년 뒤에도 본보기로 남다.

《구가집주두시》 조언재 주 뱀이 참매의 새끼들을 죽였지만, 의로운 송골매에게 죽은 것은 천 년 뒤에까지 본보기가 될 수 있다는 것을 말한다.(言蛇之滅鷹雛, 蛇之死於義鶻, 可爲鑒戒於千年之後也.)

〔其父 14구〕《두공부초당시전》에서는 참매가 송골매의 도움을 받은 것에 대해 숙종이 회골족에게 사신을 보내어 지원을 받은 것을 비유하는 것으로 설명하였다.

《두공부초당시전》 아비가 서쪽에서 돌아왔다는 구절에서 여기까지는 숙종이 영무에서 돌아와 두 경사를 수복하고 회골족에게 사신을 보내어 우호관계를 맺고 회골족의 도움을 얻어, 안녹산이 비로소 패배하고 세력을 잃었으며 이로 말미암아 완전히 소탕되었다는 것을 비유한다.(自其父西歸至此, 喻肅宗自靈武來, 收復兩京, 遣使至回鶻結好, 遂得回鶻助順, 而祿山始敗北失勢, 由此而蕩滅矣.)

20 物情(물정)－세상물정. 세간의 정리, 사물의 실정.

21 貴目前(귀목전)－눈 앞에서 당장 행하는 것을 소중히 여기다.

22 玆(자)－이것. 송골매를 가리킨다. 鷙鳥(지조)－맹금. 最(최)－최고, 으뜸.

23 急難(급난)－어려움을 급히 도와주다. 炯然(형연)－밝은 모양. '咬然'으로 되어 있는 판본도 있다.

24 所往(소왕)－'所在'로 되어 있는 판본도 있다.

25 用舍(용사)－쓰는 것과 버리는 것. 거취, 진퇴를 의미한다.

〔功成 2구〕《두공부초당시전》에서는 송골매가 참매를 도와준 뒤 미련없이 떠나는 것에 빗대어, 회골족은 원군을 지원한 뒤 오히려 그 대가를 바라는 추태를 보였다는 것을 대조적으로 표현하고 있다고 설명하고 있다.

《두공부초당시전》 송골매가 참매를 도와 뱀을 죽이고 공을 이루고 난 뒤 보답을 요구하지 않고 홀연 날아가 그 소재지를 알 수 없다는 것을 말한다. 거취에 있어서 어찌 이처럼 어질 수 있으리오? 이제 회골족은 도움을 주어 반군을 토벌하고 공을 세웠지만, 도읍 근방에 남아 황금과 비단을 달라고 하고 여자를 요구하며 제멋대로 날뛰고 있으니 어찌하겠는가? 이것이 공적의 대가를 바라지 않는 의로운 송골매에 부끄러운 이유이다.(言鶻既助鷹殪蛇, 及功有成, 不求報德, 忽飛去而不知其所在. 用捨之

間, 抑何賢如此. 今回鶻旣助順, 討賊有功, 奈何留屯左輔, 索金繒, 求女子, 無所不至. 此所以有愧於義鶻之不有成功也.)

《두시언해》 송골매가 뱀을 죽이고 나서 보답을 바라지 않고 즉시 날아가 버렸다는 것을 말한다.(言鶻旣殪蛇, 不求報德, 而卽飛去也.)

《두시상주》: 송골매가 원수를 갚아주자마자 떠날 줄 알기에 더욱 신기함을 알겠다. 뱀이 죽어 본보기를 남겼으니 이것이 당장 마음을 통쾌하게 해 주는 행동이다. 송골매가 공을 세우고도 차지하지 않았으니 그 의협심이 더욱 범상치 않다.(鶻能報復輒去, 益見其奇. 蛇死垂鑒, 此目前快意之擧. 鶻之有功不居, 其義俠尤出尋常矣.)

26 潏水湄(율수미) - 율수가.

《독두심해》에 인용된 《한서음의漢書音義》 율수는 장안의 두릉에 있는데, 황자피 서북부에서 위수로 흘러든다.(潏水, 在長安杜陵, 自皇子陂西北流入渭.)

27 樵夫(초부) - 나무꾼. '樵人'으로 되어 있는 판본도 있다.

28 飄蕭(표소) - 바람이 쓸쓸히 부는 모양.

29 凜欲(늠욕) - '凜烈', '凜若'으로 되어 있는 판본도 있다. 衝儒冠(충유관) - 선비의 갓을 찌르다. 분기나 기개가 치솟는 것을 비유한다.

30 許與(허여) - 허락하다. '計有'로 되어 있는 판본도 있다. 分(분) - 정분.

《두공부초당시전》 '分'은 음이 '부문절'로 정분을 뜻한다.(分, 扶問切, 情分也.)

31 只在(지재) - '亦存'으로 되어 있는 판본도 있다. 顧盼(고반) - 매우 짧은 시간.

〔人生 2구〕 남에게 도움을 베풀 때는 주저없이 행하는 것이 중요하다는 것을 말한다.

《두시언해》 사람이 어려움을 구해 주는 것 또한 눈앞에서 당장 빨리 해 주는 것이 중요하다는 것을 말한다.(言人之救難, 亦貴在眼前之速.)

32 用(용) – '永'으로 되어 있는 판본도 있다. 激(격) – 격발하다, 북돋우다. 壯士肝(장사간) – 장사의 간담. 용기, 의기를 뜻한다.

《두시전주》에 인용된 《만수시화漫叟詩話》 간에서 분노가 생기기에 '영원히 장사의 간담을 북돋는다'고 한 것이다.(肝生怒, 故云永激壯士肝.)

《두시상주》: 마지막 단락에서는 들은 것을 적어 사람들의 마음을 격앙시키고 있다.(末記所聞, 以激人心.)

《두시상주》: 왕언보가 말하길 "이 시는 송골매가 의로움을 보고 행동으로 옮길 수 있는 것에 감동하여 지은 것이다"라 하였다. 주전의 주에서는 "《비아》에 '옛날에는 송골매가 의로운 성품이 있어 잡기도 하고 풀어주기도 한다'는 말이 있다"고 하였는데, 이옹이 〈골부〉에서 말한 '비둘기를 살려주어 자신의 몸을 따듯하게 하였다가 아침이 되면 풀어준다'는 것이 그것이다.(王彦輔曰, 此感禽鳥能見義而動也. 周甸注, 埤雅, 舊言鶻有義性, 有擒有縱. 李邕鶻賦所謂營全鳩以自煖, 乃詰朝而見釋者也.)

《구가집주두시》 조언재 주: 이 작품은 실제 벌어진 일을 적어서 교훈을 남기고자 하는 시이다.(此篇紀實事以垂鑒誡之詩也.)

《두공부초당시전》: 이 작품은 회골족이 도움을 베풀 줄 안 것에 대해 두보가 뜻을 기탁한 것이다. 또 공적의 대가를 요청하는 것은 송골매가 공을 이루고서 거취의 의미를 아는 것만 못하다고 하였으니, 보는 이들은 마음속으로 이해할 수 있을 것이며, 두보의 깊은 뜻을 확연히 알 수 있을 것이다. 《당서 · 회흘전》에 의하면, 회흘족은 흉노가 선조로 원래 위대에는 고거부라고 하였다. 혹자는 칙륵이 돌궐에게 굴복하였다가 수대에 반기를 들어 떠나며 스스로 회골이라 하여 용맹스럽기가 송골매 같다는 것을 말하고자 함이었다고도 한다. 그러나 안녹산의 난 때 황하 북방의

24개 군이 일시에 반군의 수중에 들어갔는데도, 소매를 걷어붙이고 나라에 목숨을 바칠 충신과 의사가 하나 없었다. 숙종이 영무에서 즉위하고서 비분에 찬 마음으로 사신을 보내어 회골족과 우호관계를 맺자, 회골족이 오천 명의 군사와 말 일만 필을 보내어 황제를 도와 반군을 토벌하였다. 이 때문에 두 경사를 수복하였고, 안녹산은 제거되었다.(此篇乃甫寓意, 以回鶻能助順終. 又謂其邀功不若斯鶻之有其成功, 而知用捨去就之義. 觀者可以意會, 而甫之深旨, 判然可見矣. 唐書回紇傳, 回紇其先匈奴也. 元魏時, 號高車部. 或曰, 勑勒臣于突厥, 至隋叛去, 自稱回鶻, 言勇鷙猶鶻. 然當安祿山之亂, 河北二十四郡, 一時陷賊, 無一忠臣義士, 攘袂徇國. 及肅宗卽位靈武, 慨然遣使, 結好回鶻, 回鶻送兵五千, 馬一萬匹, 助帝討賊, 由是收復兩京, 祿山殄滅.)

(**김 만 원**)

25. 畫鶻行

송골매 그림

高堂見生鶻[1] 颯爽動秋骨[2] 初驚無拘攣[3] 何得立突兀[4]
乃知畫師妙[5] 巧刮造化窟[6] 寫此神俊姿[7] 充君眼中物
烏鵲滿樛枝[8] 軒然恐其出[9] 側腦看青霄[10] 寧爲衆禽沒
長翮如刀劍 人寰可超越[11] 乾坤空峥嶸[12] 粉墨且蕭瑟[13]
緬思雲沙際[14] 自有煙霧質[15] 吾今意何傷 顧步獨紆鬱[16]

고당에서 살아 있는 송골매를 보나니
강하고 빠르게 가을날의 골기가 움직인다네.
처음엔 매어놓은 것도 없는데
어떻게 우뚝 서있는가 놀랐더니
곧 알게 되기는 화가의 솜씨 기묘하여
조물주의 솜씨를 교묘히 가져온 것이라.
이 신준한 자태를 그려
그대의 눈에 볼 만한 것으로 삼았도다.

오작이 굽어진 가지에 가득하더니
송골매 높이 날아 공격할까 두려워한다네.
머리를 돌려 푸른 하늘을 쳐다보나니
어찌 뭇 새들 때문에 매몰되리오.
긴 날개는 검과 같아

인간 세상을 훌쩍 넘어갈 수 있다네.
천지는 괜스레 높고 넓기만 하나니
아름다운 채색 그림이 그저 소슬하구나.

아득히 멀리 구름과 모래 끝을 생각하면
자연 안개 속을 나는 새 있나니
나는 지금 속으로 무엇을 슬퍼하여
발걸음을 돌아보며 홀로 우울해하는가?

이 시의 창작 시기는 확실치 않다. 대략 건원 초기의 작품으로 추정된다. 건원 초기 좌습유로 봉직하면서 조정 내에서 뜻을 얻지 못해 탄식하며 지은 것으로, 송골매의 힘찬 그림을 묘사하면서 그와 상반된, 자신의 실의에 빠진 모습을 뚜렷하게 드러내고 있다.

《두시상주》 이 시의 저작 연월은 미상이다. 잠시 옛 책들을 좇아 건원 초기의 작품에 둔다. 작품 마지막에서 '나는 지금 또 무엇을 슬퍼하여, 발걸음을 돌아보며 홀로 우울해하는가'라고 한 것을 완미해 보니 공이 조정에 있을 때 뜻을 얻지 못해 이와 같이 말한 것이 아니었겠는가?(此詩年月未詳, 姑從舊編附在乾元之初. 玩章末云, 我今亦何傷, 顧步獨紆鬱, 豈公在朝時不得志而云然耶.)

《보주두시》 숙종이 경사로 돌아올 적에 공은 호종의 대열에 합류하여 지덕 2년 10월에 장안으로 들어왔다. 지금 시에서 송골매 그림을 높다랗게 지은 집에서 보았다고 했는데, 이 작품은 이해에 지은 것이다.(肅宗還京, 公在扈從之列, 以至德二年十月入長安. 今云見之高堂, 是其年作.)

주 석

1 高堂(고당)－높다랗게 지은 집. 生鶻(생골)－살아있는 송골매. '生'을 '老'로 쓴 판본도 있다.

2 颯爽(삽상)－강하고 빠른 모습. 秋骨(추골)－가을의 기골. 여기서는 송골매를 가리킨다.

《두시언해》 송골매는 초목이 시들어 죽는 가을이 되면 맹렬히 사냥감을 공격할 수 있어 '가을 기골'이라 한 것이다.(鶻當秋氣肅殺, 而能擊搏, 故云秋骨.)

3 拘攣(구련)－매다. 여기서는 송골매를 묶고 있는 실과 갈이틀 같은 장치를 말한다. '攣'을 '卷'으로 쓴 판본도 있다.

4 突兀(돌올)－우뚝 높이 솟은 모양.

5 畵師(화사)－화가. 송골매 그림을 그린 화가를 가리킨다.

6 巧(교)－기묘하게. '功'으로 쓴 판본도 있다. 造化窟(조화굴)－조물주의 빼어난 솜씨가 모여 있는 곳.

《두공부초당시전》 '窟'은 모여 있다는 뜻이다. 조물주의 기묘함이 모두 이곳에 모여 있다는 것이다.(窟, 聚也. 造化之妙咸聚此也.)

7 此(차)－'作'으로 쓴 판본도 있다.

《두시상주》: 살아있는 송골매로부터 갑작스럽게 시작하고 중간에 바뀌어 그림 송골매에 이르렀으니 갑자기 시상이 꺾이면서 자태가 살아나고 있다. 이 송골매는 묶어 두는 실과 갈이틀도 없는데 어떻게 우뚝 서있으면서 날아가버리지 않는 것인가, 자세히 살펴보니 비로소 화가의 솜씨가 매우 빼어난 것임을 알게 되었다.(從生鶻突起, 轉到畵鶻, 頓挫生姿. 此鶻無絛鏇拘攣, 何以兀立不去乎, 及細觀之, 方知畵師巧奪化工也.)

8 樛枝(규지) – 아래로 휘어져 굽은 나뭇가지.

9 軒然(헌연) – 높이 날아오르는 모습. 恐其出(공기출) – 송골매가 그림 속에서 나와 공격할까 두려워한다는 말이다.

10 側腦(측뇌) – 머리를 돌리다. 뭇 새들을 아랑곳하지 않겠다는 태도를 묘사한 것이다.

〔側腦 2구〕

《두공부초당시전》 송골매는 사나운 새로서 그 뜻이 푸른 하늘에 있으니 뭇 새들과 더불어 수풀 속에 매몰되지 않는다.(鶻鷙鳥, 其志在青霄, 不與衆禽汩沒於草萊爾.)

11 人寰(인환) – 사람 사는 세상.

12 崢嶸(쟁영) – 높고 넓은 모습.

13 粉墨(분묵) – 아름다운 색채. 여기서는 그림 속 송골매를 가리킨다. 蕭瑟(소슬) – 쓸쓸한 모양.

〔乾坤 2구〕

《구가집주두시》 조언재 주 건곤은 괜스레 절로 높고 크기만 한데 아름답게 채색한 그림 송골매는 실제로는 그곳을 넘어갈 수가 없어 단지 쓸쓸한 뜻만을 머금고 있는 것이다.(乾坤空自高大, 而粉墨之物不能眞超越之, 但含蕭瑟之意.)

《두시상주》: 이 단락에서는 송골매를 그린 것이 신묘하여 살아 있는 송골매와 흡사함을 묘사하고 있는데, 변화가 있어 운치를 다하고 있다. 까마귀와 까치가 송골매가 나타나 공격할까 두려워한다는 것은 진짜 송골매인가 착각한 것이요, 하늘을 우러르며 매몰되지 않으려 한 것은 그림 속의 송골매를 말한 것이다. 긴 날개로 맘껏 천지를 건너갈 수 있다는 것 역시 진짜 송골매인가 착각한 것이요, 묵의 흔적에 쓸쓸함이 깃들어

있는 듯하다는 것 역시 그림 속의 송골매를 말한 것이다. 말의 뜻이 여러 겹으로 질탕하다.(此寫畫鶻神妙, 酷似生鶻, 抑揚盡致. 烏鵲恐其出擊, 疑於眞鶻矣. 乃仰天而不肯沒去, 則畫鶻也. 長翮可任超越, 又疑眞鶻矣. 乃墨痕似帶蕭瑟, 亦畫鶻也. 語意層層跌宕.)

14 緬思(면사) – 아득히 멀리 생각하다. '思'를 '想'으로 쓴 판본도 있다. 雲沙際(운사제) – 멀리 구름과 땅이 만나는 곳. 아득히 먼 곳을 뜻한다.

15 烟霧質(연무질) – 안개 속으로 날아가는 새. '質'은 '毛質'로 여기서는 진짜 송골매를 뜻한다.

《문선文選 · 포조鮑照 · 무학부舞鶴賦》의 '烟交霧凝, 若無毛質'에 대한 이선李善 주 털과 날개가 안개와 같은 색이어서 없는 듯하다고 한 것이다. (毛羽與烟霧同色, 故云若無.)

16 顧步(고보) – 발걸음을 돌아보다. 배회하다. 紆鬱(우울) – 울적해하다. 고민하다.

《두시상주》: 마지막 단락에서는 살아 있는 송골매를 빌려서 감개를 기탁하고 있다. 송골매는 아득히 먼 곳으로 힘껏 날아오를 수가 있건만, 자신은 두리번거리며 배회나 할 뿐 떨치고 날아가지 못하고 있으니 울적하고 슬픈 마음을 면할 수가 없다.(末又借生鶻寄慨. 鶻能騰擧雲沙, 已則顧步而不能奮飛, 未免鬱鬱傷情耳.)

《두시상주》에 인용된 장원 주: 그림 속의 송골매로 말미암아 진짜 송골매를 생각하는 것은 그림 속의 말을 읊으면서 진짜 말을 생각하는 것과 같다. 마음에는 자부함이 있는 듯하나 또한 다시 스스로 슬퍼하였다.(因畫鶻而思眞鶻, 亦猶咏畫馬而思眞馬, 意若自負, 還以自悲.)

《구가집주두시》 조언재 주: 이미 진짜 송골매가 있어 스스로 멀리 날아갈 수 있은즉 나 또한 슬퍼할 필요가 없다. '우울'은 가슴에 맺혀 번민하는 모습이다. 진짜 송골매는 공 자신을 비유한 것이다.(夫旣有眞質, 自能超

越, 則吾亦不必傷也. 紆鬱, 結悶之貌, 眞質,公自況也.)

《독두심해》: 공의 〈화응畵鷹〉시에 "흰 비단에 바람 서리가 이니 푸른 매를 그린 것이 특이하다"고 한 것은 그린 매가 날려고 한다는 것을 말하였으니 공의 제화시는 대부분 이와 같이 구상하였다. 그런데 지금 이 시는 구절마다 기세가 바뀌는데, 모두 날 수가 없다는 것으로부터 정을 일으키고 있다. 시를 해석하는 자들이 모두 그 요점을 이해하지 못하고 있다. 시는 모두 세 층으로 구성된다. 8구는 일을 서술한 것이요, 8구는 뜻을 적은 것이며, 4구는 감개를 기탁한 것이다. 보이는 것이 살아 있는 송골매로서 매여 있는 것도 아닌데 어째서 날아가지 못하는가 말한 것은 그것이 그림일 뿐이기 때문이다. 여기서 잠시 멈춘다. 이어서 뭇 새들이 송골매가 나타나 공격할까 두려워하지만 그가 어찌 그들과 함께 매몰되어 하늘로 날아가지 않으랴! 진실로 사람의 세계를 뛰어넘을 수 있건만, 하늘은 절로 높고 텅 비었는데도 송골매는 스스로 날개를 거둔다고 했으니 화공의 허물이 아니랴! 여기서 또 잠시 멈춘다. 이어서 구름 끝에서 날아 공격하는 새가 있다고 한 것은 내가 다시 그가 날아갈 수 없음으로 인하여 슬퍼한 것이다. 시인의 마음은 이 화공을 깊게 원망한 듯하나니, 참으로 기이하고 기이하다! 아마도 공은 큰 뜻을 지녔음에도 펼칠 수 없음을 말한 것일 게다.(公畵鷹詩云, 素練風霜起, 蒼鷹畵作殊. 是言畵者欲飛也. 公題畵詩, 多如此作意. 今此詩卻又筆筆翻轉, 都從不能飛去生情. 解者俱未會其竅. 詩凡三層. 八敍事, 八寫意, 四寄慨. 言所見者生鶻也, 無拘無攣, 何以不去, 緣是畵耳. 頓住. 接云衆禽恐其出擊, 彼則寧沒而不擧也. 夫固可超越人寰者, 而乃天自高空, 鶻自戢翼耶. 則畵者過耶. 又頓住. 接云雲際自有飛擊者, 吾重爲此不去者傷之矣. 意似深怨此畵手者, 大奇大奇. 公殆有志不得伸者乎.)

(**김성곤**)

26. 端午日賜衣

단옷날에 옷을 하사하시다

宮衣亦有名[1] 端午被恩榮 細葛含風軟[2] 香羅疊雪輕[3]
自天題處濕[4] 當暑著來清[5] 意內稱長短[6] 終身荷聖情[7]

궁전 옷에 또한 이름이 있으니
단옷날에 은총을 입었음이라.
가는 베옷은 바람을 머금은 듯 부드럽고
향기로운 비단은 눈이 쌓인 듯 가볍다.
하늘로부터 제서題書한 곳 젖어 있고
더운 날 입어 보니 서늘하구나.
마음속으로 어림하여 길이가 맞으니
평생 성인의 은정을 지게 되었구나.

이 시는 단옷날에 궁정에서 지은 옷을 황제로부터 하사 받고 그 기쁨을 읊은 것이다. 단오는 음력 5월 5일이다. 저작 시기는 건원 원년 5월 좌습유로 재직할 때이다.

《보주두시》 공은 건원 원년 단오에 간성에 있었고 아직 화주사공이 되어 나가지 않았으니, 의당 궁의의 하사에 낄 수 있었다. 그래서 이 시가 있는 것이다.(公乾元元年端午見諫省, 未出爲華州司功, 宜與

宮衣之賜, 故有此作.)

《두시상주》 이 시는 건원 원년 5월 좌습유로 재직할 때 지은 것이다. 5월은 '午'에 해당하는 달이다. 그래서 '단오'라고 한다. '단'은 '정正'의 뜻이다.(此乾元元年五月在拾遺時作. 五月建午, 故曰端午. 端, 正也.)

주 석

1 宮衣(궁의) - 궁인이 만든 옷이다. 有名(유명) - 궁의를 받을 사람 명단에 시인의 이름이 있었다는 뜻이다.

《두시상주》에 인용된 소보邵寶 주 '궁의'는 궁인이 만든 옷이다.(宮衣, 宮人所製之衣.)

《두시상주》에 인용된 《두억》 '또한 이름이 있다'라는 말은 뜻밖이라는 뜻을 나타낸다. 당시 공은 벼슬을 사직하려고 하였던 터이다.(亦有名, 見出於望外, 時公將謝官矣.)

2 細葛(세갈) - 가는 갈포葛布.

3 香羅(향라) - 향기로운 비단.

〔細葛 2구〕

《두시상주》에 인용된 소보 주 바람을 머금었다는 것은 그것이 부드러움을 형용하고, 눈이 쌓였다는 것은 그것이 가벼움을 형용한다.(含風形其軟, 疊雪形其輕.)

《독두시설》 '細葛含風軟' 2구에 대하여 《두시상주》에서는 '바람을 머금었다는 것은 그것이 부드러움을 형용하고, 눈이 쌓였다는 것은 그것이 가벼움을 형용한다'고 하였는데, 지금 살펴보면 바람을 머금었다는 것은 질감을 겸하여 말한 것이고, 눈이 쌓였다는 것은 또한 색을 겸하여 말한 것이다.(細葛含風軟二句, 注, 含風形其軟, 疊雪形其輕. 今按, 含風兼言質, 疊雪亦兼言色.)

4 自天(자천) – 천자가 하사한 것임을 뜻한다. 題處濕(제처습) – 하사품을 포장한 곳에 쓴 글씨가 젖었다. 하사품이 쓴 글씨가 채 마르지 않은 새것임을 뜻한다.

5 淸(청) – 청량하다. 서늘하다는 뜻이다.

〔自天 2구〕

《두시상주》에 인용된 황생黃生 주 '습濕'은 그것이 새것임을 말하고, '청淸'은 그것이 서늘함을 말한다.(濕言其新, 淸言其涼.)

6 意內(의내) – 마음속. 稱(칭) – 맞다. 이 구는 마음속으로 어림짐작해 보니 옷의 크기가 시인의 몸에 딱 맞겠다는 뜻이다. 옷의 크기가 시인의 마음에 든다는 뜻으로 풀이할 수도 있다. 천자가 신하의 몸을 마음으로 어림짐작하여 몸에 맞는 옷을 하사한 것으로 풀이하는 설도 있지만 취하지 않는다.

《두시상주》 '칭장단稱長短'은 마음에 딱 맞는다는 뜻이다.(稱長短, 言恰好稱意.)

7 終身(종신) – 평생. 荷聖情(하성정) – 황제의 은정을 받았다는 뜻이다.

〔意內 2구〕

《구가집주두시》 조언재 주 마지막 구는 말의 표현이 좀 어렵지만, 대개 '천자가 마음속으로 또 뭇 신하의 몸의 길이를 헤아려서 하사하여 실용할 수 있게 한 것이지 그저 헛되이 하사한 것만이 아니며, 이 점이 평생 성인의 은정을 지게 된 까닭이다'라는 것을 말한다.(末句語法稍深, 蓋言天子之意內, 又稱量群臣身材長短, 而賜之, 使有實用, 而非止虛賜, 此所以終身荷聖情也.)

《두시상주》: 처음 두 구는 시제를 서술한 것이다. '베'와 '비단' 두 구는 '궁의'를 이어받고, '자천自天' 구는 '유명有名'을 이어받고, '당서當暑' 구는 '단오'를 이어받고, '하성정荷聖情' 구는 '피은영被恩榮'을 이어

받는다.(首二敍題, 葛羅, 承宮衣. 自天, 承有名. 當暑, 承端午. 荷聖情, 承被恩榮.)

《두억》: 종성鍾惺이 "이 시는 근신의 감사 표문의 내용인데, 시로 표현하니 풍취가 있으면서 전아하다"라고 하였고, 또 "'또한 이름이 있다'라는 말에는 뜻밖이라는 뜻이 있다"고 하였다. 내 생각에는, 공이 바로 6월에 화주로 나갔으니 이때에 황제의 관심이 이미 시들해졌음을 알아서 편치 않은 감정을 부친 것이다.(鍾云, 是近臣謝表語, 入詩風趣而典. 又云, 亦有名, 有望外意. 余謂公卽以六月出華州, 知是時帝眷已衰, 寓不平之感.)

(**이 영 주**)

27. 酬孟雲卿
맹운경에 답하다

樂極傷頭白[1] 更長愛燭紅[2] 相逢難袞袞[3] 告別莫匆匆[4]
但恐天河落[5] 寧辭酒盞空[6] 明朝牽世務[7] 揮淚各西東[8]

즐거움 극에 이르자 머리 센 것 가슴 아프고
밤 깊어 촛불의 불빛 애석하네.
이렇게 만남은 흔한 일 아니니
작별을 서두르지 마시게나.
은하수 떨어질까 걱정될 뿐이니
어찌 술잔 비움을 사양하리오.
내일 아침이면 세상일에 이끌려
눈물 뿌리며 제각기 동서로 흩어질 것을.

이 시는 두보가 맹운경과 작별하는 자리에서 그의 시에 화답하여 지은 것이다. 작별의 아쉬움과 벼슬살이의 고달픔이 잘 드러나 있다. 맹운경은 하남인으로 생졸년은 미상이나 두보가 그의 재주를 심히 아껴 시를 증답하기도 하였고, 벼슬은 교서랑校書郞까지 지냈으며 그의 문집이 세상에 전한다. 이 시의 저작 시기는 건원 원년 6월 두보가 사공이 되었을 때로 추정된다.

《보주두시》 시에서 "내일 아침이면 세상일에 이끌려, 눈물 뿌리며 제각기 동서로 흩어질 것을"이라고 하였으니, 마땅히 건원 원년 6월 화주의 사공으로 나가려 할 때에 지은 것이다.(詩云, 明朝牽世務, 揮淚各西東, 當是乾元元年六月, 出爲華州司功將行時作.)

《두시상주》에 인용된 《당시기사唐詩紀事》 맹운경은 하남인으로 두보, 원진과 친했다.(孟雲卿, 河南人, 與杜工部, 元次山善.)

주 석

1 樂極(낙극) – 즐거움이 절정에 달하다. 여기서는 친한 벗들과 함께하는 술자리의 즐거움을 표현한 것이다.

2 更長(경장) – 시간이 길다. 즉 시간이 오래되어 밤이 깊었음을 말한다. '長'은 '深'으로 된 판본도 있다. 燭紅(촉홍) – 촛불의 붉은 불빛.

《두시경전》 차마 잠들지 못하는 심경을 말하였다.(言不肯睡也.)

《두시상주》 '燭紅'은 초의 불빛이다.(燭紅, 燭光也.)

3 袞袞(곤곤) – 서로 이어져 끊어지지 않는 모양. 여기서는 서로의 만남이 계속 지속되지 못하는 상황을 비유한 것이다.

《두시상주》 '袞袞'은 계속 이어지는 모양이다.(袞袞, 繼續貌.)

4 匆匆(총총) – 급한 모양.

《두시상주》 '匆匆'은 급한 모양이다.(匆匆, 急遽貌.)

〔相逢 2구〕

《구가집주두시》 조언재 주 서로 만나는 일이 계속되기 어려운 법이니, 이에 급히 작별할 수 없는 것이다.(相逢旣難得相繼, 故不可忽忽爲別也.)

5 天河落(천하락) – 은하수가 떨어지다. '天河'는 은하수이고 그것이 떨어진다는 것은 곧 날이 새어 아침이 되는 것을 의미한다. 이 구는 서로 만나 정회를 나누는 시간이 다하는 것이 오직 두렵다는 뜻이다. 안녹산의 반란으로 조정이 전복될 위험에 처한 것을 비유한 것이라는 설도 있다.

《두공부초당시전》 안녹산의 반란에 부쳐 조정이 전복되지 않을까 걱정하는 것이다.(寓意祿山之亂, 恐朝廷傾覆也.)

6 酒盞(주잔)－작은 술잔.

7 牽世務(견세무)－세상일에 이끌리다. 즉 자신의 의도와는 다르게 세상사에 휘둘리는 것을 의미한다. 여기저기 떠돌아다녀야 하는 벼슬살이의 어려움을 표현한 것으로 보인다.

8 揮淚(휘루)－눈물을 뿌리다. 헤어지는 아쉬움에 서로 눈물을 흘리는 것을 말한다.

《두시상주》: 이 시는 바로 술자리에서 이별을 아쉬워하는 말이다. 5, 6구는 첫째 연과 호응하니 밤에 술 마시는 정취이다. 7, 8구는 둘째 연을 호승하니 작별하는 감회이다. 위아래가 절로 조응하고 있다. 두보의 시에는 항시 이와 같은 격식이 있다.(此詩乃席上惜別語. 五六應首聯, 是夜飮之情. 七八應次聯, 是別離之感. 上下自相照應. 公詩常有此格.)

《독두심해》: 맹운경 또한 마땅히 다른 곳으로 떠나는 길일 것이다.(雲卿亦當有他行也.)

(박홍준)

28. 至德二載, 甫自京金光門出, 間道歸鳳翔, 乾元初, 從左拾遺移華州掾, 與親故別, 因出此門, 有悲往事

지덕 2년 두보 나는 금광문을 나서서 사잇길로 봉상으로 갔었는데, 건원 초에 좌습유로부터 화주연으로 자리를 옮겨 친지들과 이별하느라 이 문을 나서면서 지난날을 슬퍼하다

此道昔歸順[1] 西郊胡正繁[2] 至今猶破膽[3] 應有未招魂[4]
近侍歸京邑[5] 移官豈至尊[6] 無才日衰老[7] 駐馬望千門[8]

이 길로 예전에 천자께로 갈 적에,
서쪽 들에는 적군들 정말 많기도 했었지.
지금까지 여전히 놀란 가슴 있으니,
응당 아직 부르지 못한 혼이 있으리.
가까이 모시다가 경읍으로 가는데,
벼슬을 옮아감이 어찌 임금의 뜻이겠나?
재주 없이 날로 노쇠해져 가는 몸,
말을 멈추고 궁궐 문을 바라다본다.

건원 원년 6월 좌습유로부터 화주사공참군으로 나갈 때에 금광문을 나서면서 지난 일을 회상하여 지은 시이다. 두보는 지덕 2년 반군에 함락된 장안을 벗어나 숙종을 배알하러 봉상으로 갈 때에도 이 문을 지난 적이 있었다. 금광문은 장안 외곽성의 서쪽 세 문 가운데 하나이다. 화주는 관내도에 속하며, 장안에서 동쪽으로 180리 되는 곳에 위치한다. '연(掾)'은 하급의 속관인데, 두보가 화주에서 담임할 직책은 사공참군이다. 간난의 세월 속에서 어렵사리 좌습유 벼슬을 얻었지만, 여러 정치적인 이유로 인하여 외직으로 물러나게 된 것에 대한 비통함이 담겨있는 시이다.

《보주두시》 이 시는 건원 원년 6월에 지은 것이다. 비록 사서에 화주연으로 옮긴 날짜가 실려 있지는 않지만, 7월에는 이미 〈爲華州使君進滅殘寇形勢圖狀〉이 있었다.(此詩作於乾元元年之六月. 雖史不載移掾月日而七月已有代華州郭使君進滅寇狀.)

《두시상주》 황학의 보주에, "이 시는 마땅히 건원 원년 6월에 지어졌다"고 하였다. 호하객이 말하기를, "지덕 2년에 두보는 좌습유에 배수되었으며, 즉시 방관을 구하는 소를 올렸다. 당시 방관은 재상의 직위에서 파직되었으나 여전히 조정에 있었고, 따라서 두보도 그대로 습유의 벼슬을 지니고 있었다. 건원 원년 5월에 이르러 방관이 폄적되었고, 6월이 되자 두보가 곧 화주의 사공참군으로 나가게 되었다"고 하였다. 사씨가 말하기를, "이 당시 하란진명이 방관을 황제에게 무고하였고, (이 일이) 아울러 두보에게까지 미쳤기 때문에 축출당했다"고 하였다. 《장안지長安志》에, "당 도성의 외곽성 서쪽의 세 문 중에 북쪽의 것을 개원문이라 하고, 가운데 것을 금광문이라고 하는데, 서쪽으로 나와 곤명지로 나아가는 것이다. 남쪽의 것은 연평문이라 한다"고 하였다. 《당서唐書》에 "화주 화음현은 관내도에 속하며, 경사에서 동쪽으로 180리 되는 곳에 위치한다"고 하였다.(鶴注, 此詩當作於乾元元年六月. 胡夏客曰, 至德二載, 公拜左拾遺, 卽疏救房琯. 時琯罷相, 猶在朝, 故公仍爲拾遺. 至乾元元年五月, 琯貶,

六月, 公卽出爲華州司功參軍矣. 師氏曰, 是時賀蘭進明譖琯於帝, 幷及甫, 故被逐. 長安志, 唐京師外郭城西面三門, 北曰開遠門, 中曰金光門, 西出趨昆明池, 南曰延平門. 唐書, 華州華陰縣, 屬關內道, 在京師東一百八十里.)

《독두심해》 살펴보건대, (지덕) 2년에 금광문을 나섰던 것은 곧 기쁜 마음으로 행재소까지 갔던 때이다. 지금 화주사공으로 나가는 것은 폄적된 것이다. 두보가 방관을 구하려 했던 것은 지난해의 일이었다. 방관은 비록 파직되었으나, 여전히 조정에 남아 있었다. 이제 방관이 5월에 폄적되었으니, 공은 마침내 6월에 외직으로 나가게 된 것이다. … 살펴보건대, 화주는 동쪽에 있지만 서쪽으로 나있는 문을 나선 것은 친지들과의 이별을 위한 것으로, 친지 중에 서쪽에 사는 사람이 있기 때문이다.(按, 二載出金光, 卽喜達行在時. 今出爲華州司功, 貶也. 公之救琯在去歲. 琯雖罷, 猶在朝. 今琯以五月貶, 公遂以六月出. … 按, 華州在東而出西面門, 爲與親故別, 親故有在西者也.)

주 석

1 此道(차도) – 금광문으로 나가는 길. 昔(석) – 옛날. 지덕 2년을 가리킨다. 歸順(귀순) – 두보가 반군에 함락된 장안을 빠져나와 봉상에 있는 숙종에게 간 것을 가리킨다.

《두시상주》 이 길이란 금광문을 통하는 길을 가리킨다.(此道, 指金光門之路.)

《두시상주》에 인용된 장원張遠 주 귀순은 숙종이 봉상에 있어 두보가 그곳으로 간 것이다.(歸順, 肅宗在鳳翔而公歸之也.)

《보주두시》에 인용된 조언재 주 적진을 빠져나와 행재소로 간 것을 귀순이라고 말하였다.(言其逃賊之行在是爲歸順.)

2 西郊(서교) – 장안 서쪽의 교야郊野. 胡(호) – 오랑캐. 안녹산의 반군을

가리킨다. 正繁(정번) - 참으로 많다. '正'이 '騎'로 된 판본도 있다.

《두시상주》 오랑캐는 안녹산의 군대를 가리킨다.(胡, 指祿山之兵.)

《보주두시》에 인용된 왕수 주 두보는 예전에 반군의 진영에서 사잇길로 행재소로 갔다.(公昔自賊中間道歸行在.)

《보주두시》에 인용된 조언재 주 귀순하던 바로 그때에 장안 서쪽 교야에 오랑캐가 있는 상황을 만났던 것을 말한다.(言當歸順時, 正値胡在西郊爾.)

3 至今(지금) - 지금까지. 猶(유) - 여전히. '殘'으로 된 판본도 있다. 破膽(파담) - 쓸개를 깨뜨리다. 매우 놀랐다는 뜻으로 사용되었다.

《보주두시》에 인용된 왕수 주 어려움과 위험을 당하여, 담이 깨어지고 혼이 날아갔음을 말한다.(言履艱危膽破魂飛也.)

4 應(응) - 응당, 당연히. '猶'로 된 판본도 있다. 未招魂(미초혼) - 아직 부르지 못한 혼.

5 近侍(근시) - 가까이서 모시다. '侍'가 '得'으로 된 판본도 있다. 歸京邑(귀경읍) - 경읍으로 돌아가다. 경읍은 경사인 장안 근처의 화주華州를 가리킨다. 두보가 좌습유의 직책으로 천자를 가까이서 보필하다가, 화주 사공참군司功參軍으로 나간 것을 두고 한 말이다. 경읍을 장안으로 보아서, '가까이 모시고서 서울로 돌아왔는데'로 풀이하는 이도 있다.

《독두심해》 가까이서 모신다는 것은 습유가 된 것을 뜻한다. … 경읍은 화주를 뜻한다.(近侍, 謂爲拾遺. …京邑, 謂華州.)

《두시상주》에 인용된 《두억》 '가까이서 모시다가 경읍으로 돌아갔다'는 것은 습유의 벼슬을 떠나 화주로 부임하는 것이다. 화음은 경사의 곁에 있는 현이기 때문에 경읍이라고 한 것이다. 구주에는 임금을 모시고 서울로 돌아오는 것이라 하였는데, 옳지 않다.(杜臆, 近侍歸京邑, 去拾遺而赴華州也. 華陰爲京師傍縣, 故云京邑. 舊云侍從還京者, 非是.)

6 移官(이관) - 벼슬을 옮기다. 좌습유로부터 화주 사공참군으로 옮긴 것을 가리킨다. 豈至尊(기지존) - 어찌 천자의 뜻일까? 지존은 천자를 가리킨

다. '豈'가 '遠'으로 된 판본도 있다.

《보주두시》에 인용된 왕수 주 외관으로 옮기게 된 것이 천자의 뜻이 아님을 말한다.(言移外官非天子意也.)

7 無才(무재)-재주가 없다. 훌륭한 재능을 갖추지 못하다. 日衰老(일쇠로)-날로 노쇠해져 가다.

8 駐馬(주마)-말을 멈추다. 望千門(망천문)-궁전의 많은 문들을 바라보다. '천문'은 궁전의 여러 문으로, 임금이 거처하는 궁궐을 가리킨다. 이 구절은 화주로 가느라 금광문을 나서면서 잠시 말을 멈추고 임금이 계신 도성을 하염없이 바라보는 것을 그리고 있다.

《보주두시》에 인용된 조언재 주 궁전을 응시하는 것은 머뭇거리며 차마 떠나지 못하는 때문이다.(凝望於宮禁, 彷徨不忍去也.)

《보주두시》에 인용된 사씨 주 한 무제의 궁중에 천문만호가 있었다. '말을 멈추고 천문을 바라본다'는 것은 임금을 그리워하여 차마 떠나지 못하는 때문이다.(漢武帝宮中有千門萬戶, 駐馬望千門, 蓋戀君不忍去也.)

\## 《두시상주》: 이것은 두보가 재차 경사의 문을 나서면서 느낌이 일어난 것이다. 위 4구는 예전에 달아날 때의 일을 추억한 것이고, 아래 4구는 오늘의 좌천을 슬퍼한 것이다. 오늘의 일을 생각하며 옛날을 회상하는 말이 모두 정성을 다하여 충성하고 사랑하는 마음이 아닌 것이 없고, 친지들에게 말을 전하고 헤어지는 뜻 역시 언외에 있다.(此公再出國門而有感也. 上四憶往時奔竄, 下四傷今日左遷. 撫今思昔, 無非惓惓忠愛之心, 而留別親故意, 亦在言表.)

《독두심해》: 제목에 '지난 일을 슬퍼한다'고 하였는데, 시의 하단에서는 지금의 일을 아울러 슬퍼하고 있다. 이 시의 묘함은 3, 4구에서 지난 일을 말하면서 오히려 지금이라는 말로써 아래에서 곧장 화주연으로 이임하는 것에 직접 연결하는 데에 있다.(題曰, 有悲往事, 而詩之下截幷悲今事矣. 妙在三四說往事, 卻以至今爲言, 下便可直接移掾.)

《두시상주》에 인용된 조방 설: 두보가 비록 참소를 입어 축출되었으나, 끝내 임금을 잊지 않았으니, 그렇다면 지난 일을 슬퍼하고 날로 노쇠해진다고 말한 것이 어찌 자기 한 몸 생각 때문이었겠는가?(趙汸云, 公雖遭讒黜, 而終不忘君, 則所謂悲往事日衰老者, 豈爲一身計耶.)

(이 남 종)

29. 寄高三十五詹事
고첨사에게 드리는 시

安穩高詹事　兵戈久索居[1]　時來知宦達[2]　歲晚莫情疏[3]
天上多鴻雁[4]　池中足鯉魚[5]　相看過半百[6]　不寄一行書[7]

평안하신가요? 고첨사
전란으로 오랫동안 떨어져 지냈습니다.
때가 되면 고관에 오를 터,
만년에 우정 소홀히 하지 맙시다.
하늘에는 기러기가 많고
연못에는 잉어가 가득한데,
서로 보니 오십을 넘겼건만
편지 한 줄 부치지 않으실는지요.

이 시는 건원 원년에 지었다는 설과 건원 2년에 지었다는 설이 있다. 고첨사高詹事는 고적을 가리키고, 삼십오三十五는 항렬이며, 첨사詹事는 태자첨사직을 가리킨다.

《보주두시》 양권도는 건원 2년 진주에서 지은 것으로 편재하였다. 그러나 살펴보건대, 《신당서》와 《구당서》 본전에서 '지덕 2년 영왕 이린이 패하자 이보국이 자주 천자 앞에서 고적을 험담하여 태자

소첨사로 좌천시켰다'고 하였고, 이 시에서 '전란으로 오랫동안 떨어져 지냈다'고 하였으니, 첨사가 된 지 이미 오랜 시간이 흘렀으므로 건원 원년에 지은 것이 틀림없다.(梁權道編在乾元二年秦州作. 按新舊史本傳云, 至德二載, 永王璘敗, 李輔國數短於上前, 左授太子少詹事, 此詩云, 兵戈久索居, 則是爲詹事已久, 當是乾元元年作.)

《구가집주두시》 조언재 주 두보는 건원 초에 좌습유에서 화주연으로 자리를 옮겼다. 아직 옮기지 않았을 때라면 어찌 고첨사와 서로 만나지 않았겠는가? 그가 화주로 옮기고 나서 얼마 안 되어 2년 가을 7월 중순에는 관직을 버리고 진주에서 지내며 〈기팽주삼십오시삼십운〉을 지은 바 있다. 따라서 이 시는 진주에서 부친 것으로 고적이 여전히 첨사로 있을 때 지은 것이다.(公于乾元初, 從左拾遺移華州掾. 方未移時, 豈不與高詹事相見乎. 及其旣移華州, 旋於二年秋七月半, 棄官居秦, 有寄彭州三十五詩三十韻, 則此詩在秦州寄高尙爲詹事時詩也.)

《보주두시》에 인용된 포씨鮑氏 주 고적을 숙종이 아끼어 양주대도독에 임명하였는데, 이보국이 그의 재주를 질시하여 태자첨사로 강등시켰다.(高適, 肅宗奇之, 除揚州大都督, 李輔國惡其才, 下除太子詹事.)

《보주두시》 《당서 · 직관지》에 의하면, 태자첨사는 정사품상에 해당한다. 첨사는 진나라 관직으로 황태자의 거처를 관장하였다. 첨사는 동궁삼시와 십솔부의 정령을 관장하며, 소첨은 보좌관 역할을 하였다.(按志, 太子詹事正四品上. 詹事, 秦官, 掌皇太子宮. 詹事掌東宮三寺十率府之政令, 少詹爲之貳.)

주 석

1 兵戈(병과) - 전쟁. 안사의 난을 가리킨다. 索居(삭거) - 떨어져 지내다. 《두시언해》 '索'은 흩어진다는 뜻이다.(索, 散也.)

2 知(지) – '如'로 되어 있는 판본도 있다.

3 情疏(정소) – 우정을 소홀히 하다.

《구가집주두시》 세태를 따르지 말자는 말이다.(言無隨世態也.)

4 鴻雁(홍안) – 기러기. 여기서는 편지를 비유한다.

《두시상주》 《소무전》에 "한 선제가 사신을 보내 소무 등을 요구하였지만, 흉노는 소무가 이미 죽었다고 거짓말하였다. 뒤에 한나라 사신이 다시 갔을 때, 상혜가 사신을 통해 '천자께서 상림원에서 사냥을 하시다가 기러기를 잡았는데 발에 편지가 묶여 있었고, 그 속에 소무 등이 어느 연못가에 살고 있다는 내용이 들어 있다'는 말을 전하게 하였다. 사신이 상혜의 말을 그대로 전하며 선우를 꾸짖자, 선우가 한나라 사신에게 사과하며 '소무 등은 정말로 이 곳에 있다'고 하였다"는 기록이 있다. 기러기 편지는 본래 가탁한 말에 속한다.(蘇武傳, 漢宣帝遣使求武等, 匈奴詭言武已死. 後漢使復至, 常惠敎使者言, 天子射上林中, 得雁, 足有繫帛書, 言武等在某澤中. 使者如惠語以讓單于, 單于謝漢使曰, 武等眞在此. 雁書本屬託辭也.)

5 池(지) – '河'로 되어 있는 판본도 있다. 鯉魚(이어) – 잉어. 앞의 기러기와 마찬가지로 편지를 비유한다.

《두시상주》에 인용된 양신楊愼 설 고악부에 "잔설처럼 하얀 한 자 되는 비단으로 두 마리 잉어를 엮었으니, 마음속 생각을 알고자 한다면 뱃속의 편지를 보소서"라는 구절이 있다. 이에 의거하면 고인들은 한 자 되는 흰 비단을 잉어 모양으로 엮었으니 곧 봉함이지, 오늘날 사람들처럼 밀랍을 사용했던 것은 아니다. 《문선》 악부시에서 "손님이 먼 곳에서 와서는 내게 두 마리 잉어를 주었다"고 한 것은 바로 이를 두고 하는 말이다. 그 아래 "잉어를 끓여서 편지를 얻었다"는 것은 비유적인 표현일 뿐이다. 오신 주와 유리 주에서는 고인들이 대개 물고기 뱃속에다 편지를 넣었다고 하면서, 진섭이 물고기를 잡아서 전란을 일으켰다는 고사를 증거로 삼고 있지만, 어리석은 이가 꿈 얘기를 하는 것과 무엇이 다르겠는가?(古樂府, 尺素如殘雪, 結成雙鯉魚. 要知心裏事, 看取腹中書. 據此, 古人尺素

結爲鯉魚形, 卽緘也. 非如今人用蠟. 選詩, 客從遠方來, 遺我雙鯉魚, 卽此事也. 下云烹魚得書, 亦比況之言耳. 五臣及劉履謂古人多於魚腹寄書, 引陳涉罩魚倡禍爲證, 何異癡人說夢耶.)

《구가집주두시》 소무가 기러기 발에 편지를 묶은 일이 있고, 고시에 "아이를 불러 잉어를 삶자 그 속에 한 자 되는 비단 편지가 들어 있다"는 구절이 있다. 고인들은 편지를 말할 때 대개 이 두 가지 사물을 이용하였다. 혹은 이를 비늘과 깃털이란 말로 표현하기도 한다.(蘇武繫書雁足, 古詩, 呼童烹鯉魚, 中有尺素書. 古人言音信, 多以此二物, 或謂之鱗羽.)

《두시언해》 기러기와 물고기는 모두 편지를 전해 주는 것들이다.(鴻與魚皆傳書信者.)

6 過半百(과반백)－반백 년이 지나다. 즉 나이 오십을 넘긴 것을 말한다.

7 一行(일항)－한 줄. 이 구절은 좌천된 고적을 격려하는 말이다.

《두시상주》: 첫 연에서 안부를 묻는 말로 서술을 시작하여 아래에서는 고적이 답장을 주기를 희망하고 있다. '환달'은 장래 얘기를 하는 것으로 고적이 절도사에서 좌천되어서이다. 나이 오십이 넘었다는 말은 만년과 호응하고, 편지를 부치지 않는다는 말은 우정을 소홀히 한다는 말과 호응한다.(首聯從寄候敍起, 下則望高之答書也. 宦達以將來言, 高從節度左遷也. 年過半百, 應歲晚. 雁魚不寄, 應情疏.)

(**김 만 원**)

30. 贈高式顔
고식안에게 바치다

昔別是何處[1] 相逢皆老夫 故人還寂寞[2] 削跡共艱虞[3]
自失論文友[4] 空知賣酒壚[5] 平生飛動意[6] 見爾不能無[7]

전에 이별했던 곳이 어디였던가?
이제 만나보니 모두 늙은이가 되었네.
옛 친구는 여전히 적막한 신세,
자취가 깎이어 함께 고생하고 있다네.
글을 논하던 벗을 잃어버린 뒤로
술 팔던 목로만을 헛되이 알고 있다네.
평소 드날리던 의기
그대를 보노라니 없을 수가 없구나.

이 시는 고식안에게 써준 것으로, 객지에서 지인知人을 만난 뜻밖의 상황에서 그의 영락한 모습을 마음 아파하고 있다. 아울러 고적과의 지난날 교유도 회상하였는데, 이는 고식안이 고적의 집안 조카이기 때문이다.

이 시의 저작 시기에 대해서는 이설이 분분하다. 구조오는 건원 원년에 지은 것으로 보았다.

《보주두시》 시에서 '서로 만나보니 모두 늙은이가 되었다'고 하였고, 또 '자취가 깎이어 함께 고생하고 있다'고 하였으니, 응당 안녹산의 난리 후인 천보 15년 고씨와 봉선, 백수 일대에서 서로 만나 지은 것이다.(詩云, 相逢皆老夫, 又云, 削迹共艱虞, 當是祿山反後, 天寶十五載, 與高相逢於奉先白水間作.)

《두시상주》 이 시는 황학은 천보 15년에 편재하였고, 단복은 기주시 안에 편재하였다. 이제 시에서 '자취가 깎이어 함께 고생하고 있다'고 한 것을 보면, 응당 건원 초에 화주사공으로 나갔을 때이고 그 상봉한 곳은 응당 화주, 낙양 사이일 것이다.(此詩, 黃鶴編在天寶十五載, 單復編在夔州詩內. 今按詩云, 削迹共艱虞, 當是乾元初出爲華州司功時. 其相逢應在華州東都之間.)

《두시전주》 고적에게 〈송에서 집안 조카 식안을 전송하다〉는 시가 있어서, '그대의 재주 때를 만나지 못한 것 안타까워하고 그대의 재주 이와 같음을 아끼노라'라고 하였다.(高適有宋中送族姪式顏詩云, 惜君才未遇, 愛君才如此.)

주 석

1 是(시) - '人'으로 된 판본도 있다. 이 구는 헤어진 지 오래되어 지난 번 헤어졌을 때의 장소가 어디였는지를 모르겠다는 뜻이다.

2 故人(고인) - 고식안을 가리킨다. 이백, 고적 등을 가리킨다고 보는 설도 있으나 옳지 않다. 還(환) - 아직도. 寂寞(적막) - 쓸쓸하다. 영락한 신세임을 말한다.

3 削跡(삭적) - 밟고 지나간 수레 자취나 발자취를 없애버린다는 뜻으로 《장자》에 보이는 공자의 고사에서 유래한 말이다. 흔히 벼슬에 임용되지 못한 것을 비유한다. 艱虞(간우) - 간난艱難. 어려운 처지를 뜻한다.

《장자·양왕讓王》 공자께서 거듭 노에서 쫓겨나고 위에서 자취가 깎이었다.(夫子再逐於魯, 削迹於衛.)

4 自(자)- ~로부터. 失論文友(실론문우)-시문을 논하는 친구를 잃다. '論文友'는 고적을 가리킨다. 이백까지 아울러 가리키는 것으로 보는 설도 있으나 취하지 않는다. 여기의 '失'의 의미는 이 시의 저작 시기를 언제로 보느냐에 따라서 달라진다. 기주 시기로 보면, 고적이 죽은 것을 뜻하게 되고 건원 연간 이전으로 보면 고적과 헤어진 것을 뜻하게 된다. 왜냐하면 고적이 영태永泰 원년에 죽었기 때문이다.

《두공부초당시전》 '고인'과 '논문우'는 이백과 고적을 가리킨다.(故人論文友, 指李白高適也.)

5 壚(로)-술집에서 술항아리를 놓는 흙으로 만든 받침대. 모습이 화로와 비슷하다. 흔히 술집을 뜻한다.

〔自失 2구〕 고적과의 옛 교유를 회상하며 지금은 그와 만날 수 없음을 마음 아파한 것이다. 《세설신어》에 보이는 왕융의 이야기를 암용暗用하였다.

《두시상주》에 인용된 주학령 주 공의 〈견회〉시에 '예전에 고적, 이백 무리와 함께 글을 논하며 술집에 들어갔다'고 하였는데, 이제 고적이 있지 않아 그래서 개탄하며 말한 것이다.(公遣懷詩, 昔與高李輩, 論文入酒壚, 今適不在, 故慨及之.)

《두시상주》에 인용된 《세설신어》 진의 왕융이 황공로를 지나다가 뒤 수레에 탄 손님에게 "내가 전에 혜강, 완적과 함께 이 술집에서 술을 거나하게 마셨는데 혜강과 완적이 죽고 난 뒤로 세상사에 얽매여 살았다. 지금 이곳을 보니 비록 가까이 있지만 아득하기가 산하를 격한 것 같다"고 하였다.(晉王戎過黃公壚, 謂後車客曰, 吾昔與嵇叔夜阮嗣宗酣飮於此壚, 自嵇阮旣云亡以來, 便爲時所羈紲, 今視此雖近, 邈若山河.)

6 平生(평생)-평소. 지난날. 飛動意(비동의)-드날리는 의기. 활발하게 떨치던 의기를 뜻한다.

7 爾(이)-고식안을 가리킨다.

〔平生 2구〕 고식안을 만나게 되니 전에 고적과 놀던 시절의 호기가 다시 생겨난다는 뜻이다.

《두시언해》 두보가 이전에 고적, 고식안과 함께 술집에 들어가서 글을 논하고 시를 마음껏 읊조리다가, 난리로 서로 헤어진 이후로는 공연히 지난날의 교유를 생각할 뿐이었는데, 이제 고식안을 보게 되니 전에 드날리던 의기가 아련히 다시 생겨났다.(甫昔與高適式顔, 入酒壚, 論文暢吟, 亂離相失之後, 空想昔日之遊, 今見式顔, 平生飛騰之意, 悠然復生也.)

##《두시상주》: 위의 4구는 피차가 모두 영락하였음을 마음 아파한 것이다. 아래 4구는 지기가 모였다 흩어졌다 하는 것에 대해 느낀 것이다. 시 전체 구가 모두 정을 말한 것이다. 기구는 본래 이별이 오래되었음을 말하는 것이지만 말뜻이 도리어 함축적이고 완곡하여 운치가 있다. '고인'은 고식안을 가리킨다. '삭적'이란 자기를 겸하여 말한 것이다. '실우'란 고적이 양주에 있다는 것이다. '주로'는 지난날을 추억한 것이다. 고식안을 보고 의기가 여전히 드날린다는 것은 글을 짓고 술 마시던 흥이 불끈 생겨난다는 것이다.(上四傷彼此淪落, 下四感知交聚散, 通首俱屬言情. 起句本言離別之久, 而語意却深婉有致. 故人, 指式顔. 削迹, 兼言己. 失友, 適在揚州. 酒壚, 追憶前事. 見式而意仍飛動, 文酒之興勃然也.)

《독두심해》: 시의 내용을 상세히 살펴보니, 공이 고적 무리와 양송에서 놀 때 고식안도 또한 함께 있었다.(詳詩意, 公與高適輩遊梁宋時, 式顔亦在.)

(**이 영 주**)

31. 題鄭縣亭子

정현의 정자에 쓰다

鄭縣亭子澗之濱[1]　戶牖憑高發興新[2]
雲斷岳蓮臨大路[3]　天晴宮柳暗長春[4]
巢邊野雀群欺燕[5]　花底山蜂遠趁人[6]
更欲題詩滿青竹[7]　晚來幽獨恐傷神[8]

정현의 정자 계곡 물가에 있는데
창이 높아 흥취 새롭구나.
구름 끊겨 연화봉 큰 길에 임해 있고
날씨 맑아 버들가지 장춘궁을 어둡게 하네.
둥지가의 들 참새는 무리지어 제비를 업신여기고
꽃 사이 산벌들은 멀리서 사람을 쫓는구나.
푸른 대나무 가득 시를 적고 싶어도
저녁 되어 적막하니 마음 상할까 두렵구나.

이 시는 두보가 화주사공으로 부임하는 도중 정현의 정자에서 지은 것으로, 정자 주변의 아름다운 경치를 묘사하며 당시 자신의 울적한 심사를 담아내고 있다. 정현은 화주에 속한 현으로, 화주의 치소가 있던 곳이다.

《보주두시》 정현은 화주에 속해 있다. 마땅히 건원 원년 화주사공으로 부임할 때의 작품이다.(鄭縣隷華州. 當是乾元元年赴華州司功時作.)

《두시경전》에 인용된 《노학암필기老學菴筆記》 화주의 정현에는 서계가 있는데, 대로변에서 칠팔십 보 정도이고, 물이 맑고 깊어서 참으로 아름답다. 그 정자는 서계정이라고 하는데 곧 두보시의 정현 정자이다.(華之鄭縣有西溪, 在官道旁七八十步, 澄深可愛, 亭曰西溪亭, 卽杜詩鄭縣亭子.)

《두시상주》에 인용된 황생 주 제7구를 음미해 보면, 이 시가 곧 대나무에 새긴 것임을 알 수 있다.(玩七句, 知此詩卽題竹者.)

주 석

1 鄭縣(정현) – 화주에 속한 현으로, 화주의 치소였다. 澗(간) – 계곡. 산 사이의 물을 가리킨다.

《두시상주》에 인용된 《당서》 화주의 치소가 정현이다.(華州倚郭爲鄭縣.)

2 戶牖(호유) – 문과 창문. 憑高(빙고) – 높은 곳에 위치하다. 이 구는 정자가 높은 곳에 있어 전망이 좋은 것을 말한다.

《구가집주두시》 정자에서 보니 새로운 흥취가 많이 생겨남을 말한 것이다.(言臨亭多發新興也.)

3 岳蓮(악련) – 서악 연화봉. 大路(대로) – 큰길. '大道'로 된 판본도 있다. 지명으로 보는 설도 있으나 취하지 않는다.

《두시상주》 악련은 서악의 연화봉이다.(岳蓮, 西岳蓮花峰也.)

《두시상주》에 인용된 《화산기華山記》 산의 정상에 못이 있는데 천엽 연꽃이 피어 그런 이름이 붙은 것이다.(山頂有池, 生千葉蓮花, 因名.)

《두공부초당시전》 대로는 섬현과 화주 사이의 지명이다. 《진서》에 단도제檀道濟가 유유劉裕의 명을 받아 요홍姚泓을 정벌하려고 동관에 이르렀는데, 요란姚鸞이 대로에 주둔하고서 단도제의 보급로를 차단하였다고 하는 바로 그곳이다.(大路, 陝華間地名. 晋書, 檀道濟從劉裕伐姚泓, 至潼關. 姚鸞屯大路, 以絶道濟糧道是也.)

《구가집주두시》 조언재 주 채흥종이 … 대로를 섬현과 화주의 지명으로 파악한 것은 천착이다. 연화봉이 마주하고 있는 곳이 어찌 오직 지명으로서의 대로뿐이겠는가.(蔡興宗, … 指大路爲陝華地名, 穿鑿矣. 夫岳峯所臨, 豈專是地名之大路乎.)

4 長春(장춘)－장춘궁. '晴'은 '淸'으로, '宮'는 '官'으로 된 판본도 있다.

《두시상주》에 인용된 《당서》 동주 조읍현에 장춘궁이 있다.(同州朝邑縣有長春宮.)

《구가집주두시》조언재 주 장춘은 곧 장춘궁을 가리켜 말한 것이다. 동주 조읍현에 있다. 이곳에서의 거리가 비록 백 리나 되지만 화산에서 내려다보이는 곳이므로 넓게 말한 것이다.(長春, 則指言長春宮也. 在同州朝邑縣. 去此雖百里, 皆華山所臨, 故廣言之也.)

5 巢(소)－제비둥지. 野雀(야작)－들 참새. '雀'이 '鵲'으로 된 판본도 있다.

《두공부초당시전》 소인이 군자를 업신여기는 것을 비유한 것이다.(喩小人欺君子也.)

6 趁(진)－좇다. 따르다.

《두공부초당시전》 뭇 소인들이 권세를 좇는 것을 비유한 것이다.(喩羣小趨權勢也.)

〔巢邊 2구〕 이 구절에 대하여 두보가 당시 자신의 신세를 비유하여 말한 것이라는 주석도 있고, 단순히 실제적인 경관을 묘사하였다고 보는 주석도 있다.

《구가집주두시》 들 참새가 제비를 업신여기고, 산 벌이 사람을 좇는다는 구절은 모두 시절에 느낀 바 있어 지은 것이다. 그러므로 적막하여 마음을 상한다는 것이다.(野雀欺燕, 山蜂趁人, 皆感時而作. 故幽獨而傷神也.)

《구가집주두시》 조언재 주 위의 두 구절에 대하여 예전의 주석에서는 모두 시절에 느낀 바 있어 지었다고 했으나 잘못된 것이다. 이것은 실제의 일을 서술한 것인데 우연히 비방하는 것처럼 보일 따름이다. 대개 두보가 방관이 재주가 있으니 폐해서는 안 된다는 주장을 한 것으로 인해 천자가 노하여 그를 물리친 것이니, 당시에 그를 질투한 사람은 없었다.(上兩句, 舊注云皆感時而作, 非也. 此道實事而偶似譏耳. 蓋公以論房琯有才不宜廢, 乃天子怒之而出, 當時無嫉之者.)

7 滿青竹(만청죽) – 푸른 대나무에 가득 채우다.

《두시상주》: '滿青竹'은 대나무 위에 시를 새겨넣는 것이다.(滿青竹, 刻詩於竹上.)

8 幽獨(유독) – 한적하여 외롭다. 적막하여 고독함을 느끼다.

《두시상주》에 인용된 황생 주: 위 단락은 정자에 올라 흥이 난 것이니 경치를 읊은 것이다. 아래 단락은 떠날 때가 되어 마음이 상한 것이니 감회를 읊은 것이다.(上半登亭發興, 乃敍景. 下半臨去傷神, 乃感懷.)

《두시상주》: '정현정자鄭縣亭子'는 율격에 있어서 다소 요구拗句에 해당되나 다음 구를 얻어서 비로소 생동감을 얻었다. 가운데 네 구는 경치를 말하였는데 앞에서는 먼 경치를 뒤에서는 가까운 경치를 묘사하였고, 앞에서는 부의 수법을 뒤에서는 비유의 수법을 활용하였다. '雲斷''天晴'은 두 자에서 한 번 끊어 읽는다. '雀欺''蜂趁'은 뭇 비방이 난무하는 가운데 혼자 고립된 상황을 비유하였으니, 스스로 고독감에 마음 아파하는 것이다.(鄭縣亭子, 入律頗拗, 得次句, 方見生動. 中四言景, 先遠後近, 先賦後比. 雲斷天晴, 兩字一讀. 雀欺蜂趁, 喩衆謗交侵, 而一身孤立, 故自傷幽獨耳.)

(**박홍준**)

32. 望岳
화산을 바라보며

西岳崚嶒竦處尊[1]　諸峯羅立似兒孫[2]
安得仙人九節杖[3]　拄到玉女洗頭盆[4]
車箱入谷無歸路[5]　箭栝通天有一門[6]
稍待秋風涼冷後[7]　高尋白帝問眞源[8]

서악은 첩첩이 우뚝 자리잡아 높고
여러 봉우리 자손처럼 벌리어 서 있다.
어떻게 하면 선인의 구절장을 얻어
짚고서 옥녀의 세두분에 이를 수 있을까?
수레가 골짜기에 드니 돌아갈 길이 없고
오늬 모양의 하늘과 통하는 곳에 문 하나가 있다.
조금 있다가 가을 바람 차가워지면
높이 백제를 찾아가 참된 근원에 대해 물으리.

이 시는 두보가 건원 원년 화주사공으로 갈 때 서악 화산을 지나면서 지은 것이다.

《보주두시》 시에서 '서악은 첩첩이 우뚝 자리잡아 높다'고 하였으니 이는 서악을 위해 지은 것이다. 서악은 화주에 있으므로 마땅히 건원 원년 화주사공으로 갈 때 지은 것이다.(詩云西岳崚嶒竦處尊, 是爲西岳作. 西岳在華州, 當是乾元元年赴華州司功時作.)

《두시상주》 이는 화주로 갈 때 도중에 거쳐 간 곳이다. '악'은 서악 화산이다. 《당서》에 "화주 화음현에 화산이 있다"고 하였다.(此往華州時中途所歷者. 岳, 西岳華山也. 唐書, 華州華陰縣有華山.)

주 석

1 西岳(서악) – 오악五嶽 중의 하나인 화산華山. 崚嶒(능증) – 산이 험하게 중첩된 모양. '危稜'으로 된 판본도 있다. 處(처) – 자리잡다. 처하다.

《두시상주》 이 산은 사방 높이가 5천 인으로, 옆으로 소화산과 이어져 있다.(是山四方高五千仞, 傍連少華山.)

2 諸峯(제봉) – 여러 봉우리. 화산을 둘러싸고 있는 여러 봉우리들을 말한다. 羅立(나립) – 벌리어 서다. '立'은 '列'로 된 판본도 있다. 似兒孫(사아손) – 자손과 같다. '似'는 '如'로 된 판본도 있다.

3 仙人九節杖(선인구절장) – 신선이 짚고 다닌다는 아홉 마디로 된 지팡이. 화산 봉우리의 하나라고도 하나 취하지 않는다.

《두시상주》에 인용된 《유근외전劉根外傳》 한 무제가 소실산에 올라 한 여자를 만났는데 고개를 들고 구절장으로 해를 가리키면서 왼쪽 눈은 감고 있었다. 동방삭이 "이는 해의 정기를 마시는 것입니다"라고 말하였다.(漢武登少室, 見一女子以九節杖仰指日, 閉左目, 東方朔曰, 此食日精者.)

《두시상주》에 인용된 《진고眞誥》 양희가 봉래산의 신선노인이 붉은 구절장을 짚고서 백룡을 바라보고 있는 것을 꿈꾸었다.(楊羲夢蓬萊仙翁, 拄赤九節杖而視白龍.)

《구가집주두시》 조언재 주 이 작품에서는 모두 화산 위의 명칭을 사용하였다. 선인구절장, 옥녀세두분, 거상곡, 전괄봉은 모두 처소이다.(此篇皆使華嶽上之名稱, 有仙人九節杖, 有玉女洗頭盆, 有車廂谷, 有箭栝峯, 皆

處所也.)

4 拄(주) – 지팡이를 짚다. 玉女洗頭盆(옥녀세두분) – 옥녀가 머리를 감았다는 돌 대야.

《두시상주》에 인용된 《집선록集仙錄》 명성옥녀는 화산에 살았는데 옥장을 복용하고 대낮에 승천하였다. 사당 앞에는 다섯 개의 돌 절구가 있었는데 옥녀세두분이라고 불렀다. 그 물은 푸르고 맑았으며 비가 내려도 넘치지 않았고 가물어도 줄어들지 않았다. 사당에는 옥녀마 한 필이 있었다.(明星玉女, 居華山, 服玉漿, 白日升天, 祠前有五石臼, 號玉女洗頭盆. 其水碧綠澄徹, 雨不可溢, 旱不減耗, 祠有玉女馬一匹.)

5 車箱(거상) – 수레. 거상곡車箱谷이라는 지명을 가리킨다는 견해도 있으나 취하지 않는다. 無歸路(무귀로) – 돌아갈 길이 없다. '歸'는 '回'로 된 판본도 있다. 이 구절은 수레가 골짜기에 한번 들어오면 다시 되돌릴 수 없을 만큼 골짜기가 좁다는 것을 형용한 것이다.

《두시상주》에 인용된 《환우기寰宇記》 거상곡은 일명 거수와라고도 하며 화음현 서남 25리에 있는데 깊이는 잴 수 없다. 비를 기원하는 사람들이 거기에 돌을 던져 그 속에서 새 한 마리가 날아 나오면 때에 맞춰 비를 얻었다.(車箱谷, 一名車水渦, 在華陰縣西南二十五里, 深不可測. 祈雨者以石投之, 中有一鳥飛出, 應時獲雨.)

6 箭栝(전괄) – 오늬. 활시위에 거는 화살의 끝 부분. 봉우리의 이름이라는 견해도 있으나 취하지 않는다. '栝'은 판본에 따라 '柏', '閣', '闕', '括'로 되어 있기도 하다.

〔車箱 2구〕

《두시상주》에 인용된 황생 주 5, 6구는 바로 형용하는 말로, 길이 험하고 좁아 수레를 돌릴 수 없고, 좁고 또 길어 화살과 같다는 것이다. 지명에 구애될 필요는 없다.(五六乃形容語. 路徑險仄, 車不能迴, 狹而且長, 有似箭筈, 不必泥於地名.)

《독두심해》 내가 살펴보건대 지명은 고찰할 수 없는 것이 자못 많으니 의심나는 것은 그대로 두는 것이 좋다. 황생은 이것이 형용하는 말이므로 지명에 구애될 필요는 없다고 하였는데 옳지 않다.(愚按, 地名失考者頗多, 存疑可也. 黃生謂是形容語, 不必泥於地名者, 非是.)

7 稍待(초대) – 잠시 기다리다. 秋風(추풍) – 가을 바람. '秋'는 '西'로 된 판본도 있다.

8 白帝(백제) – 서악을 다스린다는 소호. 眞源(진원) – 참된 근원. 본원本源. 화산 정상에 있는 샘이라는 설도 있다.

《두시상주》에 인용된 《동천기洞天記》 화산은 태극총선지천이라고 부르는데 바로 소호가 백제가 되어 서악을 다스린다.(華山, 名太極總仙之天, 卽少昊爲白帝, 治西岳.)

《구가집주두시》 조언재 주 《화산기》에 이르기를 산 정상에는 신령스러운 샘 두 곳이 있는데 하나는 포지라고 하고 하나는 태상천지라고 한다. 어찌 이른바 '진원'이 아니겠는가?(記云, 山頂上有靈泉二所, 一名蒲地, 一名太上泉池. 豈所謂眞源乎.)

〔稍待 2구〕

《두시상주》에 인용된 장연 주 높은 산에는 신선의 자취가 많으므로 찾아가 본원을 물으려고 한 것이다. 3, 4구와 서로 호응한다.(高山多仙跡, 故欲尋問眞源, 與三四相應.)

《두시상주》에 인용된 황생 주: 위 4구는 '망'자의 뜻을 쓴 것이고, 5, 6구는 위를 이어 아래를 일으킨 것이며, 마지막은 서악에 오른 흥취를 이루려고 한 것이다.(上四寫望字意, 五六承上起下, 末欲遂其登岳之興也.)

《독두심해》: 좌천으로 실의한 상태에서 화산을 바라보는 마음을 묘사하고 있어 두 가지 뜻을 겸하고 있다. 하나는 화산 정상을 황제의 거처에 비유하여 멀어서 이를 수 없다는 것을 나타낸 것이요, 하나는 화산 정상을 신선들의 집으로 삼아 장차 아득히 좇을 것이라는 것이다. 대체로 탄식을 기탁하면서도 은일의 뜻을 겸하여 기탁한 말로 필력이 질박 노련하다.(從貶斥失意, 寫望岳之神, 兼有兩意. 一以華頂比帝居, 見遠不可到. 一以華頂作仙府, 將邈焉相從. 蓋寄慨而兼託隱之詞也, 筆力朴老.)

(**이 석 형**)

33. 早秋苦熱堆案相仍

초가을에 더위로 고생하는데 서류뭉치마저 연이어 닥치다

七月六日苦炎蒸[1]　對食暫餐還不能[2]
常愁夜來皆是蝎[3]　況乃秋後轉多蠅[4]
束帶發狂欲大叫[5]　簿書何急來相仍[6]
南望青松架短壑[7]　安得赤脚踏層冰[8]

7월 6일 찌는 듯한 더위에 지쳐
음식을 앞에 두고 잠시도 먹지 못하네.
밤중에는 전갈투성이라 늘 근심하건만
하물며 가을이 온 뒤로도 파리가 더욱 기승을 부림에랴.
허리띠를 매어 미칠 것 같아서 크게 소리치고 싶은데
서류뭉치는 어찌 이리도 급하게 연이어 오는가?
남쪽을 바라보니 푸른 소나무가 골짜기에 걸쳐 있는데
어찌하면 맨발로 두터운 얼음을 밟을 수 있을까?

이 시는 건원 원년 7월 두보가 화주사공華州司功으로 좌천되었을 때 지은 것이다.

《보주두시》 살펴보건대, 두보는 건원 원년 좌습유에서 화주연으로 자리를 옮겼다. 그러기에 문집에 〈건원원년화주시진사책문〉이 있고, 또 〈건원원년칠월위화주곽사군진멸잔구형세도장〉이 있는 것이다. 그러므로 두보는 가을 초에 화주에 있었던 것이 분명하다. 사씨의 주와 노은의 연보에서는 이 시를 2년에 지은 것으로 보고 있고, 양권도는 원년에 지은 것으로 여기고 있는데, '밤중에는 전갈 투성이다', '가을이 온 뒤로도 파리가 더욱 기승을 부린다'는 구절을 자세히 살펴보면 아마도 당시 참소한 사람을 가리키는 말일 것이니, 원년에 막 화주에 도착했을 때 지은 것이 틀림없다.(按, 公乾元元年從左拾遺移華州掾, 故文集有乾元元年華州試進士策問, 又有乾元元年七月爲華州郭使君進滅殘寇形勢圖狀, 則公秋初在華州明矣. 而師注魯訔年譜, 以是詩爲二年作, 梁權道以爲元年作, 詳夜中自足蝎, 秋後轉多蠅之句, 殆是指當時譖愬之人, 必是元年初到華州時作.)

《두공부초당시전》 숙종 지덕 2년에 두보는 반군으로부터 탈출하여 봉상현으로 돌아가 황제를 알현하였고, 황제는 그를 좌습유에 임명하였다. 방관이 진도사에서 패하자 황제가 노하였다. 두보가 상소문을 올려 그 처벌을 논하자 황제가 두보를 화주사공으로 좌천시켰는데 바로 건원 원년이다. 그해 7월에는 화주에 있었고 북쪽 땅이라 일찍 추위가 찾아오는 법이거늘, 7월 6일에도 여전히 더위로 고생하고 있었다. 그래서 두보는 뜻을 기탁하여 뭇 신하들이 현명하지 못한 것을 비난하였다. 하란진명이 황제에게 방관에 대해 참언하면서 동시에 두보 자신까지 거론하였기에, 그래서 두보가 쫓겨났던 것이다. (肅宗至德二載, 甫自賊竄歸鳳翔謁帝, 帝授左拾遺. 房琯兵敗陳濤斜, 帝怒. 甫上疏, 論其罪, 帝貶甫爲華州司功, 卽乾元元年也. 是年七月在華州, 北地早寒. 於七月六日, 猶苦熱. 故甫託意, 以譏群臣不明. 賀蘭進明譖琯於帝, 併及於甫, 是故甫被逐也.)

《두억》 주목의 성은 곽씨로, 두보가 막 도착하여 그 대신 〈건원원년화주시진사책문〉과 〈건원원년칠월위화주곽사군진멸잔구형세도장〉

을 지어 주었으니, 장관이란 직책을 믿고서 문서를 작성하는 역할을 맡긴 데 불과한 것이지, 그의 재주를 높이 산 것은 아니었다. 두보는 정이 깊어 비록 서로 만나서 식사 한 번 하는 은혜를 입더라도 반드시 시를 지어서 감사의 정을 표시하여 후세에 이름이 알려지게 하였다. 곽씨는 그와 근 일 년 가까이 함께 지냈지만, 두보가 그에 대해 한 마디도 언급하지 않았기에 그 사람됨을 알 수 있으니, 보배를 앞에 두고도 알아보지 못한 격이다.(州牧姓郭, 公初至, 卽代爲試進士策問與進滅殘寇狀, 不過挾長官而委以文字之役, 非重其才也. 公厚於情誼, 雖邂逅間一飮一食之惠, 必賦詩以致其銘佩之私, 俾垂名後世. 郭公與周旋幾一載, 而公無隻字及之, 其人可知, 不免寶山空手矣.)

주 석

1 炎蒸(염증) – 무더위. '蒸'은 '熱'로 되어 있는 판본도 있다.

2 暫餐(잠찬) – 잠시 식사하다.

3 常(상) – 《두시상주》에서 '每'로 되어 있는 판본도 있지만, 잘못이라고 하였다. 來(내) – '中'으로 되어 있는 판본도 있다. 皆是(개시) – '自足'으로 되어 있는 판본도 있다. 蝎(갈) – 전갈.

《구가집주두시》 조언재 주 '蝎'은 쏘는 벌레로 중원 지역에는 있으나, 남방에는 없다.(蝎者, 螫蟲, 中原有之, 南中無有.)

《두시상주》에 인용된 소보邵寶 주 '蝎'은 전갈로 흐린 밤에 사람을 해친다.(蝎, 全蝎, 陰夜毒人.)

《두공부초당시전》 두보는 의도적으로 전갈을 가지고 참언하는 이들을 비유하였다. 전갈은 독충이다. 밤중에 사람을 쏘기에 두렵다고 하였으니, 참언하는 이들의 해악이 반드시 아무도 모르는 가운데 요행으로 저질러져 사람들이 알지 못한다는 것을 말한다.(甫意以蝎喩讒人. 蝎, 毒蟲也. 言螫人夜中可畏, 言讒人之爲害, 必陰中之幸, 人所不知.)

4 況(황)－'仍'으로 되어 있는 판본도 있다. 轉(전)－더욱. '復'로 되어 있는 판본도 있다. 蠅(승)－파리. 《두시상주》에서는 소인배를 비유하는 뜻이 담긴 것으로 보고 있다.

《두시상주》 《시경》의 모전毛傳에 "파리는 소인배를 비유한다"고 하였다.(詩傳, 靑蠅, 比小人也.)

《두공부초당시전》 가을은 의로운 기운이다. 의로우면 강직하고 과단성이 있어 의당 소인들을 멀리한다. 숙종은 속으로 위엄과 과단성을 갖추고 있었는데, 어찌하여 참언하는 이들을 가까이하고 간신을 믿었단 말인가? 그래서 이런 말을 한 것이다.(秋者, 義氣也. 義能剛斷, 宜小人之疏斥. 肅宗中具威明果斷, 何爲近讒信佞, 故有是言也.)

〔常愁 2구〕 전갈과 파리가 들끓어 고통이 심한 것을 말한다.

《두시상주》에 인용된 《두억》 '皆是蝎'은 이미 온통 전갈 투성이라는 것을 말하는데 다시 파리가 많다는 말을 덧붙였으니, 이는 고통을 극단적으로 표현한 것이다.(皆是蝎, 謂已皆是蝎, 又加以多蠅, 此極狀其苦.)

5 束帶(속대)－허리띠를 매다. 즉 관복을 차려입는다는 뜻이다. 發狂(발광)－미치다.

《두시상주》에 인용된 조대강趙大綱 주 한유가 "사람에게는 각기 할 수 있는 것과 할 수 없는 것이 있는데, 억지로 행하면 반드시 미치게 된다"고 하였으니, 바로 이 시에서 말하고자 하는 뜻이다.(昌黎云, 人各有能不能, 抑而行之必發狂矣. 卽此詩意也.)

6 簿書(부서)－장부, 공문서.

〔束帶 2구〕 하급관리로서의 생활에 염증을 느끼고 있음을 말한다.

《두공부초당시전》 《논어》에 "관복을 차려입고 조정에 선다"는 말이 있고, 《맹자》에 "군주에게 인정을 받지 못하면 속으로 열이 오른다"는 말이 있다. 두보도 자부심이 커 관복을 차려입고 조정에 설 수 있다고 생각했는데, 이제 쫓겨나 장부 정리나 자질구레한 일을 다루는 천한 일로 곤욕을 치르고 있으니, 어찌 속으로 열이 올라 크게 소리치지 않을 수 있겠는가?(論語云, 束帶立於朝. 孟子曰, 不得於君, 則熱中. 甫自負, 謂可束帶立於朝, 今乃見逐, 使之困於簿書米鹽之賤. 寧免不熱中而大叫乎.)

7 架(가) – 걸치다, 가로질러 자라다. 短壑(단학) – 짧은 골짜기. '短'은 '絶'로 되어 있는 판본도 있는데, '絶'자가 더 적절할 듯하다.

8 得(득) – 할 수 있다. '能'으로 되어 있는 판본도 있다. 赤脚(적각) – 맨발. 層冰(층빙) – 두터운 얼음.

《보주두시》에 인용된 소씨蘇氏 주 마융이 여름 밤에 관청에서 당직을 서고 있었다. 그날 밤 더위가 평소보다 배나 심해 마치 시루 안에 앉아 있는 듯했다. 그래서 동료에게 말했다. "어떻게 하면 옷을 벗어 버리고 맨발로 음산의 두터운 얼음을 밟으며 먼지와 더위를 씻어 버릴 수 있겠소?"(馬融夏夜直館. 是夕, 蒸燠倍常, 如坐甑中, 謂同舍曰, 安得披襟赤脚踏陰山之層氷, 洗滌塵熱也.)

〔南望 2구〕 더위를 식히고 번뇌를 달래며 한가로이 은거생활을 하고 싶은 심경을 담고 있다.

《두시상주》에 인용된 조대강 주 북쪽에는 전쟁이 잦기에 남쪽으로 가고 싶어한 것이고, 소나무와 골짜기로는 부족하기에 다시 얼음을 밟고 싶어 한 것이다. 이는 더위로 고생하는 것을 한탄한 것이니 역시 미칠 듯한 상태임을 보여 준다.(北多戎馬, 故思南適. 松壑不足, 又思踏氷. 此歎苦熱, 亦見狂態也.)

《두공부초당시전》 두보는 기왕에 뜻을 이루지 못했기에, 마침내 벼슬을 버리고 남방에 은거하고 싶어졌는데, 푸른 소나무가 골짜기에 걸쳐 있기에 맨발로 냉기가 쌓인 땅을 찾아가 번열을 씻어내고자 한 것이다.(甫既不得志, 遂欲棄官南隱, 以青松架乎短壑之上, 跣行重陰積聚之地, 以濯此煩熱也.)

《두시상주》: 앞의 4구는 초가을에 무더위로 고생하는 것을 표현하고 있고, 5, 6구는 서류뭉치가 계속해서 닥치는 것을 표현하였으며, 마지막 두 구절은 공무를 포기하고 더위를 피하고 싶음을 표현하였다.(上四早秋

苦熱, 五六堆案相仍, 末欲棄官避暑.)

《두억》: 두보는 천자를 모시는 신하로서 직언을 하다가 주의 하급관리로 좌천되었으니, 지방 장관은 마땅히 파격적으로 그를 대우해 주었어야 했다. 두보는 6월에 화주에 도착하였는데, 7월 6일까지도 장부 정리로 바빴다. 이는 평범한 하급관리로 그를 대우한 것이니 어떻게 견딜 수 있었겠는가? 그래서 초가을의 더위와 파리, 전갈로 인한 고통을 빌려서 답답하고 분한 심기를 발설한 것이다. '서류뭉치가 어찌 이리도 급하게 이어지는 것일까'라는 말에서 미미하나마 그 의도를 드러내고 있다.(公以天子侍臣, 因直言左遷州掾, 長官自宜破格相待. 公以六月到州, 至七月六日, 而急以簿書, 是以常掾畜之, 其何以堪. 故借早秋之熱, 蠅蝎之苦, 以發其鬱蒸憤悶之懷, 於簿書何急, 微露意焉.)

(**김 만 원**)

34. 觀安西兵過赴關中待命二首

안서의 병사들이 화주를 지나 관중으로 나아가 명을 기다리는 것을 보다

四鎭富精銳[1] 摧鋒皆絶倫[2] 還聞獻士卒[3] 足以靜風塵[4]
老馬夜知道[5] 蒼鷹饑著人[6] 臨危經久戰 用急始如神[7]

네 진에는 정예병이 많아
적의 선봉을 꺾음에 모두 출중하였는데
병사를 천자께 바쳤다는 소식 또 들리니
족히 이로써 풍진을 잠잠케 할 것이네.
늙은 말은 밤에도 길을 알고
푸른 매는 굶주린 채 사람에게 붙어 있네.
위난에 임하여 오랜 전쟁을 겪었으니
급한 어려움에 써야 비로소 귀신과 같을 것이네.

이 시는 건원 원년 가을 두보가 화주에서 벼슬하던 시기에 지은 것이다. 건원 원년 6월 이사업이 회주자사가 되어서 진서와 북정의 행영절도사를 지냈었다. 이해 가을 이사업은 곽자의 등 여러 절도사의 병력과 연합하여 안경서의 군대를 공격하고자 부대를 이끌고 회주로부터 경사로 가서 명을 기다렸다. 이사업의 군대는 경사로 가는 길에 화주를 거쳐 갔으므로 두보가 그 군대의 위용을 보고는 이 시를 짓게 되었다. 이사업 군대의 용맹함과 이사업 장군의 충용을 칭송하고 있다.

《보주두시》 이 시는 건원 원년 화주에서 지은 것이 틀림없다. '鎭西'라고 하지 않고 '安西'라고 한 것은 옛 명칭을 따른 것이다. 양권도는 건원 2년 작이라고 했으나 옳지 않다.(此詩當是乾元元年華州作, 不曰鎭西, 而曰安西, 循舊名也. 梁權道編在二年作非.)

《두시상주》에 인용된 《자치통감》 건원 원년 6월 이사업이 회주자사가 되었으며, 진서북정행영절도사에 임명되었다. 그해 8월에 곽자의 등과 함께 보병과 기병 20만을 이끌고 안경서를 토벌하였다. 장안은 관중이라고 하니, 서쪽으로는 농서관이 끝이요, 동쪽으로는 함곡관이 경계이다.(乾元元年六月, 李嗣業爲懷州刺史, 充鎭西北庭行營節度使. 八月, 同郭子儀等將步騎二十萬討安慶緖. 長安謂之關中, 西以隴西關爲限, 東以函谷關爲界.)

주 석

1 四鎭(사진) – 龜玆, 畋沙, 疏勒, 焉耆의 도독부를 가리킨다. 모두 안서도호부에서 총괄하였다. '四'를 '西'로 쓴 판본도 있다.

《두시상주》에 인용된 《구당서》 귀자, 전사, 소륵, 언기의 사진 도독부는 모두 안서도호부에서 다스렸다. 장수 2년에 사진을 수복하여 이전 귀자국에 안서도호부를 두었다. 지덕 후에 하서와 농우의 수병들을 징집하여 서경을 수복하였다.(龜玆畋沙疏勒焉耆四鎭都督府, 皆安西都護所統. 長壽二年, 收復四鎭, 於前龜玆國置安西都護府. 至德後, 河西隴右戍兵皆徵集, 收復西京.)

2 摧鋒(최봉) – 적의 선봉을 파하다. 絶倫(절륜) – 출중하다.

《구가집주두시》 용맹하고 날래서 선봉을 꺾고 적진을 함락시킬 수 있음을 말한다.(言勇銳能摧鋒陷陣也.)

3 獻士卒(헌사졸) – 병사들을 바치다. 반군을 치기 위해 사진의 병사들을 징집하여 임금이 계신 관중 지역으로 오게 하였기에 한 말이다. '獻'을 '就'로 쓴 판본도 있다.

4 風塵(풍진) – 전란. 전쟁.

5 老馬(노마) 구 – 이사업이 오랜 전쟁의 경험이 있음을 말한 것이다. 가서한 哥舒翰을 가리킨다는 설도 있고, 이사업의 병사들을 가리킨다는 설도 있으나 취하지 않는다.

《두시상주》에 인용된 《한비자》 제환공이 고죽국을 벌하고 돌아오다가 길을 잃었다. 관중이 말하기를 "늙은 말의 지혜는 쓸 만하다"고 하였다. 이에 늙은 말을 놓아 그 뒤를 따라갔다.(齊桓公伐孤竹還, 迷失道, 管仲曰, 老馬之智可用也. 乃放老馬而隨之.)

《두시상주》 '늙은 말'은 주장의 전투에 익숙함을 비유한 것이다.(老馬, 喩主將之慣戰.)

《두공부초당시전》 '늙은 말'은 가서한 노장을 비유한다.(老馬喩哥舒翰老將也.)

《구가집주두시》 조언재 주 '늙은 말'은 그 익숙함을 비유한 것이요, '푸른 매'는 그 재주가 뛰어남을 비유한 것이니 (임금께) 바치는 병사들을 말한 것이다.(老馬譬其慣熟, 蒼鷹譬其俊快, 以言所獻之兵也.)

6 饑(기) – '秋'로 된 판본도 있다. 著人(착인) – 사람에게 붙어 있다. 이 구절은 이사업의 병사들이 굶주린 매처럼 용감함을 비유한 것이다. 이사업의 지위가 낮은 것을 비유한 것으로 보기도 하나 취하지 않는다.

《두시상주》에 인용된 《진서晉書 · 재기載記》 모용수는 매와 같아서 굶주리면 사람에게 붙어 있고, 배가 부르면 높이 날아가 버린다.(慕容垂, 猶鷹也, 饑則附人, 飽則高飛.)

《두시상주》 '푸른 매'는 군사들의 용감한 진입을 비유한다.(蒼鷹, 喩軍士之敢入.)

《두공부초당시전》 '굶주린 매'는 지위가 아직 높지 않음을 비유한 것이다.(饑鷹, 喩祿位未高也.)

7 用急(용급) – 급한 재난에 사용하다. '急'을 '意'로 쓴 판본도 있다. 始(시) – '使'로 쓴 판본도 있다. 如神(여신) – 귀신과 같다. '如'를 '知'로 쓴 판본도 있다.

《두시상주》 《당사》에 "이사업이 소발율을 칠 때에 깃발 하나를 잡고, 긴 칼을 차고, 험한 곳을 따라서 먼저 올라가 힘을 다해 싸워 대파하였다. 서경을 수복할 때에 관군이 거의 패하게 되었는데 사업이 장도를 들고 적진을 함락시키니 반군이 마침내 무너졌다"고 하였다. 공은 이 때문에 '臨危久戰'이란 말로써 그를 칭찬한 것이다.(唐史, 嗣業討小勃律, 執一旗, 引陌刀, 緣險先登, 力戰, 大破之. 及收西京時, 官軍幾敗, 嗣業執長刀陷陣, 賊遂潰. 公故以臨危久戰稱之.)

《두시상주》: 첫 수는 안서의 병사들이 지나는 것을 보고 이공에게 칭송을 돌리고 있다.(首章見安西兵過, 而歸美李公.)

其二

奇兵不在衆[1] 萬馬救中原[2] 談笑無河北[3] 心肝奉至尊[4]
孤雲隨殺氣 飛鳥避轅門[5] 竟日留歡樂[6] 城池未覺喧[7]

기습하는 병사는 많을 필요가 없나니
만 필의 말로 중원을 구원할 것이네.
담소 중에 하북을 무시하나니
진실한 마음으로 지존을 받드신다네.
외로운 구름은 살기를 따르고
나는 새는 진문을 피해 가네.

종일토록 머물러 즐기건만
성과 해자에서도 시끄러움을 느끼지 못하네.

주 석

1 奇兵(기병) – 적을 기습하는 병사.

《두시상주》에 인용된 《자치통감》 진 안제 때 심전자가 말하기를 "병은 기습을 쓰는 것을 귀하게 여기나니, 꼭 군사의 수가 많을 필요는 없다"고 하였다.(晉安帝時, 沈田子曰, 兵貴用奇, 不必在衆.)

2 萬馬(만마) – 이사업의 군대를 가리킨다.

《독두심해》 당시 아홉 절도사는 보병과 기병 20만을 통솔하고 있었다. 여기서 '萬馬'라고 한 것은 단지 이사업이 통솔한 것만을 말한 것이다.(時九節度將步騎二十萬. 此云萬馬, 祇就嗣業所統言.)

3 河北(하북) – 당시 안경서의 무리들이 점거하고 있던 지역을 말한다. 이 구절은 이사업이 담소하는 중에 안경서의 무리들이 점거하고 있는 하북 지역을 탈환할 것이라는 말이다.

《두시언해》 하북은 안사의 군대가 있는 곳이다. 안서 주장主將이 담소하면서 하북을 무시한다는 말이다.(河北, 安史所在. 言安西主將談笑而蔑視北河也.)

《구가집주두시》 담소하며 적을 물리칠 수 있다는 말이다.(言談笑可以却敵也.)

《두시상주》 《당서》에 "하북도는 맹·회·위·박·상·위·패·전 등 29주를 다스린다"고 하였다. 당시 안경서는 상과 위를 점거하고 있었다.(唐書, 河北道, 領孟懷魏博相衛貝澶等二十九州. 時安慶緖據相衛.)

4 心肝(심간) – 진실된 마음. 진지한 마음.

〔談笑 2구〕 이 구절은 이사업이 마음을 다하여서 천자의 명을 받들고

있기 때문에 안경서의 무리가 점거하고 있는 하북 지역을 쉽게 수복할 수 있을 것이라는 말이다.

《두시상주》에 인용된 고신 주 하북 일대는 오래도록 반군에 점령되어 있었으나 담소하며 그것을 취할 수 있으니 이는 이사업이 충성된 마음을 다하여서 천자를 받들 수 있기 때문이다.(河北一帶, 久已陷沒, 可以談笑而取之, 由其能披瀝忠肝而奉至尊故也.)

5 轅門(원문)－군대의 진문. 여기서는 이사업 군대가 머물고 있는 진영을 가리킨다.

〔孤雲 2구〕 이사업 군대의 위세가 진동하고 기율이 엄격하다는 말이다.

《두시상주》 구름이 살기를 따른다는 것에서 병사들의 위세가 엄숙함을 알 수 있고, 새가 진문을 피한다는 말로 군령이 삼엄함을 알 수 있다.(雲隨殺氣, 見兵威振肅, 鳥避轅門, 見號令森嚴.)

6 歡樂(환락)－즐기다. '歡'을 '觀'으로 쓴 판본도 있다. 이 구절은 이사업의 군대가 성안에 머물러 즐기고 있음을 말한 것이다.

7 城池(성지)－성곽과 성곽을 둘러싼 해자. 이 구절은 이사업의 군대가 기율이 엄격하여 성곽 주변에서 소란을 일으키지 않음을 말한 것이다.

《구가집주두시》 군령이 정숙하여 소란스럽지 않음을 말한 것이다.(言軍令整肅, 不囂亂也.)

〔竟日 2구〕

《두시상주》 마지막에서는 군대가 기율이 있어서 백성들이 안도함을 말하고 있다.(末言師行有紀, 民情安堵.)

#《두시상주》: 둘째 시에서는 이공의 충용함을 칭송하고 그 군대의 기율을 적었다.(次章稱李公忠勇, 而誌其紀律.)

(**김성곤**)

35. 九日藍田崔氏莊
중양절 남전의 최씨 별장에서

老去悲秋强自寬[1]　興來今日盡君歡[2]
羞將短髮還吹帽[3]　笑倩傍人爲正冠[4]
藍水遠從千澗落[5]　玉山高並兩峯寒[6]
明年此會知誰健[7]　醉把茱萸仔細看[8]

늙어가니 슬픈 가을에 힘써 마음을 너그럽게 하니,
흥이 나서 오늘 그대와 즐거움 다 해야겠네.
부끄럽게도 짧아진 머리칼인데 또 모자에 바람이 부니,
웃으며 옆 사람에게 관을 바로잡아 달라 부탁하네.
남수는 멀리 천 개 골짜기로부터 떨어져 내리고,
옥산은 높이 두 봉우리 곁에서 서늘하네.
내년 이 모임에 누가 건재할는지,
취하여 수유를 쥐고 자세히 들여다보네.

9월 9일 중양절, 남전에 있는 최씨 별장에서의 감회를 적은 시이다. 이 시의 저작 시기를 지덕 원년 두보가 장안에 있을 때로 보는 견해가 있다. 남전이 장안에서 동남쪽으로 70리 정도의 거리에 있기 때문이다. 그러나 당시 장안은 반군의 수중에 떨어진 상태로서 남전까지 가는 것은 불가능하였을 것이고, 혹 갈 수 있었다고 하더라도 '흥이 나서 그대가 베풀어준 즐거움을 다한다'는 것은 역시 당시의 상황과 어울리는 내용이 아니다. 따라서 이 시는 화주에서 사공참군을 지내던 건원 원년에 지어진 것으로 보는 것이 일반적이다. 화주에서 남전까지의 거리는 80리 정도가 된다.

> 《보주두시》 남전은 경사 동남쪽 70리 되는 곳에 있다. 양권도는 지덕 원년 반군에 억류되었을 때의 작품에 편입해 두었고, 노은의 《연보》 또한 그러하다. 비록 두보가 이해에 부주에서 행재소로 가면서 반군에게 잡히게 되었다고는 하지만, 반군의 진영에 있었다면 응당 다시 멀리 남전까지 갈 수는 없었을 것이다. 또 당시에 두 임금은 몽진 중으로 온 세상이 소란스러웠으니, 두보가 어찌 흥이 나서 오늘 그대가 베푸는 즐거움을 다하겠다고 하는 이치가 있겠는가? 생각하건대, 건원 원년 화주사공으로 있을 때에 남전에 이르러 이 작품을 지었을 것이다. 대체로 후편인 〈최씨동산초당崔氏東山草堂〉시로 이를 알 수 있는데, 자세한 내용이 그 시의 주에 보인다. 두보가 화주에 있을 때에도 오히려 동도 낙양에 갈 수 있었는데, 누가 남전까지 갈 수 없었다고 하겠는가? 화주에서 남전까지는 80리일 뿐이다.(藍田在京兆東南七十里. 梁權道編在至德元載陷賊中作. 魯訔年譜亦然. 雖公是年自鄜州赴行在爲敵所得. 然在敵營則不應更能遠至藍田. 又是時兩宮奔竄, 四海驚擾, 公豈有興來今日盡君歡之理. 意是乾元元年爲華州司功時, 至藍田有此作. 蓋以後篇東山草堂詩知之, 詳見其詩注. 公在華州時尙能至東都, 孰謂不能至藍田. 華至藍田八十里爾.)
>
> 《두시경전》에 인용된 《당서》 남전현은 경조부에 속하며 장안의 동남쪽 70리 되는 곳에 있다.(藍田縣屬京兆府, 在長安東南七十里.)

주 석

1 悲秋(비추) – 슬픈 가을. 슬픈 가을을 당하여. 《두시언해》에는 '가을을 슬퍼하다'로 보고 있는데, 대장구인 점을 고려할 때 '슬픈 가을'이 옳다. 自寬(자관) – 스스로 마음을 넓게 가지다.

2 興來(흥래) – 흥이 일다. 슬픈 가을을 당하였지만, 스스로 마음을 넓게 가지는 동안에 흥취가 생겨났다. 今日(금일) – 오늘. '今'이 '終'으로 된 판본도 있다. 盡君歡(진군환) – 그대가 베푼 즐거움을 다하다. 주인 최씨가 베풀어준 환대를 만끽하겠다는 의미이다. 이 구는 '今朝醉裏爲君歡'으로 된 판본도 있다.

《두시상주》 송 공개은이 왕중언의 판본을 얻었는데, 이 시의 둘째 구가 '今朝醉裏爲君歡'으로 되어 있었다. 지금 살펴보건대 머리 2구는 바로 대장구로 시작하고 있으니, 만약 공씨의 설을 따른다면 말이 속된 표현에 가깝다.(宋龔芥隱得王仲言本, 此詩次句作今朝醉裏爲君歡. 今按首二乃對起, 若依龔說, 語近於俗.)

3 羞(수) – 부끄럽다. 將短髮(장단발) – 짧아진 머리칼을 가지고 있다. 머리칼이 짧아졌다는 것은 노쇠해졌음을 의미한다. 吹帽(취모) – (바람이) 모자에 불다. 진晉 맹가孟嘉의 고사가 사용되었다. 전체적으로, 늙어서 머리칼이 짧아졌는데, 거기에 바람까지 불어와 모자가 떨어질 것을 부끄러워한다는 뜻이다.

《두시상주》에 인용된 왕은王隱의 《진서晉書》 맹가가 환온의 참군이 되어 중양절에 용산에서 노닐게 되었다. 막료들이 모두 모였을 때, 마침 바람이 불어와 맹가의 모자를 불려 떨어뜨리니 환온이 손성에게 명하여 글을 지어 놀리게 하였다.(孟嘉爲桓溫參軍, 九日遊龍山, 參僚畢集, 時風至, 吹嘉帽墮落, 溫命孫盛爲文嘲之.)

4 倩(천) – 청하다. 부탁하다. 傍人(방인) – 옆 사람. 爲(위) – 위하여. 나를 위하여. 正冠(정관) – 관을 바로 하다. 이 구절에 대하여 '오얏나무 아래서

갓을 고쳐 쓰지 않는다'는 말에서 빌려온 것이라는 설이 있지만, 취하지 않는다.

《보주두시》에 인용된 조언재 주 오얏나무 아래서 갓을 고쳐 쓰지 않는다는 뜻을 빌린 것이다.(借李下不整冠也.)

《보주두시》 황희 주 의관을 고치게 했다는 말은 절로 나오게 된 것이지, 어찌 꼭 이것(李下不整冠)을 빌린 것이겠는가?(正其衣冠, 語自有之, 何必借此.)

5 藍水(남수) – 남전藍田을 흐르는 강 이름. 千澗(천간) – 많은 골짜기.

《구가집주두시》 조언재 주 남수와 옥산은 남전의 산수이다. 《수경水經》을 살펴보자면, 파수灞水는 옛날의 자수인데, 또 남곡수라고 이름하기도 한다. 백마곡수, 구우곡수, 위곡수, 망곡수, 경곡수, 요자간수 등이 합쳐져 유입하기 때문에, '멀리 천 개 골짜기로부터 떨어져 내린다(遠從千澗落)'고 하였다. 남전산에서는 옥이 나오기 때문에, 옥산이라고도 한다.(藍水玉山乃藍田之山水. 考之水經灞水, 古滋水也, 亦名藍谷水. 有白馬谷水, 勾牛谷水, 圍谷水, 輞谷水, 傾谷水, 蓼子澗水等合入之, 故曰遠從千澗落. 藍田山出玉, 亦名玉山.)

6 玉山(옥산) – 옥산, 남전산藍田山. 남전에 있는 산이다. 並(방) – 곁에, 가까이에. '傍'과 같은 의미이다. '병'으로 읽어 '나란히'의 뜻으로 보기도 한다. 兩峯(양봉) – 두 산봉우리. 진산과 화산이라는 설, 운대산이라는 설 등이 있다.

《두시경전》 옥산은 곧 남전산이다. 주학령 주에, "《화산지》에 '화산의 동북에는 운대산이 있는데 두 봉우리가 높이 솟아 있어, 사면이 까마득한 절벽으로 위에는 상서로운 구름을 이고 있고 아래로는 지맥에 통해 있다'라 하였다. 남전산은 화산으로부터 가깝기 때문에 '높이 두 봉우리 곁에서 서늘하네(高並兩峯寒)'라 했는데, '寒'자에 가을빛의 소슬한 뜻이 드러난다"라 하였다.(玉山卽藍田山也. 朱注, 華山志, 岳東北有雲臺山, 兩峯峥嵘, 四面懸絶, 上冠景雲, 下通地脈. 藍田山去華山近, 故曰高並兩峯寒, 寒字見秋光蕭瑟意.)

《보주두시》에 인용된 안수晏殊 주 옥산이 진산, 화산과 함께 높이 솟아 있어, '高並兩峯寒'이라고 하였다.(玉山與秦山華山峙立, 故云高並兩峯寒.)

《두공부초당시전》 두 봉우리는 진산과 화산을 일컫는다.(兩峯, 謂秦山華山也.)

《두시상주》 주학령 주에 의하면 두 봉우리는 운대산을 가리킨다. 구주에서 화산과 진산이라고 한 것은 잘못이다.(朱注, 兩峯, 指雲臺山. 舊云華山秦山者, 非.)

《독두심해》 주학령 주에 '옥산은 곧 남전산이다'라고 하였다. 살펴보건대, 두 봉우리가 반드시 실제 산을 가리키는 것은 아니다.(朱注, 玉山, 卽藍田山. 按, 兩峯不必指實.)

《두시상주》에 인용된 《한서漢書》 주 '並'자는 '傍'자로 풀이한다.(並字, 作傍字解.)

7 知誰健(지수건) – 누가 건재할지를 아는가? '健'이 '在'로 되어 있는 판본도 있다.

《보주두시》에 인용된 소씨蘇氏 주 완첨이 설날 친우들과 모임을 갖고 말하기를, '인생은 바람 앞의 촛불과 같은 것, 술잔이 가득 차는 것을 어찌 거절하겠는가? 내년 오늘 이 모임을 다시 열게 되면, 누가 정말 강건할지를 알지 못한다네'라고 하였다.(阮瞻元日會親友曰, 人生如風中燭, 樽酒何必拒其滿. 不知明年今日再開此會, 誰是强健.)

《두공부초당시전》 두보가 오랑캐의 난리를 당하여 훗날의 모임을 기필할 수 없기에 이러한 구절을 둔 것이다.(公遭胡羯之亂, 後會不可必, 故有是句.)

8 醉(취) – 술에 취하다. '再'로 되어 있는 판본도 있다. 把(파) – 잡다. 茱萸(수유) – 수유. 9월 9일 중양절, 수유를 차고 국화주를 마시며 높은 곳에 오르고 하면 장수한다고 한다. 仔細看(자세간) – 자세히 보다. 손에 잡은 수유를 자세히 들여다본다는 뜻이다. 손에 수유를 들고 산수를 바라본다는 견해도 있으나 취하지 않는다.

《두시상주》에 인용된 《서경잡기西京雜記》 한무제의 궁인인 가패란이 중양절에 수유를 허리에 차고 국화주를 마셔, 사람들로 하여금 장수하게 했다.(漢武宮人賈佩蘭, 九日佩茱萸, 飮菊花酒, 令人長壽.)

《두시상주》 수유를 본다는 것은 분명 늙어감을 슬퍼한 것이다. 고신顧宸의 주에는 손으로 수유를 쥐고 눈으로는 산수를 본다고 했는데 옳지 않다. 황생은 '또한 중양절의 일을 넌지시 바꾸어 사용하고 있으니, 모두가 새로운 것을 능숙히 추구한 것이다'라고 하였다.(看茱萸, 明是傷老. 顧注, 謂手把茱萸, 眼看山水, 非是. 黃生曰, 亦暗反九日事, 皆善推新.)

《두시경전》 '看'자는 곧 수유를 가리키는데, 의미가 더욱 미묘하다.(看字卽指茱萸, 意更微妙.)

《두시상주》: 위 4구는 중양절 장원에서 술마시는 것이고, 5, 6구는 장원 앞의 경물이며, 7, 8구는 중양절의 감회이다. 조대강은 "'羞將短髮'에는 늙어감으로 인한 아픈 마음을 면치 못하고 있으나, '笑倩傍人'에는 여전히 흥이 났을 때의 아취가 보인다. 두 구가 나누어 이어받고 있으면서, 오히려 맹가의 이야기를 가져다 뒤집어 사용하고 있다. '천 골짜기로부터 돌아 흐름'과 '두 봉우리가 멀리 솟아 있음', 이것은 장엄한 경관으로서 족히 흥을 일으킬 수 있는 것이다. 다만 산수는 탈이 없으나 인간사는 알기 어려움을 생각하였다. 그래서 또 자세히 수유를 보았으니 여전히 '老去悲秋'와 상응한다"라고 하였다. 주한은 "전편이 가을을 슬퍼하며 노쇠함을 탄식하는 것으로부터 벗어나지 않았으니, 즐거움을 다하여 취하게 되었다는 것은 단지 기탁일 뿐이다. 두보가 일찍이 솔부참군에 제수된 적이 있으니 맹가의 일을 사용한 것은 딱 들어맞는다"라고 하였다.(上四九日飮莊, 五六莊前之景, 七八九日之感. 趙大綱曰, 羞將短髮, 未免老去傷情. 笑倩傍人, 仍見興來雅致. 二句分承, 却取孟嘉事而翻用之. 千澗匯流, 兩峯遙峙, 此壯觀之足以發興者. 但思山水無恙, 而人事難知, 故又細看茱萸, 仍與老去悲秋相應. 朱瀚曰, 通篇不離悲秋歎老, 盡歡至醉特寄託耳. 公曾授率府參軍, 用孟嘉事恰好.)

(**이 남 종**)

36. 崔氏東山草堂
최씨 동산초당

愛汝玉山草堂靜[1]　高秋爽氣相鮮新[2]
有時自發鐘磬響[3]　落日更見漁樵人[4]
盤剝白鴉谷口栗[5]　飯煮青泥坊底芹[6]
何爲西莊王給事[7]　柴門空閉鎖松筠[8]

그대 옥산 초당의 고요함을 사랑하나니
높은 가을 상쾌한 기운과 어울려 신선도 하구나.
때로 종과 경 소리 저절로 울리고
저녁 무렵엔 어부와 나무꾼 다시 만나네.
쟁반에 백아곡 어귀의 밤을 깎아 놓고
청니방 아래의 미나리를 섞어 밥을 지었다.
어찌하여 서쪽 장원 왕급사는
공연히 사립문 닫아걸고 소나무와 대나무 가두어 두었는가?

이 시는 두보가 최씨의 초당을 방문하여 주변의 경관을 통해 느낀 한적한 운치와 이웃한 서장西莊의 왕유에 대한 감회를 적은 것이다. 앞의 〈九日藍田崔氏莊〉과 연결되는 시편으로 저작 시기 역시 건원 원년으로 추정된다. 이 시의 저작 시기와 관련하여 왕유가 안녹산의 반군에 잡혀 있던 천보연간의 작품으로 보는 설도 있으나, 취하지 않는다.

《보주두시》 시에서 "어찌하여 서쪽 장원 왕급사는, 공연히 사립문 닫아걸고 소나무와 대나무 가두어 두었는가?"라고 하였는데, 《구당서》를 살펴보면 왕유는 만년에 송지문의 남전 별장을 얻었는데 망천의 입구에 있었다고 한다. 여기에서 말하는 왕급사는 아마도 왕유일 것이다. 안녹산이 낙양으로 불러들여서 보시사에 구금하였다. 후에 숙종이 서울로 돌아온 뒤 안녹산을 따른 사람들을 처벌하였는데, 왕유는 그의 시와 아우 진縉이 벼슬을 바치고서 죄를 대속받은 까닭으로 태자중윤, 서자중서사인이 될 수 있었고 다시 급사중에 배수되었다. 예전의 주에서는 장통유에 의해 동산에 구금되어 있었는데, 이때에 탄식한 바 있어 이 시를 읊었다고 하였다. 그렇지만 이때 왕유는 아직 이 별장을 얻지 못했었다. 시의 문맥을 살펴보면 왕유가 이 별장을 지니고 있다가 다시 조정에 벼슬을 살러가면서 마침내 문을 닫아걸고 소나무와 대나무를 가두어 두었으니, 나의 자유로움만 못하다는 것이다. 이러한 정황으로 미루어볼 때 이 시는 마땅히 앞 시와 마찬가지로 건원 원년의 작품이다. 그가 다시 급사중이 된 일을 《구당서》에서는 말하고 있지만, 《신당서》에는 기록되어 있지 않다.(詩云, 何爲西莊王給事, 柴門空閉鎖松筠. 按舊史, 王維晚年, 得宋之問藍田別墅, 在輞口. 此云王給事者, 蓋維. 爲祿山迎置洛陽, 拘於普施寺, 後肅宗還京, 正從僞之罪, 維以詩及弟縉納官代罪之故, 得爲太子中允, 庶子中書舍人, 復拜給事中. 舊注謂, 被張通儒禁在東山, 此時有所嘆息, 故云. 然時維未得此別墅. 詩意謂, 維有此別墅, 却再仕朝廷, 遂令門鎖松筠, 不如我之放蕩. 以此論之, 當同前詩, 是乾元元年作. 其復爲給事中, 舊史言之, 而新史不載.)

《구가집주두시》 왕유는 당시 장통유에 의하여 동산 북사에 구금되어 있었기에 탄식한 바가 있었다. 그리하여 말한 것이다.(王維時被張

通儒禁在東山北寺, 有所歎息, 故云.)

《두시상주》에 인용된 고신顧宸 주 왕유는 만년에 송지문의 남전 별장을 얻었는데, 장통유가 구금한 뒤의 일이다. 숙종이 경사로 돌아온 다음 왕유는 태자중윤이 되었으며 다시 급사중에 배수되었다. 이 시는 마땅히 건원 원년에 지은 것이다.(王維晩年, 得宋之問藍田別墅, 在張通儒囚禁之後. 肅宗還京, 維爲太子中允, 復拜給事中. 此當是乾元元年作.)

《두시상주》에 인용된 소보邵寶 주 동산은 곧 남전산으로 또 옥산이라고도 하는데, 장안 남전현의 동남쪽에 있다.(東山卽藍田山, 又名玉山, 在長安藍田縣東南.)

《두시상주》에 인용된 《두억》 왕유의 망천장은 남전에 있었으니, 필시 최씨의 장원과 동서로 가까웠을 것이다. 초당이 동산에 있어 동장이라 부를 수 있다면, 망천은 진실로 서장이라 부를 수 있을 것이다.(王維輞川莊在藍田, 必與崔莊東西相近. 草堂在東山, 可稱東莊, 則輞川固可稱爲西莊矣.)

주 석

1 玉山(옥산) – 시제에 나오는 동산東山. 또는 남전산藍田山이라고도 한다.

2 相鮮新(상선신) – 서로 신선하게 하다. '相'이 '多'로 된 판본도 있다. 여기서는 옥산의 고요한 정취와 가을의 기후가 서로 잘 어울림을 말한다.

《두시상주》에 인용된 장연張綖 주 두목의 시에 '남산과 가을빛, 그 기세가 서로 높인다'라고 하였는데, 곧 가을 기운과 서로 신선하다는 뜻이다.(杜牧詩, 南山與秋色, 氣勢兩相高, 卽秋氣相鮮之意.)

3 鐘磬(종경) – 종과 경. 악기의 이름이다. 이 구는 초당 주변에 인가가 드물다는 말이다.

《두공부초당시전》 인근에 건물이 없음을 말한다.(言無隣築也.)

4 漁樵人(어초인) - 어부와 나무꾼.

〔有時 2구〕

《두시상주》 왕유의 〈귀망천작歸輞川作〉시에 '계곡 입구에 성긴 종소리 울리니, 어부 나무꾼이 차츰 드물어진다'라는 구절이 있으니, 종경鐘磬과 어초漁樵는 바로 남전 산중의 경물임을 알겠다.(王維輞川詩有云, 谷口疏鐘動, 漁樵稍欲稀. 則知鐘磬漁樵, 卽藍田山中景物.)

《두시경전》에 인용된 왕완정王阮亭의 설 함련은 바로 '靜'자를 받고 있다.(頷聯, 正承靜字)

5 盤(반) - 쟁반. 剝(박) - 깎다. 白鴉谷(백아곡) - 지명. 초당 근처의 지명으로 밤이 많이 생산되었다고 한다.

《두시상주》에 인용된 주학령 주 백아곡, 청니방은 모두 지명이다.(白鴉谷, 青泥坊, 皆地名.)

《두시상주》에 인용된 《장안지長安志》 백아곡은 남전현 동남쪽 20리에 있는데, 그 땅이 밤농사에 적합하다.(白鴉谷, 在藍田縣東南二十里, 其地宜栗.)

6 飯(반) - 밥. 煮(자) - 삶다. 조리하다. 青泥坊(청니방) - 지명. 청니성의 제방. 芹(근) - 미나리. '蓴'으로 해야 된다는 설도 있다.

《두시상주》에 인용된 소보 주 '반자근飯煮芹'이란 채소와 쌀을 섞어 지은 밥을 말한다.(飯煮芹, 雜米爲飯也.)

《두시상주》에 인용된 《장안지》 청니성은 남전현 남쪽 7리에 있다.(青泥城, 在藍田縣南七里.)

《두시상주》에 인용된 《설문해자》 '防'은 곧 제방이다.(防, 卽隄也.)

《두시경전》 내 생각에 '芹'의 운은 십이문十二文에 해당되니, 마땅히 '순蓴'으로 해야 하는 것이 아닌가 싶다.(按芹韻在十二文, 疑當作蓴字.)

7 西莊(서장) - 서쪽 별장. 두보가 놀러온 최씨의 별장에서 서쪽으로 위치하고 있어 서장이라고 한 것이다. 王給事(왕급사) - 왕유. 왕유는 당시 급사중給事中의 벼슬에 있었다.

《두공부초당시전》 왕급사는 왕유이다.(王給事, 謂王維也.)

8 柴門(시문) – 사립문. 鎖松筠(쇄송균) – 소나무와 대나무를 가두어 두다. '鎖'는 '好'로 된 판본도 있다.

《두시상주》: 이 시는 최씨의 초당을 빌려서 왕급사를 풍자한 것이다. 첫 구는 초당을 기술하였고, 다음은 가을의 기후를 기술하였다. 3, 4구는 초당 밖에서 듣고 본 경물로 여전히 고요한 뜻을 담고 있다. 5, 6구는 초당 안에서 맛보는 음식의 훌륭함으로 여전히 가을의 뜻을 간직하고 있다. 마지막 연은 서장西莊을 개탄하여 벼슬하는 것이 은둔하는 것만 못함을 밝히고 있다.(此借崔氏草堂以諷王給事也. 首句記草堂, 次句記秋候. 三四堂外聞見之景, 仍含靜意. 五六堂中食物之佳, 仍含秋意. 末慨西莊, 以見仕者之不如隱也.)

《두시상주》에 인용된 주한朱瀚의 설: 초당의 고요함이 가을 기운의 서늘함을 끌어들이니 '相鮮新'이라 하였다. 다음 연은 곧 '오막살이에서도 편하게 거처할 수 있다'(《시경 · 진풍陳風 · 형문衡門》)는 뜻이다. 3연은 곧 '콸콸 넘치는 샘물이면 배고픔을 달랠 수 있다'(《시경 · 진풍 · 형문》)는 뜻이다.(草堂之靜, 延秋氣之爽, 故曰相鮮新. 次聯, 卽衡門之下, 可以棲遲也. 三聯, 卽泌之洋洋, 可以樂飢也.)

《두시상주》에 인용된 주학령 주: 공의 〈봉증왕중윤유奉贈王中允維〉시에 '곤궁하여 근심할 때 지은 것이 있었을 테니, 시험 삼아 〈백두음〉을 읊어 보시지요'라고 했는데, 왕유가 재차 출사하면서 반드시 뜻을 얻은 것이 아니기 때문에 '柴門空鎖'로써 그가 벼슬을 그만두고 남전으로 돌아와 노후를 보낼 것을 권계한 것이다.(公贈王維詩, 窮愁應有作, 試誦白頭吟. 維之再仕, 必非得意, 故以柴門空鎖, 諷其歸老藍田歟.)

《두시상주》에 인용된 장연張綖 주: 왕유의 〈적우망천장작積雨輞川莊作〉 시에 이르기를 '연일 비에 빈 숲 연기 더디 오르고, 명아주와 기장으로 만든 음식 동편 밭으로 나른다. 막막한 논에 백로 날아오르고, 어둑한 여름 숲에 꾀꼬리 울음소리. 산중에서 정양하며 아침에 무궁화 바라보고, 소나무 밑에서 이슬 머금은 해바라기 꺾어 깨끗한 식사를 한다. 이 늙은이 사람들과 자리다툼 이미 그쳤으니, 바다 갈매기인들 무슨 일로 다시 의심하리오'라 했는데, 이것은 곧 급사가 서장西莊을 읊은 것이다. 앞 6구의 뜻은 대체로 또한 이러한 정취를 아는 것이다. 마지막 연에서 곧 바다 갈매기가 무슨 일로 의심하는가라고 하여 아직 기심을 잊지 못한 듯하니, 공이 급사를 의심하고 탄식한 것도 이상할 것이 없다.(維輞川別業詩云, 積雨空林烟火遲, 蒸藜炊黍餉東菑. 漠漠水田飛白鷺, 陰陰夏木轉黃鸝. 山中習靜觀朝槿, 松下清齋折露葵. 野老與人爭席罷, 海鷗何事更相疑. 此卽給事咏西莊者. 前六句之意, 蓋亦識此趣矣. 末乃謂海鷗何事相疑, 尙似機心未忘, 無怪乎公之怪歎給事也.)

《두시상주》에 인용된 왕사석王嗣奭의 설: 〈남전藍田〉시는 비장悲壯하고 〈東山〉시는 혼성渾成한데, 애써 깎고 다듬은 흔적은 없어도 절로 소쇄한 운치가 있어 각기 그 묘함을 드러내고 있다. 그러나 앞의 시는 사람들이 그래도 배울 수 있지만, 이 시는 사람들이 도저히 도달할 수 없다.(藍田詩悲壯, 東山詩則渾成, 不煩繩削, 自有蕭散之致, 各見其妙. 然前詩人猶可學, 此詩人不能到.)

《독두심해》: 살펴보건대 최씨 초당의 들 정취가 바로 서장의 들 정취이다. 손으로는 이쪽을 쓰면서 마음은 저쪽을 향해 있다. 이런 낙토가 있는데 어찌하여 돌아오지 않는가? 따라서 결어에서 그를 탓하고 있는 것이다. 그렇지만 진실로 그를 탓한 것은 아니다. 폄적되어 매여 있는 몸이기에, 말이 본시 그런 법이다. 그래서 말이란 마음의 소리라고 하는 것이다.(按崔堂之野趣, 卽是西莊之野趣. 手寫此而神注彼. 有此樂土, 云胡不歸. 故結語怪之. 雖然, 非眞怪之也. 在謫官匏繫之人, 言固應爾. 故曰, 言者, 心之聲也.)

(**박홍준**)

37. 遣興三首

마음을 달래려 쓴 시 세 수

我今日夜憂　諸弟各異邦　不知死與生　何況道路長
避寇一分散[1]　飢寒永相望　豈無柴門歸[2]　欲出畏虎狼[3]
仰看雲中雁　禽鳥亦有行[4]

내가 지금 밤낮으로 근심하는 것은
여러 아우가 각기 다른 나라에 있어서라네.
죽었는지 살았는지 알지 못하는 처지,
하물며 길이 멀기만 함에랴.
도적을 피하여 한번 흩어지고 나니
추위와 굶주림 속에 길이 서로 바라만 보게 되었다.
어찌 돌아갈 집이 없겠는가마는
나서려고 하니 호랑이 이리가 무섭다네.
우러러 구름 속의 기러기를 보니
새도 또한 줄지어 나는구나.

이 시는 세 수의 연작시로서, 객지에 있는 시인이 전란 중에 흩어진 아우, 고향 집, 예전에 사귀던 이 등을 그리워하며 쓴 것이다. 저작 시기는 건원 원년 좌습유를 그만둔 이후일 것으로 추정된다.

이 시의 편차는 판본에 따라 상당한 차이가 있다. 《보주두시》에는 이 시의 제1수와 제2수가 바뀌어 있고, 《구가집주두시》, 《두공부초당시전》, 《두시전주》 등에는 〈견흥오수 遣興五首(蟄龍三冬臥)〉의 제1수, 제2수와 함께 '견흥오수遣興五首'라는 제명으로 수록되어 있다.

《보주두시》 양권도는 건원 2년 진주에서 지은 것으로 편재하였다. '나그네 옛집을 생각하나니, 삼 년 동안 문과 골목이 텅 비었다'라는 시구로 보아 응당 건원 원년 화주에서 지은 것이다. 공이 천보 14년에 가족을 이끌고 난리를 피하였으니 건원 원년에 이르면 삼 년이 된다. (梁權道編在乾元二年秦州作. 以客子念故宅, 三年門巷空, 當是乾元元年在華州作. 蓋公以天寶十四載携家避亂, 至乾元元年爲三年.)
《두시상주》 이 시는 응당 건원 원년 간관을 그만둔 이후에 지은 것이다.(此當是乾元元年罷諫官後作.)

주 석

1 避寇(피구)－도적을 피하다. 여기서 '구'는 안녹산 일당의 반군을 가리킨다.

2 柴門(시문)－사립문. 집을 뜻한다.

3 虎狼(호랑)－여기서는 반군을 비유한다.
《두공부초당시전》 호랑이와 이리는 도적을 비유한다.(虎狼喩盜賊.)

4 行(항)－줄.

〔仰看 2구〕 예로부터 줄지어 나는 기러기는 형제에 비유되었다.
《두공부초당시전》 기러기는 형제를 비유한다.(雁以喩兄弟.)

《두시상주》: 첫장은 형제를 그리워한 것이다. 피차가 각기 다른 하늘 아래에 있고 돌아갈 길은 중도에 막혀 있어서 줄지은 기러기가 함께 무리지어 있는 것만 못함을 탄식하였다.(首章, 思兄弟也. 因彼此各天,

歸途中梗, 而歎不如雁行之同群.)

其二

蓬生非無根[1] 漂蕩隨高風[2] 天寒落萬里 不復歸本叢[3]
客子念故宅 三年門巷空[4] 悵望但烽火 戎車滿關東[5]
生涯能幾何 常在羈旅中[6]

쑥이 나면서부터 뿌리가 없는 것은 아니로되
정처 없이 높은 바람 따라 떠도니,
추운 날 만 리 밖에 떨어져
다시는 본 떨기로 돌아가지 못한다.
나그네 옛집을 생각하니
삼 년 동안 문과 골목 비었겠구나.
슬피 바라보니 다만 봉화뿐,
병거兵車가 관문 동쪽에 가득하다.
살 날이 그 얼마이건대
늘 나그네 신세인가?

주 석

1 蓬生(봉생) – 쑥이 나다.

2 漂蕩(표탕) – 정처 없이 떠돌다. 이리저리 날리다.

3 本叢(본총) – 본 떨기. 쑥이 원래 있던 곳을 뜻한다.

〔蓬生 4구〕

《두시언해》 이는 쑥으로써 두보가 본가로 돌아가지 못하는 것을 비유한다.(此, 以蓬比甫不獲歸本宗也.)

4 門巷(문항) – 거주지를 뜻한다. 三年(삼년) – 지덕 원년(천보 14년)부터 건원 원년까지이다.

《두공부초당시전》 안녹산이 천보 14년에 반란을 일으켰고, 건원 원년에 비로소 경사를 수복하였으니, 모두 삼 년이다.(祿山反於天寶十四年, 乾元元年始收復京師, 凡三年也.)

5 戎車(융거) – 병거. 군대를 뜻한다. 關東(관동) – 관문의 동쪽. 여기서는 낙양 일대를 가리킨다.

6 羈旅(기려) – 객지살이 또는 나그네를 뜻한다.

#《두시상주》: 둘째 장은 고향 집을 생각한 것이다. 떠도는 쑥이 멀리 간 것이 나그네의 행적과 같다고 하니, 아마도 객지살이의 적막한 슬픔을 이기지 못한 것이리라.(次章, 念故居也. 飄蓬遠去, 如遊子行踪, 蓋不勝羈旅寂廖之悲矣.)

其三

昔在洛陽時　親友相追攀[1]　送客東郊道[2]　遨遊宿南山[3]
烟塵阻長河[4]　樹羽成皐間[5]　回首載酒地[6]　豈無一日還
丈夫貴壯健　慘戚非朱顏[7]

옛날 낙양에 있을 때
친한 벗과 서로 쫓아다녔지.
동쪽 들 길에서 객을 전송하기도 하였고
노닐며 남산에서 묵기도 하였지.
지금은 먼지가 긴 황하를 막고
성고관에는 깃발이 꽂혀 있다.
술 싣고 다니던 곳 머리 돌려 바라보니
어찌 돌아갈 날 없으랴만,
장부는 건장한 것이 귀한 법인데
붉은 얼굴 아닌 것이 슬프구나.

주 석

1 追攀(추반) – 좇다. 따르다.

2 東郊(동교) – 동쪽 성 밖. 동쪽 들. 낙양 동쪽을 가리킨다.

《보주두시》 황희 주 동교는 낙양의 동쪽을 가리킨다.(東郊, 指洛陽之東.)

3 遨遊(오유) – 놀다. 南山(남산) – 이궐산을 가리킨다.

《두시상주》 황희가 동교는 낙양의 동쪽을 가리킨다고 하였다. 그렇다면 남산은 응당 이궐산을 가리킬 것이니, 낙양의 남쪽에 있기 때문이다.(黃希謂東郊指洛陽之東, 則南山當指伊闕山, 蓋在東都之南也.)

4 烟塵(연진) – 전쟁으로 인한 먼지를 뜻한다. 長河(장하) – 황하. 여기서는 낙양 일대를 가리킨다. 이 구절은 전쟁으로 인하여 낙양에 갈 수 없다는 뜻일 것이다.

《두공부초당시전》 (이 구절은) 낙양 일대에 군대가 주둔하고 있음을 말한다.(謂屯兵於鞏洛也.)

5 樹羽(수우)－기를 세우다. 깃발을 꽂다. '羽'는 기旗이다. 成皐(성고)－관關 이름. 낙양 부근에 있다. 이 구절은 군대가 성고관에 주둔한 것을 말한다.

《두시상주》 육기의 《낙양기》에서 "낙양에 네 관이 있다. 동쪽에 성고관이 있는데, 사수현 동남쪽 2리에 있다"고 하였다. 당시 왕의 군대가 하북에서 안경서를 토벌하였다.(陸機洛陽記, 洛陽四關, 東有成皐關, 在汜水縣東南二里. 時王師討安慶緖於河北.)

〔烟塵 2구〕

《두시언해》 장하와 성고는 모두 낙양을 가리킨다.(長河成皐, 皆指洛陽.)

6 載酒地(재주지)－술을 싣고 다니면서 놀던 곳.

《두시언해》 '재주지'는 낙양을 말한다.(載酒地, 謂洛陽也.)

7 慘戚(참척)－슬퍼하다. 朱顏(주안)－젊은 시절의 모습을 뜻한다.

《두시언해》 '주안'은 소년을 말한다.(朱顏, 謂少年也.)

〔回首 4구〕

《두시언해》 이는 뒷날 비록 예전 놀던 곳에 돌아갈 수 있을지라도 그가 이미 늙어버린 것이 진실로 슬퍼할 만함을 말한다.(此, 言後雖得歸舊遊之地, 固可悲其已老也.)

《두공부초당시전》 지난날 술 싣고 다니던 곳과 놀던 장소를 머리 돌려 바라보니, 들러볼 기약이 어찌 없으랴마는 이미 젊은 날의 몸이 아니니 수복하여 세상이 태평한 날을 볼 수 없을 것이 한스럽다는 것이다.(廻首舊日載酒之地遨遊之所, 豈無過期, 但恨已非朱顏, 不獲覩收復世平之日也.)

《두시상주》: 셋째 장은 예전 사귐을 그리워한 것이다. 지난날 놀던 곳이 지금은 전쟁터가 되었으니 비록 혹 고향에 돌아가는 날이 있을지라도 소년 시절만 같지 못함을 마음 아파한 것이다.(三章懷舊交也. 往日遨遊之地, 今成戎馬之場, 雖或還鄉有日, 但恨不如少年時耳.)

《독두심해》: 이러한 시들을 보면 고향을 등지고 서쪽으로 간 것이 난리를 피하기 위해서이지 굶주림을 피하기 위해서가 아님을 바로 알 수 있다. 뒤에 나오는 뭇 고향을 그리워하는 시가 모두 그러하다.(觀此等詩, 卽知背鄕而西, 爲逃亂, 不爲逃飢矣. 後凡懷鄕詩皆然.)

(이 영 주)

38. 獨立
홀로 서서

空外一鷙鳥[1] 河間雙白鷗[2] 飄颻搏擊便[3] 容易往來遊[4]
草露亦多濕[5] 蛛絲仍未收[6] 天機近人事[7] 獨立萬端憂[8]

허공 밖에 매 한 마리
강 사이엔 흰 갈매기 한 쌍.
표요히 날아 공격하기 편한데
경솔히 오가며 노니는구나.
풀 이슬은 또한 촉촉하고
거미줄 여전히 거두지 않았네
하늘의 뜻이 사람의 일에 가까우니
홀로 서서 여러 가지 걱정을 한다.

이 시는 두보가 우연히 사냥감을 노리는 매와 아무것도 모르는 갈매기, 촉촉이 젖어 있는 풀 이슬, 날벌레를 잡기 위해 쳐 있는 거미줄을 목격하고서, 아직도 조정에서 자신에 대한 참소와 비방이 끊이지 않음을 걱정하며 지은 것이다. 저작 시기는 건원 원년 화주에 있을 때로 추정된다.

《보주두시》 시는 건원 2년 진주와 화주 사이에서 지은 것이다.(詩在

乾元二年秦華間作.)

《두시상주》 이 시는 사물에 기탁하여 감흥을 일으킨 것으로 험담을 걱정하고 비방을 두려워하는 뜻이 있으니, 틀림없이 건원 원년 화주에 있을 때 지은 것이다.(此詩託物興感, 有憂讒畏譏之意, 必乾元元年在華州時作.)

《두시경전》 이 작품은 홀로 서서 우연히 본 것으로 인하여 지은 것인데, 또한 무릇 시제詩題에 밝혀 말하기가 불편할 경우 시 속의 글자를 가지고 제목으로 삼는다.(此因獨立偶有所見而作, 又凡題有不便明言者, 則摘詩內字爲題.)

주 석

1 空外(공외) – 허공 밖. 鷙鳥(지조) – 사나운 새. 매와 같은 맹금류를 말한다.

《두시상주》 '공외'는 허공의 밖이다.(空外, 虛空之外.)

2 白鷗(백구) – 흰 갈매기.

3 飄颻(표요) – 바람에 나부끼는 모양. 새가 나는 모양. 여기서는 매가 나는 모양을 말한다.

4 容易(용이) – 경솔하다. 사냥감을 노리고 있는 매를 의식하지 못하고 강 사이를 오가며 노니는 흰 갈매기의 행동이 경솔함을 말한다.

〔空外4구〕

《두시언해》 이 구절은 매는 공격하려는 마음이 있는데 흰 갈매기는 그것을 알지 못하고 이리저리 돌아다닌다는 말이다. 한가롭고 고요한 생활을 하는 선비들은 세속적 추구에 무심하지만 혹 권세가를 거슬러 화를 입는 경우가 있음을 비유한 것이다.(此言鷙鳥有心於搏擊, 白鷗不知而浮遊. 喻閒靜之士無心於求世, 或有忤權貴而得禍也.)

5 多濕(다습) – 물기가 많다. 촉촉하다.

6 蛛絲(주사) – 거미줄. 仍(잉) – 여전히.

〔草露2구〕

《두시언해》 풀 이슬이 촉촉하니 물건을 더럽히는 데 이르고, 거미줄을 아직 거두지 않았으니 장차 생물을 그물질할 것이다. 모두가 사물을 해치려는 뜻이 있다.(草露多濕, 則至於污物, 蛛絲未收, 則將以羅物, 皆有害物之意.)

《두시경전》 옷을 적시고 그물을 펼쳐놓은 것은 중상이 그칠 때가 없다는 뜻을 나타낸다. 2구는 위와 비교하여 더 한층 깊이가 있다.(霑衣張網見中傷無已時意, 二句較上更深一層.)

《두공부초당시전》 이슬이 뭇 풀에 내리면 장차 풀을 시들게 할 것이요, 거미줄을 아직 거두지 않았으니 장차 날벌레를 그물질할 것이다. 모두 살의가 있다.(露下衆草, 則將殺草, 蛛絲未收, 則將羅物, 皆有殺意.)

7 天機(천기) – 하늘의 기밀. 하늘의 뜻. 자연의 운행원리를 말한다.

8 萬端憂(만단우) – 여러 가지로 근심하다.

〔天機2구〕

《두시언해》 위 세 연의 일은 모두 천기 자연이 만들어낸 것이지만 사실은 사람의 일과 가깝다. 이것이 두보가 걱정한 까닭이다.(上三聯之事並是天機自然之所爲, 而實與人事相近, 此甫之爲憂也.)

《두시상주》: 위 6구는 홀로 서서 본 경물이고, 마지막 2구는 홀로 서서 느낀 감정이다. 조방의 주에서는 "'지조'는 소인 가운데 질투하는 사람을 가리키고 '백구'는 군자 가운데 갇히거나 추방된 사람을 가리킨다"고 하였다. 3, 4구는 첫 2구를 나누어 이었다. '지조'가 바야흐로 공격을 자행하고 있으니 '백구'가 가볍게 왕래할 수 있겠는가 하고 위태롭게 여겼다. 또 밤이슬이 이미 젖어들고 거미줄은 아직도 촘촘한 그물을 펼쳐놓고 있어 거듭 그것을 가슴아파하고 있다. 위는 드러내놓고 배격을 하는 것이요, 아래는 남몰래 장치를 한 것이다. 벌레나 새의 천기는 사람의

일과 같다. 이러한 까닭에 이것을 마주하니 만 가지 근심이 함께 모이는 것이다.(上六獨立所觸之景, 末二獨立所感之情. 趙汸注, 鷙鳥, 比小人之媢嫉者. 白鷗, 比君子之幽放者. 三四分承首二. 鷙鳥方恣行搏擊, 白鷗可輕易往來乎, 危之也. 且夜露已經沾惹, 而蛛絲猶張密網, 重傷之也. 上是顯行排擊者. 下是潛爲布置者. 蟲鳥天機, 同於人事. 是以對此而萬憂幷集也.)

《두시경전》: 험담을 싫어한 것으로 《시경》에 비체가 있는 것과 같다. 유수계는 "여기에는 필시 이백, 정건 같은 사람처럼 화를 당하고서도 여전히 무고로 죄를 뒤집어쓰는 일이 그치지 않는 은사가 있을 것이다"라고 하였다. 지금 살펴보건대, 마땅히 방관 엄무嚴武, 가지賈至 같은 이들을 가리키는 것일 것이다. 뒤에 지은 〈악주사마 가지와 파주자사 엄무에게 부치는 시(寄岳州賈司馬六丈巴州嚴八使君兩閣老五十韻)〉에서 말한 "포구의 갈매기 머리 깨지는 것을 막아보지만 서릿발 같은 매는 빈주먹이 아니네"와 의미가 거의 비슷하다.(疾讒也, 若詩之有比體. 劉須溪云, 此必有幽人受禍而羅織仍未已者, 如太白鄭虔諸人. 今按當指房琯嚴賈輩, 後有寄賈嚴兩閣老詩云, 浦鷗防碎首, 霜鶻不空拳. 語意正相似也.)

《두억》: 이 작품이 시경의 비比와 같다는 것은 본디 말할 필요가 없다. 가장 슬퍼할 만한 것은 '하늘의 뜻이 사람의 일과 가깝다'는 한 마디이다. 선한 사람에게 복을 주고 음란한 이에게 재앙을 내리는 것은 당연히 하늘의 이치이다. 그러나 소인이 뜻을 얻으면 하늘의 뜻 역시 은밀히 그를 도와 도모하는 일마다 반드시 이루어지게 하고 하는 일마다 반드시 성취하게 하는 것 같다. 즉 '천기' 역시 '인사'와 같다. 천도 역시 그러하다면 사람은 장차 어디에 의지해야 하는가? 그러므로 걱정이 깊어지는 것이다.(此如詩之比固不必言, 最可傷在天機近人事一語. 福善禍淫, 自是天理, 然當小人之得志也, 天意亦若陰相之, 使有謀必遂, 有爲必成, 卽天機亦與人事同. 天道亦然, 人將安恃. 所以憂之深也.)

(이 석 형)

39. 至日遣興, 奉寄北省舊閣老兩院故人 二首

동지에 시름을 풀어 북성의 옛 각로들과 양원의 친구들에게 받들어 부치는 두 수

去歲茲晨捧御牀[1]　五更三點入鵷行[2]
欲知趨走傷心地[3]　正想氤氳滿眼香[4]
無路從容陪語笑[5]　有時顚倒著衣裳[6]
何人却憶窮愁日[7]　日日愁隨一線長[8]

지난해 이날 새벽엔 임금의 자리를 받들고
오경 삼점에 원추새 행렬에 들었습니다.
추창하며 마음 아파하는 곳 알고자 하실 텐데
저는 지금 무성히 눈에 가득했던 향연을 생각합니다.
한가로이 모시고 담소 나눌 방도는 없고
때로 거꾸로 옷을 입습니다.
곤궁하여 시름하는 때를 어떤 분이 생각해 주실까요?
날마다 시름은 한 가닥 실만큼씩 길어지고 있습니다.

이 시는 건원 원년 동짓날 화주에서 지은 것으로, 지난해 동료들과 더불어 조정에서 조회에 참여하던 일에 대한 그리움과 현재 자신의 곤궁한 처지에 대한 비탄이 담겨 있다. 지일은 동지, 북성은 문하성과 중서성의 양성, 각로는 양성의 고관에 대한 존칭, 양원은 양성, 고인은 두보의 동료를 각각 가리킨다. 《두시상주》에서는 건원 2년 11월 화주에서 지었다고 하였는데, 《두시상주》의 〈두공부연보杜工部年譜〉에 의하면 두보는 이때 이미 화주를 떠났을 때이다. 아마도 '건원 원년'의 잘못인 듯하다.

《보주두시》 시에서 '지난해 이날 새벽엔 임금의 자리를 받들고'라 한 것은 지덕 2년 동짓날 가까이에서 임금을 모셨던 것을 말한다. 또 '외로운 화주성엔 오늘 애를 끊음직 하니'라 한 것은 화주에서의 일이다. 마땅히 건원 원년에 지은 것이다.(詩云, 去歲玆晨捧御牀. 謂至德二載至日在近侍也. 又云, 孤城此日堪腸斷. 則在華州也. 當是乾元元年.)

《두시상주》 이것은 건원 2년 11월 화주에서 지은 것이다. 고신顧宸의 주에는 "두보가 지덕 2년 10월에 임금을 호종하여 경사에 돌아왔다. 이 시는 건원 원년 동짓날에 지은 것으로 지난해를 돌이켜 생각한 것이다"라고 하였다. 《통전》에 "당인들은 문하중서를 북성이라 하였는데 또한 문하를 좌성이라 하기도 하였으며 혹 그것들을 통틀어 양성이라 하기도 하였다"라고 하였다.(此乾元二年十一月在華州作. 顧注, 公以至德二載十月扈從還京. 此詩作於乾元元年之至日, 而廻思去歲也. 通典, 唐人謂門下中書爲北省, 亦謂門下爲左省, 或通謂之兩省.)

주 석

1 去歲玆晨(거세자신) - 지난해의 이날 새벽. 지덕 2년 동짓날 아침을 가리킨다. 捧御牀(봉어상) - 임금의 자리를 받들다. 임금을 모시고 있었다는 뜻이다. 당시 두보는 좌습유로 임직하고 있었다.

《두시상주》 '捧'은 우러러 받드는 것이다.(捧, 仰承也.)

2 五更三點(오경삼점)－시각을 나타내는 말로 날이 밝을 무렵이다. 하룻밤을 5경으로 나누고, 1경을 다시 3점으로 나누었다. 入鵷行(입원항)－원추새의 대열에 들다. 조정에 늘어선 관리의 열에 참여했음을 의미한다. '入'이 '出'로 된 판본도 있다.

《안씨가훈顏氏家訓·서증書證》 한위 이래로 갑야, 을야, 병야, 정야, 무야라고 하였으며, 또 고라고 하여 일고, 이고, 삼고, 사고, 오고라고 하였고, 또한 일경, 이경, 삼경, 사경, 오경이라고도 하였으니, 모두 다섯을 마디로 하였다.(漢魏以來, 謂爲甲夜乙夜丙夜丁夜戊夜, 又云鼓一鼓二鼓三鼓四鼓五鼓, 亦云一更二更三更四更五更, 皆以五爲節.)

《두시상주》에 인용된 《설문說文》 원추새와 해오라기는 서게 되면 행렬을 갖추기 때문에 조정의 반열을 나타낸다.(鵷鷺立有行列, 故以喩朝班.)

3 欲知(욕지)－알기를 바란다. 여러 사람들이 두보에 대하여 알고 싶어 한다는 뜻이다. 趨走(추주)－종종걸음으로 바삐 달리다. 화주의 상관 앞에서 일처리에 분주한 것을 두고 한 말이다. 傷心地(상심지)－마음을 상하게 하는 곳. 화주를 가리킨다.

《두시상주》 살펴보건대, 두보의 〈관정후희증官定後戲贈〉시에 '늙은이 분주히 뛰어다니는 것을 두려워하였는데, 솔부는 그런대로 한가로우리'라 했는데, 이것은 하서위를 '趨走'하는 것으로 여긴 것이니, '趨走'와 '傷心'이 화주사공의 일임을 증명할 만하다. 근인의 주에는 어전 계단에서 추창하는 것이라 했는데, 옳지 않다.(按, 公官定後詩, 老夫怕趨走, 率府且逍遙, 是以河西尉爲趨走也, 可證趨走傷心爲司功事矣. 近注謂趨走殿陛者, 非.)

《보주두시》 왕수 주 이것은 화주연이 되어 군의 장령에게 추창(趨蹌)하여 뵙는 것을 말한다.(此言爲華掾趨走參謁郡將也.)

4 正想(정상)－때마침 생각하다. 氤氳(인온)－기운이 성한 모습. 향이 피어오르는 모습을 가리키는 말이다. 滿眼香(만안향)－눈에 가득히 보이는

향연. 장안의 조정에 있을 때의 일이다.

《두공부초당시전》 어전 향로의 향연을 생각한 것이다.(懷想御爐之香煙也.)

《두시상주》에 인용된 왕일王逸의 《초사주楚辭注》 '인온은 성한 모습이다.(氤氳, 盛貌.)

5 無路(무로) – 길이 없다. 방법이 없다. 從容(종용) – 여유 있게, 한가롭게. 陪語笑(배어소) – 모시고 담소하다. 서울에 있는 각로 및 동료와 함께 담소를 나눈다는 뜻이다.

6 顚倒著衣裳(전도착의상) – 웃옷과 아래옷을 바꾸어 입다. 갑작스런 명령으로 분주한 때가 많음을 말한다.

《두공부초당시전》 행역의 갑작스러움을 말한 것이다.(言行役之遽也.)

7 却憶(각억) – 돌이켜 생각하다. '却'이 '錯'으로 된 판본도 있다. 또 '憶'이 '認'으로 된 판본도 있다. 窮愁日(궁수일) – 곤궁한 가운데 시름겨워하는 때. '窮愁'를 동짓날 양기가 생겨나고 음기가 줄어들기 시작하는 것에 착안하여 시름이 다하는 날로 보는 경우가 있지만 취하지 않는다.

《두시언해》 '궁수'는 양기가 생겨나고 음기가 물러감을 말하니 곧 시름이 다하는 날인 것이다.(窮愁, 謂陽生陰退, 乃愁盡之日.)

《두시상주》 《연의》에서는 동지가 양이 자라고 음이 줄어드는 것을 이유로 그것(궁수일)을 시름이 다하는 날이라 했는데, 이 견해는 근거가 없다. 살펴보건대, 《우경전》에는 "곤궁하여 시름하지 않으면 책을 저술할 수 없다"고 하였는데, 이것이 '窮愁' 두 글자가 유래하는 것이다. 두보가 기주에서 쓴 시(〈冬至〉)에 '해마다 동짓날엔 길이 나그네 되었으니, 울적한 가운데 곤궁과 시름으로 못 견뎌하네'라 했으니, 이로써 증거해 본다면 《연의》는 확실히 잘못이다.(演義以冬至陽長陰消, 謂之愁盡日, 此說無據. 按, 虞卿傳, 非窮愁不能著書, 此窮愁二字所本. 公夔州詩云, 年年至日長爲客, 忽忽窮愁泥殺人. 以此證之, 則演義斷誤.)

8 日日(일일) – 날마다. '愁日'로 된 판본도 있다. 隨一線長(수일선장) – 한

가닥의 실을 따라 길어지다. 한 가닥의 실에 대하여는 두 가지 설이 있다. 하나는 위진 시기에 궁중에서 붉은 실을 사용하여 해 그림자를 재도록 했는데, 동지 후에 매일 늘어가는 길이가 이것이었다. 다른 하나는 당나라 궁중에서 자수를 담당하는 여공들이 동지 후에 길어지는 해에 따라 늘려가는 작업량의 단위가 일선이었다. 아래에 예시한 두공부초당시전의 내용을 따라 후자의 견해를 취하는 쪽이 좋을 듯하다.

《두시상주》에 인용된 《세시기歲時記》 위진간에는 궁중에서 붉은 실로 해 그림자를 잿는데, 동지 후에는 해 그림자가 한 가닥 실만큼씩 늘어났다. (魏晉間, 宮中以紅線量日影, 冬至後日影添長一線.)

《두공부초당시전》 《당잡록》에, "당의 궁중에선 여공에게 해의 길이를 헤아리도록 하여 동지 후 해 그림자가 점차 길어지면 평소보다 실 한 가닥의 일을 늘리도록 하였다"고 하였다. 두보의 시집을 살펴보건대, 두보에게 〈소지小至〉시가 있는데, (이 시에서) '오색 무늬로 수를 놓는 여공들이 한 가닥의 실을 보탠다'고 했으니, 바로 이 경우가 된다.(唐雜錄, 唐宮中以女工揆日之長短, 冬至後日晷漸長, 比常日增一線之工. 按集公有小至詩, 曰刺繡五紋添一線, 是也.)

《두시상주》: 이것은 두보가 화주사공으로서 동지를 맞이하여 감회가 있게 된 것이다. 위 4구는 지난해를 떠올린 것이며, 아래 4구는 오늘을 슬퍼한 것이다. '御牀'은 동짓날 조정에 나아가 정사를 본 것이다. '鵷行'은 같은 성의 친구들이다. '滿眼'과 '陪笑'는 조정의 반열에 함께 한 것이다. '趨走'와 '顚倒'는 군수를 알현하는 것이다. 5구는 4구에 응하며 6구는 3구에 응한다. 가운데 2연은 서로 돌아가며 고리를 이룬다. '愁隨日長'은 폄적되어 슬퍼하고 탄식한 것이다. '欲知'라 하고 '何人'이라 한 것은 모두 함께 조회에 참여하던 여러 사람들에 대하여 말한 것이다. 《두억》에는 "득의한 사람이 곤궁 속에 시름겨워하는 사람에까지 생각이 미치지는 않을 것이다. 그래서 '잘못 실수로 생각하다(錯憶)'라고 한 것이다"라고 하였다. 지금 살펴보건대, '錯憶'은 말이 각박함을 띠고 있어 '却憶'이 함축적인 것만 못하다.(此公爲華州司功, 逢至日而有感也. 上四憶去年,

下四慨今日. 御牀, 至日視朝也. 鵷行, 同省故人也. 滿眼陪笑, 同列朝班. 趨走顚倒, 參謁郡主. 五句應四, 六句應三. 中二聯, 互爲廻環. 愁隨日長, 因謫官而傷歎也. 曰欲知, 曰何人, 皆對同朝諸公言. 杜臆, 得意之人, 未必憶及窮愁, 故曰錯憶. 今按, 錯憶語帶尖酸, 不如却憶爲含蓄也.)

其二

憶昨逍遙供奉班[1]　　去年今日侍龍顔[2]
麒麟不動爐烟上[3]　　孔雀徐開扇影還[4]
玉几由來天北極[5]　　朱衣只在殿中間[6]
孤城此日腸堪斷[7]　　愁對寒雲雪滿山[8]

생각하노니 예전엔 공봉의 반열에서 소요했던 터
지난해 오늘엔 용안을 모셨었지.
기린 향로의 향연은 흔들림 없이 피어오르고
공작을 수놓은 부채 그림자는 천천히 열려 움직였지.
옥 안석의 천자께선 여전히 하늘의 북극성이시고
붉은 옷 입는 백관들은 그저 어전 가운데에 있겠지.
외로운 화주성엔 오늘 애를 끊음 직하니
찬 구름 아래 눈이 가득한 산을 시름 속에 마주한다.

주 석

1 逍遙(소요) – 소요하다. 한가히 지내다.　供奉班(공봉반) – 천자를 호종하

는 반열. 당시 두보가 담임하고 있던 습유의 직책은 시중드는 일과 풍간이 주된 업무였다.

《두시상주》 당의 습유는 시중드는 일과 풍간의 일을 맡았다.(唐拾遺, 掌供奉諷諫.)

《구가집주두시》 조언재 주 습유는 시중드는 일과 풍간을 관장하기에 공봉의 반열이라 하였다. 살펴보건대, 양간의 《직림》에는 '보궐과 습유는 무태후 수공 연간에 2인을 두어 공봉과 풍간을 맡겼는데, 개원 이래 여전히 청선이었다. 좌우보궐 각 2인, 공봉을 맡는 이는 각 1인을 청선하였으며, 좌우습유 또한 그러하였다'는 내용이 실려 있다. 그것을 일러 청선이라 했으니, 가히 소요를 언급할 수 있겠다.(拾遺掌供奉諷諫, 故曰供奉班. 按楊侃職林載補闕拾遺, 武太后垂拱中置二人, 以掌供奉諷諫, 自開元以來猶爲清選. 左右補闕各二人, 供奉者各一人, 左右拾遺亦然. 夫謂之清選, 可以言逍遙矣.)

2 去年今日(거년금일) – 지난해 오늘. '今日'이 '冬至'로 되어 있는 판본도 있다. 侍(시) – 모시다. 龍顔(용안) – 임금의 얼굴. 임금을 가리킨다.

3 麒麟(기린) – 기린 형상의 향로. 不動(부동) – 움직이지 않다. 피어오르는 향연이 흔들림이 없는 모습을 가리킨다. 爐烟上(노연상) – 향로의 연기가 오르다. '上'이 '轉'으로 된 판본도 있다.

《구가집주두시》 조언재 주 기린이란 향로의 모습이다.(麒麟者, 香爐狀也.)

4 孔雀(공작) – 공작을 수놓은 부채. 徐開(서개) – 천천히 열리다. 부채의 움직임을 두고 한 말이다. 扇影還(선영환) – 부채의 그림자가 좌우로 돌다.

《구가집주두시》 조언재 주 공작이란 부채를 만드는 물건이다.(孔雀者, 爲扇之物也.)

《두시상주》 주한朱瀚의 주에, "기린은 곧 향로이다. 공작은 곧 깃털로 만든 부채이다. 한 가지 일을 나누어 두 층차로 하였으니, 구절의 단련이 정세하고 온윤하다"고 하였다. 주학령의 주에, "재상 및 양성의 관리들은 향안 앞에 마주보고 반열을 짓는다. 백관은 전각의 뜰에 반열을 짓는다. 부채가 모이고 황제가 어좌에 오르면, 내알자가 뜻을 받들어 의장대를 불렀다"고 하였다.(瀚注, 麒麟, 卽香爐. 孔雀, 卽羽扇. 一事分兩層, 鍊句細潤. 朱注, 宰臣兩省官, 對班於香案前, 百官班於殿庭. 扇合, 皇帝升御座, 內謁者承旨喚仗.)

《두시상주》 처음에 어좌에 오르면 부채를 모았다가, 오르고 나면 깃부채가 양쪽으로 열리면서 그림자 고리가 좌우로 감싼다. 《당육전·상련국》에, "수레, 일산, 부채를 관장한다. 큰 조회의 경우에는 공작부채 156개를 좌우로 나누어 두었다"고 하였다. 전에는 꿩 깃털 부채를 사용했는데 개원초에 공작을 수놓은 부채로 바꾸었다.(初升御座則合扇, 既升則羽扇兩開, 而影環左右矣. 唐六典, 尙輦局, 掌輿輦傘扇. 大朝會, 則孔雀扇一百五十有六, 分居左右. 舊翟羽扇, 開元初改爲繡孔雀.)

5 玉几(옥궤)－옥으로 만들어진 안석. 천자의 안석을 가리킨다. '几'가 '座'로 되어 있는 판본도 있다. 由來(유래)－원래. 본디. 天北極(천북극)－하늘의 북극성. 북극성은 천자의 지위를 가리킨다.

《두시상주》에 인용된 《서경잡기西京雜記》 천자의 옥궤는 겨울이면 그 위에 비단을 씌워 제궤라 불렀다.(天子玉几, 冬則加錦其上, 謂之綈几.)

6 朱衣(주의)－붉은 옷. 조회가 있는 날 어사대부의 시종관이 입는 옷이다. 殿中間(전중간)－어전의 가운데.

《두시상주》에 인용된 《당唐·의위지儀衛志》 조회가 있는 날이면 어사대부가 속관을 이끌고 어전의 서쪽채에 이르는데, 시종관들은 붉은 옷을 입고 전달하는 방식으로 불러서 백관들이 반열에 나아가는 것을 재촉하였다.(朝日, 御史大夫領屬官至殿西廡, 從官朱衣傳呼, 促百官就班.)

《두시상주》에 인용된 《당회요唐會要》 개원 25년에 이적지가 상주하기를, "동지대례의 조참에는 육품청관은 붉은 옷을 입습니다"라고 하였다.(開元二十五年, 李適之奏, 冬至大禮, 朝參幷六品淸官, 服朱衣.)

《구가집주두시》 조언재 주 동짓날 하례를 받는 의식에 대하여 말하는데, 그것을 일러 '由來'라 하고 또 '只在'라 한 것은 지존을 그리워한 것이다.

《주례周禮 · 사궤연司几筵》에 이르기를, '옥으로 안석을 장식하여 좌우에 둔다'고 하였다. 《논어》에, "북신이 그 자리에 위치하고 있으면 뭇별들이 그것을 향한다"라 하였는데, 북극은 곧 북신이다. 옥궤가 좌우에 베풀어져 있는데 종래에는 궁정에 있었지만, 지금은 밖에 있으니 바라볼 수 없게 되었다. 《당 · 예악지》에 "설날 하례를 받는 의식에 황제는 곤룡포와 면류관을 입었고, 동지에는 통천관과 강사포를 차려입었다"고 하였다. 그런데 《예기 · 내칙》의 '필군주韠君朱'의 아래에 보이는 주에 "천자와 제후는 설날 붉은 아래옷을 입었다"고 하였으니, 그렇다면 강사포는 붉은 옷이라고 말할 수 있겠다. '只在殿中間'은 역시 그 자리에 거함을 말한 것이다.(言至日受賀之儀, 謂之由來只在, 所以懷想至尊也. 周禮司几筵曰左右玉几. 論語曰, 北辰居其所而衆星共之. 北極, 卽北辰也. 玉几設於左右, 從來在宸扆之前. 今以在外, 則不能瞻睹之矣. 唐禮樂志, 元正受賀, 皇帝服袞冕, 冬至則服通天冠絳紗袍, 而在禮記內則韠君朱之下注云, 天子諸侯元端朱裳, 則絳紗袍可以言朱衣矣. 只在殿中間, 亦言居其所也.)

7 孤城(고성) – 외로운 성. 화주성을 가리킨다. 腸堪斷(장감단) – 애가 끊길 만하다. 마음이 견딜 수 없을 정도로 고통스럽다는 뜻이다.

《구가집주두시》 조언재 주 그저 밖에 있어서 조회하며 하례 드리는 의식에 참여할 수 없어 그리워만 할 뿐이었기에 애가 끊기는 탄식이 있었다.(但以在外不預朝賀而懷之耳, 故有腸斷之嘆.)

8 寒雲(한운) – 찬 구름. 겨울 하늘의 구름.

《두시상주》 사혜련의 〈설부〉에는 먼저 찬바람과 시름겨운 구름을 말하고 나중에는 가는 싸락눈과 펑펑 쏟아지는 눈을 언급했는데, 이것이 (시에서의) 구름과 눈이 근거하는 바이다.(惠連雪賦, 先言寒風愁雲, 後及微霰密雪, 此雲雪所本.)

《두시상주》: 둘째 수는 동짓날의 조회를 생각하고서 산성의 쓸쓸함을 한탄한 것이다. 4구에서 나누어진다. 자신이 현재 두려움에 떨고 있는 형편이기에 지난해의 여유작작하였음을 생각한 것이다. 향로의 향연과 부채의 그림자는 반열에서 보던 의장이다. 옥으로 만들어진 안석과 붉은

옷은 어전에서 대하던 사람들이다. 외로운 성, 구름과 눈은 기상이 참담하여, 더 이상 조회할 때의 분위기가 없는 것이다. 조대강은 "'由來'와 '只在'의 네 글자를 음미해 보면 창연히 바라보는 뜻이 많다. 천상의 옥궤는 그대로련만 용안을 모시려 하나 될 수 있는가? 전각 안의 붉은 옷을 입은 이들이 여전히 있으련만, 조반에 참여하고자 하나 될 수 있는가? 말뜻이 아래 글에 긴밀히 이어진다"고 하였다.(次章, 想至日早朝, 而歎山城寥落也. 在四句分截. 身方跼蹐, 故想去歲逍遙. 爐烟扇影, 班次所見之儀. 玉几朱衣, 侍殿所對之人. 孤城雲雪, 氣象慘悽, 無復朝賀時景色矣. 趙大綱曰, 玩由來只在四字, 有許多悵望意. 天上之玉几猶是也, 欲侍龍顔得乎. 殿中之朱衣猶在也, 欲與朝班得乎. 語意緊注下文.)

《독두심해》: 이 제2수는 맑은 울림이 나고 야문 광채가 있어 확실히 앞의 제1수와 현격히 구별되어진다. 위 4구는 하례를 받는 조회의식을 추억하여 썼는데, 단지 '憶昨'이라는 말로 일으켰을 뿐 결코 마음을 상하는 연약한 말을 끼워 넣지 않았다. 5, 6구는 위를 이어 아래를 일으키고 있는데, 필법에 파격을 띠고 있다. 용안이 위의를 갖추시고 하늘에 계시다고 했으니, 본디 가까이서 바라보기 어려운 것이지만 벼슬의 반차가 궁전 가운데 있어서 예전에는 일찍이 가까이 할 수가 있었지만 지금은 홀연 옛날과 지금이라는 현격한 차이를 이루게 되었다. 조대강은 범연한 시각으로 보았으니 생기가 없다. 결구는 단지 경치를 묘사한 것이지만 수준이 지극히 높다.(此首清響堅光, 鑿與前首迥別. 上四, 追寫賀節朝儀. 只用憶昨提起, 絶不夾入傷心軟語. 五六, 承上起下, 筆法帶側. 謂龍顔儼居天上, 本難近瞻, 官班故在殿中, 向曾接武, 玆也頓成今昔矣. 趙大綱平看, 便不活. 結句只寫景, 高絶.)

(**이 남 종**)

40. 路逢襄陽楊少府入城戲呈楊四員外綰
성으로 들어가는 양양 양소부를 길에서 만나, 원외랑 양관에게 장난삼아 드리는 시

寄語楊員外[1] 山寒少茯苓[2] 歸來稍暄暖[3] 當爲斸青冥[4]
翻動龍蛇窟[5] 封題鳥獸形[6] 兼將老藤杖[7] 扶汝醉初醒

양원외에게 안부 전합니다.
산이 추워서인지 복령이 적게 나오니
돌아와서 조금 따뜻해지면
당연히 그대 위해 푸른 소나무 밑을 파야겠지요.
용사굴을 뒤집어엎어서라도
짐승 모양 최상품을 포장해 올려야지요.
아울러 오래된 등나무 지팡이도 보낼 테니
술에서 막 깨어나실 때 부축이나 하시구려.

이 시는 두보가 화주에서 동도인 낙양으로 가는 도중에 양소부를 만나게 되어 양관에게 보낸 것인데, 일종의 편지 형식을 갖추고 있다. 이 시의 원주原注를 통해 볼 때, 두보는 화주사공으로 나갈 때에 양관에게 화주의 특산인 복령을 보내 주기로 약속했던 것 같다. 그러나 여러 가지 사정으로 두보는 그 약속을 지키지 못하다가, 이제 화주를 잠시 떠나는 상황에서도 그 약속을 잊지 않고 양관에게 반드시 복령을 보내 줄 것과 아울러 화주 특산인 등나무 지팡이까지 보내 줄 것을 약속하고 있다. 양소부의 구체적인 성명은 미상인데, 소부란 현위縣尉의 별칭으로 말단 관직이다. 양관은 화음사람으로 숙종이 즉위했을 때 반란군의 포위를 뚫고 행재소에 당도하여 기거사인, 사훈원외랑 등의 관직을 제수받았던 사람이다. 시제의 '戱呈'은 '戱題四韻附呈'으로 된 판본도 있다. 이 시의 저작 시기는 건원 원년이다.

《보주두시》 양관의 본전을 살펴보건대 양관은 화주 화음사람으로, 《신당서》에서는 원외랑이 되었다는 사실을 언급하고 있지 않다. 《구당서》에서는 숙종이 즉위하자 양관이 반군이 있는 곳에서 나와 위험을 무릅쓰고 행재소에 가서 기거사인, 지제고를 제수받았고, 사훈원외랑을 역임하였다고 기술하고 있다. 《신당서》는 간결함에 힘쓰다가 사실을 많이 빼먹었는데, 이와 같은 경우가 그러하다. 이 시는 의당 건원 원년의 작품이다.(按綰本傳, 綰華州華陰人. 新史不言爲員外郞. 舊史云, 肅宗卽位, 綰自賊中冒難赴行在, 除起居舍人知制誥, 歷司勳員外郞. 新史務簡而事多遺, 類如此. 此詩當是乾元元年作.)

《두시상주》 이 시는 마땅히 건원 원년의 작품이다.(此詩當是乾元元年作.)

《두시상주》에 보이는 원주原注 두보가 화주로 갈 때에 양관에게 복령을 보내 주겠다는 약조를 하였다.(甫赴華州日, 許寄員外茯苓.)

주 석

1 寄語(기어)－말을 전하다. 즉 양소부를 통하여 양관에게 안부를 전하는 것이다. 楊員外(양원외)－양관楊綰을 가리킨다. 원외는 관직의 이름으로 정원 이외의 관원을 지칭한다.

2 茯苓(복령) - 버섯종류로 오래된 소나무의 땅 속 뿌리에 기생하며, 겉은 흑갈색이고 주름이 많고, 약재로 쓰인다. 山寒(산한) - 산이 차다. 이 구에서의 산은 두보가 사공司功으로 있던 화주의 산을 지칭하는데, 화주는 복령의 주요 산지이다.

《두시상주》에 인용된 《당서》 화주상보에서는 복령과 복신을 토산품으로 바친다.(華州上輔, 土貢茯苓茯神.)

《두시상주》에 인용된 도은거陶隱居의 《본초本草》 복령은 껍질이 검고 주름이 졌으며, 안은 단단하고 희다.(茯苓, 皮黑而皺, 內堅白.)

3 歸來(귀래) - 돌아오다. 두보는 화주에서 동도 낙양으로 가던 길이었는데, 다음에 화주로 다시 돌아올 상황을 상정한 것이다. 두보는 건원 원년 겨울 화주를 떠나 동도로 갔다가, 다음해인 건원 2년 봄 다시 화주로 돌아온다. 稍(초) - 조금. 약간. 暄暖(훤난) - 온난하다. 온화하다. 날씨가 따뜻해지는 것을 말한다. '候和'로 된 판본도 있다.

《두시상주》에 인용된 주학령 주 《도경본초》에서는 큰 소나무 아래에서 자라며, 2월과 8월에 캐서 그늘에서 말린다고 하였다.(圖經本草, 生大松下, 二月八月采, 陰乾.)

4 斸(촉) - 베다. 찍다. 여기서는 땅을 파는 것을 말한다. 青冥(청명) - 푸른 하늘. 여기서는 푸른 소나무의 빛깔을 가리키는 것으로 본다.

《두시상주》에 인용된 《설문해자》 촉은 찍는다는 뜻이다.(斸, 斫也.)

《두시상주》에 인용된 사씨師氏의 설 칼로 땅을 파는 것을 말한다.(以刀刺地也.)

《두시상주》 《포박자》에서 "땅에서 복령이 나오면, 위에 청령한 기운이 있다"고 하였다. 요즈음 오원吳沅이 "무성한 노송의 아래에 복령이 있는데, 하늘색이 맑게 개었을 때 소나무 아래에도 푸른 기운 한 줄기가 땅가로 비스듬히 쏟아지고, 이때 땅을 파면 복령을 얻을 수 있다"고 하였다. 이것이 곧 청명을 '파낸다'는 것에 대한 설명이다. 장형의 〈남도부南都賦〉에 '푸르름이 우거져 있고'라는 구절이 있고, 두보의 〈고죽苦竹〉시에도 '푸르러 또한 스스로를 지키네'와 〈고남高枏〉시에 '녹나무 빛깔이 짙으니, 강가에 한 그루 푸르구나'라는 구절이 있다. 그러므로 청명이란 것이 나무의 색깔임을 알 수 있다.(抱朴子謂, 地產茯苓, 上有淸靈之氣. 近日吳沅云, 偃蓋老松, 下有茯苓, 天色晴霽時, 松下有靑氣一股, 斜注地邊, 掘之可得茯苓. 此卽斸靑冥之說也. 張衡南都賦, 靑冥芊眠. 公苦竹詩, 靑冥亦自守. 又高柟詩, 柟樹色冥冥, 江邊一蓋靑. 故知靑冥爲樹色.)

5 翻動(번동) – 뒤집다. 뒤집어엎다. 여기서는 복령을 찾기 위해 소나무 밑을 파헤치는 것을 묘사한 것이다. '翻倒'로 된 판본도 있다. 龍蛇窟(용사굴) – 용과 뱀이 깃든 굴. 여기서는 복령이 있는 땅 속을 가리킨다. '神仙窟'로 된 판본도 있다.

《구가집주두시》 세상에서는 화산에서 복령이 많이 나오므로, 신선이 사는 땅이라고 한다.(世言華山多茯苓, 神仙所居之地.)

6 封題(봉제) – 포장을 하고 겉에 이름을 쓰다. 여기서는 양관에게 보낼 복령을 준비하는 미래의 일을 미리 서술한 것이다. 鳥獸形(조수형) – 새나 짐승의 모양. 여기서는 복령의 외양을 묘사한 것으로, 좋은 품질의 복령을 의미한다.

《두시상주》에 인용된 《사기 · 귀책전龜策傳》 복령은 새삼 아래에 있는데 모양이 마치 나는 새와 같다.(茯苓在菟絲之下, 狀如飛鳥形.)

《구가집주두시》 복령은 조수의 모양과 닮은 것을 고급으로 여긴다.(茯苓似鳥獸形者, 爲上.)

7 兼將(겸장) – 함께 보내다. 老藤杖(노등장) – 오래된 등나무 지팡이. 복령과 함께 화주의 특산물이다.

《두시상주》: 전체 시의 내용이 모두 보내는 말이니, 율시로써 짧은 편지를 대신한 것인데 꾸밈없이 질박하면서 멋이 느껴진다. '훤난暄暖'은 복령을 채취할 때의 날씨이다. '청명靑冥'은 소나무 숲의 색깔이다. '용굴龍窟'은 뿌리를 맺은 곳이 깊다는 것이다. '조수鳥獸'는 특이하게 모양을 맺은 것이다. '등장藤杖'은 또한 화주에서 나는 산물이다. 양관이 필시

술을 좋아하기에, 결구에서 농담을 한 것이다.(全首皆屬寄語, 以律詩代短札, 質而有文. 暄暖, 取茶之候. 青冥, 松林之色. 龍窟, 結根之深. 鳥獸, 成形之異. 藤杖, 亦華州所產者. 楊必嗜酒, 故結用戲辭.)

《두시상주》에 인용된 황생 설: 이 시 역시 동도로 갈 때에 지은 작품이다. 여덟 구절이 단숨에 서술되어 내려갔으니, 가는 도중에 갑자기 만나게 되어 선 채로 말 편지를 붙이는 것 같다.(此亦往東都時作. 八句一氣敍來, 酷似途次乍逢, 立寄口信之語.)

《독두심해》: 살펴보건대 화주에서 동도로 가다 보면 반드시 화음을 지나게 되어 있다. 이때 양관은 이미 그곳에 거주하고 있었을 것이다. 두보는 본래 직접 만나서 이런 이야기를 하려고 했으나, 마침 소부가 성에 들어가는 것을 만나게 되어 이 말을 붙인 것이다.(按, 自華之東都, 須經華陰. 時楊綰當已家居, 公本欲面致斯語, 適逢少府入城, 因附此也.)

(**박홍준**)

41. 冬末以事之東都湖城東遇孟雲卿復歸劉顥宅宿宴飮散因爲醉歌

겨울이 끝날 무렵 일 때문에 낙양에 갔다가 호성 동쪽에서 맹운경을 만나 다시 유호의 거처로 돌아가서는 하룻밤을 묵으며 술을 마시고 헤어지면서 그 김에 취가를 짓다

疾風吹塵暗河縣[1]　行子隔手不相見[2]
湖城城東一開眼[3]　駐馬偶識雲卿面[4]
向非劉顥爲地主[5]　懶回鞭轡成高宴[6]
劉侯歡我攜客來[7]　置酒張燈促華饌[8]
且將款曲終今夕[9]　休語艱難尙酣戰[10]
照室紅爐簇曙花[11]　縈窗素月垂秋練[12]
天開地裂長安陌[13]　寒盡春生洛陽殿[14]
豈知驅車復同軌[15]　可惜刻漏隨更箭[16]
人生會合不可常[17]　庭樹雞鳴淚如霰[18]

거센 바람이 먼지를 불어 하현이 어둑하니
나그네 한 치 앞도 보지 못하다가,
호성의 성 동쪽에서 한 번 눈을 떠
말을 멈추고 우연히 맹운경의 얼굴을 보았다.
만약 유호가 땅 주인이 아니라면
말고삐 돌려 고상한 연회 성사시키는 것을 말았을 터.

유후는 내가 손님을 데리고 온 것을 기뻐하여
술을 차리고 등불을 늘어놓고서 귀한 음식을 재촉한다.
그저 온갖 정성 다해 오늘 밤을 지새울 것이지
고난 속에서 전쟁이 한창이라는 얘기일랑 하지 맙시다.
방안을 비추는 붉은 화로는 새벽 꽃이 만발한 것이요,
창을 휘도는 흰 달빛은 가을 명주를 드리운 것이라.

장안 거리에 하늘이 터지고 땅이 갈라지더니
낙양 궁전에 추위가 가고 봄이 찾아왔다.
수레를 몰면서 다시금 바퀴폭이 같아질 줄 어찌 알았으랴마는
애석하게도 물시계는 시계화살을 따른다.
인생에서 만나는 일은 늘 있을 수 없어
정원 나무에 닭 울어대니 눈물이 싸락눈처럼 날린다.

이 시는 두보가 건원 원년 말에 화주에서 낙양으로 돌아갔을 때 맹운경을 만나 유호의 거처를 다시 찾았다가 지은 것으로 보인다.

《보주두시》 호성은 괵주에 속한다. 시 첫째 구에서 '거센 바람이 먼지를 불어 하현이 어둑하다'고 한 것은 하남을 가리킨다. 이 시는 건원 원년에 화주에서 낙양으로 갔다가 지은 것이 틀림없다. 양권도는 지덕 2년 장안에 돌아갔을 때 지은 것이라고 보았지만 잘못이다. 노은은 이를 알았기에 《두보연보》에서 "겨울에 동관을 나서서 동쪽 낙양으로 갔는데, 사서에서는 싣고 있지 않다"고 한 것이다. 두보는 이듬해 봄 끝무렵이 되어서야 화주로 돌아갔다.(湖城屬虢州. 詩首句

云, 疾風吹塵暗河縣, 指河南也. 當是乾元元年自華遊東都作. 梁權道以爲至德二年歸長安時作, 非. 魯訔知之, 故年譜云, 冬出潼關, 東征洛陽道, 史不載. 明年春末方歸華.)

《두시상주》 《당서》에 "호성현은 괵주에 속하는데 한대에는 호현이었다가 뒤에 호성으로 바뀌었다"는 기록이 있다. 《당시기사》에 "맹운경은 하남 사람으로 두보, 원결과 가장 친하였다. 원결의 〈남해로 가는 맹운경을 전송하며 쓴 글〉에 '맹운경은 원결과 동향 사람으로 문학으로 서로 친하였는데, 원결보다 예닐곱 살이 적었다'고 하였다"는 기록이 있다.(唐書, 湖城縣, 屬虢州, 漢湖縣, 後改湖城. 唐詩紀事, 孟雲卿, 河南人, 與杜子美元次山最善. 元次山送孟校書往南海云, 雲卿與次山同州里, 以詞學相友, 少次山六七歲.)

《두공부초당시전》 《지리지》에 따르면, 섬주에 호성현이 있는데 주에서 서남쪽으로 101리 떨어져 있으며, 본래 괵주에 속하였다가 태평흥국 3년에 섬주에 소속되었다고 한다. 《한서 · 지리지》에서는 '정호라는 곳이 있어 황제가 이곳에서 세발솥을 주조했다'고 한다.(按地理志, 陝州有湖城縣, 去州西南一百一里, 本隸虢州, 太平興國三年屬陝. 漢志, 有鼎湖, 卽黃帝鑄鼎於此也.)

주 석

1 河縣(하현) – 지명. 여기서는 호성을 가리킨다.

《두시상주》에 인용된 《수경주》 황하의 강물이 다시 북에서 호현 동쪽을 경유하기에 하현이라고 한다.(河水又北逕湖縣東, 故曰河縣.)

《구가집주두시》 조언재 주 호성이 황하에 접해 있기에 하현이라고 한 것이다.(湖城濱河, 故曰河縣.)

2 行子(행자) – 나그네. 隔手(격수) – 손을 사이로 하다. 한 치 앞도 볼 수 없다는 말이다.

〔疾風 2구〕

《두공부초당시전》 하현은 곧 하양이다. 두보시집의 〈석호리〉시에 '화급히 하양에서의 임무를 맡으면 그런대로 새벽 밥을 준비할 수 있다'는 구절이 있는데, 곽자의 · 이광필이 반군과 하양에서 서로 대치하고 있는 것을 말한다. '거센 바람이 먼지를 분다'고 한 것은 주둔병이 있는 곳에서 바람에 흙먼지가 날리는 것을 말하는데, 하현이 그 때문에 어두워서 사람이 보이지 않았던 것이다.(河縣乃河陽也. 集有石壕吏詩, 急應河陽役, 猶得備晨炊, 謂郭子儀李光弼與賊相抗於河陽. 疾風吹塵, 言屯兵所在, 風揚塵土, 河縣爲之暗, 而不見人也.)

3 東(동)－'北' 혹은 '南'으로 되어 있는 판본도 있다. 開眼(개안)－눈을 뜨다. 먼지 때문에 눈을 감고 있다가 다시 뜬 것을 말한다.

4 駐馬(주마)－말을 멈추다. 雲卿(운경)－맹운경을 가리킨다.

5 向(향)－만약, 전에. '況'으로 되어 있는 판본도 있다. 地主(지주)－땅주인. 유호가 현지인임을 뜻한다.

《구가집주두시》 조언재 주 《오서 · 손환전》에 "강하태수가 되어 땅주인이라는 칭호를 얻었다"는 기록이 있다.(吳書孫奐傳, 爲江夏太守, 有地主之稱.)

6 懶回鞭轡(나회편비)－채찍과 고삐를 더디게 돌리다. 즉 방문을 미루는 것을 말한다. 成高(성고)－'城南'으로 되어 있는 판본도 있다.

《두시상주》: 첫 단락은 호성에서 맹운경을 만나 다시 유호에게 돌아간 것을 서술하고 있다. 두보는 술자리를 파하고 떠났다가 다시 맹운경을 데리고 돌아왔으니 손님과 주인으로서의 처지를 잊은 것이다. 아래의 두 구절은 거꾸로 말함으로써 유호의 어진 마음을 드러내고 있다.(首敍湖城遇孟, 復返於劉. 公飮畢而去, 又拉孟而回, 忘乎賓主形迹. 下二, 反言以見劉之賢.)

7 劉侯(유후)－유호를 가리킨다. 歡(환)－'歎'으로 되어 있는 판본도 있다.

我攜客來(아휴객래) – 두보가 도중에 맹운경을 만나 데리고 온 것을 말한다.

8 促華饌(촉화찬) – 술상을 빨리 차리라고 명하는 것을 말한다.

9 款曲(관곡) – 정성, 진심. 終今夕(종금석) – '經今冬'으로 되어 있는 판본도 있다.

10 休語(휴어) – 말하지 않다. '語'는 '話'로 되어 있는 판본도 있다. 酣戰(감전) – 싸움이 무르익다. 반군과의 전투를 말한다.

《두공부초당시전》 그해 9월 경인일에 아홉 절도사의 군대가 업에서 반군인 안경서를 공격하였다.(是年九月庚寅, 九節度兵伐賊安慶緒于鄴.)

《두시언해》 '酣戰'은 안녹산 · 사사명의 난을 가리킨다.(酣戰, 指安史之亂.)

〔款曲 2구〕

《두시상주》 '款曲' 2구는 유후가 손님에게 권하는 말뜻에 정성이 담겨 있다는 것을 아울러 서술하고 있다.(款曲二句, 兼述劉侯勸客詞意之殷勤.)

11 紅爐(홍로) – 붉은 화로. 簇曙花(족서화) – 새벽 꽃이 가득 피다. 화로를 비유한다. '促曙光'으로 되어 있는 판본도 있다.

《두시상주》 새벽녘의 꽃이 한꺼번에 피면 색이 곱고 아름답기에 붉은 화로에 비유한 것이다.(早花簇發, 其色鮮麗, 故比紅爐.)

12 縈窗(영창) – 창가를 휘돌다. 秋練(추련) – 가을 명주. 달빛을 비유한다.

《두시상주》: 이 단락은 유호의 집에 머물며 술을 마시는 것을 서술하면서 그 정경을 적고 있다.(此敍顥宅留飮, 記其情景.)

13 天開地裂(천개지열) – 하늘이 열리고 땅이 갈라지다. 陌(맥) – '春'으로 되어 있는 판본도 있다.

《두시상주》 경방의 《역점》에 "하늘이 열리면 양기가 부족하고 땅이

찢어지면 음기가 넘치니, 모두가 전란이 일어나 아랫사람이 윗사람을 해치는 모습이다"라고 하였다. 《당사》에는 "그해 9월에 아홉 절도사의 군대가 업에서 안경서를 공격하였다"는 기록이 있다.(京房易占, 天開陽不足, 地裂陰有餘, 皆兵起下害上之象. 唐史, 是年九月, 九節度兵伐安慶緖于鄴.)

14 寒盡春生(한진춘생)－'紫陌春寒'으로 되어 있는 판본도 있다.

〔天開 2구〕 장안이 반군에게 함락되었다가 낙양이 수복된 것을 말하는 것으로 보는 설이 있는가 하면, 두 구절 모두 반군들로부터 장안과 낙양 두 도읍을 수복한 것을 말하는 것으로 보는 설이 있다.

《두시상주》 '天開地裂'은 장안이 예전에 함락당한 것을 마음 아파하는 것이고, '寒盡春生'은 낙양이 이제 수복되었다는 것을 비유한다.(天開地裂, 傷長安昔陷. 寒盡春生, 比洛陽今復.)

《구가집주두시》 당시 도적들이 넘쳐나 숙종이 군대를 정비하고 수복을 논의하였다.(時盜賊充斥, 而肅宗理兵議收復也.)

《두공부초당시전》 장안은 곧 서경으로 땅이 개척된 것을 말하고, 낙양은 곧 동도로 살기가 사라지고 평화로운 기운이 생긴 것을 말한다.(長安乃西京, 言土地開拓也. 洛陽乃東都, 言殺氣盡而和氣生也.)

《독두시설》 이제 살펴보면, 앞 구절은 아래 구절과 묶어서 해석해야 한다. 두 도읍이 옛날에 함락되었다가 이제 모두 수복된 것을 비유하는 말로, 겨울이 가고 봄이 돌아온 것과 같다고 표현하였다. 장안과 낙양은 바로 호문이다. 《두시상주》에서 경방의 《역점》을 인용하였지만, 이제 막 수복을 기뻐하면서 다시 근거도 없이 이러한 재난을 말하는 것과는 어울리지 않는다. 아홉 절도사가 안경서를 공격한 것은 결국 반군을 토벌한 것이지 아랫사람이 윗사람을 해친 것이 아니고, 그 일이 일어난 것도 업에서이니 장안과는 상관이 없다. 시는 겨울에 지었으므로, 역시 9월의 일을 되새겨 서술하여 이 재난과 호응시킨 것으로 보아서는 안 된다.(今按此句當合下句解, 比兩京昔陷, 今皆收復, 猶之寒盡春回也. 長安洛陽, 乃是互言. 注引京房易占, 不應方喜收復, 又憑空說此災變, 九節度之伐安慶

緖, 乃是討叛, 非下害上, 其事在鄴, 又與長安無涉. 詩是冬作, 亦不當追述九月間事, 以爲應此災變.)

15 同軌(동궤) – 수레바퀴의 폭을 통일하다. 세상이 평정된 것을 말한다. 한편 함께 수레를 타는 것을 뜻하는 말로 볼 수도 있을 듯하다.

《두시상주》 '驅車'는 중도에 만나는 것을 말하고, '同軌'는 천하가 평정되었다는 것을 말한다.(驅車, 中途得遇. 同軌, 王路已平.)

《두공부초당시전》 장안과 낙양 두 도읍을 수복하고 수레와 문자가 통일된 것을 말한다.(謂收復兩京, 而車書混同也.)

《구가집주두시》 조언재 주 맹운경이 함께 호성에 있었던 때임을 말하면서 '수레는 바퀴폭을 함께한다'는 말을 차용하였다.(言孟雲卿同在湖城時, 借用車同軌字.)

16 刻漏(각루) – 물시계. 更箭(경전) – 시간을 나타내는 눈금이 새겨진 장치. 이 구절은 시간이 빨리 흐르는 것을 한탄하는 뜻이 담겨 있다.

《두시상주》 '更箭'은 밤이 깊다는 뜻이다.(更箭, 夜深.)

《두공부초당시전》 두보는 술을 좋아하였지만, 밤이 짧아 날이 밝으면 헤어져야 하는 것을 한탄하고 애석해하였다.(甫喜飮, 歎惜夜短明日分飛也.)

17 會合(회합) – 모이다, 만나다. 不可常(불가상) – 항상 겪을 수는 없다는 것을 뜻한다.

18 雞鳴(계명) – 닭이 울다. 날이 밝은 것을 말한다. 霰(산) – '線'으로 되어 있는 판본도 있다.

《두시상주》: '雞鳴'은 날이 밝았다는 뜻이다.(雞鳴, 天曙矣.)

《두시상주》: 마지막 단락에서는 난리 후 맹운경을 만난 것을 기뻐하면서 차마 헤어지지 못하겠다는 심경을 말하고 있다.(末喜亂後逢孟, 不忍別離也.)

《두시상주》에 인용된 노세각盧世㴶의 《자방여론紫房餘論》: 두보는 이미 몸을 일으켜 성을 나섰다가 강풍과 먼지 속에서 갑자기 맹운경을

만나 너무나도 기뻐서 손을 잡고 다시 유호의 집을 찾아갔다. 그때 유호도 뜻밖에 기뻐서 등불을 밝히고 음식을 재촉하였으니 자리가 끝난 상황 속에서 도리어 새로운 흥취가 생겨 손님과 주인이 친구처럼 서로 바라보며 웃음지었던 것이다.(子美已起身出城矣, 于疾風暗塵中, 忽見雲卿, 喜出意外, 遂携手復造. 當是時, 劉侯歡甚, 張燈促餐, 從殘局中翻出新興, 賓主友朋相視而笑.)

(**김 만 원**)

42. 鄉姜七少府設鱠戱贈長歌
문향의 강소부가 회를 차렸기에 장난삼아 긴 노래를 드리다

姜侯設鱠當嚴冬[1]　　昨日今日皆天風
河凍味魚不易得[2]　　鑿氷恐侵河伯宮[3]
饔人受魚鮫人手[4]　　洗魚磨刀魚眼紅[5]
無聲細下飛碎雪[6]　　有骨已剁觜春葱[7]
落碪何曾白紙濕[8]　　放筯未覺金盤空[9]
偏勸腹腴愧年少[10]　　軟炊香飯緣老翁[11]
新歡便飽姜侯德[12]　　淸觴異味情屢極
東歸貪路自覺難[13]　　欲別上馬身無力
可憐爲人好心事[14]　　於我見子眞顔色[15]
不恨我衰子貴時　　悵望且爲今相憶[16]

강후가 엄동에 회를 차렸는데
어제도 오늘도 하늘에는 바람이 불었다.
황하가 얼어 맛난 물고기를 잡기가 쉽지 않았고
얼음을 뚫다가 하백의 궁을 침범할까 두려웠겠지.

옹인이 교인의 손에서 물고기를 받고
물고기를 씻고 칼을 가는데 물고기의 눈알이 빨갛다.
소리 없이 썰어 내리니 부서진 눈이 날리는 듯

뼈를 저미고 나니 봄 파처럼 뾰족하다.
도마에 떨어뜨리니 흰 종이를 조금도 적시지 않고
저로 마음껏 먹었는데도 금 쟁반이 아직 비지 않았다.
굳이 기름진 뱃살을 권하니 젊은이에게 부끄럽고
향기로운 밥을 부드럽게 지은 것은 늙은이 때문이겠지.

새 사귐의 기쁜 일로 강후의 덕을 배불리 받았으니
맑은 술이랑 별난 음식이랑 정이 누차 극진하구나.
동으로 길을 서둘러 가는 것이 어려움을 절로 느끼고
이별하려고 말에 오를 때 몸에 힘이 없구나.
남을 위하는 좋은 심사가 어여쁘니
나를 대하는 데에서 그대의 진정한 모습이 드러나는구나.
내가 늙고 그대 귀하게 되었을 때 한스러울 게 없겠지만
창연히 바라보는 것은 오늘을 그리워하는 마음 때문이겠지.

이 시는 건원 원년 두보가 화주에서 낙양으로 가는 도중에 지은 것으로, 문향閿鄉의 강소부의 환대를 받고 감사하는 마음을 표현하였다. 문향은 지명으로 섬주에 속하였다. '閿' 자는 원래 '閺'인데 와전된 것이다. 강소부는 생애가 자세하지 않다. 소부는 현위縣尉이다.

《보주두시》 공은 건원 원년 겨울에 화주로부터 동도에 갔다. 그래서 '동으로 길을 서둘러 가는 것이 어려움을 절로 느낀다'라는 구절이 있으니 응당 그해에 지은 것이다.(公乾元元年冬自華州至東都, 故有

東歸貪路自覺難, 當是其年作.)

《두공부초당시전》 '閿'은 음音이 '문門'이고, 또 음이 '민民'이며, 자字는 정자로 '문閺'이다. 후한後漢 건안建安 연간에 '문閿'으로 고쳤다. 《후한서後漢書 · 군국지郡國志》에 "홍농군에 문향閿鄕이 있다"고 하였고, 《당서唐書 · 지리지地理志》에 "문향閿鄕은 섬군에 속한다"라고 하였다.(閿音門, 又音民, 字正作閺, 後漢建安中改作閿. 後漢志, 弘農郡有閿鄕. 唐志, 閿鄕屬陝郡.)

《두시전주》에 인용된 《원화군현지元和郡縣志》 본래는 한나라 호현 지역이었는데, 개황 16년에 호성현을 지금의 장소로 옮기고서 문향현이라 개명하고 섬주에 소속시켰다.(本漢湖縣地, 開皇十六年, 移湖城縣于今所, 改名閿鄕縣, 屬陝州.)

주 석

1 姜侯(강후) – 강소부를 가리킨다. '侯'는 미칭이다.

2 河凍(하동) – '黃河'로 된 판본도 있다. 味魚(미어) – 맛있는 물고기. 판본에 따라서 '美魚', '未漁', '冰魚', '取魚', '鮇魚' 등으로 되어 있다.

3 河伯(하백) – 황하의 신. 이 구는 얼음을 깨고 물 깊은 곳에서 물고기를 잡은 것을 말한다.

《두공부초당시전》: 깊이 들어가서 물고기를 찾은 것을 말한다.(言深入求魚也.)

《두시상주》: 첫 단락은 겨울 회를 얻기가 어려움을 말한다.(首言冬膾難得.)

4 饔人(옹인) – 요리사. 고대에는 요리를 담당하는 벼슬아치였는데, 후대에는 요리사를 범칭한다. 鮫人(교인) – 신화 전설상의 인어人魚로 물 속에 산다. 여기서는 어부를 뜻한다.

《두공부초당시전》 《주례 · 천관》에 내옹과 외옹이 있는데 요리를 담당한다.(周禮天官, 有內饔外饔, 掌割烹.)

《두공부초당시전》에 인용된 《술이기述異記》 남해에 교인의 방이 있다. 그는 물고기처럼 물에 살고 비단을 잘 짰다.(南海中有鮫人室, 水居如魚, 善織綃.)

《두시상주》 옹인은 주방에서 일을 보는 사람이고 교인은 물고기를 잡는 자이다.(饔人, 治庖者, 鮫人, 捕魚者.)

《구가집주두시》 조언재 주 바닷가에 교인이 있는데, 울면 눈물이 구슬이 되고 물 속에 살았다. 이제 공이 황하가 얼어서 어부가 물고기를 잡을 수 없으니 옹인이 받은 것은 바로 교인이 준 것이라고 말하였으니, 이는 물고기를 얻기 힘들어 진귀하게 여김을 강조하여 말한 것이다.(海上有鮫人, 泣則成珠, 居于水中. 今公言河凍而漁人未可以漁, 則饔人之所受者, 乃鮫人授之, 所以深言魚之難得而珍重之也.)

5 魚眼紅(어안홍) – 물고기가 신선함을 말한다.

《두시상주》 겨울에는 물고기가 신선하여 그 눈이 붉은 것이 많다.(冬日魚鮮, 其眼多紅.)

6 細下(세하) – 가늘게 썰어서 아래로 떨어뜨리다. 飛碎雪(비쇄설) – 색이 흰 것을 비유한다.

《두시상주》 '부서진 눈이 날린다'는 것은 그 색이 흼을 비유한다.(飛碎雪, 比其色白.)

7 有骨已剁(유골이타) – 뼈를 이미 자르다. '剁'는 '자르다' 또는 '부수다'의 뜻이다. 觜春葱(취춘총) – 봄 파의 끝처럼 뾰족하다. '觜'가 '嘴'로 된 판본도 있다. 이 구의 풀이는 다양하다. '회를 쳤더니 파처럼 부드럽다'고 풀이하기도 하고, '뼈를 없애고 살만 남긴 뒤에 파를 섞어서 요리하다'로 풀이하기도 하지만, 《독두심해》의 풀이를 따라서 '뼈를 자르고 나니 모양이 파 끝처럼 뾰족하다'로 풀이하였다.

《두시상주》 《광운》에서 "'剁'는 '부수다'의 뜻이다"라고 하였다. 《두억》에서 "'취춘총'은 회를 쳤더니 파가 부드러운 것 같다는 뜻이다"라고 하였는데, '취'는 음이 '追'이고 '부수다'의 뜻이다. 호하객은 '胔'로 하였다. '자'는 '살'의 뜻이니, 뼈는 제거하고 살을 남겨서 봄 파를 섞었음을 말한다. 《예기 · 내칙》에서 "회는 봄에 파를 쓰고 여름에 겨자를 쓴다"고 하였는데 회가 엄동인데도 '봄 파'라고 한 것은 성어를 썼을 뿐이다.(廣韻, 剁, 剉也. 杜臆, 觜春葱, 啄膾如葱之脆, 觜音追, 啄也. 胡夏客作胔. 胔, 肉也. 言去骨留肉而雜以春葱. 內則, 膾春用葱. 夏用芥. 膾在嚴冬, 而云春葱, 用成語耳.)

《독두심해》 이제 살펴보건대, '취觜'는 '비飛' 자와 대를 이루니 응당 용언用言으로 사용된 것이다. 이를 빌려서 뼈를 끊고 가시가 노출되니 봄 파가 예리한 것 같음을 말한 것이다. 구주는 모두 틀렸다.(今按, 觜與飛字對, 當屬虛用, 借言斷骨芒露, 如春葱之銳也, 舊注俱非.)

8 落碪(낙침) – 도마에 떨어뜨리다. '碪'은 음식물을 써는 데 사용하는 도구이다. 何曾白紙濕(하증백지습) – 회가 물기가 없이 깔끔함을 말한다.

《두시상주》 '침'은 도마이다.(碪, 几砧也.)

《두시상주》 소보邵寶 주에서 "무릇 회를 만들 때 재로 피를 제거하는데 종이를 사이에 둔다"고 하였다. 《제민요술》에서 "회를 썰 때 씻지 않는다. 씻으면 회가 젖는다"라고 하였다.(邵注, 凡作膾, 以灰去血水, 用紙以隔之. 齊民要術, 切膾不得洗, 洗則膾濕.)

9 放箸(방저) – 저로 회를 마음껏 먹는 것을 뜻한다. 젓가락질을 멈추다로 풀이하는 설도 있으나 취하지 않는다. 未覺金盤空(미각금반공) – 접시에 회가 많음을 뜻한다.

《두시상주》 '방'은 젓가락질을 멈추는 것이다.(放, 停箸也.)

《독두심해》 '방저'는 마음껏 먹다라고 말하는 것과 같다. 구조오의 풀이는 틀렸다.(放箸, 猶言縱啖, 仇解非.)

《두공부초당시전》 저를 막 놓자마자 금 쟁반에 또 많은 회가 가득해졌음을 말한다.(言箸纔放而金盤又簇膾已盈矣.)

10 腹腴(복유) – 배 아래의 기름진 부위를 뜻한다.

《예기 · 소의少儀》 '동우유冬右腴'의 정현 주 '유'는 배의 아랫부위이다.

(腴, 腹下也.)

《두시상주》에 인용된 《두억》 회를 차릴 때 특별히 배의 기름진 고기를 한 점 남겨두어 존귀한 손님에게 대접한 것이다. 공이 자기의 늙었음을 마음 아파하여 젊은이에게 부끄러워한 것이다.(設膾之時, 特留腹腴一臠, 以享尊客. 公傷己之老, 故愧於年少.)

11 軟炊(연취)－부드럽게 밥을 짓다.

《두억》 향기로운 밥을 합석하여 함께 먹는데 노인에게는 부드러운 것이 마땅하다. 밥이 부드러운 것을 보니 오직 늙은이를 위한 것 같아서 그 정을 느낀 것이다.(香飯合席共餐, 而老人宜于軟, 見飯之軟, 似獨爲老翁者, 而感其情也.)

#《두시상주》: 이 단락은 회가 좋고 맛이 아름다움을 적었다.(此記膾精而味美.)

12 新歡(신환)－새 사람과 사귄 것이 즐거웠음을 말한다. 飽姜侯德(포강후덕)－강씨의 은덕을 많이 받았다는 뜻이다.

《두시상주》 강씨는 아마 처음 만나 머문 사람일 것이다. 그래서 '신환'이라 한 것이다.(姜蓋初見而款留者, 故云新歡.)

《시 · 대아 · 기취旣醉》 술에 이미 취하고 덕에 이미 배불렀다.(旣醉以酒, 旣飽以德.)

13 東歸(동귀)－낙양으로 가는 것을 뜻한다. 이 구절은 이별이 아쉬워 길을 떠나기 어려워하는 마음을 표현한 것이다.

《두억》 동으로 가면서 길을 서둘렀으니 본래는 의당 급히 가야 했을 것이지만 그것이 몹시 어렵다고 느꼈기 때문에 말에 오를 때 힘이 없었다. 차마 헤어질 수 없어서 그렇게 된 것으로 이 부분에 희작戲作의 뜻이 있다.(東歸貪路, 本宜急行, 而殊覺其難, 故上馬而無力, 因不忍別而然, 此有戲意.).

14 爲人好心事(위인호심사)－남을 위하는 좋은 마음 씀씀이.

《두시상주》 '위인호심사'는 속어를 시에 사용한 것으로 강소부에 대해 한 말이다.(爲人好心事, 以俗語入詩, 乃對姜少府言耳.)

15 於我(어아) - '나를 대하는 데에서' 또는 '나의 일에 있어서'의 뜻이다.
眞顔色(진안색) - 진실된 표정. 참된 모습.

《두시상주》 마음이 안에 있으면 표정이 밖에 드러나게 된다. 나에게 있어서 진실하다고 하였으니 그가 정을 많이 주었지 보통으로 사랑한 것이 아님을 보여 준다.(心在中而色見於外, 曰於我眞, 見其鍾情而非泛愛.)

《두공부초당시전》 강후의 예모가 거짓이 아님을 말한다.(言姜侯禮貌非僞爲也).

16 爲今相憶(위금상억) - 금일을 그리워하기 때문이다.

〔不恨 2구〕 뒷날 오늘 일에 대한 그리움으로 창연히 이곳을 바라보게 될 것이라는 뜻이다.

《두시상주》 다른 날 내가 노쇠하고 그대가 귀하게 되는 것이 한스러울 게 못 되고 다만 다시 하기 어려운 오늘의 즐거움을 회상하면서 끝내 창연히 바라보지 않을 수 없을 것이다. 이 말은 지극히 은혜를 느껴 한 말이다.(他時我衰子貴, 不足爲恨, 但回憶今日之交歡難再, 終不能不悵望耳. 此極感恩之語.)

\# 《두시상주》: 마지막 단락에서 강씨에게 바치는 뜻을 폈다. 위의 4구는 강씨의 무거운 정을 느껴 헤어지고자 하여도 차마 하지 못한다는 것이고, 아래 4구는 강씨의 참된 뜻에 감복하여 헤어진 뒤 그리워할 것이라는 것이다.(末敍贈姜之意. 上四, 感姜情重而欲別不忍. 下四, 服姜意眞而別後相思.)

\## 《독두심해》: 소부가 회를 차려놓고 어른을 공경하는 성의를 다하니 감사하는 마음을 적어 이 시를 증정하였다.(少府設膾, 曲盡敬長之誠, 贈此志感也.)

(**이 영 주**)

43. 戲贈鄉秦少府短歌
장난삼아 문향 진소부에게 준 짧은 노래

去年行宮當太白[1]　朝回君是同舍客[2]
同心不減骨肉親[3]　每語見許文章伯[4]
今日時淸兩京道[5]　相逢苦覺人情好[6]
昨夜邀歡樂更無[7]　多才依舊能潦倒[8]

지난해 행궁이 태백산에 마주하고 있을 때
조회하고 돌아오면 그대는 같은 관사의 객이었지.
마음 같이하니 골육의 친함에 못지않았고
말할 때마다 내 문장이 최고라고 인정하였네.
오늘날 시절이 맑은 두 경사의 길에서
서로 만나 사람의 정 좋음을 깊이 느끼네.
간밤에 즐거움을 추구하여 더 없이 즐거웠거니와
재주 많은 그대 여전히 영락할 수 있구려.

이 시는 두보가 건원 원년 겨울 화주에서 동도로 가는 도중에 진소부를 만나, 지난해 행재소에서 함께 지냈던 추억과 지금 다시 만나게 된 즐거움을 노래한 작품이다. 시제의 '少府'는 '少公' 또는 '少翁'으로 된 판본도 있다.

《보주두시》 시에 "지난해 행궁이 태백산에 마주하였다"고 했으니 마땅히 건원 원년 경사에 돌아갈 때 지은 것이다.(詩云, 去年行宮當太白, 當是乾元元年歸京師時作.)

《두시상주》 앞 작품(〈閿鄕姜七少府設鱠戲贈長歌〉)과 같은 시기의 작품이다.(與上首同時之作.)

《두공부초당시전》 천보 15년 7월 숙종은 영무에서 즉위하여 연호를 지덕으로 고쳤다. 지덕 2년 두보는 반군의 수중에서 몰래 봉상으로 가서 좌습유에 배수되었다. 이 시가 지어진 것은 바로 건원 원년이다.(天寶十五載七月, 肅宗即位靈武, 改元至德. 至德二載, 甫自賊中竄歸鳳翔, 拜左拾遺. 是詩之作, 乃乾元元年也.)

주 석

1 行宮(행궁) – 행재소. 當(당) – 마주하다. '守'로 된 판본도 있다. 太白(태백) – 산명. 태백산은 당시 숙종의 행재소가 있던 봉상에 있었다.

《두시상주》에 인용된 소보邵寶 주 천자가 밖에서 거처하는 곳을 행궁이라고 한다.(天子在外之居曰行宮.)

《두공부초당시전》 지덕 2년 숙종이 봉상에 머무른 것을 말한다. 《당·지리지》에 의하면 봉상 미현에 태백산이 있었다.(謂至德二載肅宗駐驛鳳翔也. 唐地理志, 鳳翔郿縣有太白山.)

2 朝回(조회) – 조회하고 돌아오다. 同舍客(동사객) – 같은 관사의 객. 두보와 진소부가 같은 관사에 머물러 있었음을 말한다.

〔去年 2구〕

《두시언해》 태백산은 봉상에 있다. 숙종이 봉상에 머무를 때 두보는 습유로 있었는데 조회가 끝나고 돌아와 진소부와 관사를 함께 썼다는 말이다.(太白山在鳳翔. 謂肅宗駐鳳翔時, 甫爲拾遺, 朝罷而來, 與秦少府同館也.)

3 同心(동심) - 마음을 함께하다.

《두공부초당시전》 조회가 끝나면 진소부와 관사를 함께 쓰면서 골육처럼 친하게 지냈다는 말이다.(言朝罷與秦少府同館, 如骨肉之親也.)

4 見許(건허) - 인정을 받다. 伯(백) - 우두머리.

《두공부초당시전》 '백'은 우두머리이다. 진생은 늘 문장에 있어서 두보에게 윗자리를 양보하였다.(伯, 長也. 秦生常以文章推長於甫也.)

〔同心 2구〕 두보가 봉상의 행재소에서 진소부와 함께 지내던 일을 회상한 것이다.

5 時淸(시청) - 시절이 맑아지다. 건원 원년 숙종이 동경과 서경을 모두 수복하였는데 이를 가리켜 말한 것이다.

《두공부초당시전》 건원 원년 숙종이 두 경사를 수복하였다.(乾元元年, 肅宗收復兩京.)

6 苦覺(고각) - 깊이 느끼다.

《두시상주》 '고각호'는 당시의 방언이다.(苦覺好, 乃當時方言.)

7 邀歡(요환) - 즐거움을 추구하다. 여기서는 오랜만에 만나 회포를 푸는 것을 말한다. 樂更無(낙갱무) - 이러한 즐거움은 더 이상 없다. 이보다 더 즐거울 수는 없다는 말이다. '즐거움이 예전만 못하다'는 해석도 있으나 취하지 않는다.

《두시상주》 '낙갱무'는 다시 이와 같은 즐거움은 없을 것이라는 말이다.(樂更無, 謂更無如此之樂.)

8 多才(다재) - 재능이 많다. 여기서는 진소부를 가리킨다. 能潦倒(능료도) - 영락할 수 있다. 초라하게 지낼 수 있다. '潦倒'에 대하여는 이 밖에 다양한 해석이 있으나 취하지 않는다. '潦'는 '傾'으로 된 판본도 있다. 이 구절은 재능이 많은 진소부가 여전히 낮은 관직에 머무르며 초라하게 지낼 수 있다는 농담조의 말로 이해하는 것이 시제와 부합한다.

《두시상주》 진소부는 재주를 지니고 있으면서도 낮은 관리를 지내고 있었으므로 여전히 초라하게 지낸다고 말하였다. 《두억》에서는 "말구에 장난의 뜻이 있다"고 하였다.(秦抱才而爲下吏, 故曰依舊潦倒. 杜臆, 末句有戲意.)

《독두심해》 결구는 시어가 빼어나다. 재주가 많으면 낮은 지위를 달가워 하지 않는데 소부는 바로 여전히 그럴 수 있었다. '능'자는 참으로 어렵다.(結語雋. 多才則不堪下位矣, 少府乃依舊能之. 能字絶難.)

《구가집주두시》 조언재 주 《북사·최섬전》에 "천보 이후로 관리의 업무처리 능력을 중히 여기어, 행동거지가 너그럽고 온화한 사람을 일러 '潦倒'라고 하였는데 최섬은 끝내 그것을 고치지 않았다"고 하였다. 그러므로 공이 '潦倒'에 '能'이라고 말한 것이다.(北史崔瞻傳云, 自天保以後, 重吏事, 謂容止蘊藉者爲潦倒, 而瞻終不改焉, 故公於潦倒謂之能也.)

《두시상주》 혜강의 〈여산거원절교서與山巨源絶交書〉에 "내가 '潦倒'하여 사리事理 인정에 맞지 않음을 알았다"고 하였고, 《포박자》에 " '潦倒'하고 나태하여 할 일도 하지 않는 데 이르다"라고 하였는데 여기서의 '潦倒'란 바로 '파도처럼 무너지고 물결처럼 넘어진다'는 뜻이다. 《북사·최섬전》에 의하면 "위 천보 이후로 정사政事를 중히 여기어, 행동거지가 너그럽고 온화한 사람을 일러 '潦倒'라고 하였는데 최섬은 끝내 그것을 고치지 않았다"고 하였다. 전겸익의 전은 후자의 설을 따랐다.(嵇康書, 知吾潦倒不切事情. 抱朴子, 潦倒疏緩, 而致廢弛. 此乃波頹瀾倒之意, 據北史崔瞻傳, 魏天保以後, 重吏事, 謂容止蘊藉者爲潦倒, 而瞻終不改焉. 錢箋從後說.)

《두시경전》 혜강의 편지에 "내가 '潦倒'하여 사리 인정에 맞지 않음을 알았다"고 하였다. 이것은 위 '邀歡' 구를 이은 것으로 마땅히 '술을 마시며 맘껏 즐긴다'는 뜻을 가리킨다. 구설은 모두 조리에 맞지 않는다.(嵇康書, 知吾潦倒, 不切事情. 此承上邀歡句, 當指酣嬉淋漓意, 舊說俱支離.)

《두시상주》: 4구마다 운을 바꾸었다. 위는 지난날의 우정을 기억한 것이고 아래는 도중에 만난 것을 기뻐한 것이다.(四句轉韻. 上憶往日交情, 下喜中途歡聚.)

《두억》: 행궁이 봉상에 있을 때는 두 경사를 아직 수복하지 못했었는데, 지금은 두 경사가 수복되고 시절이 이미 맑아졌다. 서로 만나니 사람의 정은 옛날처럼 좋아졌지만 즐거움을 추구해도 즐거움은 예전만 못하다. 이것이 어찌 두 경사는 비록 수복하였으나 사사명, 안경서를 아직 평정하지 못함을 생각해서가 아니겠는가? '潦倒'는 마땅히 '실의한 모양'이고, '행동거지가 너그럽고 온화함'으로 풀이한 것은 잘못인 것 같다.(行宮在鳳翔, 時兩京未復. 今兩京復矣, 時已清矣, 相逢而情好如故, 邀懽而樂不如前, 豈謂兩京雖復, 而史思明安慶緖未平耶. 潦倒, 當是失意貌, 容止蘊藉之解恐非.)

(**이 석 형**)

44. 李鄠縣丈人胡馬行

호현 현령 이씨 어르신의 호마를 노래함

丈人駿馬名胡騮[1] 前年避賊過金牛[2]
回鞭卻走見天子[3] 朝飮漢水暮靈州[4]
自矜胡騮奇絶代[5] 乘出千人萬人愛[6]
一聞說盡急難才[7] 轉益愁向駑駘輩[8]
頭上銳耳批秋竹[9] 脚下高蹄削寒玉[10]
始知神龍別有種[11] 不比俗馬空多肉[12]
洛陽大道時再淸[13] 累日喜得俱東行[14]
鳳臆龍鬐未易識[15] 側身注目長風生[16]

어르신의 준마는 이름이 호류마
지난해 오랑캐를 피하여 금우 땅을 지났다가,
채찍을 돌려 도로 달려서 천자를 뵙고자
아침에 한수를 마시고 저녁에 영주에 이르렀네.

스스로 자랑하길, 호류마의 빼어남은 세상에 다시없어
타고 나서면 천 사람 만 사람이 사랑한다 하시지.
한 차례 급난의 재주를 다 말씀하심을 듣고 나니
점점 더 시름은 둔한 말들에게 더해지는군.

머리 위 예리한 귀는 가을 대나무를 쪼갠 듯하고

다리 아래 높은 발굽은 찬 옥을 깎는다네.
신룡은 따로 종자가 있음을 비로소 알겠거니
속된 말이 그저 살집이 많은 것과 비교가 안 된다네.

낙양 큰길에 시절이 다시 맑아
여러 날 함께 동쪽으로 가게 됨이 기쁘다네.
봉의 가슴 용의 갈기를 한 준마를 알아보기 어려우나
몸 굽혀 시선을 모으면 긴 바람이 일어난다네.

이 시는 건원원년 겨울 화주華州에서 낙양으로 갈 때에 지은 것이다. 이호현李鄠縣은 호현의 현령을 담임하고 있는 이씨성의 인물이다. 호현은 섬서성 중부에 있는 옛 현의 이름이며, 장인은 노인에 대한 존칭이다. 시는 전체적으로 현령 소유의 말이 지닌 신준한 자태와 위급을 구하는 뛰어난 자질에 대한 찬미의 내용으로 이루어져 있다.

《보주두시》 이 시에서 '지난해 오랑캐를 피하여 금우 땅을 지났다'라 하고, 또 '낙양 큰길에 시절이 다시 맑아져'라고 했으니 마땅히 건원 원년에 지은 것이다.(此詩云, 前年避胡過金牛, 又云, 洛道時再淸, 當是乾元元年作.)
《두시상주》 황학의 주에, "이것은 건원 원년 겨울 동도 낙양으로 갈 때의 작품인데, 낙양이 다시 맑아졌다는 구절에서 볼 수 있다"고 하였다. 주학령의 주에, "호현은 장안에 속한다"고 하였다.(鶴注, 此乾元元年冬往東都時作. 觀洛陽再淸句可見. 朱注, 鄠縣屬長安.)
《독두심해》 호현은 장안에 속하며 곧 유호씨有扈氏의 나라이다.

('鄠'는) '扈'와 동음이다.(鄠縣, 屬長安, 卽有扈氏之國, 與扈同音.)

주 석

1 胡騮(호류) – 오랑캐산 월다말. 서역 출산으로, 털빛이 붉고 갈기가 검은 것이 특징이다.

2 前年(전년) – 천보 15년. 避賊(피적) – 도적을 피하다. 도적은 안녹산의 반군을 가리킨다. '賊'이 '胡'로 된 판본도 있다. 過金牛(과금우) – 금우를 지나다. 금우는 촉지역의 지명이며, 금우를 지났다는 것은 촉으로 몽진하는 현종을 따라서 이곳을 지났다는 뜻이다.

《두시경전》 양웅의 《촉토기蜀土記》에는, "진이 촉을 치려 하였으나 길이 없어 사람을 보내어 촉왕에게 '진나라에는 황금소가 있는데, 그것의 똥은 황금이 됩니다'라고 말하게 하였다. (이에) 촉왕은 다섯 명의 장사를 시켜 산을 뚫어 길을 내게 하자, 진은 마침내 촉을 취하고는 그 나라를 금우라고 불렀다"는 기록이 있다. 《구당서》에, "양주 금우현은 한나라의 가명 땅이다"라 하였는데, 여기서는 그가 명황을 호종한 것을 가리킨다. (揚雄蜀土記, 秦欲伐蜀無路, 遣人告蜀王曰, 秦有金牛, 其糞成金. 蜀王使五丁力士開山路通, 秦遂取蜀, 因號其國曰, 金牛. 舊唐書, 梁州金牛縣, 漢葭萌地, 此指其扈從明皇.)

3 回鞭(회편) – 채찍을 돌리다. 卻走(각주) – 방향을 돌려서 내달리다. 見天子(견천자) – 천자를 알현하다. 여기서 천자는 숙종이다. 이 구절은 현종을 호종하여 촉 땅으로 가다가 다시 방향을 돌려 영무에서 즉위한 숙종에게로 갔다는 뜻이다.

4 飮漢水(음한수) – 한수 물을 마시다. 말에게 마시게 했다는 뜻이다. 靈州(영주) – 영무靈武. 숙종이 즉위한 곳이다.

《두시상주》 《구당서》에, "영주대도독부는 관내도에 속하는데, 천보 원년 영무군으로 고쳤다. 건원 원년 다시 영주로 하였다"고 하였다. 천보

15년 7월, 숙종이 영무에서 즉위했기 때문에 채찍을 돌려 그를 알현한 것이다.(舊唐書, 靈州大都督府, 屬關內道, 天寶元年改爲靈武郡. 乾元元年, 復爲靈州. 天寶十五載七月, 肅宗卽位靈武, 故回鞭見之.)

《독두심해》 한수는 한중에 있어서 촉 땅에 가깝다. 영주는 곧 영무로서 숙종이 즉위한 곳이다. 여기서는 숙종에게 달려가 알현한 것을 말하고 있다.(漢水在漢中, 近蜀. 靈州, 卽靈武, 乃肅宗卽位處. 此言走謁肅宗.)

《두공부초당시전》 당시 숙종이 영무에서 즉위했다는 소식을 들었기 때문에 채찍을 돌려 천자를 알현한 것이다. 한수는 서남쪽에 있고 영주는 서북쪽에 있어, 아침에 한수에서 말에게 물을 먹이고 저녁에 영주에 다다랐다는 것은 이 말의 빠르기를 강조하여 말한 것이다.(時聞肅宗卽位靈武, 故廻鞭見天子也. 漢水在西南, 靈州在西北, 朝飮馬於漢水, 暮抵靈州, 甚言此馬之疾速也.)

《두시상주》: 첫 단락에서는 말의 내달림이 민첩함을 말하였다. 난리를 당하여 위급한 상황으로부터 이야기를 시작하고 있으니, 곧 기특한 맛이 있다. 금우를 지난다 함은 명황 현종을 호종하는 것이다. 천자를 뵙는다는 것은 숙종에게 달려가 알현하는 것이다. '각주却走'는 물러나 달리는 것이다.(首言馬行迅捷. 從亂離顚沛說起, 便有奇氣. 過金牛, 扈從明皇也. 見天子, 趨謁肅宗也. 却走, 退走也.)

5 矜(긍)－자랑하다. 絶代(절대)－세상에 둘도 없다. 절세絶世와 같은 말이다. 《두공부초당시전》: (絶代는) 세상에 이러한 말이 전혀 없음을 말한다.(謂世代絶無此馬也.)

6 乘出(승출)－타고 나가다. 말을 타고 나선다는 뜻이다. 千人萬人(천인만인)－천 사람 만 사람. 매우 많은 수의 사람을 가리킨다.

7 一聞(일문)－한번 듣다. '한차례 어르신의 말을 듣기만 하면 곧바로'라는 뜻이 된다. 說盡(설진)－모조리 이야기하다. 빠짐없이 다 이야기한다는 뜻이다. 急難才(급난재)－위급한 어려움을 구할 수 있는 재주.

8 轉益(전익)－점점 더. 갈수록 정도가 깊어진다는 뜻이다. 駑駘(노태)－무디고 둔하다.

#《두시상주》: 이 부분에는 위난을 구제하는 공로가 드러나 있다. 조언재의 주에는, "위급한 어려움을 구할 수 있는 재주는, 유비의 적로的顱가 단계檀溪를 뛰어 건너서 유표의 추격을 면하였고, 유뢰지의 말이 폭 다섯 길의 시내를 뛰어서 모용수의 핍박에서 벗어났던 것과 같다"라고 하였는데, 여기서는 오랑캐를 피했던 한 가지 일을 가리켜 말한 것이다. 시름겨움이 노둔한 말들에게 향한다는 것은 타고 다니는 말들이 모두 지쳐 있음을 스스로 탄식한 것이다.(此見其濟難之功. 趙注, 急難才, 如劉備的顱躍過檀溪以免劉表之追, 劉牢之馬跳五丈澗, 以脫慕容之逼. 此處指避胡一事言. 愁向駑駘, 自歎所乘者皆疲馬也.)

9 銳耳(예이)－날카로운 귀. 뾰족하게 세워진 귀를 뜻한다. 批秋竹(비추죽)－가을철의 대나무를 쪼개다. 말의 머리 위로 뾰족이 세워진 귀의 모습에 대한 형용이다.

《두공부초당시전》 두 귀가 곧추선 것을 말한다. … 백락의 《상마경》에 이르기를, "무릇 말을 살펴보는 법으로는 먼저 세 종류의 파리한 말과 다섯 종류의 둔한 말을 제거하는 것이다. 다섯 종류의 노둔한 말 중에서 큰 머리에 쳐진 귀를 가진 것이 첫 번째 둔한 말이 된다"라고 하였다.(言兩耳竪立也. … 伯樂相馬經曰凡相馬之法, 先除三羸五駑. 其五駑者大頭緩耳, 一駑也.)

《두시상주》 황백인의 〈용마송〉에, '귀는 날카로운 대통과 같고, 눈은 밝은 별과 같네'라 하였다. 《제민요술》에 "귀는 작고 날카롭기가 깎아 놓은 대통과 같아야 한다"라 하였다. 태종의 《십기송》에 '귀뿌리의 가늘기가 삼나무 대나무로 견주기가 어렵다네'라 하였다.(黃伯仁龍馬頌, 耳如剡筩, 目象明星. 齊民要術, 耳欲小而銳如削筒. 太宗十驥頌, 耳根纖細, 杉竹難方.)

10 高蹄(고제)－높은 발굽. 削寒玉(삭한옥)－차가운 옥을 깎다. 발굽의 굳센

정도를 묘사한 말이다. 깎아놓은 차가운 옥을 뜻한다는 견해도 있다.

《두시경전》에 인용된 《상마경相馬經》 말은 발목이 짧아야 하는데, 짧으면 튼튼하다. 발굽은 높아야 하는데, 높으면 험준함을 견뎌낸다.(馬腕欲促, 促則健. 蹄欲高, 高耐險峻.)

《두시상주》 차가운 옥을 깎는다는 것은 그것의 굳음이 가히 옥을 깎을 수 있다는 것이다.(削寒玉, 言其堅可以削玉也.(削寒玉, 言其堅可以削玉也.)

《두시경전》 그 굳세기가 옥을 깎는 것과 같음이 있다는 것을 말한다.(言其堅有如削玉.)

11 神龍(신룡)－준마를 뜻하는 말. 용의 정기를 받고 태어난다고 전해지기 때문에 이렇게 말한 것이다. 여기서는 호현장인의 말을 가리킨다.

《두공부초당시전》 《서경잡기》에 "문제의 아홉 필의 준마 가운데, 하나의 이름은 용자이다"라 하였다. 《여씨춘추》에 "이윤이 '청룡지필青龍之匹, 유풍지승遺風之乘'이라고 하였는데, 고유의 주에 '모두 말의 이름이다'라고 하였다." 《주서 · 이역전》에 "청해에 작은 산이 있는데, 좋은 암말을 이 산에 두어서 낳은 망아지를 용종이라 하였다"고 하였다.(西京雜記, 文帝九駿, 其一名龍子. 呂氏春秋, 伊尹曰, 青龍之匹, 遺風之乘. 高誘注, 皆馬名. 周書異域傳, 青海有小山, 以良牝馬置此山, 所生得駒, 號曰龍種.)

12 俗馬(속마)－범상한 말. '俗'이 '凡'으로 된 판본도 있다. 空多肉(공다육)－공연스레 살만 많다.

《두공부초당시전》 좋은 말은 골격을 귀히 여기며 살집을 귀히 여기지는 않는다. 말은 골기가 있어야 하는데, 비대함에 있는 것은 아니다.(良馬貴骨, 不貴肉. 馬欲有骨氣, 不在肥大也.)

《두시상주》에 인용된 《제민요술齊民要術》 멀리서 바라보면 크고 다가가면 작게 보인다면 근육질의 말이고, 멀리서 바라보아 작게 보이고 다가가서 보아 크게 보이면 살만 찐 말이 된다.(望之大, 就之小, 筋馬也. 望之小, 就之大, 肉馬也.)

《두시상주》: 이 부분에서는 그 신준한 자태를 묘사하였다. 귀는 예리하고 발굽은 굳세며 힘줄이 살보다 많으니, 이것이 좋은 말의 모습이다.(此寫其神駿之姿. 耳銳蹄堅, 筋勝於肉, 此良馬之相也.)

13 時再淸(시재청) - 시절이 다시 맑아지다. 반군으로부터 낙양이 수복되었음을 가리킨다.

《두공부초당시전》 이미 동경을 회복하였음을 말한다.(謂已復東京矣.)

14 俱東行(구동행) - 함께 동쪽으로 가다. 두보가 호현장인과 동행하여 낙양으로 가는 것을 말한다. 이 구절에 대하여 두보가 호현장인으로부터 말을 빌렸고, 이 말과 함께 동쪽으로 가는 것이라고 보는 견해도 있으나 취하지 않는다.

15 鳳臆龍鬐(봉억용기) - 봉새의 가슴과 용의 갈기. 준마의 헌걸찬 모습을 형용하는 말이다. '龍鬐'는 '龍鬚', '龍鱗', '鱗鬐'로 된 판본도 있다.

《두시상주》에 인용된 《진서晋書 · 재기載記》 부견 때에 대완국에서 천리마를 바쳤는데, 모두가 피를 땀으로 흘렸고 붉은 갈기에 다섯 빛깔을 띠고 있었으며 봉새의 가슴과 기린의 몸을 하고 있었다.(苻堅時, 大宛獻千里駒, 皆汗血, 朱鬣五色, 鳳膺麟身.)

16 側身注目(측신주목) - 몸을 기울이고 먼 곳을 향하여 시력을 모으다. 역시 말의 신준한 모습을 묘사한 말이다. 두보가 몸을 기울여 말에게 주목한다는 의미로 보는 견해도 있으나 취하지 않는다. 生長風(생장풍) - 멀리까지 불어가는 바람이 일어나다. 말이 몸을 기울이고 앞쪽을 응시하여 내달리려는 자세를 취하기만 하면 말의 다리 아래로부터 바람이 인다는 뜻이다. 역시 말의 신준한 태도를 형용하고 있다.

《두시상주》: 끝 부분은 함께 가면서 말을 본 것을 말하여, 호현장인에게 귀결짓고 있다. 봉새의 가슴과 용의 갈기를 한 준마는 금방 헤아려 알아보기에 쉽지 않다. 다만 (이 말이) 몸을 기울이고 (먼 곳을) 응시하면 발

아래에서 바람이 일어나니 과연 나는 듯이 달리는 준마임을 볼 따름이다. 《두억》에서는, "말이 알아보기에 쉽지 않다는 것으로 선비를 살펴 아는 것의 어려움을 비유하였다"고 하였다. 이 장은 네 단락으로 나누어지며 각 네 구로 이루어져 있다.(末言同行見馬, 結歸李丈. 鳳臆龍髻, 一時未易測識, 但見側身注目, 足下風生, 果是絶塵之驥矣. 杜臆, 馬不易識, 以況相士之難. 此章四段, 各四句.)

《독두심해》: 시는 마땅히 말을 빌린 것을 기뻐하여 지은 것이다. 공은 전에 부주에 가서 이특진에게 추풍표를 빌린 적이 있었으니, 이것은 이 노인의 장기인 것이다. 처음 4구는 이 말의 옛 공적을 서술하였다. 아침에 한수, 저녁에 영무라 했으니 그것의 빠름을 강조하여 말한 것인데, 여기서는 사람의 일을 빌려서 말의 일을 묘사한 것이다. 다음 4구는 넘어가는 말이다. 위급을 구하는 재주란 곧 촉으로 나아가고 영무로 나아간 일을 가리킨다. 노둔한 말을 시름겨워한다는 것은 그가 타는 것들이 좋은 말이 아님을 스스로 추하게 여긴 것이다. 이것이 곧 말을 빌린 복선이 된다. 또 다음 4구는 호류마에 대하여 실제적으로 묘사하고 있는데, 여전히 노둔한 말로써 부각시켰다. 뒤 4구가 본사를 설명한 것인데, 함께 동쪽으로 간다는 것은 말과 함께 하는 것이지 이장인과 함께 하는 것이 아니다. 결련을 보면 이 시가 훈련이 이미 오래되어 그 힘을 깊이 얻은 다음에 지어졌음을 알게 된다. 나의 비루한 견해는 이와 같지만, 실제와 부합되는지의 여부는 아직 살펴 알 수 없는 노릇이다.(詩當是喜得借騎而作. 公前往鄜州, 曾借追風驃於李特進, 蓋此老長技也. 起四, 敍此馬舊績. 朝漢暮靈, 甚言其速, 此借人事以寫馬事也. 次四, 過峽語. 急難才, 卽指赴蜀赴靈武之事. 愁駑駘, 自醜其所乘者非良也. 此卽借騎之根. 又次四, 就胡騮實寫, 仍以駑駘作襯. 後四, 說明本事, 俱東行, 與馬俱, 非與李俱也. 觀結聯, 知此詩之作, 在馴習旣久, 深得其力之餘. 鄙見如此, 未審合否.)

(**이 남 종**)

45. 觀兵
군대를 보다

北庭送壯士[1] 貔虎數尤多[2] 精銳舊無敵[3] 邊隅今若何[4]
妖氛擁白馬[5] 元帥待琱戈[6] 莫守鄴城下[7] 斬鯨遼海波[8]

북정에서 장사들을 보내니
비호같은 군사의 수 더욱 많아졌구나.
용맹함 예전에는 상대할 자 없더니
변경에서는 지금 어떠할지.
요망한 기운 백마를 감싸고
원수는 장식된 창을 기다리네.
업성 아래만 지킬 것이 아니라
요동 바다에서 고래를 베어야 하리.

이 시는 건원 원년 겨울 화주에서 안경서의 업성鄴城을 공격하기 위해 북정 절도사 이사업의 군대가 출정하는 것을 보면서 지은 것이다. 수적으로 상당히 유리한 상황에 있으면서도 적극적인 공격을 펼치지 않는 지휘부의 전략을 은근히 비판하면서, 오히려 반군의 심장부를 공격할 것을 제안하고 있다. 실제 두보의 우려대로 관군은 소극적인 전략을 펼치다가 반군의 지원군에 의해 건원 2년 3월 크게 패하게 된다. 《보주두시》에서는 건원 2년 봄의 작품으로 보고 있다. 또한

《두시상주》에서는 건원 원년 겨울 낙양에서의 작품으로 보았다. 또한 진주 이후의 시로 보는 설도 있으나 취하지 않는다.

《보주두시》 시에서 "북정에서 장사들을 보내니"라고 하였는데, 살펴보건대 부정은 곧 진서북정 절도사의 군사들이다. 원수는 이사업을 말한다. 건원 원년 9월 이사업은 아홉 절도사와 회동하여 업성을 공격하였다. 이때 두보는 〈관안서병부관중대명觀安西兵赴關中待命〉이라는 시가 있다. 지금 시에서 "업성 아래만 지킬 것이 아니라, 요동 바다에서 고래를 베어야 하리"라고 하였으니, 곧 업성의 군사들이 패하기 전에 지은 것으로 두보는 토번을 토벌하고자 한 것이다. 마땅히 건원 2년 봄의 작품이며, 진주에서의 시가 아니다.(詩云, 北庭送壯士. 按, 北庭卽鎭西北庭節度之兵. 元帥, 謂李嗣業. 乾元元年九月, 嗣業會九節度攻鄴. 是時公有觀安西兵赴關中待命詩. 今詩云, 莫守鄴城下, 斬鯨遼海波, 乃鄴師未潰之前作, 公意欲且平吐番也. 當是乾元二年春作, 非秦州詩.)

《두시상주》 이 시는 건원 원년 겨울 낙양에서 군대를 보며 지은 것이다. 이해 9월에 삭방절도사 곽자의, 회서 노경, 진서북정의 이사업 등 일곱 절도사에게 명하여 보병과 기병 20만 명을 거느리고 안경서를 토벌하도록 하였다. 이광필과 왕사례도 이것을 도와 아홉 절도사라고 불렀다. 11월에 업성을 포위하였고, 다음 해 정월에 이사업이 군중에서 사망하였다. 3월에 사사명이 업성을 구원하여 관군이 크게 패하였다.(此乃乾元元年冬在東都觀兵也. 是年九月, 命朔方節度使郭子儀, 淮西魯炅, 鎭西北庭李嗣業等七節度, 將步騎二十萬討安慶緖. 李光弼, 王思禮助之, 號九節度. 十一月圍鄴城, 次年正月嗣業卒於軍中. 三月, 史思明救鄴, 官軍大敗.)

《두시경전》 살펴보건대 이 시는 예전에 낙양 시 가운데 편집하였다. 그러나 두보가 낙양으로 간 것은 늦겨울이고, 이때는 이미 군사들이 업성에 있었을 것이니 어찌 다시 동도에서 볼 수 있단 말인가. 내 생각에 앞의 시 〈관안서병부관중대명觀安西兵赴關中待命〉은 관중으로 나아갈 때 본 것이고, 이 시는 토벌하러 나갈 때 본 것이니 마땅히 9월에서 10월 사이 여전히 화주에 있을 때의 시로 보여진다. (按, 此舊編東都詩內. 公之之東都, 在冬末, 是時兵已在鄴矣, 安得復於東都觀之耶. 愚謂, 前觀其赴關中, 此觀其赴討, 當在九十月間, 仍是華州詩也.)

주 석

1 北庭(북정) – 당대 방진方鎭의 이름. 회흘이라고 보는 설도 있으나 취하지 않는다.

《두시상주》에 인용된 《당서 · 지리지》 북정대도호부는 장안 2년에 설치되었으며, 농우도에 속한다.(北庭大都護府, 長安二年置, 屬隴右道.)

《두시상주》에 인용된 고신 주 북정은 진서북정의 절도사인 이사업을 말한다. 당시 네 진(귀자龜茲, 전사畋沙, 소륵疏勒, 언기焉耆)의 병사를 통솔하고 있었으므로 비호같은 병사들의 수가 더욱 많았던 것이다.(北庭, 謂鎭西北庭節度使李嗣業, 時統四鎭之兵, 故貔虎尤多.)

《두공부초당시전》 북정은 회흘을 말한다. 이 당시 병사 오천을 보내어 임금의 반군 토벌을 도왔다.(北庭, 謂回紇也. 時送兵五千, 助帝討賊.)

2 貔虎(비호) – 비와 범. 맹수를 지칭한다. 여기서는 용맹한 병사를 비유한 것이다.

《구가집주두시》 조언재 주 이 작품은 북쪽에서 병사들을 파견하여 온 것을 읊은 시이다. 비호는 《서경 · 목서牧誓》에 나오는데 맹수일 것이다.(此篇自北遣兵來之詩. 貔虎出書, 蓋猛獸也.)

3 精銳(정예) – 날래고 용감하다. 舊無敵(구무적) – 예전에는 상대가 없었다. 즉 이전에는 당군의 혁혁한 전공으로 인하여 상대할 적이 없었다는

말이다.

《구가집주두시》 정예는 용감과 같다.(精銳, 猶勇敢也).

4 邊隅(변우) - 변경. 변방. 업성을 지칭하는 것으로 보인다. 다른 변방을 지칭한다는 설도 있다. 今若何(금약하) - 지금은 어떠할 것인가.

《두시상주》에 인용된 주학령 주 변경은 업성을 말한다.(邊隅, 謂鄴城.)

《두시상주》 무릇 적과 대치하고 있는 지역을 변경이라고 하는데, 〈신혼별新婚別〉의 "변경을 지키려고 하양으로 나간다"와 같은 구절이 그러하다.(凡臨敵境卽爲邊, 如新婚別守邊赴河陽是也.)

《독두심해》 변경은 연주 안문 등을 지칭하는데, 동으로 연의 요새와 닿아 있다.(邊隅指延州雁門等, 東抵燕塞之邊.)

《두시경전》 주학령의 주에서는 변경을 업성이라고 하였고, 포기룡의 주에서는 연주 안문을 지칭한다고 하였는데, 지금 살펴보면 이 설들을 종합해야 옳을 듯하다.(朱注以邊隅爲鄴城, 浦注謂指延州雁門等, 今按只渾說爲是.)

〔精銳 2구〕

《구가집주두시》 조언재 주 이 구절은 시인이 반드시 승리할 것을 바라면서도 그것을 근심하는 말이다.(此詩人望其必勝而憂之之辭.)

5 妖氛(요분) - 요망한 기운. 전쟁과 관련한 살벌하고 상서롭지 못한 기운. 토번의 세력으로 보는 설도 있으나 취하지 않는다. 擁白馬(옹백마) - 흰 말을 감싸다. 백마는 여기서 반군을 지칭한다. 당시 반군 사사명은 위주를 공격하여 함락시켰다.

《보주두시》 요망한 기운이란 토번의 병사를 가리켜 말한 것이다.(妖氛, 指言吐番之兵.)

《두시상주》 백마는 후경의 고사를 이용하여 안녹산, 사사명 등 여러 반군들을 비유한 것이다.(白馬, 用侯景事, 比安史諸寇也.)

《두공부초당시전》 《남사》에 후경은 난을 일으키고서, 백마를 타고 푸른 실로 고삐를 하여 예언에 맞추었다고 한다.(南史, 侯景爲亂, 乘白馬,

青絲爲轡, 以應讖.)

《두시경전》 《남사 · 후경전》에 보면 동요에 "푸른 실의 백마가 수양에서 온다"는 구절이 있다. 당시 사사명이 범양에서 군대를 이끌고 안경서를 구원하러 오면서 위주를 함락시켰다.(南史侯景傳, 童謠曰, 青絲白馬壽陽來. 時史思明自范陽引兵來救慶緖, 陷魏州.)

6 元帥(원수)－삭방절도사 곽자의. 대종代宗으로 보는 설도 있으나 취하지 않는다. 待琱戈(대조과)－조각한 창을 기다리다. 조각한 창이란 군대의 통솔권을 상징하는 물건이다. '琱'를 '彫'로 쓴 판본도 있다. 이 구절은 당시 반군의 업성을 포위하고 있으면서도 적극적인 공격을 펴지 않고 조정의 명을 기다리는 상황을 말한 것으로, 여러 절도사들이 모인 관계로 군대에 규율이 없는 것을 비유한 것으로 볼 수도 있겠다.

《두시상주》 곽자의가 예전에 부원수가 되어서 동경을 수복하였다. 이제 조정에서 원수의 직위를 곽자의에게 내려줄 것을 기대하고 있으므로 "조각한 창을 기다린다"고 한 것이다. 이 당시 업성에 주둔하면서 병사들이 통제되지 않았으므로 패전의 우환이 있을 것을 진작에 알 수 있었던 것이다.(郭子儀前爲副元帥, 收復東京. 今望朝廷以元帥授子儀, 故曰待琱戈. 其時頓兵鄴城, 兵無統制, 蓋早知其有覆軍之患矣.)

《두공부초당시전》 원수는 대종이다. 천자가 조각한 창을 하사하시는 것을 기다려 토번을 정벌하고자 하는 것이다.(元帥, 謂代宗. 待天子賜以彫戈, 而征吐蕃也.)

《두시상주》에 인용된 《한서 · 교사지하郊祀志下》 주 '조과琱戈'는 조각한 창이다.(琱戈, 鏤刻之戈.)

7 鄴城(업성)－당시 반군인 안경서가 주둔하고 있던 성.

《두시상주》 업성은 곧 상주이다.(鄴城卽相州.)

《두공부초당시전》 당시 아홉 절도사가 군사로써 반군의 장수 안경서를 상주에서 포위하고 있었다.(時九節度, 以兵圍賊將慶緖於相州.)

8 斬鯨(참경)－고래를 베다. 반군의 우두머리를 잡다. 그 소굴을 토벌한다는

의미를 지니고 있다. 혹은 토번을 치는 것으로 보는 설도 있다. 遼海(요해)-요동 지역을 가리킨다. 요동 바다. 요동 남쪽의 발해. 여기서는 발해와 근접한 범양을 지칭한다. 당시 범양에는 반군 사사명이 할거하고 있었다.

《두시상주》 요동의 남쪽은 발해와 접해 있으므로 요해라고 한 것이다. … 요해와 범양은 서로 가까운데, 곧 사사명이 주둔하고 있던 소굴이다.(遼東南臨渤海, 故曰遼海. … 遼海與范陽相近, 卽思明巢穴.)

《보주두시》 토번이 지덕 원년 위융, 신위 등의 군과 석보, 석곡 등의 성을 함락하기 시작하여, 2년에는 또 서평을 함락하고, 건원 원년에는 하원을 함락하였다. 그 침략하는 기세가 막 커지고 있었다. 두보는 이런 이유로 요해의 고래를 먼저 베고자 한 것이다.(吐番自至德元載陷威戎神威等軍, 石堡石谷等城, 二載又陷西平, 乾元元年, 又陷河原. 其侵陵之氣方張. 公所以欲其先斬遼海之鯨也.)

〔莫守 2구〕

《두시상주》 두보의 시 "요동 바다에서 고래를 베어야 하리"는 이광필의 생각과 꼭 일치하는 것이니, 마땅히 유와 연 지방을 곧장 공격하여 사사명의 소굴을 무너뜨려야지 업성 아래에서 군사들을 오래 주둔시켜서는 안 된다는 말이다.(公詩斬鯨遼海波, 正與光弼意合, 言當直搗幽燕, 傾思明之巢穴, 不當老師鄴城之下也.)

《두시경전》 마땅히 범양을 곧바로 공격하여 사사명의 소굴을 무너뜨려야 저들도 스스로를 돌아볼 겨를이 없어 원군이 끊어지고 업성도 차지할 수 있는 것이지, 업성만을 힘들게 지켜 병사들을 피곤하게 하고 군량을 바닥내면서 사사명의 원군을 기다려서는 안 된다는 말이다.(言當直搗范陽傾思明之巢穴, 則彼將自顧不暇, 援兵絶而鄴城亦可拔, 不當困守鄴城, 老師乏饋以待思明之救也.)

《두시상주》: 위의 4구는 북정의 병사를 살펴본 것이고, 아래 4구는 변경에서 반군을 물리칠 책략을 계획한 것이다.(上四觀北庭之兵, 下四畫攘邊之策.)

《두시상주》에 인용된 주학령 주: 이때 이광필이 여러 장수들과 의논하기를 “사사명이 위주를 얻고서 병사들을 주둔시키고 움직이지 않으니 이는 정예병으로써 우리들의 허점을 노리려고 하는 것이다. 삭방병을 불러다가 함께 사사명의 위주를 압박하면 저들은 가산의 패배를 두려워하여 반드시 가볍게 나오지는 못할 것이다. 시간을 끄는 것이 길어지면 업성은 반드시 함락될 것이다”라고 하였다. 그러나 어조은이 반대하여 그만두었다.(是時李光弼與諸將議, 思明得魏州而按兵不動, 此欲以精銳掩吾不備也. 請與朔方兵同逼思明於魏州, 彼懲嘉山之敗, 必不敢輕出. 曠日引久, 則鄴城必拔矣. 魚朝恩不可而止.)

《독두심해》: 당시 조정에서는 아홉 절도사에게 업성을 토벌하도록 명하였는데 군대에 통솔자가 없어 일개 환관인 어조은에게 관군용사의 직책을 맡겼다. 두보는 이를 심히 위태롭게 여겨 이 시를 짓게 되었다. 살펴보건대 이때 안경서는 업성에 있었고 사사명은 범양에 주둔하고 있었으니, 비록 서로 간에 직접적인 도움은 불가하더라도 멀리서 성원은 가능할 것이다. 만약 업성 아래에 계속 주둔하고 있으면 범양의 반란군이 반드시 도와주러 올 것이다. 그러나 만일 동북의 소굴을 직접 공격한다면 업성은 공격하지 않아도 스스로 포기하게 될 것이다. 두보는 다만 목격한 이사업의 업성 토벌군을 빌려서 자신의 견해를 피력하고 있는 것이다.(時朝廷命九節度討鄴, 軍無統帥, 委一中人魚朝恩爲觀軍容使, 公甚危之, 故作是詩. 按是時慶緖據鄴, 史思明據范陽, 雖寖不相能, 而聲援遙應. 若頓兵鄴下, 則范陽必來援. 若直搗東北之巢, 則鄴城不攻自棄矣. 公特借所見嗣業討鄴之兵而發之.)

(**박 홍 준**)

46. 憶弟二首
아우를 생각하며

喪亂聞吾弟[1] 飢寒傍濟州[2] 人稀書不到[3] 兵在見何由
憶昨狂催走[4] 無時病去憂 卽今千種恨 惟共水東流

난리 통에 아우가
허기와 추위 겪으며 제주에 있다는 말을 들었네.
사람이 없어 편지가 도착하지 않거니와
전란 중이니 어떻게 만날 수 있겠는가?
돌이켜 생각건대 지난날 황급히 서둘러 도망치고서
병이 들어 근심을 덜 때가 없었다네.
지금은 온갖 회한이
오직 강물과 함께 동쪽으로 흐른다네.

이 시는 두보가 건원 2년에 낙양에 갔다가 지었다는 설과 건원 원년 장안에 있을 때 지었다는 설이 있는데, 여기서는 전자를 따른다.

> 《두시상주》에 인용된 고씨顧氏 주 두보는 건원 원년 6월에 좌습유에서 화주사공으로 전출되었다. 겨울 끝 무렵에는 동도인 낙양을 찾은 적이 있다. 당시 안경서가 동도를 버리고 도망가 하남부가 이미 수복되었기 때문에, 두보는 잠시 낙양의 옛 거처로 갈 수 있었다.

이 시는 건원 2년 봄에 지어졌다.(公乾元元年六月, 自左拾遺出爲華州司功. 冬晩, 間至東都. 時安慶緖棄東都而走, 河南已復, 故公得暫往洛陽故居. 此詩乃二年春作也.)

《보주두시》 시에서 '잠시 하남부가 평정되었다는 말에 기뻐, 업성이 포위되어 있는 것은 묻지도 않는다'고 한 것으로 보아, 건원 원년 봄에 지은 것이 틀림없다. 그 당시 두보는 장안에 있었다. 그래서 시에서도 '동쪽과 서쪽 사이에 소식 드물다'라 하여, 두보는 서경에 있고 동생은 동쪽에 있다는 것을 말하고 있다.(詩云, 且喜河南定, 不問鄴城圍. 當是乾元元年春作. 是時公在長安, 故詩又云, 東西消息斷, 謂公在西京, 而弟在東也.)

《두시상주》 원주原注 당시 하남부 육혼현의 집에 돌아와 있었다. (時歸在河南陸渾莊.)

《두시상주》 《당서》에 의하면, 육혼현은 하남부에 속하고, 또 이궐현에 육혼산이 있다고 한다.(唐書, 陸渾縣, 屬河南府. 又伊闕縣有陸渾山.)

주 석

1 喪亂(상란) – 난리. 안사의 난을 가리킨다.

2 傍(방) – 가까이하다. 濟州(제주) – 지명.

《두시상주》에 인용된 《당서》 제주는 하남도에 속하는데, 천보 13년에 제주를 폐지하고 관할 구역인 다섯 현을 운주로 편입하였다.(濟州, 屬河南道, 天寶十三載廢濟州, 以所管五縣入鄆州.)

3 書(서) – '吾'로 되어 있는 판본도 있다.

《구가집주두시》 길이 막혀서 사람이 드물고 다니기 힘든 것을 말한다. (以道路榛梗, 人稀少而難行也.)

4 狂(광) – 갑자기, 황급히. 혹은 미친 듯이.

《두시상주》에 인용된 《초사》 왕일王逸 주 '狂'은 황급하다는 뜻이다.(狂, 猶遽也.)

《구가집주두시》 '狂催走'는 난을 피하여 미친 듯이 도망치는 것을 말한다.(狂催走, 謂避亂出奔如狂也.)

〔憶昨 2구〕

《두시상주》 '憶昨' 2구는 열 자 전체가 내용이 이어지는 구법으로, 옛날에 도망친 뒤로 동생 걱정을 하다가 병이 들었지만 없앨 수 없다는 것을 말하고 있다.(憶昨二句, 乃十字句法. 謂自昔奔走以來, 憂弟而病, 無能解去也.)

〔卽今 2구〕 '한이 강물과 함께 동쪽으로 흐른다'는 것에 대해 《두시상주》에서는 동생과 관련지어 해석한 반면, 《두공부초당시전》에서는 반군과 관련지어 해석하고 있다.

《두시상주》 낙양은 서쪽에 있고 제주는 동쪽에 있기에 근심과 회한이 강물과 함께 동쪽으로 간다는 것이다.(洛陽在西, 濟州在東, 故愁恨與水而俱東.)

《두공부초당시전》 반군이 동쪽을 점거하고 있기 때문에 회한이 강물과 함께 동쪽으로 흐른다고 한 것이다.(以賊居東, 故恨與水東流也.)

《두시상주》: 두보는 동도에 도착하여 동생을 그리워한 것이다. 전반부에서는 난리 후에 헤어진 것을 한탄하고 있고, 후반부에서는 난리 초에 헤어진 것을 가슴 아파하고 있는데, 전전반측하며 동생 생각을 하였기에 근심이 맺혀 한이 되었다는 것이다.(公至東都而憶弟也. 上四, 歎亂後分離. 下四, 傷亂初分散, 輾轉相憶, 故憂結而成恨.)

其二

且喜河南定　不問鄴城圍[1]　百戰今誰在　三年望汝歸[2]
故園花自發[3]　春日鳥還飛　斷絶人烟久[4]　東西消息稀[5]

잠시 하남이 평정된 것에 기뻐
업성을 포위하고 있는 것은 묻지도 않았네.
수많은 전투에 이제 누가 살아남았으랴마는
3년 동안이나 자네가 돌아오기를 희망하였네.
옛 집에 꽃은 절로 피어 있고
봄이 되니 새들도 다시 나는데,
밥 짓는 연기 끊어진 지 오래되어
동쪽과 서쪽 사이에 소식 드물구나.

주 석

1 鄴城(업성)－지명. 상주를 가리킨다.

《구가집주두시》 업성은 사사명이 점거하고 있던 곳이다.(鄴城, 史思明所據.)

〔且喜 2구〕

《구가집주두시》 조언재 주　지덕 2년 10월에 동경을 수복한 것이 이른바 하남이 평정되었다는 것이다. 업성은 사사명이 점거하고 있던 상주를 말한다. 동경이 수복되고 나서 안경서가 하북으로 도망쳤고, 이듬해 4월에 반군이 다시 세력을 떨쳐 상주를 성안부로 삼았으므로, 두보가 이 시를 지었을 때는 분명 관군이 상주를 포위하고 있었을 것이다. 그래서 '업성을 포위하고 있는 것은 묻지도 않는다'고 한 것이다.(至德二年十月復東京, 所謂河南定也. 鄴城, 史思明所據相州, 是也. 東京旣復, 安慶緖奔於河北. 次年四月, 賊復振, 以相州爲成安府, 則公作詩時, 官兵當圍相州也. 故曰, 不問鄴城圍.)

《보주두시》 지덕 2년 11월에 하남의 군현들을 수복하였지만, 상주는 건원 2년 3월까지도 포위를 풀지 않았다. 동생이 제주에 있기 때문에 하남이 평정된 것을 기뻐하는 것이다.(至德二載十一月, 克河南郡縣, 而相州至乾元二年三月, 猶未解圍. 以其弟在濟陽, 故喜河南之定.)

2 三年(삼년) - 3년 동안. 천보 14년에서 건원 때까지를 가리킨다.

《보주두시》에 인용된 포씨鮑氏 주 천보 14년 을미년 겨울에 난리 때문에 헤어져 건원 무술년까지 이르게 되었으니, 이것이 3년이 된다. 그래서 3년 동안 너를 기다렸다고 말한 것이다.(自天寶十四載乙未冬, 因亂而相別, 至乾元戊戌, 是爲三春, 故曰三年望汝.)

3 故園(고원) - 옛 정원. 두보 자신이 머물고 있는 낙양 집을 가리킨다.

《보주두시》에 인용된 사씨師氏 주 꽃이 절로 피어 있다는 것은 주인이 없다는 것을 말한다.(花自發, 言無主也.)

〔故園 2구〕

《구가집주두시》 초목과 새들은 여전히 제자리를 지키고 있지만, 사람들은 난리를 만나 서로 보전할 수 없다는 것을 말한다.(言草木禽鳥, 尙得其所, 而人遭亂離, 不得相保耳.)

《구가집주두시》 조언재 주 당시는 하남이 이미 평정되었고 업성을 한창 포위하였을 때인데도 꽃이 절로 피고 새가 다시 난다고 하였으니, 봄이 되어 초목과 새들이 각각 제자리를 찾아 인간사에 간여하지 않는 것을 말하는 것이다.(今河南已定, 鄴城方圍之時, 而曰花自發, 鳥還飛, 則言方春之至, 草木禽鳥, 各得其所, 而不預人事耳.)

4 人烟(인연) - 밥 짓는 연기. 이 구절은 전란으로 사람들이 흩어진 것을 말한다.

5 東西(동서) – 동쪽과 서쪽. 자신은 서쪽 낙양에 있고, 동생은 동쪽 제주에 있다는 말이다.

《두시상주》: 둘째 수에서는 첫째 수에서 그리워한 뜻을 되풀이하고 있다. 전반부에서는 동생이 고향으로 돌아오기를 희망함으로써 앞의 '전란 중에 어떻게 만날 수 있겠느냐'는 말을 이어받고 있다. 후반부에서는 동생의 서신을 희망함으로써 앞의 '사람이 없어 편지가 도착하지 않는다'는 말을 이어받고 있다. 낙양이 막 평정되었기에 근심이 기쁨으로 바뀐 것이다. 꽃과 새들이 부질없이 존재하기에 기쁨 가운데서도 근심이 이어지고 있다. 업성에서의 전투가 하북의 존망과 관련되는데도 묻지 않는다고 한 것은 막 고향을 보아 다행스럽게 여기기에 미처 헤아릴 겨를이 없어서일 뿐이다. 꽃이 피고 새가 난다는 것은 눈물을 뿌리게 하고 마음을 상하게 하는 뜻이 담겨 있다.(此申上章所憶之意. 上四, 望弟歸鄕, 承前兵在見何由. 下四, 望弟音書, 承前人稀書不到. 洛陽初定, 故轉憂爲喜. 花鳥空存, 則喜處仍憂矣. 鄴城之戰, 關於河北存亡, 曰不問者, 以初見家鄕爲幸, 故不暇計及耳. 花發鳥飛, 卽濺淚傷心意.)

(**김 만 원**)

47. 得舍弟消息
동생의 소식을 듣고

亂後誰歸得[1] 他鄕勝故鄕[2] 直爲心厄苦[3] 久念與存亡[4]
汝書猶在壁[5] 汝妾已辭房[6] 舊犬知愁恨[7] 垂頭傍我牀

난리 뒤이니 뉘 돌아오리오?
타향이 고향보다 나을 것인데.
줄곧 마음 괴로웁나니
생사를 함께 할 것을 오랫동안 생각했음이라.
네 글은 아직 벽에 있건만
네 첩은 이미 집을 떠났구나.
예부터 있던 개는 근심을 아는지
내 침상 곁에 고개를 숙이고 있네.

이 시는 건원 2년 봄 화주사공으로 재직할 당시 잠시 틈을 내어 낙양의 옛집을 방문하였을 때 지은 것이다. 《보주두시》에서는 건원 원년에 편입하고 있으나, 《두시상주》에서는 건원 2년 봄에 지은 〈억제이수憶弟二首〉와 거의 같은 시기에 지은 것으로 보고 있다. 전란 중에 생사조차 알 수 없던 동생의 소식을 듣고 그 감회를 적은 것이다. 이 시는 앞의 〈억제이수〉와 같은 시기에 지어졌으며, 따라서 이 시에서 언급된 동생은 제주濟州 임읍臨邑에서 주부主簿 벼슬을 했던 두영杜

潁을 가리키는 것으로 보인다.

《두시상주》 이 시와 앞의 두 시(〈憶弟二首〉)는 대개 서로 비슷한 시기에 지은 것이다.(此與前二首蓋先後同時之作.)

《보주두시》 시에서 "난리 뒤이니 뉘 돌아오리오, 타향이 고향보다 나을 것인데"라고 한 것은 동생은 타향에 있고, 공은 고향에 있기 때문에 이렇게 말한 것이다. 의당 건원 원년에 지은 것이다.(詩云, 亂後誰歸得, 他鄕勝故鄕, 爲舍弟在他鄕而公在故鄕故云. 當是乾元元年作.)

주 석

1 歸得(귀득) – 돌아오다. '得'은 동사 뒤에 쓰여서 '되다(成), 이르다(到), 오다(來), 이루다(了)'의 의미를 가진다.

2 他鄕(타향) 구 – 고향 낙양이 갓 반군으로부터 수복이 된 상태여서 모든 것이 정비가 되지 않아 생활에 불편이 많은지라 고달픈 타향살이보다 더 힘들다는 말이다.

《두시상주》에 인용된 《두억》 타향도 어지럽지만 고향은 더욱 심하다. 그래서 "타향이 고향보다 낫다"고 한 것이니 모두가 괴로워서 한 말이다.(他鄕亂而故鄕尤甚, 故曰, 他鄕勝故鄕, 總是苦語.)

3 直(직) – 줄곧. '若'으로 쓴 판본도 있다. 厄苦(액고) – 곤고. 고생. 이 구절은 두보가 동생의 안부를 줄곧 염려해 왔다는 말이다.

4 念(념) – '得'으로 쓴 판본도 있다. 與(여) – 함께 하다. '汝'로 쓴 판본도 있다.

〔直爲 2구〕 전란의 어려운 시기에 동생과 생사를 함께 하지 못하여서 늘 마음에 고통이 있었다는 말이다.

《두시상주》 (동생의) 존망이 바로 (두보 자신의) 고통의 까닭인바, 윗구는 아랫구에서 기인한 것이다.(存亡乃厄苦之故, 上句因下.)

《구가집주두시》 조언재 주 '直爲'는 '若爲'로 바로잡아야 한다. 대개 '어째서 내 마음이 곤고한가, 오랫동안 동생과 생사를 함께 하고자 마음을 먹고 있었기 때문이다'라는 말이다.(直爲, 當以若爲爲正. 蓋言何爲而我心厄苦, 久以與弟存亡在念故也.)

5 汝書(여서) – 난리 전에 동생이 써놓았던 글씨를 가리킨다. 동생의 서책, 혹은 동생의 편지를 가리킨다고 보기도 한다.

6 汝妾(여첩) – 동생의 첩을 가리킨다. '妾'을 '室'로 쓴 판본도 있다. 辭房(사방) – 집을 떠나다. 이 구절은 낙양 고향집에 남아 있던 동생의 가족들이 이미 집을 떠났음을 말한 것으로 보인다. 동생의 편지를 통해 동생의 첩이 떠났음을 알게 된 것이라고 보기도 한다.

《두시상주》 '집을 떠났다'는 것은 편지 중의 말이다. 아랫구는 윗구에서 기인한 것이다.(辭房卽書中之語, 下句因上.)

《두시언해》 편지를 보고서 (동생의) 첩이 이미 떠났음을 알게 되었음을 말한 것이다.(言見書而知妾之已去也.)

7 舊犬(구견) 구 – 진晉 육기陸機의 애완견 황이黃耳의 고사와 관련된 내용이다.

《두시상주》에 인용된 고신 주 육기에게는 황이라고 부르는 큰 개가 있었다. 육기가 낙양에 있을 때 오랫동안 고향집 소식이 없자, 웃으면서 개에게 말하기를 "네가 편지를 가지고 가서 소식을 가져올 수 있겠느냐?"라 하였다. 개는 길을 찾아서 고향집에 이르러 답신을 가지고 낙양으로 돌아왔다. 공은 당시에 낙양에 있었으므로 육기의 일을 쓴 것이다.(陸機有駿犬, 名曰黃耳. 機在洛, 久無家問, 笑語犬曰, 汝能齎書取消息否. 犬尋路至家, 得報還洛. 公時在洛, 故用陸事.)

《두시상주》: 이 시는 시종 동생을 생각하는 마음을 적은 것이다. 소식을 얻지 못했을 때에는 줄곧 생사를 함께 하고자 하였고, 동생의

목숨이 살아 있기 어려울까 염려하였다. 이미 소식을 얻은 후에는 또 개를 통해 편지를 전하고자 하였으니 자신의 마음을 전할 수 없음을 안타까워하고 있는 것이다.(此敍始終憶弟之情. 未得消息, 直欲同與存亡, 患弟身難保也. 既得消息, 又欲藉犬傳書, 恨己情莫達也.)

(**김성곤**)

48. 不歸
돌아오지 못하다

河間尙戰伐[1] 汝骨在空城 從弟人皆有[2] 終身恨不平[3]
數金憐俊邁[4] 總角愛聰明[5] 面上三年土[6] 春風草又生

하간은 아직도 전쟁 중
너의 뼈는 빈 성에 있구나.
사람마다 종제가 있으니
평생 이 한이 진정되지 않으리.
돈을 잘 세던 뛰어난 재주 어여뻤고
머리 묶은 아이의 총명함을 사랑했었지.
얼굴 위 세 해의 흙에는
봄바람이 불어 풀이 또 자라났겠지.

전쟁 중에 죽은 사촌 아우를 애도한 시이다. 건원 2년 봄 낙양에서 지었다.

《보주두시》 안녹산이 범양에서 반란을 일으키자 하북의 여러 군이 그 기세만 보고 와해되었는데 이때 공의 종제가 성 안에서 죽었을 것이다. 천보 14년 11월부터 건원 원년까지가 세 해가 되지만, 지금 '얼굴 위 세 해의 흙에는 봄바람이 불어 풀이 절로 자란다'라고 하였으니, 이는 세 번의 봄을 겪은 것이니 응당 건원 2년 봄이 되어야 한다. 공은 이때 동도에 있었으니 양권도가 진주에서 지은 것으로 편재한 것은 틀렸다.(當是祿山自范陽反, 河北諸郡望風反解, 時公之從弟死於城中. 天寶十四載十一月至乾元元年爲三年, 今云面上三年土, 春風草自生, 則是經三春, 當是乾元二年春, 公是時在東都, 而梁權道編在秦州作, 非.)

《두시상주》 천보 14년 겨울에 안녹산이 하북의 여러 군을 함락하였다. 공의 종제는 필시 15년에 죽었을 것이니, 건원 2년이면 세 해가 된다. 이해 봄에 공이 동도에서 지었다.(天寶十四載冬, 祿山陷河北諸郡, 公之從弟必死於十五載. 至乾元二年, 爲三年, 是春, 公在東都作.)

주 석

1 河間(하간) – 지명. 하북도에 속한다.

《두시상주》에 인용된 《당서》 영주 하간군은 하북도에 속한다.(瀛州河間郡, 屬河北道.)

《두시경전》 공의 종제는 필시 하간에서 죽었을 것이다.(公從弟必死於河間.)

2 從弟(종제) – 사촌 아우. 구체적으로 누구인지는 알려져 있지 않다. 人皆有(인개유) – 사람들이 모두 가지고 있다.

《두시상주》 '개유'는 논어의 '다른 사람에게 모두 형제가 있다'는 표현을 쓴 것이다.(皆有, 用論語人皆有兄弟.)

《구가집주두시》 조언재 주 이 편에서 말한 공의 종제 중에는 죽어서 그 곳에 뼈를 기탁한 자가 있었을 것이다. 단 그의 이름과 자는 상고할 수가 없다.(此篇公之從弟, 有死而寄骨於其處者, 但無所考其名字耳.)

3 恨不平(한불평) – 한이 진정되지 않다.

〔從弟 2구〕 남들은 모두 사촌 아우가 있는데, 자신만 사촌 아우를 잃어

평생 한이 남게 되었다는 뜻이다.

4 數金(수금) – 금을 잘 세다. '金'은 여기서 돈을 뜻한다.

《두공부초당시전》 '數'는 '所'와 '具'의 반절로서 '헤아리다'의 뜻이니, 어릴 적에 돈의 수를 알았음을 말한다.(數, 所具切, 計也, 謂幼之時識錢數也.)

《두시상주》에 인용된 호하객胡夏客 설 '수금'은 하간의 소녀가 돈을 헤아렸다는 말을 써서 '하간'과 호응시킨 것이다.(數金, 用河間姹女數錢語, 以應河間.)

《후한서 · 오행지五行志》 하간의 소녀가 돈을 잘 세었다.(河間姹女工數錢.)

《두시상주》 신함광은 '수금'은 응당 '수령(나이를 세다)'이어야 한다고 했는데, 그러면 도리어 '총각'과 뜻이 중복된다.(申涵光謂數金當是數齡, 却與總角意重.)

5 總角(총각) – 아동의 머리 모양이다.

《두공부초당시전》 《시 · 제풍》 '총각관혜'의 주에서 "총각은 양쪽 머리카락을 모은 것이다"라고 하였다.(詩齊風, 總角丱兮, 注, 總角聚兩髦也.)

6 面上(면상) – 여기서는 무덤의 흙을 뜻한다.

《두시상주》 '면상'은 무덤 위를 말한다.(面上, 墳土之上.)

《두시상주》: 전편이 모두 일을 서술하고 정을 말하였는데 유독 결미에서만 경물을 묘사하며 시를 마무리하였다. 각 2구마다 뜻을 바꾸어서, 난리를 슬퍼하는 마음, 생사로 인한 슬픔, 생전에 대한 상념, 죽은 뒤의 비애 등이 한 수의 시에 다 갖추어져 있고 말의 뜻이 처절하다.(通首俱是敍事言情, 獨於結尾寫景收題. 各兩句轉意, 喪亂之感, 死生之戚, 生前之念, 身後之悲, 備盡一詩之中, 語意凄切.)

《독두심해》: 종제가 객지에서 요절한 것을 슬퍼한 것이다.(悲從弟之客夭也.)

(이 영 주)

49. 贈衛八處士

위처사에게 주다

人生不相見　動如參與商[1]　今夕復何夕[2]　共此燈燭光[3]
少壯能幾時　鬢髮各已蒼　訪舊半爲鬼[4]　驚呼熱中腸[5]
焉知二十載　重上君子堂[6]　昔別君未婚　男女忽成行[7]
怡然敬父執[8]　問我來何方[9]　問答未及已　驅兒羅酒漿[10]
夜雨剪春韭[11]　新炊間黃粱[12]　主稱會面難[13]　一擧累十觴[14]
十觴亦不醉[15]　感子故意長[16]　明日隔山岳　世事兩茫茫[17]

사람이 살면서 서로 만나지 못하여
그 움직임이 삼성과 상성 같은데
오늘밤은 또 무슨 밤이라서
이 등촉의 불빛을 함께 하는가?

젊음은 얼마나 오랠 수 있는 것인지
각자 귀밑머리가 벌써 희끗희끗하구나.
옛 벗들을 찾아갔는데 반은 귀신이 되었고
놀라 불러보니 속 창자가 뜨거워졌네.
어찌 알았으랴, 이십 년 만에
다시 그대의 집에 오르리란 것을.
지난번 이별할 때 그대는 미혼이었는데
아들딸이 어느새 항렬을 이루어

즐겁게 아버지의 친구에게 인사하며
내가 어디서 왔는가 묻는다.

문답이 채 끝나지도 않았는데
아이들을 내몰아 술상을 차린다.
밤비에 봄 부추를 자르고
새로 한 밥에는 메조를 섞었네.
주인은 "만나기가 어렵다" 하면서
일거에 연거푸 열 잔을 마시는데
열 잔을 마셔도 취하지 않음은
그대의 우정이 긴 것을 느껴서라.
내일이면 산악을 사이에 두고
세상 일로 두 사람 아득하겠지.

이 시는 두보가 20년 만에 친구 위처사의 집을 방문하여 진심어린 환대를 받는 정경을 묘사한 작품으로 오랜 세월 변함없는 두 사람의 깊은 우정이 잘 나타나 있다. '위팔처사衛八處士'가 누구인지는 자세하지 않다. '처사'는 은자를 부르는 말이다.

저작 시기에 관하여는 견해가 다양하다. 양권도는 천보 13년 장안에서 지은 시에 편재하였는데, 황학은 천보 9년 동도東都에서 장안으로 돌아오기 전에 지은 것으로 보기도 하고, 건원 2년 봄 두보가 화주에서 포주蒲州에 있는 위처사의 집을 방문했을 때 지은 것으로 추측하기도 하였다. 구조오仇兆鰲는 황학의 두 번째 추측을 받아들여 건원 2년 봄 화주에 있을 때 지은 것으로 보았다.

《보주두시》 사씨 주에는 (이 작품을) 공이 위빈에게 준 것이라고 하였다. 시에 '어찌 이십 년 만에 다시 그대의 집에 오르리란 것을 알았으랴'라고 말하고 또 '밤비에 봄 부추를 자르고 새로 한 밥에는 메조를 섞었네'라고 하였으니 이 작품은 봄철에 지은 것이다. 그러나 어느 해인지는 자세하지 않다. 시를 음미해 보면 또한 난리 뒤의 말은 아니다. 만약 양권도와 같이 천보 13년 장안에 있을 때 지은 시 속에 편재한다면 '내가 어디서 왔는가 묻는다', '내일이면 산악을 사이에 두고'라는 시구와 맞지 않는다. 살펴보건대, 공은 개원 23,4년 사이에 과거에 실패하고 제齊 조趙 지역으로 돌아다녔으며 그때 연주兗州에도 이르렀다. 이해 공의 나이는 24,5세였고 위씨는 분명 더욱 어렸을 것이니 그가 미혼인 것이 마땅하다. 지금 시에 '20년 만에 다시 그의 집에 오른다'고 하였으니 마땅히 천보 12,3년에 해당한다. 그런데 공은 천보 9년 장안으로 돌아와 〈삼대례부三大禮賦〉를 상주한 뒤부터는 다만 장안에만 있었다는 것은 해마다 지은 시가 있어서 살필 수 있다. 생각건대 (공은) 천보 6년 조서에 응하여 과거를 보았다가 낙제한 뒤에 또다시 동도에 갔는데, 10년에 삼대례를 행한 것으로 보아 천보 9년에 또 (경사로) 돌아와 〈삼대례부〉를 상주했던 것이다. 그런 까닭에 천보 9년에 8년의 일을 기술한 〈동일낙성북알현원황제묘〉시가 있는 것이다. 이 시는 분명히 천보 9년에 지은 것이다. 이해 공의 나이 바야흐로 40으로 '귀밑머리가 각자 벌써 희끗희끗해졌다'는 것이 마땅하다. 한漢 예형禰衡은 예처사라고 하였는데 아마도 또한 은자를 부르는 말로서 처사성이 있어서 그렇게 명명하였을 것이다. 또 당대에는 포주에 사는 은일 위대경이 있었는데 위팔 역시 처사라고 불렀으니 아마 그 일족의 자제였을 것이다. 포주에서 화주까지는 단지 140리에 불과하였으니 혹시 공이 화주에 있을 때 그 집에 간 것일 수도 있다. '악'은 화악을 가리켜 말한 것이고, 만약 그렇다면 20년에 차이가 없다.(師注, 爲公與衛賓. 而詩云, 焉知二十

載, 重上君子堂, 又云, 夜雨剪春韮, 新炊間黃粱, 則是春月作, 而未詳爲何年. 及味詩, 又非亂離後語. 若如梁權道編在天寶十三載長安詩內, 而於問我來何方, 明日隔山岳之句, 不叶. 按, 公開元二十三四年間下第, 遊齊趙, 時至兗, 而是年公方二十四五歲, 則衛當愈少, 宜其未婚. 今詩云二十載重上其堂, 則當在十二三載, 而公自九載歸, 奏賦後, 只在長安, 歲歲有詩, 可考. 意是六載應詔退下後, 又再至東都, 以十載行三大禮, 而九載又歸, 奏賦, 故九載有冬日洛城北謁玄元皇帝廟詩, 中述八載事. 此詩當是天寶九載作. 是年公方四十, 鬢髮各已蒼, 宜矣. 漢禰衡爲禰處士, 蓋亦隱者之號, 以有處士星而名. 又唐有隱逸衛大經, 居蒲州, 衛八亦稱處士, 或其族子. 蒲至華止百四十里, 或是公在華州時至其家. 岳指華岳而言. 若然, 則二十載無差矣.)
《두시상주》 황학 주에 "처사는 은자를 부르는 말인데 처사성이 있기 때문에 그렇게 이름한 것이다. 당대에 은일 위대경이 있었는데 포주에 살았다. 위팔 역시 처사라 불렀으니 아마 그 일족의 자제였을 것이다. 포주에서 화주까지는 겨우 140리였으므로 아마도 (두보가) 건원 2년 봄 화주에 있을 때 그의 집에 가서 지은 것일 것이다. '산악'은 화악을 가리켜 말한 것이다"라고 하였다. 주학령朱鶴齡 주에 "위처사는 자세하지 않다. 사씨는 《당사습유》를 인용하여 위빈이라고 하였는데 바로 위서에서 근거없이 조작한 것이므로 이제 그것을 삭제한다"고 하였다. 동방삭의 《설난》에 "금세의 처사는 당시에 비록 쓰이지 않아도 편안히 무리 짓지 않고 조용히 홀로 산다"고 하였다.(鶴注, 處士, 隱者之號, 以有處士星, 故名. 唐有隱逸衛大經, 居蒲州. 衛八亦稱處士, 或其族子. 蒲至華止一百四十里, 恐是乾元二年春在華州時至其家作. 山岳, 指華岳言. 朱注, 衛處士, 未詳. 師氏引唐史拾遺作衛賓, 乃僞書杜撰, 今削之. 東方朔設難, 今世之處士, 時雖不用, 塊然無徒, 廓然獨居.)

주 석

1 動(동) – 움직이다. 툭하면, 언제나의 뜻으로 볼 수도 있다. 參與商(삼여상) – 삼성과 상성. 삼성은 서쪽에 있고 상성은 동쪽에 있는데 하나가 뜨면 하나가 져서 서로 볼 수가 없다고 한다.

《두시언해》 삼성과 상성 두 별은 동서로 떨어져 있다.(參商二星, 東西間隔.)

2 今夕(금석) – 오늘밤. '今'은 '此'로 된 판본도 있다.

《시경・당풍唐風・주무綢繆》 오늘밤은 무슨 밤이라서 이렇게 만나게 되었나?(今夕何夕, 見此邂逅.)

3 共此燈燭光(공차등촉광) – 이 등촉의 불빛을 함께 하다. 위처사와 두보가 함께 밤을 보내게 된 것을 말한다. '共宿此燈光'으로 된 판본도 있다.

《두시상주》: 첫 단락은 옛날에 헤어졌다 지금 만나게 된 상황을 서술한 것이다.(首敍今昔聚散之情.)

4 訪舊(방구) – 옛 벗을 찾아가다. '舊'는 '問'으로 된 판본도 있다.

5 驚呼(경호) – 놀라서 불러보다. '驚'은 '嗚'로 된 판본도 있다. 熱中腸(열중장) – 창자가 뜨거워지다. 속마음이 뜨거워지다.

6 重上(중상) – 다시 오르다. 君子堂(군자당) – 군자의 집. 여기서는 위처사의 집을 가리킨다.

《두시언해》: '군자'는 위처사를 가리킨다.(君子, 指衛處士.)

7 男女(남녀) – 아들 딸. '男'은 '兒'로 된 판본도 있다. 忽(홀) – 홀연. 갑자기. 어느새. 成行(성항) – 항렬을 이루다. 자녀가 많은 것을 말한다.

8 怡然(이연) – 기뻐하는 모양. 父執(부집) – 아버지의 친구.

《두시상주》: 두 번째 단락은 이별한 뒤 늙은 사람과 어린아이의 모습을

말하고 있다.(次言別後老少之狀.)

9 問答(문답) – 두보와 위처사 아들딸의 문답을 말한다. 未及已(미급이) – 아직 끝나지 않다. '乃未已'로 된 판본도 있다.

10 驅兒(구아) – 아이들을 몰다. 아이들을 다그치다. '兒女'로 된 판본도 있다. 酒漿(주장) – 술과 음료. 술상을 말한다.

11 春韭(춘구) – 봄 부추.

12 新炊(신취) – 새로 불을 때서 밥을 하다. '新'은 '晨'으로 된 판본도 있다. 間(간) – 섞다. '聞'으로 된 판본도 있다. 黃粱(황량) – 메조.

《두시상주》 호하객이 말하기를 "북쪽 사람들은 밥을 할 때 쌀과 콩을 섞기 때문에 '間'자를 쓴 것이다"라고 하였다. 전겸익 전에 "《초사·초혼》 '도자작맥, 나황량사'의 주에 '挐는 섞는다는 뜻이다'라고 하였으니 밥은 쌀, 피, 이른 보리를 사용하되 메조를 섞어 온화하고 부드럽게 한다는 말이다. '間'은 바로 '挐'자의 뜻이다"라고 하였다. 이제 살펴보건대, 따로 '聞'으로 된 것은 코로 메조의 냄새를 맡는다는 것인데, 5자가 모두 평성이므로 '間'자를 따르는 것만 못하다.(胡夏客曰, 北人炊飯雜米菽, 故用間字. 錢箋, 招魂, 稻粢穱麥, 挐黃粱些. 注, 挐, 糅也, 謂飯用稻粢穱麥, 糅以黃粱, 和而柔濡也. 間卽挐字之意. 今按, 別作聞, 是鼻聞黃粱之氣, 五字皆平聲, 不若從間字.)

《두시경전》 살펴보건대, 《본초》에 의하면 메조는 향이 여러 조보다 뛰어나며 '죽근황'이라고 부른다고 하는데, 이것으로써 조화시켜 부드럽고도 향기롭게 한 것이다.(按, 本草, 黃粱香美, 逾於諸粱, 號爲竹根黃, 以和而柔嫩且香滑也.)

13 主(주) – 주인. 위처사를 가리킨다.

《두시언해》 '주' 역시 처사를 가리킨다.(主, 亦指處士.)

14 累(누) – 연거푸. '蒙'으로 된 판본도 있다.

15 十(십) – '百'으로 된 판본도 있다. 醉(취) – '辭'로 된 판본도 있다.

16 故意(고의) – 친구의 마음. 우정

17 茫茫(망망) – 아득하다.

《두시상주》 : 마지막 단락은 처사의 진실한 정을 느끼고 이리하여 이별을 아쉬워하는 것이다.(末感處士款情, 因而惜別也.)

《두시상주》에 인용된 《만수시화漫叟詩話》: '즐겁게 아버지의 친구를 공경하며 내가 어디에서 왔는가 묻는다'의 경우, 다른 사람 같으면 여기까지 말하고 아래에 다시 몇 구절이 더 있어야 했을 것인데, 여기서는 곧 이어서 '문답이 채 끝나지도 않았는데 아이들을 다그쳐 술상을 차린다'라고 말하였으니 바로 한 움큼의 흙으로 황하의 물줄기를 막은 기상이 있다.(怡然敬父執, 問我來何方, 若他人說到此, 下須更有數句. 此便接云問答未及已, 驅兒羅酒漿, 直有抔土障黃流氣象.)

《두시상주》에 인용된 주전周甸 주: 앞에서는 인생을 말하고 뒤에서는 세상 일을 말하며, 앞에서는 삼성과 상성과 같다고 하고 뒤에서는 산악을 사이에 둔다고 말하였는데, 모두가 인생이 만나고 헤어지는 것이 일정하지 않고 이별은 쉬운데 만남은 어렵다는 것을 보여 주고 있다.(前曰人生, 後曰世事, 前曰如參商, 後曰隔山岳, 總見人生聚散不常, 別易會難耳.)

《독두심해》: 예스런 취미가 넘쳐나니 두보 시의 색다른 방식이다. 작품 내내 모두가 서사에 속하는데 감정이 참되고 상황이 참되지만 그곳을 표시할 수는 없다. 다만 처음 4구는 총괄하여 제시한 것이요, 결말의 2구는 길을 떠난 것이다.(古趣盎然, 少陵別調. 一路皆屬敍事, 情眞景眞, 莫乙其處. 只起四句是總提, 結兩句是去路.)

(이 석 형)

50. 洗兵行

종전의 노래

中興諸將收山東[1]　捷書夜報淸晝同[2]
河廣傳聞一葦過[3]　胡危命在破竹中[4]
祇殘鄴城不日得[5]　獨任朔方無限功[6]
京師皆騎汗血馬[7]　回紇餧肉蒲萄宮[8]
已喜皇威淸海岱[9]　常思仙仗過崆峒[10]
三年笛裏關山月[11]　萬國兵前草木風[12]
成王功大心轉小[13]　郭相謀深古來少[14]
司徒淸鑒懸明鏡[15]　尙書氣與秋天杳[16]
二三豪俊爲時出[17]　整頓乾坤濟時了[18]
東走無復憶鱸魚[19]　南飛覺有安巢鳥[20]
靑春復隨冠冕入[21]　紫禁正耐烟花繞[22]
鶴駕通宵鳳輦備[23]　雞鳴問寢龍樓曉[24]
攀龍附鳳勢莫當[25]　天下盡化爲侯王[26]
汝等豈知蒙帝力[27]　時來不得誇身强[28]
關中旣留蕭丞相[29]　幕下復用張子房[30]
張公一生江海客[31]　身長九尺鬚眉蒼[32]
徵起適遇風雲會[33]　扶顚始知籌策良[34]
靑袍白馬更何有[35]　後漢今周喜再昌[36]
寸地尺天皆入貢[37]　奇祥異瑞爭來送[38]

不知何國致白環[39] 復道諸山得銀甕[40]
隱士休歌紫芝曲[41] 詞人解撰清河頌[42]
田家望望惜雨乾[43] 布穀處處催春種[44]
淇上健兒歸莫懶[45] 城南思婦愁多夢[46]
安得壯士挽天河[47] 淨洗甲兵長不用[48]

중흥을 이룬 장수들이 산동을 수복하니
승첩 소식이 밤에 전달되고 낮에도 마찬가지이다.
황하가 넓어 일엽편주가 건너니
반군의 위태로운 운명이 파죽지세에 놓였다고 전해진다.
단지 업성만이 남아 하루에 되찾을 수 없기에
삭방군의 무한한 공로에 맡길 뿐.
경사의 군대는 모두 한혈마를 타고,
회흘족에게는 포도궁에서 고기를 먹인다.
황제의 위엄으로 동해와 태산을 평정한 것에 기뻐하면서도
늘 신선의 지팡이가 공동산을 넘은 일을 생각한다.
3년 동안 피리로 〈관산월〉을 연주하더니
만국의 병사 앞에 초목이 바람에 스러지듯 한다.

성왕은 공이 크면 마음이 더욱 조심스럽고,
곽공은 생각이 깊어 예로부터 드문 예라.
사도의 맑은 통찰력은 거울을 걸어놓은 듯하고,
상서의 기상은 가을 하늘처럼 아득하다.
두세 호걸들이 세상을 위해 나타나

온 세상을 정돈하니 세상을 구제하는 일이 끝났다.
동쪽으로 달려가도 더 이상 놓어 생각할 일 없고,
남쪽으로 날아가면 둥지에 안주하는 새가 있다는 것을 알겠다.
봄이 다시 관리들을 따라 들어서니
궁궐에는 마침 안개 어린 꽃이 둘러 있다.
태자 수레가 밤을 새고 천자의 수레가 준비되어 있어,
닭이 울어 문안을 여쭈면 용루문에 새벽이 찾아든다.

용과 봉황을 따르는 무리들 그 기세를 당할 수 없으니
천하 사람들이 모두 제후가 되었다.
너희가 어찌 황제의 덕을 보았다는 것을 알리오?
때가 되어서이니 자신이 강하다고 으스대지 못할 터.
관중 땅에 소승상이 남아 있고
군막에선 다시 장자방을 등용하였다.
장공은 평생 강호를 떠돌던 나그네,
키가 아홉 자에 수염과 눈썹이 희끗하다.
부름을 받고 기용되어 마침 풍운의 때를 만나
쓰러진 것을 일으키니 책략이 뛰어나다는 것을 비로소 알겠다.
푸른 도포 입고 백마 탄 반군이 다시 어찌 생기랴?
한나라와 주나라가 다시금 창성하여 기쁘도다.

한 치의 땅 한 자의 하늘도 모두 조공하러 입조하니
신기하고 상서로운 공물이 다투어 들어왔다.
어느 나라인지 몰라도 흰 고리를 보냈고,

뭇 산에서 은단지를 얻었다고 말들 한다.
은자는 자지곡을 멈추시오,
시인들은 청하송을 지을 줄 안다.
농가에서는 간절한 심정으로 가뭄을 안타까워하고
뻐꾸기가 곳곳에서 봄 농사를 재촉한다.
기슭가의 건아들은 서둘러 돌아오라,
장안의 아낙네들은 근심 속에 꿈을 많이 꾼다네.
어찌하면 장사들을 얻어 은하수를 끌어다가
갑옷과 무기들을 깨끗이 씻고서 영원토록 쓰지 않을 수 있을까?

이 시는 건원 2년 봄 두보가 화주에 있을 때 지은 것으로 보인다. 하루빨리 평화로운 세상이 오기를 바라는 마음을 담고 있다. 구본에는 제목이 '세병마洗兵馬'로 되어 있다. '세병洗兵'은 '병기를 씻는다'는 뜻으로 전쟁이 끝나기를 바라는 마음을 표현한 것이다.

《보주두시》 이 시는 건원 2년 봄에 지은 것이 틀림없다. 끝에서 '농가에서는 간절한 심정으로 가뭄을 안타까워한다'고 한 것으로 보아 건원 2년 봄에는 비가 오지 않았을 것이다. 양권도는 건원 원년에 편재하였는데, 잘못인 듯하다.(此詩當是乾元二年春作. 末云, 田家望望惜雨乾, 蓋二年春無雨也. 楊權道編在元年, 恐非.)
《두시상주》 고찰해 보건대, 상주에서 군대가 무너진 것은 3월 임신일로 바로 초사흘에 해당한다. 두보가 이 시를 지었을 때는 군대가 아직 패하지 않았었다. 원주에는 "경사를 수복한 뒤에 지었다"고 적혀 있다. 주학령은 "두보가 〈화주사진사책문〉이라는 글에서 '산동의 장군들이 구름처럼 모여드니 기숫가에서 승리를 알리는 글이 연일 도착한다'고 한 것으로 보아 이 시는 아마도 그때 지었을 것이다"라 설명하였다.(按相州兵潰在三月壬申, 乃初三日, 其作詩時, 兵尙未敗也. 原注, 收京後作. 朱注, 公華州試進士策問云, 山東之諸將雲合, 淇上之捷書日至, 詩蓋作於其時也.)

주 석

1 山東(산동) – 태항산의 동쪽 지역. 하북부를 가리킨다.

《구가집주두시》 조언재 주 '산동'은 지금의 하북부를 가리킨다. 대개 산동이니 산서니 하는 것은 태항산으로 구분한 것이다. 오늘날 말하는 산동은 옛날에 제나라 지역이라고 했던 곳으로, 태산을 가지고 말하는 것이 되었다. 안녹산이 반란을 일으켜 먼저 하북부의 여러 군을 함락하였다. 장안과 낙양 두 도읍이 수복되고 안경서가 하북으로 도망친 뒤, 사사명이 항복하고, 엄장이 항복하였으며, 능원호가 항복하면서 하북의 여러 군들이 점차 수복되었다. 그래서 '중흥을 이룬 장수들이 산동을 수복한다'고 한 것이다.(山東者, 今之河北也. 蓋謂之山東山西, 以太行山分之也. 今所謂山東, 乃昔言齊地, 則以泰山言之矣. 安祿山反, 先陷河北諸郡. 至二京已復, 慶緖奔于河北之後, 史思明降, 嚴莊降, 能元皓降, 而河北諸郡漸復矣. 故曰, 中興諸將收山東.)

2 捷書(첩서) – 승전보. 夜(야) – '夕' 혹은 '日'로 되어 있는 판본도 있다. 淸晝(청주) – 낮 시간.

《두시상주》 《속박물지》에 "'노포'는 승전보의 별명으로 비단 편지를 대나무 막대기에 건다"는 말이 있다. 밤과 낮이 같다는 것은 승리를 알리는 소식이 믿을 만하다는 것을 보여 준다.(續博物志, 露布, 捷書之別名, 以帛書揭竿. 夜與晝同, 見捷音可信.)

《구가집주두시》 조언재 주 저녁의 보고가 대낮과 같다는 것은 반가운 소식이 진실이라는 것을 말한다.(夕晚之報, 與日晝同, 言其好消息之眞也.)

3 一葦過(일위과)－갈대처럼 작은 배 한 척으로 건넌다는 말로 매우 손쉬운 것을 비유한다.

《시・위풍衛風・하광河廣》 누가 황하가 넓다고 하는가? 작은 배 한 척이 건너네.(誰謂河廣, 一葦杭之.)

《두시언해》 '一葦過'는 쉽다는 것을 말한다.(一葦過, 言易也.)

4 破竹(파죽)－대나무를 쪼개다. 쉽게 적을 물리치는 것을 말한다.

《구가집주두시》에 인용된 《진서・두예전杜預傳》 이제 군대가 위세를 떨치고 있으니 비유하자면 대나무를 쪼갤 때 몇 마디를 지난 뒤에는 칼날이 닿은 대로 쪼개져 더 이상 손 댈 곳이 없는 것과 같다.(今兵威已振, 譬如破竹, 數節之後, 迎刃而解, 無復著手處也.)

《두시언해》 '破竹' 역시 쉽다는 것을 말한다.(破竹, 亦言易也.)

5 祇殘(지잔)－단지 ~만 남다. 鄴城(업성)－상주를 가리킨다.

《두시상주》 '祇殘'은 단지 남아 있다는 뜻이다.(祇殘, 但餘也.)

《두시상주》 《자치통감》에 "건원 원년 10월, 곽자의가 행원으로부터 황하를 건너 동쪽으로 획가에 도착해서 안태청을 격파하였다. 안태청이 위주로 도망쳐 버티자 곽자의가 진격하여 그를 포위하고서 사신을 시켜 승리를 알렸다. 노경이 양무로부터 건너오고, 계광침과 최광원이 산조로부터 건너와 이사업과 함께 위주에서 곽자의와 회합하였다. 안경서가 업성의 반군 7만을 모두 동원하여 구하러 왔으나, 곽자의가 다시 그를 대파하고 동생인 안경화를 사로잡아 죽여 마침내 위주를 함락시켰다"는 기록이 있다. 《구당서》에는 "상주는 하북도에 속한다. 무덕 원년 위군에 상주를 설치하였다. 천보 원년에 업군으로 바꾸었다가 건원 2년에 업성으로 바꿨다"는 기록이 있다. 또 《자치통감》에 "안경서가 도망치자 곽자의 등이 그를 업성까지 추격하였다. 허숙기・동진・왕사례 및 하동병마사 설겸훈이 함께 군대를 이끌고 속속 도착했다. 안경서가 나머지 반군을 모아 수사강에서 항전하였으나, 다시 안경서를 패배시켰다. 안경서가 결국 성으로 들어가 수비를 튼튼히 하자 곽자의 등이 이를 포위하였다"는 기록이 있다.(通鑑, 乾元元年十月, 郭子儀自杏園渡河, 東至獲嘉, 破安太

情. 太淸走保衛州, 子儀進圍之, 遣使告捷. 魯炅自陽武濟, 季光琛崔光遠自酸棗濟, 與李嗣業皆會子儀於衛州. 慶緖悉擧鄴中之衆七萬來救, 子儀復大破之, 獲其弟慶和, 殺之, 遂拔衛州. 舊唐書, 相州, 屬河北道. 武德元年, 以魏郡置相州. 天寶元年, 改爲鄴郡. 乾元二年, 改爲鄴城. 通鑑, 慶緖走, 子儀等追之至鄴. 許叔冀董秦王思禮及何東兵馬使薛兼訓, 皆引兵繼至. 慶緖收餘兵, 拒戰於愁思岡, 又敗慶緖. 慶緖乃入城固守, 子儀等圍之.)
《보주두시》 황희 주 '하광'은 위주를 가리킨다. 이는 곽자의가 위주에서 반군 10만을 격파하였는데, 안경서의 동생인 안경화를 사로잡고서 위주로 공격해 들어갔다는 것을 말한다. 최광원은 위주를 함락하였다. 그때 상주는 아직 수복되지 않았기에 '수일 내로 곧 얻는다'는 구절이 있는 것이다. (河廣指衛州, 謂子儀破賊十萬御衛州, 獲安慶緖弟慶和, 進攻衛州. 崔光遠拔魏州, 是時相州未復, 所以有不日得之句.)

6 朔方(삭방) – 삭방절도사를 지낸 곽자의를 가리킨다.

《두시상주》 《빈지》에 "빈주가 비로소 영주를 진수하였는데 이를 삭방군이라 한다"는 기록이 있다. 《구당서》에서는 "안녹산이 반란을 일으키자, 곽자의를 영무태수로 삼고 삭방절도사에 임명하였다. 진도사에서 패배한 뒤로 황제는 오직 삭방군을 기반으로 삼았다"고 적고 있다.(邠志, 邠州始鎭靈州, 謂之朔方軍. 舊唐書, 祿山反, 以郭子儀爲靈武太守, 充朔方節度使. 自陳濤斜之敗, 帝惟倚朔方軍爲根本.)
《두시전주》 구당서에 의하면, 숙종이 육군을 정비하여 남쪽으로 관보로 달려가 팽원군에 이르렀으나, 방관이 진도사에서 패하였다. 한창 토벌을 하던 중에 군사가 반이나 전사하였기에, 오직 삭방군에 의지하여 기반으로 삼을 수밖에 없었다.(舊唐書, 肅宗大閱六軍, 南趨關輔, 至彭原郡, 房琯敗於陳陶斜. 方事討除而軍半殪, 惟倚朔方軍爲根本.)
《구가집주두시》 '삭방군에게 맡긴다'는 말은 곽자의를 가리킨다. 곽자의는 원래 삭방절도사였다가 뒤에 다시 하서와 농우절도사에 더 임명되었다. 당시에는 오로지 곽자의에게만 맡겼기에 '독임'이라고 한 것이다.(任朔方, 指言郭子儀也. 子儀素爲朔方節度使, 後又加河西隴右, 時專任子儀, 故云獨任.)

7 京師(경사) – 서울. 汗血馬(한혈마) – 핏빛의 땀을 흘린다는 준마.

《두시상주》에 인용된 《공양전》 경사란 천자의 거처를 말한다. '京'은 크다는 뜻이고, '師'는 무리라는 뜻이다. 천자의 거처는 반드시 많고 크다는 말로 명칭한다.(京師者, 天子之居也. 京, 大也. 師, 衆也. 天子之居, 必以衆大稱之.)

《사기 · 대원열전大宛列傳》 대원국은 흉노의 서남쪽, 한나라의 정서쪽에 있으며, 한나라로부터 만 리가량 떨어져 있다. 그 풍속은 토착생활을 하고, 농사를 짓는데 벼와 보리를 경작한다. 포도주가 나고 좋은 말이 많다. 말은 땀을 피처럼 흘리는데, 그 선조는 천마의 새끼이다.(大宛在匈奴西南, 在漢正西, 去漢可萬里. 其俗土着, 耕田, 田稻麥. 有葡萄酒. 多善馬, 馬汗血, 其先天馬子也.)

8 回紇(회흘) – 이민족 이름. 당나라를 도와 안녹산의 난을 진압하는 데 도움을 주었다고 한다. 餧(위) – 먹이다. 蒲萄宮(포도궁) – 한나라 때의 궁궐 이름으로 여기서는 당대의 궁궐을 비유한다. 한나라 때는 포도궁이라는 궁궐이 없었다는 설이 있다. 한편 구체적으로 선정전을 비유하는 말로 보기도 한다.

《구가집주두시》 〈장이전〉에 "고기를 호랑이에게 먹이는 꼴이니 무슨 이익이 있겠습니까?"라는 기록이 있다.(張耳傳, 如以肉餧虎, 何益.)

《구가집주두시》 조언재 주 회흘족을 호랑이에 견주어 그들의 광포함이 근심거리가 된다는 것을 말하고 있다. 《구당서》에 의하면, 막 서경을 수복하자 회흘족이 입성하여 겁탈을 일삼으니 광평왕이 이를 강력하게 저지시켰다. 동경을 수복하자 회흘족이 끝내 동경부의 창고로 들어가 재물을 탈취하고, 저자와 마을에서도 3일 동안 약탈을 일삼다가 멈추니, 턴 재물이 헤아릴 수 없이 많았다. 광평왕이 다시 그들에게 직물과 보물을 주자 엽호가 기뻐하였다니 회흘족이 호랑이 같은 존재라는 것을 알 수 있다.(視回紇爲虎, 以言其强暴爲患也. 舊唐史載, 初收西京, 回紇欲入城劫掠, 廣平王固止之, 及收東京, 回紇遂入府庫, 取財帛, 於市井村坊, 剽掠三日而止, 財物不可勝計. 廣平王又賚之以錦罽寶貝, 葉護大喜, 則回紇之爲虎可知.)

《두시상주》에 인용된 《한서 · 흉노전》 원제 원수 2년에 선우가 내조하자 상림원 포도궁에 머물게 하였다.(元帝元壽二年, 單于來朝, 舍之上林苑蒲萄宮.)

《구가집주두시》 조언재 주 포도궁에 대해 살펴보면 《장안지》에는 동포도원과 서포도원이 있었다고 한다. 《경룡문관기》에서는 "중종이 근신을 불러 말을 타고 앵도원에 들어가 말 위에서 입으로 앵두를 따먹고는 동포도원에서 연회를 열고 궁중 음악을 연주시켰다"고 적고 있으니, 이른바 포도궁이라는 것은 비록 동인지 서인지 지적하지는 않았지만 포도원을 말하는 것일 게다. 구주에서 한나라 때 포도궁이 있었다고 했지만, 한나라 때의 궁궐들을 살펴보면 달리 이러한 명칭은 없었다.(葡萄宮, 考之, 長安志載, 有東西葡萄園. 景龍文館記云, 中宗召近臣, 騎馬入櫻桃園, 馬上口摘櫻桃, 遂宴東葡萄園, 奏以宮樂, 則所謂葡萄宮者, 雖不指其東西, 而謂此園耳. 舊注作漢有葡萄宮, 考之漢宮室名, 別無此名也.)

《두시전주》 엽호가 동경에서 돌아오자 선정전에서 연회를 열어 주었다.(葉護自東京還, 宴之于宣政殿.)

〔京師 2구〕

《두시상주》에 인용된 《자치통감》 그해 8월 회흘족이 신하 골철특륵 및 제덕을 보내 날랜 기병 3천 명을 거느리고서 안경서를 토벌하는 일을 돕게 하였다. 천자가 삭방좌무봉사 복고회은에게 그들을 지휘하게 하였다. '한혈마'나 '포도궁'은 이 일을 가리키는 것이 틀림없다.(是年八月, 回紇遣其臣骨啜特勒及帝德將驍騎三千, 助討安慶緒, 上命朔方左武鋒使僕固懷恩領之. 汗血馬葡萄宮, 當指此事.)

9 淸(청) – 깨끗이 하다. 소탕하다. 海岱(해대) – 동해와 태산泰山. 반군이 활동하던 산동 · 하북 지역을 가리키는 말로 보인다.

《독두심해》 '해대'는 반군이 점령하고 있던 지역을 총괄하여 가리킨다.(海岱, 統指賊境.)

10 仙仗(선장) – 신선의 지팡이. 崆峒(공동) – 산 이름. 이 구절은 천자가 돌아오는 것을 비유한다.

《두시상주》 《괄지지》에 "계두산은 일명 공동산이라고 하는데, 원주 평량현 서쪽 100리 되는 지점에 있다"는 기록이 있다. 주학령은 "숙종이 마외에서 팽원과 평량을 거쳐 영무에 도착하여 군대를 모아 부흥을 꾀하였으니, 도중에 분명 공동산을 경유하였을 것이다. 남회에 이르는 것도 원주로부터 들어갔을 것이니, 공동산은 천자의 수레가 왕래했던 곳이다"라 설명하였다.(括地志, 笄頭山, 一名崆峒山, 在原州平凉縣西百里. 朱注, 肅宗自馬嵬, 經彭原平凉至靈武, 合兵興復, 道必由崆峒. 及南回也, 亦自原州入, 則崆峒乃鑾輿往來之地.)

〔已喜 2구〕 이 두 구절은 모두 숙종과 관련된 것이다. 반면 앞 구절은 숙종에 대한 것이고, 뒷 구절은 현종에 대한 것으로 풀이하는 설도 있으나, 옳지 않다.

《두공부초당시전》 '海'는 산동 지역을 말하고, '岱'는 하북 지역을 말한다. 공동산은 서쪽에 있다. 숙종이 비록 산동과 하북 지역을 평정하여 기뻐할 만했겠지만, 효심이 깊어 부왕을 잊지 못하고 있었다. 당시 문종(현종의 오기인 듯함)은 반란 소식을 듣고 서쪽으로 도망쳐 촉에 가 있었다. 숙종은 걱정하는 마음이 깊어 조석으로 그 일을 생각했을 것이다. '선장'은 현종의 의장을 말한다.(海謂山東, 岱謂河北. 崆峒山在西, 肅宗雖靖平海岱, 已足喜矣, 然孝思不忘上皇. 當時文宗聞亂, 西走幸蜀. 肅宗眷眷之誠, 朝夕當思之也. 仙杖謂玄宗儀仗也.)

《두시언해》 이 구절들은 숙종이 이미 하북 지역을 소탕한 것을 기뻐하면서 현종이 촉에 행차했던 것을 돌이켜 한탄하는 것을 말한다.(此言喜肅宗之已淸河北, 追恨玄宗之幸蜀也.)

11 三年(삼년) - 3년 동안. 關山月(관산월) - 악부시의 일종.

《구가집주두시》 조언재 주 안녹산은 천보 14년에 반란을 일으켰으니, 그해는 을미년이었다. 안경서는 지덕 2년에 부친을 시해하였으니, 그해는 정유년이었다. 그해에 동경과 서경을 수복하였으므로 3년이 된다.(祿山, 以天寶十四載反, 歲在乙未. 安慶緖, 以至德二載, 弑其父, 歲在丁酉. 是歲復二京, 則爲三年.)

《두시상주》 《악부해제》에 의하면 〈관산월〉은 이별을 슬퍼하는 노래이다.(樂府解題, 關山月, 傷離別也.)

12 草木風(초목풍) – 풀과 나무가 바람에 쓰러지다. 바람이 풀과 나무를 쓸어버리다. 전란으로 황폐해진 것을 비유하는 설도 있으나, 군사가 많은 것을 비유하는 것으로 보기도 한다.

〔三年 2구〕 앞 구절은 군사들이 출정한 것을 슬퍼하는 내용이고, 뒷 구절은 관군이 업성을 포위한 것을 기뻐하는 내용이다. 그런데 뒷 구절에 대해서는 이설이 존재한다.

《두억》 안녹산이 반란을 일으킨 지 3년이 지났고, 난을 피해 고향을 떠난 것도 3년이 되었다. 그래서 '3년 동안 피리로 〈관산월〉을 연주하였다'고 말하며 이를 슬퍼하는 것이다. '만국의 병사 앞에서는' 바람이 잎사귀를 말아올리는 것 같으니, '초목이 모두 사람처럼 보이고 바람 소리와 학 울음소리' 운운하는 고사를 암용하며 이를 기뻐하는 것이다.(祿山反經三年矣, 避亂離鄕者亦三年, 故云三年笛裏關山月, 悲之也. 萬國兵前, 如風捲葉, 暗用草木皆兵, 風聲鶴唳事, 喜之也.)

《두시상주》에 인용된 《진서·재기載記》 부견과 부융이 성에 올라 진나라 군대를 바라보다가 진영이 질서정연하고 장군과 병사들이 최정예인 것을 발견하였고, 다시 북쪽으로 팔공산을 바라보니 초목이 모두 사람처럼 보여 바람 소리와 학 울음소리조차도 병사들이 내는 소리로 착각하였다.(苻堅與苻融登城而望王師, 見部陣齊整, 將士精銳, 又北望八公山, 草木皆類人形, 風聲鶴唳, 疑以爲兵.)

《두공부초당시전》 천보 14년부터 두 도읍을 수복할 때까지 도합 3년이 걸렸다. '적笛'은 호가胡笳를 말한다. 만국의 제후들이 각자 병사를 모아 반군을 토벌하고 있었다. 그 당시 성곽과 궁실이 반군에 의해 불타 눈에 들어오는 것이라곤 초목뿐이었다. 숙종은 3년 동안 궁궐을 떠나 지내면서 호가소리를 들었고, 바람을 맞고 달을 볼 때마다 관산에 막혀 있는 신세를 통렬한 심정으로 생각했을 것이다. 그러니 어찌 상황(현종)이 멀리 서촉에 숨어 있어 극진한 정성으로 섬기지 못했던 것을 생각지 않을 수 있었겠는가?(自天寶十四年, 至收復兩京, 凡三年矣. 笛謂胡笳也. 萬國諸侯, 各以兵會討賊. 是時, 城郭宮室, 爲賊焚蕩, 觸目惟草木而已. 肅宗三年暴露于外, 每聽胡笳之音, 臨風對月, 痛念阻隔關山. 寧不思上皇遠竄西蜀, 不獲侍甘旨之奉耶.)

《두시언해》 이 구절들은 만국의 병사들이 초목 사이에서 노숙하고 관산에서 밤에 피리를 부는 것을 말한다.(此言萬國之兵, 暴露草木之間, 吹笳關山之夜.)

《두시상주》: 첫 단락에서는 하북에서 승리하였다는 소식을 듣고서 천자의 군대가 틀림없이 이길 것이라고 예측하는 내용을 담고 있다. 업성의 군대에 통제력이 없기에 곽자의에게 맡겨 전공을 거두기를 바라고 있다. 또 숙종이 경사로 돌아가 점차 안일함에 빠질까 염려하기에 그가 처음에 어려움을 겪었던 것을 되새기며 군사들의 노고를 생각해 주기를 바라는 마음을 쓰고 있다. 아래 네 구절은 풍자의 뜻이 들어 있다.(此聞河北捷音, 而料王師之必克. 鄴城之師軍無統制, 故欲獨任子儀, 以收戰功. 又恐肅宗還京, 漸生逸豫, 故欲其念起事艱難, 而思將士之勤苦. 下四句, 有規諷意.)

《두억》: 지덕 2년 9월과 10월에 장안과 낙양을 수복하고서 이듬해에 연호를 건원으로 고쳤다. 10월에 곽자의 등이 황하를 건너 위주를 함락시켰다. 이곳은 당대에 산동이라고 하던 곳인데, 동해와 태산까지가 다 그러하다. 위주가 함락되자 안경서가 업성으로 도망을 가 성으로 들어가서 굳게 방어하였지만, 파죽의 형세가 있었다. 그래서 '산동을 수복했다'고 한 것이다. 아래에 '동해와 태산을 수복했다'고 한 것은 사실 실정보다 과장된 말이다. 그 당시 현종이 경사로 돌아온 지 거의 1년이 되었는데도 여전히 '신선의 지팡이가 공동산을 넘은 일'을 생각하고 있었으니, 아마도 고통이 가라앉은 뒤 다시 고통을 생각한다는 뜻일 게다.(至德二載九月十月, 復兩京. 次年, 改元乾元. 十月, 郭子儀等渡河拔衛州. 此唐時所稱山東地, 而極於海岱皆是也. 衛州拔而安慶緒走鄴, 入城固守, 然有破竹之

勢矣, 故云, 收山東, 下云, 收海岱, 實過情語也. 此時明皇還京幾一年矣, 而猶思仙仗過崆峒, 豈痛定思痛意耶.)

13 成王(성왕) – 광평왕 이숙李俶. 心轉小(심전소) – 마음이 더욱 조심스럽다.

《두시상주》 성왕은 광평왕 이숙을 가리킨다.(成王, 廣平王俶也.)

《두시상주》 《당서》에 "지덕 2년 12월에 광평왕 이숙은 초왕으로 승격하였다가, 건원 원년 2월에 성왕으로 옮겨져 봉해졌다"는 기록이 있다. 유주의 〈신언편〉에 "초 장왕이 공을 세우고도 마음속으로 두려움을 품고, 진 문공이 전투에서 이기고도 근심에 빠져든 것은 영광과 승리를 싫어해서가 아니라, 공은 커도 마음이 조심스럽고 평안할 때 위기를 생각해서이다"라는 말이 있다.(唐書, 至德二載十二月, 廣平王俶進爵楚王. 乾元元年二月, 徙封成王. 劉晝愼言篇, 楚莊王功立而心懼, 晉文公戰勝而絶憂, 非僧榮而惡勝, 乃功大而心小, 居安而念危也.)

《독두심해》 살펴보건대, 성왕은 이미 태자에 올라 있었다. 이 구절의 의도는 공로를 적는 데 있다. 그러기에 그의 작위를 칭한 것이다. 또 장안과 낙양 두 도읍을 수복할 때 광평왕은 원수였지만, 이제 업성을 포위하는 데는 참여하지 않았다. 그런데도 시 첫머리에서 언급한 것은 원훈을 적고 태자를 높이기 위한 것이다. 그러나 마음이 더욱 조심스럽다고 말하였으니, 여전히 은연중 모종의 내용을 나타내고 있다.(按, 王已立爲太子, 句意在於紀功, 故稱其勳爵. 又按, 收復兩京, 廣平爲帥. 今圍鄴不與, 而詩首及之者, 誌元勳, 尊主器也. 然曰心轉小, 則仍隱然事外矣.)

《두시언해》 '心轉小'는 공이 높다고 해서 자랑하지 않는 것을 말한다.(心轉小, 言不以功高自矜.)

14 郭相(곽상) – 안사의 난을 진압하는 데 공을 세운 곽자의를 가리킨다. 謀深(모심) – '謀猷' 또는 '深謀'로 되어 있는 판본도 있다.

《두시상주》 곽상은 곽자의를 가리킨다.(郭相, 子儀也.)

《두시전주》에 인용된 주학령 주 곽자의는 당시 중서령에 올라 있었다. (子儀時進中書令.)

15 司徒(사도) – 이광필을 가리킨다. 淸鑒(청감) – 뛰어난 통찰력.

《두시상주》 사도는 이광필을 가리킨다.(司徒, 李光弼也.)

16 尙書(상서)－왕사례를 가리킨다. 한편 복고회은을 가리킨다고 보는 설도 있으나, 적절하지 않다. 杳(묘)－아득하다. 이 구절은 왕사례의 기상이 높은 것을 비유한다.

《두시상주》 상서는 왕사례를 가리킨다.(尙書, 王思禮也.)

《구가집주두시》 조언재 주 상서는 왕사례를 가리킨다. 본전에 의하면 장안 사람인 왕사례가 먼저 청궁에 들어가고 동경을 수복하였는데, 전투에서 자주 공을 세워 병부상서로 옮겼다고 한다.(尙書指言王思禮. 本傳, 長安思禮, 先入淸宮, 收東京. 戰數有功, 遷兵部尙書.)

《보주두시》에 인용된 왕수주 복고회은을 가리킨다.(指言僕固懷恩.)

《보주두시》에 인용된 진씨秦氏 주 본전에 의하면 서경과 동경을 수복하고서 복고회은은 비록 공적이 있었지만 왕명에 의해 단지 홍려경이 보태졌다. 그 뒤로 건원 2년에야 왕의 부름을 받아 입궐하여 공부상서가 되었다. 이제 두보의 시는 서경과 동경을 수복한 뒤에 지어졌으므로 어찌 복고회은일 수 있겠는가?(據本傳, 復兩京, 懷恩雖有功, 止詔加鴻臚卿. 其後乾元二年, 方召入爲工部尙書. 今公詩是收復兩京後, 豈卽是懷恩耶.)

《두시언해》 '秋天杳'는 기상이 높고 심원한 것을 말한다.(秋天杳, 言其氣之高遠.)

17 豪俊(호준)－훌륭한 인재. 여기서는 곽자의 등을 가리킨다.

18 濟時了(제시료)－시대를 구하는 일이 끝나다. 안사의 난을 진압한 것을 말한다.

〔二三 2구〕

《두공부초당시전》 천하가 평정되고 길이 막히지 않은 것 모두가 두세 사람의 힘이라는 것을 말한다.(謂天下淸平, 道路無壅, 皆二三子之力也.)

19 憶鱸魚(억노어)－농어를 생각하다. 고향 생각을 비유한다.

《세설신어 · 식감識鑒》 장한張翰은 제왕의 동조연에 임명되어 낙양에서 지내다 가을 바람 일어나는 것을 보고는 오지방의 고채국, 그리고 농어회가 그리워져, … 결국 수레를 타고서 돌아갔다.(張季鷹辟齊王東曹掾, 在洛, 見秋風起, 因思吳中菰菜羹鱸魚膾, … 遂命駕便歸.)

20 安巢鳥(안소조)－둥지에서 편안하게 지내는 새. 백성들의 평안한 삶을 비유한다. '巢'는 '枝'로 되어 있는 판본도 있다.

〔東走 2구〕

《두시상주》 '東走' 구는 선비들이 관의 먼지를 털고 출세할 수 있게 된 것을 경축하는 내용을 담고 있고, '南飛' 구는 백성들이 평안하게 살 수 있는 은덕을 입게 되었다는 내용을 담고 있다.(東走句, 見士慶彈冠. 南飛句, 見民蒙安宅.)

《두공부초당시전》 동쪽으로 오월과 통하여 백성들이 풍족하게 먹을 수 있게 된 것을 말하고, 남쪽으로 형 지방과 동정호까지 통하여 백성들이 평안하게 살 수 있는 것을 말한다.(謂東通吳越, 而民得以足食矣. 謂南達荊湖, 而民得以安居也.)

《두시언해》 이 구절들은 중흥기를 맞아 평안하게 다스리는 기상을 말한다.(此言中興治安之氣象.)

21 冠冕(관면)－갓과 면류관. 관리를 비유한다.

22 紫禁(자금)－왕궁을 가리킨다. '禁'은 '駕'로 되어 있는 판본도 있다.
耐(내)－어울리다. 혹은 '奈'와 통하는 것으로 보기도 한다.

《두시상주》 천자의 궁궐은 자미성에 해당하기에 궁중을 자금이라 한다.(天子之宮紫微, 故謂宮中謂紫禁.)

《두공부초당시전》 '耐'은 '奈'와 같다.(耐與奈同.)

〔青春 2구〕

《두시상주》 '청춘'과 '자금' 두 구절은 조정의 의식이 예전같이 되었다는 것을 말한다.(青春紫禁, 朝儀如故.)

《두시언해》 이는 백관이 봄을 맞아 경사로 돌아오니 봄빛도 따라서 들어온다는 것을 말한다.(此言百官當春時還京師, 春色亦隨而入也.)

23 鶴駕(학가) – 학의 수레. 태자가 타는 수레를 가리킨다. 通宵(통소) – 밤을 새다. 鳳輦(봉련) – 봉황의 수레. 천자가 타는 수레를 가리킨다.

《두시상주》 적성의 사성이 "'학가'는 태자가 타는 것이고, '봉련'은 천자가 타는 것이다"라고 하였다. 《한궁궐소》에 "백학궁은 태자가 거처하는 곳이다"라 하였고, 《예문류취》에 "태자 진이 흰 학을 타고 신선이 되어 떠났기에 후세에는 태자의 수레를 '학가'라 하고, 태자의 거처를 '학금'이라 하게 되었다"고 하였다. 또 《통전》에 "수나라 때 태자좌우감문솔을 당나라 수공 연간에 학금위로 바꾸었다"는 기록이 있다.(赤城謝省曰, 鶴駕, 東宮所乘. 鳳輦, 天子所御. 言鶴駕通宵, 備鳳輦以迎上皇, 鷄鳴報曉, 趨龍樓以伸問寢也. 漢宮闕疏, 白鶴宮, 太子所居. 藝文類聚, 太子晉乘白鶴仙去, 故後世稱太子之駕曰鶴駕, 禁曰鶴禁. 通典, 隋太子左右監門率, 唐垂拱中改爲鶴禁衛.)

24 問寢(문침) – 아침 인사를 드리다. 龍樓(용루) – 용루문. 동궁의 대문 이름. '樓'는 '蛇'로 되어 있는 판본도 있다.

《두시상주》 《예기 · 문왕세자》에 "닭이 갓 울면 침문 밖에 도착해 내간에서 모시는 사람에게 '오늘 안부가 어떠하신가?' 하고 묻는다"는 말이 있다. 《한서》에는 "성제가 태자가 되어 막 계궁에 거처하게 되었을 때, 일찍이 태자를 급히 찾은 일이 있었는데 용루문을 나서면 천자가 다니는 길을 가로지르지 않았다"는 기록이 있다. 장안의 설명에 의하면, 문루 위에 구리로 만든 용 조각이 있어서이니 마치 백학과 비렴으로 명칭을 삼는 것과 같다고 한다. 《옹록》에 의하면, 계궁 남쪽에 용루문이 있었다고 한다.(文王世子. 鷄初鳴, 至於寢門外, 問內豎之御者曰, 今日安否, 何如. 漢書, 成帝爲太子, 初居桂宮, 嘗急召太子, 出龍樓門, 不敢絶馳道. 張晏曰, 門樓上有銅龍, 若白鶴飛廉之爲名也. 雍錄, 桂宮南面有龍樓門.)

〔鶴駕 2구〕 이상 2구는 태자가 밤을 새우고 황제의 수레를 준비하여 상황을 맞이하고, 닭이 울어 새벽을 알리자 용루문으로 달려가 새벽 문안인사를 아뢰는 것을 말한다. 이에 대해서는 숙종과 관련지어 해석하는 설과, 성왕과 관련지어 해석하는 설이 있다.

《두시상주》 '학가'와 '계명' 두 구절은 황제가 자식으로서의 직분을 닦은 것을 말한다.(鶴駕鷄鳴, 帝修子職也.)

《두시전주》 숙종이 즉위하고서 명을 내려 "장안과 낙양에 종묘를 복원하고 파촉에서 상황을 맞아, 어가를 이끌어 제자리로 돌려놓고 침소에 조알해 문안 인사 드릴 터, 짐은 이를 완수하기를 바라노라"라 하였다. 상황이 촉에서 도착하여 그날 흥경궁에 행차하였다. 숙종이 태자의 위치로 돌아가겠다고 청하자 허락하지 않았다. 이 시는 침문의 조서를 원용하여 태자가 동쪽에서 조알하는 예법을 인용함으로써 풍유의 뜻을 비치고 있다.(肅宗即位, 下制曰, 復宗廟于函雒, 迎上皇於巴蜀, 道鑾輿而反正, 朝寢門而問安, 朕願畢矣. 上皇至自蜀, 即日幸興慶宮. 肅宗請歸東宮, 不許. 此詩援據寢問之詔, 引太子東朝之禮, 以諷諭也.)

《두공부초당시전》 천자의 연회를 모시는 것을 말하고, 다시 성왕이 새벽에 편히 주무셨는지 문안 인사 올리는 예를 갖춘 것을 말하고 있다.(言侍天子之宴也, 又言成王講晨省之禮也.)

#《두시상주》: 두번째 단락은 장군을 임명하여 인재를 찾을 것을 말하고 왕업이 다시 흥성하는 것을 기뻐하는 내용을 담고 있다.(此言命將得人, 而喜王業之方興.)

25 攀龍附鳳(반룡부봉) – 용을 붙잡고 봉황에 붙다. 즉 황제의 권세에 빌붙는 이들을 비유한다. 勢(세) – '世'로 되어 있는 판본도 있다.

《보주두시》에 인용된 왕수 주 양웅의 글에 '용의 비늘을 붙잡고 봉황의 날개에 붙는다'는 말이 있다. 당시 황제의 힘을 빌려 공을 세운 이들이 모두 은혜를 입었다는 말이다.(揚子, 攀龍鱗附鳳翼, 時攀附而立功者, 皆有恩.)

《두공부초당시전》 뭇 신하들이 천자에게 의지하는 것을 비유한다.(喻群臣依附天子也.)

《두시전주》 그때 막 촉군과 영무에서 처음부터 시종했던 공신들을 더 봉하였는데, 숙종은 유독 영무측 공신들에게 마음을 더 주었다. 그래서 완곡한 말로 이를 비꼰 것이다. '攀龍附鳳'에 대해 곽식이 '이보국은 황제와 가까이하는 은덕을 입자 지위가 하늘 위까지 올랐다'고 한 것이 이것이다.(是時, 方加封蜀郡靈武元從功臣. 肅宗之意, 獨厚于靈武, 故婉辭以譏之. 攀龍附鳳, 郭湜謂李輔國一承攀附之恩, 致位雲霄之上, 是也.)

26 侯王(후왕)－제후.

《두시상주》에 인용된 《한서·전찬傳贊》 용을 붙잡고 봉황에 빌붙어 함께 하늘 거리를 달리다가, 구름이 일어나고 용이 날자 제후로 변하였다.(攀龍附鳳, 並乘天衢. 雲起龍驤, 化爲侯王.)

《두공부초당시전》 반군이 평정되자 경사로 돌아와 공로를 따져 제후에 봉한 것을 말한다.(謂賊平還京, 論功行賞, 盡封爲侯王也.)

27 汝等(여등)－너희들. 蒙(몽)－'象'으로 되어 있는 판본도 있다.

《구가집주두시》 조언재 주 '너희들'은 제후가 된 사람들을 가리킨다.(汝等指化侯王之人也.)

28 誇身强(과신강)－자신들이 강하다고 자랑하다. 즉 모든 것을 자신들 스스로의 힘으로 이룬 것이라고 자랑하는 것을 말한다.

〔汝等 2구〕

《두공부초당시전》 안사의 난을 맞아 사나운 군인들이 반군을 평정한 공로로 부귀를 얻었지만, 이는 한때의 기회일 뿐, 사실은 천자의 성명한 힘에서 나온 것이다. 어찌 자신의 용기를 자랑하며 하늘의 공을 탐내어 자신의 권력으로 삼을 수 있단 말인가? 이는 전쟁의 공로를 자기 것이라고 하는 이들을 풍자하는 것이다.(當安史之亂, 武夫悍卒, 以平賊之功, 取富貴, 此特一時之際會也. 實出於天子聖明之力, 豈可誇其身之强勇, 貪天功以爲己力乎. 此諷以軍功自有者也.)

《독두심해》에 인용된 주학령 주 당시에 호종하던 공신들을 더 봉하였다. 이 두 구절은 개지추가 '하늘의 공을 탐내어 자신의 권력으로 삼는다'고 한 말과 같다.(時加封扈從功臣. 二句卽介之推所謂貪天功以爲己力也.)

29 蕭丞相(소승상)－한 고조를 도와 한나라를 건국하고 승상이 된 소하를 가리킨다. 이 시에서 소승상이 비유하는 바에 대해서는 곽자의·두홍

점 · 소화 · 방관 등 제가에 따라 다르고, 누구를 비유하는지 확실하지 않다고 보는 설도 있다.

《구가집주두시》 조언재 주 (소승상은) 곽자의를 말한다.(謂郭子儀也.)

《두시상주》 《사기 · 소하전》에 "한왕이 군대를 이끌고 동쪽으로 삼진을 평정하자, 소하는 승상으로서 파촉에 남아 뒷정리를 하며 군량을 공급하였다"는 기록이 있다. 주학령은 소승상은 누구를 가리키는지 모르겠다고 하였다. 한편 채몽필은 두홍점이라고 하였다. 《당서》에 의하면, 숙종이 평량에 군대를 주둔시키자, 두홍점이 북방을 중흥시킬 계책을 세우고 군자금과 기계, 창고 등을 정리하여 천자에게 보고하였는데, 숙종이 기뻐하며 '영무는 내게 관중과 같은 곳이고, 경은 내게 소하 같은 인재요'라 하였다는 기록이 있다. 구주에서는 "경사가 평정되자 소화에게 남아 지키게 하였으므로 그를 소하에 비유한 것이다"라 하였고, 전겸익은 "방관이 촉으로부터 책명을 받들고 와서 숙종 옆에서 머물며 도왔으니 그를 소승상에 비유한 것이다"라 하였다. 설명들이 서로 상이하니 주학령의 설을 따르는 것이 옳다.(史記蕭何傳, 漢王引兵東定三秦, 何以丞相留收巴蜀, 使給軍食. 朱注, 蕭丞相未知何指. 蔡夢弼謂杜鴻漸. 考唐書, 肅宗按軍平凉, 鴻漸建朔方興復之謀, 且錄軍資器械儲廥上之. 肅宗喜曰, 靈武, 吾之關中, 卿乃吾蕭何也. 舊注云, 京師旣平, 以蕭華留守, 故比之蕭何. 錢箋云, 房琯自蜀奉册留相肅宗, 故比之蕭相. 兩說互異, 當從朱注爲正.)

《독두시설》 이제 시를 살펴보면, 앞에서 '곽상' '사도' '상서'를 언급하였는데 모두 실제로 당시의 공신들을 가리키고 있고, 뒤에서 장자방을 언급한 것도 장씨 성을 빌려 장호에게 맞추고 있다. 따라서 이 구절에서만 유독 소하로 두홍점을 비유하고 있다고 볼 수는 없다. 어찌 두보에게 두씨 집안과 관련된 전고가 달리 없었겠는가? 또 숙종이 두홍점을 소하에 비유한 것은 궁중에서 군신 간에 오간 말이므로, 벌써 전파되어 두보가 시에 활용하였을 리가 없다. 소화가 남아서 지켰던 일과 소하가 남아서 지켰던 일은 똑같은 사안이므로, 주학령의 설을 따르는 것보다는 구주를 따르는 것이 좋을 듯하다.(今按詩上言郭相司徒尙書, 皆實指當時功臣, 卽下言張子房, 亦借張姓切張鎬, 不應此句獨以蕭何比杜鴻漸, 公豈別無杜家典故耶. 且肅宗以鴻漸爲蕭何, 乃禁中君臣話, 當時未必卽已傳播, 公遂

用之入詩, 蕭華留守, 與蕭何留守正同, 似從朱說不如仍從舊注.)

30 幕下(막하) – 군막. 張子房(장자방) – 한 고조를 도와 한나라를 건국한 장양張良. 여기서는 장호를 비유한다.

《두시상주》에 인용된 주학령 주 장자방은 장호를 가리킨다. 지덕 2년 5월에 방관이 재상을 물러나자 장호로 대신하였다.(張子房謂張鎬. 至德二載五月, 琯罷相, 以鎬代之.)

《두공부초당시전》 다시 장호를 막부의 참모로 삼았기에 장자방에 비유하였다. 《고제기》에 "주상이 말하길, '군막에서 계책을 꾸미는 것은 내가 장자방만 못하구려'라 하였다"는 기록이 있다.(復以張鎬爲幕府參謀, 故比之子房也. 高帝紀, 上曰, 運籌帷幄之中, 吾不如子房.)

31 張公(장공) – 장호를 가리킨다. 江海客(강해객) – 강호를 떠도는 나그네. 장호가 평민 출신임을 말한다.

《두시상주》에 인용된 《구당서》 장호는 풍채가 늠름하고 뜻이 커서 왕자와 패자의 책략에 대해 얘기하기를 좋아하였는데, 평민의 신분에서 좌습유에 임명되었다. 현종이 촉으로 행차할 때 걸어서 뒤를 따랐다. 현종이 행재소로 파견하자 봉상현에 도착하여 의견을 개진하여 많은 도움을 주었기에 간의대부에 임명되었다. 얼마 뒤 방관을 대신하여 재상이 되었다.(張鎬風儀魁岸, 廓落有大志, 好談王伯大略, 自褐衣拜左拾遺. 玄宗幸蜀, 徒步扈從, 玄宗遣赴行在, 至鳳祥, 奏議多有弘益, 拜諫議大夫. 尋代房琯爲相.)

《보주두시》에 인용된 소씨蘇氏 주 장호를 말한다. 소숭이 그를 추천하며 "등용하면 황제의 스승감이지만, 쓰지 않으면 궁벽한 골짜기에 사는 일개 노인네에 불과합니다"라 하였다.(謂張鎬也. 蕭嵩薦之曰, 用則帝王師, 不用則窮谷一叟耳.)

32 鬚眉蒼(수미창) – 수염과 눈썹이 희끗희끗하다. 즉 노회한 것을 비유한다.

33 徵起(징기) – 불러서 기용되다. 즉 왕명을 받고 벼슬에 나가는 것을 말한다. 風雲會(풍운회) – 바람과 구름의 모임. 즉 군신간의 만남을 말한다.

34 扶顚(부전) – 쓰러진 것을 부축하다. 즉 국운을 다시 일으킨 것을 말한다. 籌策(주책) – 계책, 책략.

35 靑袍白馬(청포백마) – 푸른 도포와 흰 말. 남조 양나라 때 반란을 일으켰던 후경을 가리키는 말로, 안녹산을 비유한다는 설과 두보 자신과 관련된 얘기라는 설이 있다. 전자에 의거하면 더 이상 반란은 없을 것이라는 뜻이 되고, 후자에 의거하면 오로지 태평성대만을 바랄 것이지 말이고 옷이고 다 필요없다는 뜻이 된다. 여기서는 전자를 취한다.

《두공부초당시전》 안녹산의 반란이 이미 평정되었다는 것을 말한다.(喩祿山之亂已平矣.)

《두시언해》 후경이 푸른 고삐를 맨 백마를 탔는데 그로써 안녹산을 비유하였다.(侯景乘靑絲轡白馬, 以比祿山.)

《두시상주》에 인용된 《남사南史 · 후경전侯景傳》 그 전에 대동 때 '푸른 실을 단 흰 말을 타고서 수양에서 오네'라는 동요가 있었다. 후경은 와양에서 패하고 나서 비단을 요구했는데, 조정에서 푸른 베를 주자 모두 도포로 만들었다. 빛깔은 푸른색을 숭상하였다. 후경은 흰 말을 타고 푸른 실로 고삐를 만들어 동요처럼 하고자 하였다.(先是大同中童謠曰, 靑絲白馬壽陽來. 景渦陽之敗, 求錦, 朝廷給以靑布, 悉用爲袍. 采色尙靑. 景乘白馬, 靑絲爲轡, 欲以應謠.)

《구가집주두시》 조언재 주 두보 자신을 말한다. … 이제 두보는 시에서 글자를 취해 사용했을 뿐이다. 안녹산과 사사명 및 토번을 말하는 것이 아니다. '무엇이 있으랴'고 한 것은 '내게 무엇이 있겠는가? 전혀 이로울 것이 없다'는 것을 말한다.(公自謂也. … 今公詩取字用耳, 非言安史及吐蕃也. 何有者, 言在我者, 何所有哉, 殊無所利也.)

36 後漢今周(후한금주) – 한과 주나라. '周'에 대해서는 이설이 있으나, 결국 당 왕조를 비유한다.

《두공부초당시전》 숙종이 한 광무제와 주 선왕처럼 중흥기를 맞은 것을 말한다.(謂肅宗如漢光武周宣王之中興也.)

《두시언해》 주 선왕과 후한 광무제 모두 중흥을 보았기에 이로써 숙종을 비유하였다.(周宣王漢光武皆中興, 故比肅宗.)

《구가집주두시》 조언재 주 후한은 동경에 도읍을 정했던 한나라이고, 금주는 우문씨가 세운 주나라이다. 유신의 〈제왕비서〉에 "옛날에 동경은 이미 한나라가 다시 받아들였다고 했는데, 지금 주나라의 역법은 풍도가 중흥한 것이다"라고 하였는데, 이는 바로 다시 창성한 것을 기뻐한다는 뜻이다. 만약 성왕이 700년 간 유지하리라 점쳤던 주나라라고 한다면 '금주' 두 자에 근거가 없다.(後漢, 則東京之漢. 今周, 則宇文之周. 庾信於齊王碑序云, 昔東京既稱炎漢再受, 今周歷卽是酆都中興. 此乃喜再昌之義. 若以爲卜年卜世之周, 則於今周字無出.)

《두시상주》: 셋째 단락에서는 호종하던 이들이 은덕을 지나치게 누리는 것을 한탄하면서 재상이 인재를 얻어 태평성대를 이루기를 희망하는 내용을 담고 있다.(此嘆扈從者濫恩, 望宰相得人以致太平.)

《두억》: 당시 작위에 봉하는 일이 지나치게 많았다. 심지어는 관직으로 공로를 포상하느라 백지 임명장을 주었으니, 응모하여 입대한 자들이 모두 금어대와 자의를 입기까지 하였기에 두보가 실로 이를 비통해한 것이다. 그래서 먼저 '용과 봉황을 따른다'고 하여 그들이 임금의 총애에 빌붙는 것을 명확하게 언급하였고, 또 '황제의 덕을 보았다'는 말로 거듭 설명하였다. 이른바 '임금이 제정하신 것이니 신하가 무슨 힘이 있으랴?'라는 말처럼 두보가 그 대체를 알았으니 사실에서 벗어난 말이 아니다. 신하가 이 뜻을 잘 안다면 비록 공적이 천하를 뒤덮는다 해도 교만하지 않을 것이다. 두보는 장호를 극히 칭찬하여 '쓰러진 것을 일으켰다' '책략이 뛰어나다'는 말을 하였는데, 사람들은 이를 의심한다. 내가 역사를 살펴보니, 지덕 2년 4월에 방관을 파직하고 장호를 재상에 임명하였다. 이듬해 2월에 사사명이 흉험하여 권한을 줄 수 없다고 논하고, 다시 허숙기가 거짓이 많아 난이 닥치면 변심할 것이라고 논한 일 때문에 천자가 불쾌히 여겼고, 또 내관을 섬기지 않았기에 재상에서 파면되었다. 얼마 뒤 사사명이 정말로 반기를 들고, 허숙기가 사사명에게 투항하였으니,

이처럼 일을 정확하게 파악하였던 것이다. 장안과 낙양을 수복한 것도 모두가 장호를 재상에 임용한 시기였으니, 곧 재상의 공이었다.(當時封爵太濫, 甚至以官賞功, 給空名告身, 凡應募入軍者一切衣金紫, 公實痛之. 故先言攀龍附鳳, 明謂其憑藉寵靈, 而又以蒙帝力申言之, 所謂君之制也, 臣何力之有焉, 此公識大體處, 非事外語也. 人臣明此義, 雖功蓋天下而不驕矣. 公極稱張鎬, 有扶顚籌策語, 而人疑之. 余考史, 至德二載四月, 罷房琯而相鎬. 至次年二月, 因論史思明凶險不可假威權, 又論許叔冀多詐, 臨難必變, 上不喜, 且不事中要, 故罷相. 已而思明果反, 而叔冀果降思明, 其料事之審如此. 至收復兩京, 俱在相鎬之日, 卽宰相之功也.)

37 寸地尺天(촌지척천)－한 치의 땅과 한 자의 하늘. 이 구절은 모든 지역에서 조공품을 바친 것을 말한다.

38 奇祥異瑞(기상이서)－기이하고 상서로운 조공품들을 가리킨다.

39 白環(백환)－흰 옥고리. 매우 귀한 선물을 뜻한다.

《두시상주》에 인용된 《죽서기년竹書紀年》 순이 임금에 오른 뒤 9년 되던 해에 서왕모가 조알하러 와 백환과 옥결을 바쳤다.(帝舜九年, 西王母來朝, 獻白環玉玦.)

40 銀甕(은옹)－은으로 만든 단지.

《두시상주》에 인용된 《서응도瑞應圖》 왕이 연회를 열되 취한 데까지 이르지 않고, 형벌이 잘 맞으면 은항아리가 나온다.(王者宴不及醉, 刑罰中, 則銀甕出焉.)

《두시언해》 은단지도 상서로운 물건이다.(銀甕, 亦瑞物.)

41 隱士(은사)－이필을 가리킨다고 보는 설이 있다. 紫芝曲(자지곡)－자줏빛 지초의 노래. 상산사호商山四皓가 어지러운 진나라를 개탄하며 불렀다고 한다.

《두시언해》 상산사호가 진나라를 피해 상산에 은거하여 자지곡을 지었으니, 이 구절은 은사들이 이제 벼슬에 나가야 한다는 것을 말한다.(四皓避

秦, 隱商山, 作紫芝曲, 此言今當出仕也.)

《두시전주》 은사는 이필을 말한다. 숙종이 즉위한 지 8, 9일이 지나 이필이 영무에서 알현하고 현종과 숙종 두 부자 사이를 화해시키다가 장량제와 이보국의 미움을 샀다. 현종이 동쪽으로 행차하고 며칠 지나 이필이 계속해서 산으로 돌아가겠다고 요청하자, 결국 형산으로 돌아갈 것을 허락하였다. 두보가 상산사호로 이필을 비유한 것은 그가 보필을 잘했다는 공로를 드러내는 것일 뿐만 아니라, 숙종의 태자로서의 명분을 바로잡은 것일 게다.(隱士, 謂李泌也. 肅宗卽位八九日, 泌謁見于靈武, 調護玄肅父子之間, 爲張良娣李輔國所惡. 及上皇東行有日, 泌求歸山不已, 乃聽歸衡山. 公以四皓擬泌, 不獨著其羽翼之功, 蓋亦以正肅宗爲太子之名也.)

《두공부초당시전》에 인용된 황보밀皇甫謐의 《고사전高士傳》 진나라 때 도덕이 땅에 떨어지고 유학을 축출하자, 사호는 물러나 노래하기를, "아득히 높은 산, 깊은 골짜기 구불구불. 화사한 자지초면 허기를 달랠 수 있으리. 요순 시대 아득히 멀거늘 내 어디에 귀의할까? 화려한 수레를 탄다 한들 근심만 크구나. 부귀한 몸으로 남을 두려워하느니 차라리 가난하고 천한 신세라도 마음 내키는 대로 사는 것이 나으리라"고 하고는 함께 상락으로 들어가 지폐산에 은거하였다. 진나라가 망하고 한 고조가 그들을 불렀지만 찾아가지 않은 채, 종남산으로 들어가 뜻을 굽히지 않았다.(秦世, 道滅德消, 坑黜儒術, 四皓退而作歌曰, 莫莫高山, 深谷逶迤. 曄曄紫芝, 可以療飢. 唐虞世遠, 吾將何歸. 駟馬高蓋, 其憂甚大. 富貴之畏人兮, 不如貧賤之肆志. 乃共入商洛隱地肺山. 秦滅, 漢高帝徵之, 不至, 深入終南山, 不能屈也.)

42 解(해) - 할 수 있다. '角'으로 되어 있는 판본도 있다. 清河頌(청하송) - '河清頌'으로 되어 있는 판본도 있다.

《두시언해》 포조가 하청송을 지었었다. 지덕 2년에 황하가 맑아졌으니, 이 구절은 문재가 있는 이라면 마땅히 송가를 지어야 한다는 것을 말한다. (鮑照作河清頌. 至德二年, 黃河清, 此言有文者, 宜作頌也.)

《구가집주두시》 조언재 주 두보가 시에서 이 얘기를 한 것은 그해에 경사를 수복해서인데, 7월에 남주에서 관하와 황하가 합쳐지며 30리에 걸쳐 얼음처럼 맑았으니 아마도 경사를 수복한 길조로 실제 있었던 일일 것이다.(公詩言此者, 是歲旣收京, 而於七月嵐州, 合關河黃河, 三十里淸如氷, 蓋收京之祥, 實事也.)

《두시상주》에 인용된 《남사》 송 원가 때 황하와 제수가 모두 맑아지자 당시 사람들은 상서로운 징조라고 생각했다. 포조가 〈하청송〉을 지었는데, 그 서문이 매우 뛰어나다.(宋元嘉中, 河濟俱淸, 當時以爲瑞. 鮑照作河淸頌, 其序甚工.)

43 望望(망망) – 매우 바라는 모양.

《두시상주》 사서에 의하면, 건원 2년 봄에 가뭄이 들었다고 한다. 그래서 농부들이 비가 오기를 바란다는 구절이 있는 것이다.(按史, 乾元二年春旱, 故有田家望雨之句.)

44 布穀(포곡) – 뻐꾸기. 씨 뿌릴 때를 알리는 새라고 한다. 種(종) – 씨를 뿌리다.

《두시상주》 《이아》에 '시구길국鳲鳩鴶鵴'이라는 말이 있는데, 주에 "요즈음에 말하는 포곡이다. 강동 사람들은 획곡이라고 부른다"고 하였다. 《금경》에는 "명구와 대승은 포곡이다. 농사가 막 시작되었을 때 이 새가 뽕나무 밭을 날면 오곡을 파종할 수 있다고 한다"는 말이 있다.(爾雅, 鳲鳩鴶鵴. 注, 今之布穀也. 江東人呼爲獲穀. 禽經, 鳴鳩戴勝, 布穀也. 農事方起, 此鳥飛於桑間, 云五穀可布種也.)

《두시언해》 포곡은 농사를 재촉하는 새이다.(布穀, 催耕之鳥.)

45 淇上(기상) – 기숫가.

《보주두시》에 인용된 조씨晁氏 주 당시 사사명의 잔당들이 소탕되지 않아 위주와 상주 등지에 여전히 군대를 주둔시키고 있었다. 그래서 '기숫가의 건아들'이라는 구절이 있는 것이다.(時思明餘黨未殄, 故衛相等州, 尙留兵屯, 故有淇上健兒之句.)

《두시상주》에 인용된 주학령 주 기수는 위 지역의 위주에 있는데, 상주와 맞닿아 있다. 따라서 기숫가의 건아는 업성을 포위하고 있던 군인들을 가리킨다.(淇水, 在衛地衛州, 與相州相隣. 淇上健兒, 指圍鄴之兵.)

46 城南(성남) – 장안성 남쪽.

《두시상주》 '성남'은 장안성 남쪽을 말한다.(城南, 謂長安城南.)

〔淇上 2구〕

《두억》 '건아들이 돌아옴에 게으름 부리지 말라'는 것은 성공을 재촉하는 말이다. '그리움에 젖은 아낙네들이 근심으로 꿈을 꾼다'는 것은 〈동산〉 시의 '아낙네가 집에서 탄식한다'는 말에서 유래한 것으로, 집을 그리는 지극한 정으로 감동시켜 그들이 파죽지세를 타기를 바라는 뜻이 담겨 있다.(健兒歸莫懶, 速其成功也. 思婦愁夢, 從東山詩婦歎于室脫來, 蓋以思家之至情動之, 欲其乘破竹之勢也.)

47 挽天河(만천하) – 은하수를 끌어오다. 무기를 씻기 위해 은하수 물을 끌어오겠다는 비유적 표현이다.

《보주두시》에 인용된 소씨蘇氏 주 촉나라 재상인 유문정이 "이제 온 세상이 셋으로 갈라져 백성들이 도탄에 빠졌으니, 어떻게 하면 오정과 같은 장사를 얻어 은하수 물을 끌어다 천하의 무기를 씻고 수레궤와 문자를 통일하여 흉기들을 영원히 쓰지 않을 수 있을까? 황천후토께서는 어찌하여 나의 진심어린 마음을 몰라주실까?"라 말하자, 제갈공명이 그를 어질다고 여겼다.(蜀相劉文靜曰, 方今鼎足宇宙, 鑊居黎民, 烏得五丁壯士, 挽回天河, 洗滌天下之甲兵, 車書一同, 凶器長不用. 皇天后土, 豈不知區區之誠哉. 孔明賢之.)

48 淨洗甲兵(정세갑병) – 무기를 깨끗이 씻다. 즉 전쟁이 끝나는 것을 비유한다.

《두시상주》에 인용된 《설원說苑》 무왕이 주왕을 정벌하는데 바람 불고 화창하더니 큰비가 내렸다. 산의생이 "이는 요사스런 징조가 아닐까요?"라 하자 무왕이 "아니오, 하늘이 무기를 씻어 주려는 것이오"라 하였다.(武王伐紂, 風霽而乘以大雨. 散宜生曰, 此非妖與. 王曰, 非也, 天洗兵也.)

《두시상주》: 마지막 단락에서는 상서로운 징조가 번갈아 나타나는

것을 적어서 제때에 공적을 거둠으로써 민심을 안정시키고자 하는 마음을 담고 있다. 장원은 주를 달아, 앞의 여섯 구절은 이미 일어난 일을 송축하고 있고, 뒤의 여섯 구절은 앞으로 그렇게 되기를 기도하는 내용을 담고 있다고 설명하였다.(末記禎符迭見, 欲及時收功, 以慰民心也. 張遠注, 前六, 頌其已然. 後六, 禱其將然.)

(**김 만 원**)

51. 新安吏

신안의 관리

客行新安道[1] 喧呼聞點兵[2] 借問新安吏 縣小更無丁[3]
府帖昨夜下[4] 次選中男行[5] 中男絶短小 何以守王城[6]
肥男有母送 瘦男獨伶俜[7] 白水暮東流 青山猶哭聲[8]
莫自使眼枯[9] 收汝淚縱橫 眼枯卽見骨[10] 天地終無情[11]
我軍取相州[12] 日夕望其平 豈意賊難料[13] 歸軍星散營[14]
就糧近故壘[15] 練卒依舊京[16] 掘壕不到水[17] 牧馬役亦輕[18]
況乃王師順[19] 撫養甚分明[20] 送行勿泣血[21] 僕射如父兄[22]

신안의 길을 나그네 가자니
시끄럽게 점호하는 소리 들리네.
신안의 관리에게 내 묻기를
고을이 작아 장정이 더는 없질 않소 하였더니
관부의 군첩이 어젯밤 내려와
이차적으로 중남을 선발하여 보낸다고 하네.
중남은 너무도 작고 어리거늘
어떻게 왕성을 지킬 수 있으리오!

살찐 남아는 제 어미가 전송을 하나
야윈 남아는 홀로 외롭기만 하네.

흰 강물은 저물녘 동쪽으로 흐르는데
푸른 산은 여전히 통곡하는 듯하여라.
눈이 말라붙도록 울지를 마오.
그대 종횡으로 흐르는 눈물 좀 거두시오.
눈물 다 말라붙고 곧 뼈까지 드러난다 해도
하늘과 땅은 종내 무정할 뿐이라오.

우리 군대가 상주를 취한다 하기에
조석으로 반군이 평정되기를 바랐거늘
어찌 생각이나 했으랴, 적의 상황 헤아리기 어려워
돌아온 군사들 별처럼 진영으로 흩어져 버렸네.
하지만 옛 보루 가까운 곳에서 양식을 보급받고
낙양에 의지해서 훈련을 받는다고 하네.
해자를 파는 것도 물이 나올 때까지는 아니고
말을 사육하는 일도 또한 가볍다고 하네.
더구나 왕의 군대는 정의로운 군대가 아닌가?
보살피고 길러줌이 심히 분명할 것이라
보내는 사람이여, 피눈물 흘리지 마시오.
대장군이 부형같이 인자한 분이라오.

건원 2년 봄 아홉 절도사의 관군이 업성에서 반군에게 패하고 뿔뿔이 흩어지자, 조정은 병력을 보충하기 위해 낙양 부근에서 장정들을 무차별 징발하였다. 당시 낙양을 방문하였다가 임지인 화주로 돌아가던 두보는 낙양 부근 신안에서 징발된 장정들과 전송하는 가족들의 통곡의 이별 장면을 보게 되었고, 그 광경을 이 시에 담았다. 작자 원주에 "경사를 수복한 후에 지었다. 비록 두 경사를 다 수복하였으나 반군은 여전히 가득 넘치고 있다.(收京後作. 雖收兩京, 賊猶充斥.)"고 하였다.

《보주두시》에 인용된 왕심보王深父 설 건원 2년 곽자의 등 아홉 절도사의 군대가 안경서를 업성에서 포위하고 있었다. 당시 원수를 세우지 않고서 환관 어조은을 관군용선위사로 삼았는데 군대는 결국 성 아래에서 붕괴되고 모든 절도사들은 각기 자기의 본진으로 돌아갔다. 곽자의는 하양을 보호하고 있다가 동경을 유수하라는 조서를 받게 되었다. 이 시는 대개 병사로 나가게 된 일을 슬퍼한 것이다.(乾元二年, 郭子儀等九節度之師圍顔慶緖于鄴, 時不立元帥, 以中官魚朝恩爲觀軍容宣慰使, 師遂潰於城下, 諸節度各還本鎭. 子儀保河陽, 詔留守東都, 此詩蓋哀出兵之役.)

《보주두시》 〈신안리〉에서 〈무가별〉까지는 분명 건원 2년에 지은 것이다. 지금 〈무가별〉의 '오년 동안 골짜기에 버려두었다'의 구절로 따져보면 안녹산이 천보 14년에 반란을 일으켜서 건원 2년까지 이르면 곧 5년이 된다.(新安吏至無家別當是乾元二年作, 今以無家別五年委溝蹊之句論之, 祿山以天寶十四載叛, 至乾元二年, 乃五年.)

《두시상주》 살펴보건대, 이 작품 이하 여섯 수의 시는 상주에서의 군대가 무너진 일을 많이 말하고 있으니, 곧 건원 2년 동도에서 화주로 돌아가던 시기에 길을 지나다가 느끼는 바가 있어 지은 것이다. 전겸익은 화주에서 동도로 가는 때라고 생각하였는데 잘못이다. 사씨가 말하기를 "〈신안리〉로부터 〈무가별〉까지는 대개 당시 업성의 군대가 패한 것을 기록한 것인데, 조정에서는 군대를 징발하여 파견하는 일에 더욱 급하게 매달렸으니 비록 진나라의 죄를 주어 변방으로 보내 수자리하게 하던 일도 이보다는 더하지 않았을 것이다"라고 하였다. 《당서》에 "신안은 수대에 설치한 현이다. 정관 2년에 하남부에 소속되었다"는 기록이 있다. 《구역지》에 "신안현에는 두 고을이 있다"는 기록이 있다. 황생이 말하기를 "모든 편에 스스로 시의 제목을 지었으니, 스스로 이름을 붙인 의미를 영원히 갖게 되었다. 육조인들은 악부를 흉내내어 실제의 일이 없으면서도 부화한 문사만으로 글을 지었으니 모두 헛된 말이요 진실된 감정이 아니다"라고 하였다.(按, 此下六詩, 多言相州師潰事, 乃乾元二年自東都回華州時, 經歷道途, 有感而作. 錢氏以爲自華州之東都時, 誤矣. 師氏曰, 從新安吏以下至無家別, 蓋紀當時鄴師之敗, 朝廷調兵益急, 雖秦之謫戍, 無以加也. 唐書, 新安, 隋縣. 貞觀二年, 屬河南府. 九域志, 縣有兩鄉. 黃生曰, 諸篇自製詩題, 有千古自命意. 六朝人擬樂府, 無實事而撰浮詞, 皆妄語不情.)

주 석

1 客(객) – 여기서는 두보 자신을 가리킨다.

2 喧呼(훤호) – 시끄럽게 떠들다. 시끄럽게 부르다. 點兵(점병) – 병사들을 점호하다. 이 구절은 징발된 병사들을 점호하느라고 시끄러운 장면을 적은 것이다.

3 無丁(무정) – 장정이 없다. 이 구절은 현이 작은데다가 그나마 장정들은 이미 모두 군역에 나가 있어서 다시 징발할 만한 장정들이 없지 않느냐는 것으로 두보가 신안의 관리에게 묻는 말이다.

《두억》 '현이 작아 장정이 없다'는 것은 남은 장정이 없다는 말이다. 이 구절은 관리에게 묻는 말이다.(縣小無丁, 言無餘丁也, 此問吏語.)

4 府帖(부첩) – 관부에서 발부한 군첩. 여기서는 병사 징집과 관련된 문서를

가리킨다. '帖'을 '符'로 쓴 판본도 있다. 夜(야) – '日'로 된 판본도 있다.

5 次選(차선) – 이차적으로 선발하다. 中男(중남) – 18세 이상 23세 미만의 남자를 가리킨다.

《당서・식화지食貨志》 15세 이하를 '소'라고 하였고, 20세 이하를 '중'이라 하였는데, 천보 3년에 백성 중 18세 이상을 '중남'으로, 23세 이상을 '정'으로 바꾸었다.(十五以下爲小, 二十以下爲中, 天寶三載, 更民十八以上爲中男, 二十三以上成丁.)

〔府帖 2구〕 이 두 구절은 신안의 관리가 두보의 질문에 답한 말이다.

《두억》 이것은 신안의 관리가 대답한 말이다. 군첩이 어젯밤에 하달되었는데 다음날 아침에 벌써 장정들을 점고하고 출발을 재촉하니 급박하기가 짝이 없다.(此吏答語, 帖以昨夜下, 次早已點丁催行, 急之極也.)

6 王城(왕성) – 동도 낙양을 가리킨다.

《두시상주》 당의 동도는 주의 왕성이었으니, 지금은 하남부이다.(唐之東都, 卽周之王城, 今爲河南府.)

〔中男 2구〕

《두억》 키가 작고 어리다는 것은 아직 정이 되지 않았다는 것이니, 대개 장정은 벌써 징집되어 끌려가서 전쟁에서 죽었기 때문일 것이다.(短小是不成丁者, 蓋長大者早已點行而陣亡矣.)

《두시상주》: '점병' 뒤로부터 한때의 묻고 답하는 말을 기록하였다. 나그네가 길을 간다는 것은 공 자신을 가리키는 말이다. 《두억》에서 "'借問' 2구는 공이 묻는 말이요, '府帖' 2구는 관리가 대답하는 말이다. '中男' 2구는 공이 탄식하는 말이다"라고 하였다.(從點兵後, 記一時問答之詞. 客行, 公自謂. 杜臆, 借問二句, 公問詞. 府帖二句, 吏答詞. 中男二句, 公歎詞.)

7 伶俜(영빙) – 홀로 있어 의지할 곳이 없는 모양.

8 猶(유)－'聞'으로 된 판본도 있다.

〔肥男 4구〕

《두억》 또 작고 어린 사람 중에서 살찐 사람과 마른 사람, 어미가 있는 이와 없는 이, 전송해 주는 사람이 있는 자와 없는 자를 나누어냈으니, 이는 필시 실제 모습이라, 이렇게까지 묘사해냈으니 얼마나 세심한가! 이때에 마른 남자가 우니, 살찐 남자도 울고, 살찐 남자의 어미도 울고, 함께 떠나가는 이들과 보내는 이들이 운다. 우는 이들이 많아 마치 통곡 소리가 산수로부터 나오는 듯하다. 산도 울고 물도 울었으리라! 저녁이 되어 울며 이별한 이들은 이미 헤어져 떠나갔고 흰 강물 또한 동쪽으로 흘러갔는데, 오직 청산만 남아 여전히 통곡 소리를 안고 있는 듯하다. 산기운이 푸르고 산색이 어둑하여 마치 심히 슬퍼하는 듯하다는 것일 게다. 다만 '哭' 자를 한 번만 쓰는데, 오히려 '청산'에 붙여서 허다한 곡성을 묶어냈으니 그 필력이 얼마나 뛰어나고, 그 함축이 얼마나 뛰어난가!(又就短小中分出肥瘦, 有母無母, 有送無送, 此必眞景, 而描寫到此, 何等細心. 此時瘦男哭, 肥男亦哭, 肥男之母哭, 同行同送者哭, 哭者衆, 宛若聲從山水出, 而山哭, 水亦哭矣. 至暮, 則哭別者已分手去矣, 白水亦東流, 獨靑山在, 而猶帶哭聲, 蓋氣靑色慘, 若有餘哀也. 止着一哭字, 猶屬靑山, 而包括許多哭聲, 何等筆力, 何等蘊藉.)

9 眼枯(안고)－눈이 말라붙다. 계속해서 울어 마침내 눈물이 말라버린다는 말이다.

《두시상주》 '눈이 마르다'는 것은 눈물이 말라버린다는 말이다. 《한비자》에 "변화가 초산 아래에서 통곡을 하였는데, 눈물이 다 말라버리자 뒤이어 피가 흘러 나왔다"는 말이 있다.(眼枯, 淚竭也. 韓非子, 卞和哭於楚山之下, 泣盡而繼之以血.)

10 卽(즉)－'却'으로 된 판본도 있다. 見骨(현골)－뼈가 보이다. 너무 울어서 눈물이 말라붙고 속뼈가 드러날 정도가 된다는 말이다.

11 天地(천지) 구－조정의 무정함을 비유한 말이다.

〔莫自 4구〕

《두억》 또 곡하는 사람에게 말하기를 "눈물이 다하면 눈이 필시 말라붙게 될 것이니, 눈이 말라붙도록 울지 말고, 잠시 눈물을 거두시오. 설사 눈이 말라붙고 뼈가 드러나도록 운다고 해도 천지는 끝내 무정하기만 해 당신이 빠져나가는 것을 허용치 않을 것이니 눈물은 그저 무익할 뿐이오"하였다. 대개 하급관리는 관의 명을 따르고, 현은 부의 명을 따르고, 부는 조정의 명을 따르는 것인데, 조정이 바야흐로 위급한 처지라, 형세가 너그럽게 봐주기 어려운 것이니 진짜로 무정한 것은 아닌 것이다. 조정이라 하지 않고 '천지'라고 말한 것은 피해서 쓴 말이며, 또한 허물을 임금에게 돌아가지 않도록 하기 위한 것이다.(又語哭者云, 淚盡眼必枯, 莫自使眼枯, 且收汝淚, 就使哭得眼枯見骨, 天地到底無情, 不容汝脫去, 淚無益也. 蓋吏聽官, 縣聽府, 府聽朝廷, 朝廷方急, 勢難寬縱, 非眞無情. 不言朝廷言天地, 諱之也, 且無令歸咎君上也.)

《두시상주》: 이 단락에서는 떠남에 임하여 슬퍼하며 동정하는 말을 하고 있다. 흰 강물이 흘러간다는 것은 떠나는 사람을 비유한 것이요, 청산이 통곡한다는 것은 남아있는 사람을 가리킨 것이다.(此於臨行時作悲憫之語. 白水流, 比行者. 青山哭, 指居者.)

12 取(취)－'至', 혹은 '收'로 된 판본도 있다. 相州(상주)－업성을 가리킨다.

13 賊難料(적난료)－반군의 상황을 예측하기가 어렵다는 말이다.

14 歸軍(귀군)－업성 전투에서 돌아온 아홉 절도사의 군대를 가리킨다. 星散營(성산영)－별처럼 뿔뿔이 진영으로 흩어지다. 아홉 절도사의 군대가 뿔뿔이 흩어져 자기 진영으로 되돌아간 일을 가리킨다.

〔豈意 2구〕

《두시경전》 군대가 흩어져 각기 자기 진영으로 돌아갔다는 말이다. 《자치통감》에 "아홉 절도사의 군대가 업성을 포위하였다. 겨울에서 봄으로 가는 시기에 안경서 쪽은 식량이 바닥이 나게 되어 성은 곧 함락될 것으로 보였다. 그러나 아홉 절도사의 군대는 원수가 없는데다가 성이 오랫동안 함락되지 않자 상하가 분열되기에 이르렀다. 사사명이 위주로부터 병사를 이끌고 업성으로 와서는 매일 성 아래에서 노략질하였으므로 절도사의 연합군은 식량이 모자라게 되어 각자 흩어질 것을 생각하였다. 3월에 안양 황하 북쪽에서 전투를 하였는데 큰 바람이 불어 한낮인데도 어두워졌다. 관군은 흩어져 남쪽으로 향했고, 반군은 흩어져 북쪽으로 향하였다. 곽자의는 삭방군으로 하양교를 끊어 동경을 보호하였으며, 남북으로 두 성곽을 쌓아서 지켰다"라고 기록하고 있다.(言軍散各歸其營也. 通鑑, 九節度圍鄴, 自冬涉春, 慶緒食盡, 克在朝夕, 而諸軍旣無統帥, 城久不下, 上下解體. 思明自魏州引兵趨鄴, 日於城下抄掠, 諸軍乏食思潰. 三月, 戰於安陽河北, 大風晝晦, 官軍潰而南, 賊潰而北. 子儀以朔方軍斷河陽橋保東京, 築南北兩城而守之.)

15 就糧(취량) - 군량이 있는 곳으로 가다. 故壘(고루) - 옛 보루. 이전에 안녹산 군대를 방어하던 보루로 보기도 한다. 이 구절은 곽자의 군대에 군량이 넉넉하다는 말이다.

《두시상주》에 인용된 노원창 주 당시 곽자의는 아직도 군량 6, 7만 석을 보유하고 있었다. 그래서 '군량이 있는 곳으로 간다'고 한 것이다.(時子儀尙有軍糧六七萬石, 故曰就糧.)

《두공부초당시전》 이 구절 이하는 모두 곽자의가 사졸들을 잘 돌보는 것을 찬미한 것이다. 옛 보루는 바로 이전에 안녹산을 막던 보루인데, 다만 수리한 곳이다.(自此以下, 皆美子儀善撫士卒也. 故壘, 卽舊禦祿山之壘, 但修完之.)

《두시경전》 식량이 부족한 것이 아님을 보여준다.(見非缺食.)

16 舊京(구경) - 동도 낙양을 가리킨다.

《두시경전》 바로 동도를 말하는 것으로 전선에 가까운 것이 아님을 보여준다.(卽東都也, 見非臨陣.)

〔就糧 2구〕

《두억》 또 위로하여 말하기를 "옛 보루는 아직 있고 동도는 의지할 만하여, 고루를 본거지를 삼아 수자리를 하며 지키는 것이다"라고 하였다. 또 '양식 있는 곳으로 가다'라고 말하였으니 양식이 없을까 걱정하지 말 것을 드러내었다. 적을 치러 간다고 하지 않고 '병사들을 훈련시킨다'고 해서 전투하는 시기로부터 아직 멀리 떨어져 있음을 드러내었다.(又慰之云, 故壘尙在, 舊京可依, 本於故壘戍守, 而云就糧, 見不憂無食, 不云討賊, 而云練卒, 見去戰期尙遠.)

17 掘壕(굴호)-성 아래에 해자를 파는 것을 가리킨다. 不到水(부도수)-물이 나올 정도로 깊이 파는 것은 아니라는 말이다.

《두시상주》 '壕'는 성 아래의 해자를 가리킨다.(壕, 城下池也.)

18 牧(목)-'看'으로 된 판본도 있다.

《두공부초당시전》 말을 기르는 일도 심하게 백성들을 괴롭혀 그 재물을 바닥나게 할 정도는 아니라는 말이다.(謂牧馬役不甚困民以竭其財也.)

〔就糧 4구〕

《구가집주두시》 이 부분은 곽자의가 하양을 보호하고 천자의 명을 받아 동경을 유수한 일을 말한 것이다.(此言子儀保河陽, 詔留守東都.)

19 王師(왕사)-관군을 가리킨다. 順(순)-천리를 따르다. 정의의 편이라는 말이다.

20 撫養(무양)-사졸들을 잘 보살핀다는 말이다.

〔況乃 2구〕

《두공부초당시전》 곽자의가 통솔하는 병사들은 모두 법도에 따라 움직이고 호령이 매우 분명하니 여러 장수들의 병사들이 흉악하고 난폭하여 통제하기 어려운 것과는 다르다는 말이다.(謂子儀所掌之兵, 皆動循法制, 而號令甚分明, 非若諸將之兵, 桀驁難制也.)

21 泣血(읍혈)-피눈물을 흘리다. '垂泣'으로 된 판본도 있다.

22 僕射(복야)-관명. 여기서는 곽자의를 가리킨다.

《두시상주》에 인용된 《한서·백관표百官表》 '복야'는 진대에 설치한 관명이다. 시중으로부터 상서, 박사, 낭관에 이르기까지 모두 이 직책이 있었다. 옛날에는 무관을 중시해서 활 쏘는 일을 담당하는 자가 근무를 감독하였다. 응소가 말하기를 "'복'은 주관한다는 뜻이다"고 하였다.(僕射, 秦官, 自侍中, 尙書, 博士, 郞皆有. 古者重武官, 有射以督課之. 應劭曰, 僕, 主也.)

《두시상주》에 인용된 《통전》 당제에는 좌우의 두 복야가 있었는데 본래 상서령의 다음이었다. 상서령을 폐한 뒤로 복야가 재상이 되었다. 개원 원년에 좌우 승상으로 바꾸었다. 종2품에 속한다. 천보 원년에 옛 제도로 다시 바꾸었다.(唐左右二僕射, 本副尙書令, 自尙書令廢, 僕射爲宰相. 開元元年, 改爲左右丞相, 從二品. 天寶元年, 復舊.)

《두공부초당시전》 조언재가 말하기를 "지덕 3년 곽자의가 좌복야가 되었다. 그해 겨울 사도를 배수하였다. 건원 원년 중서령을 배수하였다. 그런데도 여전히 '복야'라고 한 것은 아마도 공과 상이 복야 때에 드러났기 때문일 것이다.(趙傻云, 至德三載, 子儀爲左僕射, 冬, 拜司徒, 乾元元年, 拜中書令, 猶曰僕射, 蓋功賞著於僕射時.)

《두시경전》 《곽자의전》에 "지덕 2년 5월 곽자의가 휼수에서 패하고는 대궐에 이르러 죄를 청하니, 사도로부터 좌복야로 강등되었다"고 하였다. 구주에서 곽자의는 건원 초에 이미 중서령의 지위에 올랐는데, 여기서 다시 복야라고 칭한 것은 상주의 패배에 근거하여 그가 처음 폄적되었던 관직을 말한 것이니 이 역시 춘추의 필법이다. 〈세병마〉에서는 그를 지목하여 '郭相'이라고 하였다.(郭子儀傳, 至德二載五月, 子儀敗於潏水, 詣闕請貶, 從司徒降爲左僕射. 舊注, 汾陽在乾元初已進位中書令, 此復稱僕射者, 本相州之潰, 擧其初貶之官, 亦春秋書法也. 洗兵馬, 則目之曰郭相.)

《두시상주》: 이 단락은 전송하러 나온 이들을 위해 위로의 말을 한 것이다. 앞의 군대가 흩어져 버렸는데 뒤의 군대가 계속해서 나아가니 사람들의 마음이 두려워하게 될 것을 염려하였다. 그래서 '양식 있는 곳으로 간다'고 말하여 식량이 있음을 드러내었고, '병졸들을 훈련시킨다'고 하여 전장에 임해 있는 것이 아니라고 하였고 해자를 파고 말을

돌본다는 말로 일이 위험하지 않음을 드러냈다. 또한 관군은 정의의 군대이므로 적을 압도하고 승리할 수 있으며, 사졸들을 잘 길러주니 보살핌을 잘 받게 될 것이라고 하였다. 화락함이 지극하여 마음을 움직일 정도로 자세히 말하고 있다.(此爲送行者作寬慰之語. 前軍潰散, 後軍繼行, 恐人心惶懼, 曰就糧, 見有食也, 曰練卒, 非臨陣也, 曰掘壕牧馬, 見役無險也. 且師順則可制勝, 撫養則能優恤, 俱說得愷至動情.)

《독두심해》: 세 단락으로 나뉜다. 첫 단락에서는 사건을 서술하였고, 중간에서는 그 고통스러움을 서술하였고, 마지막에서는 그 원인을 규명하였다. 먼저 측은함으로써 그 임금을 움직이고, 후에 은혜로써 그 장정들을 권하였다. 어진 중에 의로움을 행하였으니 이것이 어찌 아무나 할 수 있는 것이랴.(分三段. 首敍其事, 中述其苦, 末原其由. 先以惻隱動其君上, 後以恩誼勸其丁男. 義行於仁之中, 此豈尋常家數.)

(**김성곤**)

52. 潼關吏
동관의 관리

士卒何草草[1] 築城潼關道[2] 大城鐵不如[3] 小城萬丈餘[4]
借問潼關吏[5] 修關還備胡[6] 要我下馬行[7] 爲我指山隅[8]
連雲列戰格[9] 飛鳥不能踰[10] 胡來但自守[11] 豈復憂西都[12]
丈人視要處[13] 窄狹容單車[14] 艱難奮長戟[15] 萬古用一夫[16]
哀哉桃林戰[17] 百萬化爲魚[18] 請囑防關將[19] 愼勿學哥舒[20]

병사들은 어찌 그리도 고생스럽게
동관 길에서 성을 쌓는가.
큰 성의 견고함은 강철도 그만 못하고
작은 성의 높이는 만 장이 넘는다네.

동관의 관리에게 묻노니
"관문을 수리하고 다시 오랑캐를 막는가?"
나를 맞아 말에서 내려 걷게 하고는
나를 위해 산모퉁이를 가리킨다.
"구름에 닿도록 전시용 목책을 늘어놓았으니
날아가는 새들도 넘을 수 없을 정도이고요.

오랑캐가 오면 다만 스스로 지키기만 한다면

어찌 다시 장안을 걱정하겠습니까?
어르신께서는 요해처를 보세요
좁아서 한 대의 수레만을 용납할 뿐이죠.
어려운 시절에 긴 창을 휘두르며
자고로 한 사나이만을 썼답니다."

"슬프다, 도림에서의 싸움이여
백만의 군사가 죽어서 물고기가 되었다네.
청컨대 관문을 지키는 장수에게 부탁해서
삼가 가서한을 배우지 말도록 하시게나."

건원 2년 낙양에서 화주로 돌아가는 길에 석호촌을 지나 동관潼關에 이르렀을 때에 지은 것이다. 동관은 화주 화음현 동북에 있는데, 예전부터 도림새로 알려진 군사적 요충지로서 서쪽으로 장안으로 들어가는 길목에 해당된다. '삼리', '삼별'에 속하는 기타의 작품들이 주로 전란에 시달리는 백성들의 참상을 그려내고 있는 것과는 달리, 이 시는 적을 막는 데 있어서 요새지를 잘 활용할 것을 주장하는 내용으로 이루어져 있다. 지덕 2년에 지어진 것으로 보는 견해도 있다.

《두시상주》 이것은 상주相州에서 크게 패한 까닭으로 인하여 동관潼關을 수축하여 도적에 대비한 것이다. 《옹록雍錄》에, "동관은 화주 화음현 동북에 있는데, 관문의 서쪽 일 리 되는 곳에 동수潼水가 있어 이름한 것이다"라고 하였다. 전겸익의 전箋에, "전에 가서한의 군대가 싸움에 패하자 기병을 이끌고 황하를 가로질러 본영으로 돌아오면서 동진潼津에 이르러 흩어진 군졸을 수습했는데, 곧 관문 서쪽의 동수이다"라고 하였다. 살펴보건대, 동관은 진秦 함곡관의 서쪽에 있다.(此因相州大敗, 故修潼關以備寇. 雍錄, 潼關在華州華陰縣東北, 關西一里有潼水, 因以爲名. 錢箋, 前哥舒翰軍敗, 引騎絶河還營至潼津, 收散卒, 卽關西之潼水也. 按, 潼關在秦函谷關之西.)
《보주두시》 가서한이 천보 15년 6월 동관에서 막아내지 못하여 경사가 마침내 함락되었다. 지금 시에서 관문을 수리하고 또 오랑캐를 막는다고 했으니, 마땅히 지덕 2년 경사를 수복한 뒤에 쓴 시이다. 또 이르기를, 나를 맞이하여 말에서 내려 걷게 한다고 했으니, 필시 경사로 돌아갈 때에 지은 것이리라.(哥舒翰天寶十五載六月潼關失守, 京師遂陷. 今詩云, 修關還備胡, 當是至德二載收京後詩. 又云, 要我下馬行, 必歸京時作.)

주 석

1 士卒(사졸)－병졸. 군졸. 동관에서 성을 쌓는 군사들을 일컫는다. 草草(초초)－노고하는 모습. 고생스럽게 일하는 모습.

《두시상주》 《시경詩經·소아小雅·항백巷伯》의 '勞人草草'의 주에 "'草草'는 고생스럽게 일하는 모습이다"라고 하였다.(詩曰, 勞人草草. 注, 草草, 勞苦貌.)

2 築城(축성)－성을 쌓다.

3 大城(대성)－커다란 성. 鐵不如(철불여)－강철도 그만 못하다. 강철의 견고함도 커다란 성벽의 견고한 정도에는 미치지 못한다는 뜻이다.

4 小城(소성)－작은 성. 높이가 낮은 성을 뜻한다. 萬丈餘－만 길이 넘는다.

〔大城 2구〕 상하 두 구에 각각 보이는 '大城'과 '小城'에 대하여는 다음의 견해들이 존재한다. 첫째, 크고 작은 두 부류의 성에 대한 각각의 개별적

인 묘사로 보는 견해인데, 《두시상주》가 이에 해당한다. 둘째, 상하 두 구에 보이는 견고함과 높음을 형용하는 말이 소성과 대성 양자에 모두 적용된다는 견해인데, 《두시경전》, 《독두시설》이 이에 해당한다. 셋째, 소성을 비예睥睨, 즉 성벽 위에 쌓은 여장女墻으로 보고 만 길은 높이를 나타내는 말이 아니라 성이 길게 뻗어있는 거리의 개념으로 사용되었다고 보기도 하는데, 《구가집주두시》에 인용된 조언재의 주가 이에 해당되지만 무리한 견해라 하겠다.

《두시상주》 강철도 그만 못하다는 것은 그것의 견고함을 말한 것이다. 만 길이 넘는다고 한 것은 그것의 높음을 말한 것이다.(鐵不如, 言其堅. 萬丈餘, 言其高.)

《독두시설》 〈동관리〉에, '大城鐵不如, 小城萬丈餘'라고 한 것에 대하여 두시상주에서는, "강철도 그만 못하다는 것은 그것의 견고함을 말한 것이다. 만 길이 넘는다고 한 것은 그것의 높음을 말한 것이다. 작은 성이 산을 타고 있어 그 높음이 더욱 드러난다"라고 하였다. 지금 내가 살펴보건대, 이 부분은 호문인데, 큰 성이 어찌 높지 않겠으며 작은 성이라고 어찌 견고하지 않았겠는가? 《두시상주》에서 나누어서 풀이하고 있는 것은 옳지 않다.(潼關吏云, 大城鐵不如, 小城萬丈餘. 注, 鐵不如, 言其堅. 萬丈餘, 言其高. 小城跨山, 故尤見其高. 今按此是互言, 大城何嘗不高, 小城何嘗不堅. 注分解, 非是.)

《두시경전》에 인용된 주학령 주 성이 산 위에 있어서 만 길이 넘는다고 하였다. 윗구는 견고함을 말하고, 아랫구는 높음을 말하여, 그 의미를 상호 드러내준다.(城在山上, 故曰萬丈餘. 上句言堅, 下句言高, 其意互見.)

《구가집주두시》 조언재 주 세상에는 《서청시화》라고 불리는 것이 있는데, (그 책에) 이르기를 "두보의 시에서 '小城萬丈餘 大城鐵不如'라고 한 것은 작은 성은 높기가 어렵고 큰 성은 견고하기가 어렵기 때문으로, 상호 의미를 갖추고 있다"고 하였다. 이 또한 가소롭다. 작은 성은 비예睥睨이다. 큰 성이 철과 같이 견고해야 한다는 것, 이것은 《세설신어》에 나오는, "마치 끓는 물의 해자에 철로 쌓은 성으로서 공격할 만한 형세가 없다"는 것으로 윤주성을 철옹성이라고 부르는 뜻이다. 만약 비예라고 한다면 어찌 만 장의 높이일 수가 있겠는가? 이는 그것이 길게 걸쳐 있는 것을 말했을 따름이다.(世有號西淸詩話者云, 杜詩如小城萬丈餘, 大城鐵不如, 則小城難爲高, 大城難爲堅故也, 得互相備意. 此亦可笑. 小城睥睨也. 大城欲堅如鐵者, 此世說所謂若湯池鐵城, 無可攻之勢, 而潤州城號鐵甕城之義也. 若睥睨, 豈有萬丈之高乎. 蓋言其長亘耳.)

《보주두시》 동관은 화주 화음현에 있다. 황하가 용문으로부터 남쪽으로 흘러 화산을 때리고 동쪽으로 방향을 바꾸어 동관潼關이라 이름하였다. 천보 14년 안녹산이 반란을 일으키자 하서절도사 가서한에게 조서를 내려 왕태자전봉 병마원수로 삼고, 그로 하여금 군졸 20만을 거느리고 동관을 지키게 하였다. 다음 해 6월 가서한이 반군에게 패하여 관문을 지키지 못하다가 지금 다시 성을 쌓았기에 말한 것이다.(潼關在華州華陰縣. 河水自龍門南流激華山而東, 故名潼關. 天寶十四載, 祿山反, 詔河西節度使哥舒翰爲王太子前鋒兵馬元帥, 令率衆二十萬守潼關. 明年六月翰爲賊所敗, 關門不守. 今復築城, 故云.)

《두시상주》: 이 단락에서는 동관을 수축한 일을 서술하였다. 강철도 그만 못하다는 것은 그것의 견고함을 말한 것이다. 만 길이 넘는다고 한 것은 그것의 높음을 말한 것이다. 작은 성이 산을 타고 있어 그 높음이 더욱 드러난다. 첫 2구는 '호皓'운을 쓰고 있으며, 이 이하로는 '어魚'운과 '우虞'운을 함께 쓰고 있다.(此敍修築潼關. 鐵不如, 言其堅. 萬丈餘, 言其高. 小城跨山, 故尤見其高也. 起二句, 拈皓韻. 此下, 魚虞兼用.)

5 借問(차문) - 물어보다. 시험삼아 물어보다.

6 修關(수관) - 관문을 수리하다. 동관을 정비한다는 뜻이다. 還(환) - 다시. 또. 備胡(비호) - 오랑캐에 대한 방비를 하다. 이 구절은 두보가 관리에게 묻는 말이다. 《두시언해》에서는 이 구절을 관리의 대답으로 보고 있다.

7 要(요) - 맞이하다. 我(아) - 나. 두보를 가리킨다. 下馬行(하마행) - 말을 내려서 걸어가다.

8 爲我(위아) - 나를 위하여. 指山隅(지산우) - 산모퉁이를 가리키다.

9 連雲(연운)－구름에 잇닿다. 높은 모습을 말한다. 列(열)－벌여 두다. 戰格(전격)－'格'은 장애물로서 방어용으로 사용되는 목책 등의 무비武備를 가리킨다. 이 구절부터 '萬古'구까지 관리가 대답하는 말이다.

《두공부초당시전》 전격戰格은 곧 벌여 놓은 목책이다.(戰格, 卽列栅也.)

《두시상주》 전격은 곧 전시용 목책으로 적을 막는 것이다.(戰格, 卽戰栅, 所以捍敵者.)

10 不能踰(불능유)－넘을 수 없다. 나는 새도 날아서 넘어갈 수 없을 정도로 험고함을 말한다.

《두시상주》: 이 단락은 관문 형세의 험함을 적고 있다. '修關' 1구는 두보가 묻는 말이다. '連雲' 아래는 관리가 대답하는 말이다.(此記關勢之險. 修關一句, 公問詞. 連雲以下, 吏答詞.)

11 胡來(호래)－반군이 내습한다는 뜻이다. 但自守(단자수)－다만 스스로 지키다.

12 西都(서도)－장안을 가리킨다.

13 丈人(장인)－어르신. 동관의 관리가 두보를 가리켜 한 말이다. '丈'이 '大'로 된 판본도 있다. 要處(요처)－ 요해처. 적을 지키기에 중요한 장소를 뜻한다.

14 窄狹(착협)－좁다. '窄'이 '穿'으로 된 판본도 있다. 容單車(용단거)－오직 한 대의 수레만을 용납하다. 관문이 좁다는 뜻이다.

《두시상주》 《사기・회음후열전淮陰侯列傳》에, "수레는 나란히 하여 갈 수 없고, (기병은) 열을 지을 수 없다"고 하였는데, 이른바 단거이다.(韓信傳, 車不得方軌, 不得成列. 所謂單車也.)

《보주두시》 단거는 역마에 단지 한 필의 말을 두는 것과 같다.(單車, 如驛騎單置一馬.)

15 艱難(간난)－어려운 시절에 奮長戟(분장극)－긴 창을 떨치다.

16 萬古(만고) – 오랜 세월. 언제나. 늘. 用一夫(용일부) – 한 사람을 쓰다. 이 구절은 예전부터 한결같이 오직 한 명의 사람을 써서 막아왔다는 뜻이다.

《두시상주》 이 단락은 관문이 험고하여 지켜낼 수 있음을 말하였다. 단거를 용납한다 함은 저들이 공격할 수 없다는 것이다. 한 사람을 쓴다는 것은 이곳이 막아내기에 충분하다는 것이다.(此言關險可守. 容單車, 彼不能攻. 用一夫, 此足以拒.)

17 哀哉(애재) – 슬프도다. 桃林戰(도림전) – 도림에서의 전쟁. 천보 15년 가서한이 영보靈寶에서 패전한 일을 가리킨다. 도림은 관새의 이름으로 동관에서 동쪽으로 영보 일대에 이르는 골짜기를 가리킨다. 이 구절 이하는 다시 두보가 관리에게 답하는 말이다. 이 부분 역시 《두시언해》에서는 관리의 계속되는 말로 보고 있다.

《두시상주》 《삼진기》에, "도림새는 장안 동쪽 400리에 있다"고 하였다. 《원화군현지》에, "도림새는 영보현으로부터 서쪽으로 동관까지가 모두 해당한다"고 하였다. 염약거가 말하기를, "《통전》에 의하면, 동관은 곧 《좌전》에 나오는 도림새로서 진나라의 함곡관과 같다. 그 땅은 한 홍농군 홍농현에 있으니, 곧 지금의 섬서 영보현 지역이다. 무제 원정 3년 신안현으로 옮겼고, 헌제 때에는 조조가 동관에서 마초를 깨뜨리고 곧바로 옮겨서 설치한 것이다. 예전에는 당대唐代에 비로소 그곳에 관문을 세웠다고 하였는데, 잘못이다"라 하였다.(三秦記, 桃林塞, 在長安東四百里. 元和郡縣志, 桃林塞, 自靈寶縣以西至潼關皆是. 閻若璩曰, 通典, 潼關, 卽左氏桃林塞, 若秦之函谷關. 其地在漢弘農郡弘農縣, 卽今陝西靈寶縣界. 武帝元鼎三年, 徙于新安縣界. 獻帝時, 曹操破馬超於潼關, 乃移置者. 舊謂唐始於其地立關, 非也.)

18 百萬(백만) – 가서한 군대를 가리킨다. 化爲魚(화위어) – 물에 빠져 죽은 것을 비유적으로 표현한 것이다.

19 囑(촉) – 부탁하다. 防關將(방관장) – 관문을 방어하는 장수.

20 哥舒(가서)－가서한哥舒翰. 이 구절은 가서한의 패전에서 교훈을 찾으라는 뜻이다.

《두시상주》 《가서한전》에, "가서한이 병사를 이끌고 관문을 나서서 영보현의 서쪽 들에 주둔하였는데, 적에게 쫓겨서 스스로 서로 짓밟아 황하에 떨어져 죽은 자가 수만 명이었다"고 하였다.(哥舒翰傳, 翰率兵出關, 次靈寶縣之西原, 爲賊所乘, 自相踐蹂, 墮黃河死者數萬人.)

《구가집주두시》 조언재 주 평탄하면 싸우기에 유리하고, 험난하면 지키는 것이 이롭다. 험난한 요새를 지키는 것은 예전의 훌륭한 병법이다. 가서한은 임금의 명령에 쫓겨 경솔하게 동관을 떠나서 싸웠기 때문에 패한 것이다. 도림은 가서한이 나아가 싸운 장소를 바로 말한 것이다. 동관은 당대에 화주의 화음에 있었다. 도림은 당대에 곧 섬주의 영보이다. 《가서한전》을 살펴보건대, 임금이 사자를 시켜 전쟁을 독려하였다. 가서한이 곤경에 처하여 벗어날 길을 알지 못하다가 6월 군사를 이끌고 동쪽으로 향하였다. 서럽게 울면서 관문을 나와서 영보의 서쪽 들에 주둔하여 반군의 장수 최건우와 싸웠는데, 관문으로부터 70리 길은 험하고 비좁았으며 그 남쪽은 산과 황하로 막혀 있었다. 이미 적에게 밀리고 있었는데 이때 군졸들이 서로 다투게 된 데다가 또 병기를 버리고 내빼다 황하에 빠져 죽은 자가 열 중에서 한두 명 꼴이었다. 그래서 물고기가 되었다는 비유가 있게 된 것이다.(易則利戰, 險則利守. 持重守險, 古之良法. 哥舒翰逼於君命, 輕去潼關而戰, 故敗. 桃林正言翰進戰之所. 蓋潼關於唐在華州之華陰, 桃林於唐乃陝州之靈寶. 按, 哥舒翰傳, 帝使使者督戰, 翰窘不知所出, 六月引師而東, 慟哭出關, 次靈寶西原, 與賊將崔乾祐戰, 由關門七十里道險隘, 其南薄山阻河, 旣爲賊所乘, 是時軍自相鬪, 又棄甲而奔, 陷河死者十一二, 故有爲魚之喩.)

《보주두시》 사씨師氏 주 지금 숙종이 이미 두 서울을 수복하였으나, 만약 다시 현명한 장수를 선발하지 않는다면, 일의 성패는 가늠할 수 없다. 그래서 삼가 조심하여 배우지 말라는 구절이 두보에게 있는 것이다.(今肅宗旣收復兩京, 儻不更選賢將, 事之成敗, 未可知也. 故甫有愼勿學之句.)

《두시상주》: 마지막 단락은 곧 관리에게 답하는 말로서, 관문을 지키는 일은 적임자를 얻는 것이 중요함을 드러내고 있다. 이 시는 수미가 각 4구이며 중간에 두 단락은 각 6구로 되어 있다(末乃答吏之詞, 見守關貴乎得人也. 此章, 首尾各四句, 中二段各六句.)

《두시상주》에 인용된 노원창盧元昌 설: 안녹산이 반란을 일으킨 초기에 가서한은 동관을 지키고 있었는데, 반년 남짓 버티는 중에 반군이 양주, 등주 사이에 타격을 가해 왔지만 끝내 감히 동관을 엿보지는 못하였으니, 관문 수비가 가져온 분명한 효과였다. 당시 이임보, 곽자의 또한 이러한 주장을 견지하여, 안녹산이 이를 괴로워하여 엄장嚴莊에게 일러 말하기를, "지금 동관을 지키고 있어 병사들이 나아갈 수 없다"라고 하였으니, 이렇다면 관문을 지키고만 있어도 반군은 앉아서 괴롭게 만들 수 있다는 것이다. 만약 양국충의 상주가 행해지지 아니하고 환관의 명이 촉급하지 않아서 성벽을 견고히 하고 단단히 지켰더라면 장안은 보전되어 탈이 없었을 것이다. 이 시의 안목은 '胡來但自守' 한 구절에 있으며, '修關還備胡'라고 한 것은 머리가 그슬리고 이마가 문드러진 후에서야 곡돌사신의 계책을 사용한 것을 탄식한 것이다.(祿山初反, 哥舒翰守潼關, 相持半載餘, 賊兵衝突襄鄧間, 卒不敢窺關, 則守之明效也. 時李郭亦持此議, 祿山苦之, 謂嚴莊曰, 今守潼關, 兵不能進. 是守關而賊可坐困. 向使國忠之奏不行, 中使之命不促, 堅壁固守, 長安可保無恙. 此詩眼目, 在胡來但自守一句, 其云, 修關還備胡, 是歎焦頭爛額後, 爲曲突徙薪計也.)

《독두심해》: 〈동관리〉는 별도로 하나의 예가 된다. 앞과 뒤의 시에서 모두 사졸의 징발을 말하였는데, 여기서는 유독 부역에 대한 독려를 말하였다. 이 시는 또 유독 정면으로 알리는 말인데, 이곳이 경사를 지키는 요충지이기 때문이다. 처음 4구는 축성의 완고함을 개괄하였다. 가운데 12구는 문답한 말을 상술한 것으로 표정과 목소리가 모두 살아있으니, 이는 그 말을 빌려 그가 하는 일을 고무한 것이다. 마지막 4구는 작자의 경계의 말이다. 이른바 은나라 거울이 멀지 않다는 것으로 아울러 훗날 수비하는 자의 뜻을 다진 것이다. 뜻의 중점은 축성을 감독하는 이를 일깨우는 데에 있다. 《두시천杜詩闡》은 가서한이 반년 동안 버틴 것이 수비의 분명한 효과이며 양국충이 싸움을 재촉함으로 말미암아 패하였다고 하여 마침내 이 시의 '但自守' 한 마디 말을 따내어 눈으로 삼았다. 이 구절이 이렇게 풀이할 수 없음을 알지 못한 것이다. 바로 축성은 의당 견고해야 된다는 것을 다그쳤을 따름이다. 또한 당시의 동관은 전의 일과는 다르다. 전에는 도적이 핍박하여 관문을 지켰었고, 지금은 업성이 무너져 수비하는 것이다. 바로 일에 앞서서의 방비이니 도적은 여기로부터 아직 멀다. 시는 성을 수축하는 일을 바로 말하고 있어 지키는 것과 관련이 없다. 가서한을 배우지 말라고 한 것은 앞으로 의당 패배를 교훈으로 삼아 가볍게 행동하지 말라는 말이다. 대개 본론 뒤의 여론으로, 본론에 해당하는 글이 아니다. 노원창은 경중을 알지 못하였으니 시끄러운 객이 주인의 자리를 빼앗는 것이다. 하물며 그의 견해대로 한다면 무릇 곤경에 처한 시절에 그저 수비만을 의논하고 싸움은 따지지 않은 것으로 날로 쪼그라들 것이니, 어찌 두루 적용되는 견해라 하겠는가?(潼關吏別爲一例. 前後俱言抽點, 此獨言督役. 詩亦獨爲正告之語. 以此係京師要衝故也. 起四句, 虛籠築城之完固. 中十二句, 詳述問答之語, 神情聲口俱活. 蓋借其言以鼓舞其所事也. 末四句, 乃作者戒詞. 所謂殷鑒不遠, 幷以堅後日守者之志也. 意重在警督築者. 杜闡以哥舒相持半載爲守之明效, 由國忠促戰而敗, 遂摘此詩但自守一語爲眼目. 不知此句不如是解. 正以鞭緊築城之宜固耳. 且此日之潼關, 與前事異. 前以寇偪以守關, 此因鄴潰而修備. 乃先事之防, 寇之離此尙遠也. 詩正言修築事, 與守無涉. 其曰勿學哥舒, 謂將來宜懲其敗, 勿輕擧耳. 蓋題後餘論, 非正文也. 盧氏不識輕重, 無乃喧客奪主. 況如其說, 則凡偪處之日, 單議守不議戰, 且日蹙矣, 豈通論哉.)

(이 남 종)

53. 石壕吏

석호의 관리

暮投石壕村[1] 有吏夜捉人[2] 老翁踰牆走[3] 老婦出看門[4]
吏呼一何怒[5] 婦啼一何苦 聽婦前致詞[6] 三男鄴城戍[7]
一男附書至[8] 二男新戰死[9] 存者且偸生[10] 死者長已矣[11]
室中更無人 惟有乳下孫[12] 有孫母未去[13] 出入無完裙[14]
老嫗力雖衰 請從吏夜歸 急應河陽役[15] 猶得備晨炊[16]
夜久語聲絶 如聞泣幽咽[17] 天明登前途 獨與老翁別

저물어 석호촌에 투숙하였는데
한밤중 관리가 사람을 잡으러 왔네.
영감은 담장 넘어 달아나고
할멈이 나가서 문을 지키네.

관리의 호령은 어찌 그리 사납고
할멈의 울음소리는 어찌 그리 고통스럽던지.
할멈이 나가서 하는 말을 들어보니
"세 아들이 모두 업성에 수자리 나갔는데
한 아들이 부쳐온 편지에
두 아들은 최근 싸움에서 죽었답니다.
남은 자는 그래도 구차하게 살 수 있겠지만

죽은 아들은 아주 끝난 것이지요.

집에는 다른 사람이라곤 없고
오직 젖먹는 손주녀석뿐
손주가 있어 어미는 떠나지 못했지만
나고 들 때 입을 마땅한 옷 한 벌 없으니
늙은 이 몸 힘은 비록 쇠하였어도
나으리를 따라 밤 도와 가기를 청하오니
서둘러 하양의 부역에 응한다면
그런대로 새벽 밥은 지을 수 있을 거외다."

밤 깊어 말소리는 끊겼으나
숨 죽여 오열하는 소리 들리는 듯
날 밝아 길 떠날 적에는
오직 영감과 작별하였네.

이 시는 건원 2년 두보가 낙양에서 화주로 가는 도중 석호촌에 하룻밤 머물며 지은 것이다. 석호촌에 관해서는 여러 가지 설이 있으나 여기서는 섬주陝州의 석호진石壕鎭이라는 설을 따른다. 당시 전란의 와중에서 일반 백성들이 겪는 부역의 고충을 한 할멈의 육성을 통해 전달하고 있다. 지덕 2년에 지은 것이라는 설도 있으나 취하지 않는다.

《보주두시》 '서둘러 하양의 부역에 응한다면'이라는 구절을 보건대, 틀림없이 건원 2년 아홉 절도사의 군대가 궤멸당하고 곽자의가 황하의 다리를 끊어 남은 군대로 동경을 보호할 때의 작품이다. 양권도는 지덕 2년에 편재하였으나 잘못된 것이다.(觀急應河陽役之句, 當是乾元二年, 九節度之師潰, 子儀斷河橋, 以餘衆保東京時作, 而梁權道編在至德二載, 非.)

《두공부초당시전》 생각건대 지덕 2년 가을 두보가 부주로 가서 가족들을 데리고 오면서 밤에 석호촌에 투숙하며, 관리가 사람을 잡아다가 하양을 지키려던 일에 감회가 일어 이를 가슴 아파하여 시를 지은 것이다.(按, 至德二載秋, 甫往鄜迎家, 夜投宿於石壕村, 因感吏捉人以守河陽, 傷之而作是詩也.)

주 석

1 投(투)－투숙하다. 의탁하여 머무르다. 石壕村(석호촌)－석호촌. 지명. 구체적인 위치에 관해서는 여러 설이 있으나, 여기서는 섬주陜州의 석호진石壕鎭이라는 설을 따른다.

《두시상주》에 인용된 왕응린王應麟 설 석호는 아마도 섬주 섬현의 석호진일 것이다.(石壕, 蓋陜州陜縣之石壕鎭也.)

《두시상주》 전겸익의 전에서 변환卞圜의 말을 인용하여 석호는 섬주 동쪽의 수자리로 신안의 서쪽에 있다고 하면서, 석호는 곧 석효石崤라고 하였다. 살펴보건대 석효는 홍농 면지의 서북쪽에 있었는데, 정관 8년 효현을 안양성으로 옮겨 협성 서쪽 40리 되는 곳에 있었다. 그러므로 석호를 석효라고 하는 것은 잘못된 것이다. 채몽필은 석호는 빈주 의록현에 있다고 하였는데 더욱 근거가 없는 것이며, 또한 동도로부터 왕래하던 길은 아니다.(錢箋, 卞圜曰, 石壕, 陜東戍, 其地在新安西. 石壕, 卽石崤也. 按, 崤在弘農澠池西北, 貞觀八年, 移崤縣於安陽城, 在硤城西四十里. 謂石壕卽石崤, 誤矣. 夢弼云, 石壕, 在邠州宜祿縣. 尤爲無稽, 且非自東都往

來道也.)

2 捉(착) – 붙잡다. 이 구는 관리가 부역에 내보낼 백성들을 잡으러 나온 것을 말한다.

3 踰牆走(유장주) – 담을 넘어 달아나다. 부역에 나가지 않기 위해 달아난 것이다.

4 出看門(출간문) – 나가서 문을 지키다. '出門看', 혹은 '出門首'로 된 판본도 있다.

《두시상주》 문을 본다는 것은 문을 지킨다는 뜻이다.(看門, 守門也.)

《두공부초당시전》 당시 장정들은 모두 수자리 나가고, 집에는 오직 부녀자만이 남아 문에서 응대하고 있음을 말하고 있다.(言當時丁壯皆出戍, 在家, 惟婦女侍門戶.)

《두시상주》 이 시는 각 4구마다 전운을 하고 있다. 존村, 인人과 문門이 협운하니, 옛날에는 진眞운에 해당한다. … 유씨는 '出門首'라고 하였는데, 이렇게 되면 촌村과 인人, 주走와 수首가 운이 맞게 되는데 아래의 시구를 살펴보건대 두 구마다 환운하는 것은 마땅치 못하다. 구본에서는 '出門看'이라고 하여 인人자와 서로 운이 맞게 된다. … 이것을 따른다면 인人과 간看은 운이 맞으나 촌村자와 맞지 않으므로 역시 아래 시구와는 부합하지 않는다.(此詩各四句轉韻. 村人與門叶, 古入眞韻. … 劉氏作出門首, 是村與人叶, 走與首叶也. 以下文例之, 不宜兩句換韻. 舊本作出門看, 與人字相叶, … 依此, 則人看可叶, 而村字未合, 與下文亦不相符.)

《두시상주》: 첫 단락에서는 부역에 내몰리는 고충을 서술하였다.(首敍征役驅迫之苦.)

5 一何(일하) – 어찌 그리. '一'은 어세를 강조하는 역할을 한다.

6 前致詞(전치사) – 나가서 말을 하다. 이 이하는 할멈이 관리에게 자기 집안의 사정을 아뢰는 것이다.

7 鄴城(업성) – 업성. 지명.

《두시상주》에 인용된 《구당서》 무덕 2년 위군으로 상주를 설치하였다. 천보 원년 업군으로 바꾸었다. 건원 원년 다시 상주로 하였다가, 2년에 다시 업성으로 하였다.(武德二年, 以魏郡置相州. 天寶元年, 改爲鄴郡. 乾元元年, 復爲相州. 二年, 又爲鄴城.)

《두공부초당시전》 당시에 곽자의와 아홉 절도사가 상주에서 안경서를 포위하였는데, 일사불란하게 통제가 되지 않아서 결국 아홉 절도사의 군대가 모두 패하여 돌아갔다. 업성의 수자리라는 것은 장정을 차출하여 안경서를 포위한 일을 말하는 것이다.(時郭子儀九節度, 圍安慶緖于相州, 節制不一, 故九節度之兵, 皆敗而還. 鄴城戍, 謂抽丁圍安慶緖也.)

8 附書至(부서지)－편지를 보내오다. '至'는 '到'로 된 판본도 있다.

9 新戰死(신전사)－최근 싸움에서 사망하다.

《두시상주》 최근 싸움에서 사망했다는 것은 업성에서의 패배를 가리킨다.(新戰死, 指鄴城之敗.)

10 存者(존자)－생존한 사람. '存'은 '在'로 된 판본도 있다. 且(차)－그럭저럭. '是'로 된 판본도 있다. 偸生(투생)－구차하게 살다. 생명을 아끼다. 즉 살기를 바란다는 뜻이다.

11 長已(장이)－영원히 끝나다.

#《두시상주》: 두번째 단락은 할멈이 관리에게 하소연하는 말을 빠짐없이 서술한 것이다. 공은 아마 그 집에서 유숙하였을 것이다. '三男' 이하는 길 떠난 자의 참상을 말하였다.(二段, 備述老婦訴吏之詞, 公蓋宿於其家也. 三男以下, 言行者之慘.)

12 惟(유)－다만. '所'로 된 판본도 있다. 乳下孫(유하손)－젖먹이 손자.

13 有孫(유손)－'孫有'로 된 판본도 있다.

14 入(입)－'更'으로 된 판본도 있다. 無完裙(무완군)－제대로 된 치마가 없다.

〔有孫 2구〕

이 구절은 '孫母未便出, 見吏無完裙'으로 된 판본도 있다.

15 河陽(하양) - 지명.

《두시상주》 《당서》에 "하양현은 맹주에 속하였는데, 지금은 맹현으로 바뀌었다"고 하였다. 춘추에 "천왕이 하양에서 사냥을 했다"는 기록이 있는데, 바로 이곳이다. 주무왕이 맹진에서 제후들과 회합을 하였다는 것도 바로 이곳이다. 곽자의의 군대가 패하고 나서 도우후 장용제의 계책을 써서 하양을 수비하였다. 7월에는 이광필로 교체되었다.(唐書, 河陽縣, 屬孟州, 今改爲孟縣. 按春秋, 天王狩於河陽, 即此地. 周武王會諸侯於孟津, 亦即其地. 子儀兵旣潰, 用都虞侯張用濟策, 守河陽. 七月, 李光弼代.)

《보주두시》에 인용된 심씨沈氏 설: 하양은 동도이다.(河陽, 東都也.)

16 晨炊(신취) - 새벽밥을 짓다.

《보주두시》에 인용된 사씨師氏 설 당시에 세 절도사가 이곳에 주둔하고서 안경서의 군대를 방어하다가 패하였다. 차출할 장정이 없었기에 할멈이 하양의 부역에 나가서 밥을 짓겠다고 자청한 것이다.(時三節度, 屯兵於此, 以禦慶緖兵, 敗, 無丁可抽, 故老嫗請赴河陽之役, 以供炊爨而已.)

《두시상주》: '室中' 이하는 집에 남은 자들의 고충을 말하였다. 신안리의 관리가 백성을 몰아 동도를 지키게 하였다면, 석호리의 관리는 백성을 몰아 하양을 수비하도록 하였다.(室中以下, 言居者之苦. 新安吏, 驅民守東都. 石壕吏, 驅民守河陽也.)

《독두심해》: 하양의 부역은 신안리의 왕성을 지키는 것과 동일한 부역이다. 하양은 동도의 동쪽에서 매우 가깝다. 구조오가 두 곳으로 나누어 본 것은 잘못이다.(河陽役, 與新安吏之守王城, 同一役也. 河陽在東都東甚邇. 仇氏分作兩處, 非矣.)

17 幽咽(유열) - 울음을 참아 흐느끼는 소리. 이것은 시어머니를 떠나보낸 뒤 며느리가 우는 울음소리이다.

《두시상주》: 마지막에서는 영감이 몰래 돌아온 정황으로 결말을 맺고 있다. 할멈이 관리를 따라 관청에 하소연하러 갔기에 며느리의 울음소리가 난 것이다. 관리가 할멈을 데리고 밤에 떠났기 때문에 그 남편이 새벽에 돌아온 것이다. 길을 떠나며 헤어진다는 것은 두보가 그와 작별한다는 것이지, 할멈과 영감이 작별하는 것이 아니다.(末結老翁潛歸之狀. 婦隨吏訴官, 故其媳泣聲. 吏驅婦夜去, 故其夫曉回. 前途別, 乃公與之別, 非婦與翁別也.)

《두시상주》: 예전에는 형제가 있어야 비로소 한 사람을 보내 종군시켰다. 지금은 장정들을 모두 내보내고 노약자에게까지 미치고 있다. 시에서 세 아들이 수자리 나가 두 아들은 죽고 손주는 이제 갓난아기인데다 며느리는 치마도 없고 영감은 담을 넘고 할멈은 밤에 길을 떠나니, 한 집안 식구 중에 부자와 형제 조손과 고부 모두 참혹함이 여기에 이르렀고 백성들이 살기 어려웠던 것이 극에 달했다 할 것이다. 당시에 당나라의 운명이 정말 급급했도다.(古者有兄弟, 始遣一人從軍. 今驅盡壯丁, 及於老弱. 詩云三男戍, 二男死, 孫方乳, 媳無裙, 翁踰牆, 婦夜往, 一家之中, 父子, 兄弟, 祖孫, 姑息, 慘酷至此, 民不聊生極矣. 當時唐祚亦岌岌乎哉.)

《두억》: 이 작품은 쉽게 이해가 되지만 그러나 언외의 뜻을 사람들이 다 이해하지는 못하고 있다. 이 할멈이야말로 여중 장부인데, 지금까지 알아보는 사람이 없다. 관리가 밤중에 사람을 잡으러 나오자 영감은 달아나고 이 할멈이 문에 나가니, 그 담력이 드러나니 흉중에 이미 계산이 있었던 것이다. 영감이 도망한 것은 바로 할멈이 시킨 것이다. 관리의 호령은 진실이지만, 할멈의 울음은 거의 꾸민 것이며 앞에 나와서 하는 말도 모두 진실이 아닐 것이다. 세 아들 중에 두 아들을 잃고, 살아남은 자는 구차하게 살기를 바래 감히 돌아오지 못하고, 집에는 오직 젖먹이 손주만이 있으며 그 어미는 아들이 애처로워 아직 떠나지 못했으나 제대로 된 치마조차 없어 당신을 따라갈 수 없소. 차라리 이 늙은 몸이 하양으로 따라가서 밥이라도 지으라면 사양치 않겠소. 관리는 비록 화가 났으나 이 지경에까지 이르자 마음이 누그러졌다. 영감이 있다는 것을 모르는 것은 아니나, 할멈이라도 데리고 가서 상관에게 보고를 하고, 반드시 할멈을 대신해서 이야기해 주고 할멈을 돌아가도록 놓아 줄 것이다. 새벽밥을 준비한다는 것은 그냥 해본 말이라는 것을 관리는 모르고 있다. 이런 이야기들은 밤이 깊어서야 비로소 끊어졌는데, 새벽에 떠날 때가 되어서는 영감과만 작별을 하였으니 할멈이 밤에 떠난 것이다. 영감은 스스로 면제되었다는 것을 알았기에 감히 나와서 손님과 작별하였던 것이다. 밤에 잡으러 와서 밤에 떠나니 얼마나 급한 것인가. 이 할멈은 경황 중에도 지략이 화살처럼 빠르고, 용기가 맹분孟賁, 하육夏育과 같으며, 언변이 장의張儀와 소진蘇秦 같으니, 그 남편을 보존하고 또한 불쌍한 손주를 편안케 할 수 있었다. 공이 이를 상세히 서술해 놓았으니 이미 암묵 중에 알고 있었던 것이다. 그런데 또한 종성鍾惺은 이 작품만을 빼놓았고, 유신옹은 한 마디 말도 하지 않았으니, 그들이 이해를 못했다는 것을 알 수 있다. 두보의 시가 어찌 쉽게 읽히겠는가.(此首易解, 而言外意人未盡解, 此老婦蓋女中丈夫, 至今無人識得. 吏夜捉人, 老翁走, 此婦出門, 便見膽略, 而胸中已有成算. 老翁之逃, 婦教之也. 吏呼則眞, 而婦啼一半粧假, 前致辭未必盡眞也. 三男亡其兩男, 存者偸生而不敢歸, 家下止一乳孫, 母戀子故未去. 然無完裙, 不堪偕汝去, 寧使老婦隨至河陽執炊, 不敢辭也. 吏雖怒, 而到此亦心軟矣. 非不知有老翁在, 而姑帶老婦以覆上官, 必且代婦致辭而縱之使歸, 所云備晨炊, 設詞也, 吏不知也. 此語夜久始絶, 至晨行而獨與翁別, 則婦夜去矣. 翁亦自知可免, 故敢出而別客也. 夜捉夜去, 何其急也. 此婦當倉卒之際, 而智如鏃矢, 勇如賁育, 辯似儀秦, 旣全其夫, 又安其孤幼, 而公詳述之, 已默會到此矣. 而伯敬獨遺此首, 須溪不下一語, 知其懵然也. 杜詩豈易讀哉.)

《독두심해》: 도입부는 맹호가 사람을 덮치는 듯한 기세가 있다. 앞에서는 담장을 넘어 달아났다고 했고 뒤에는 영감과 작별을 했다고 했으니, 분명히 이 영감은 그 할멈이 숨긴 것이다. 아마 영감이 숨지 않았다면 늙었다고 해도 면할 수 없었을 것인데, 할멈이 나가 응하게 되면 그래도 그 몸은 벗어날 수가 있는 것이다. 힘이 쇠하여 밥이나 준비하겠다고 말하면서 슬픔을 토로하거나 면해 줄 것은 바라지 않았으니, 그 담력과 지략이 모두 범인이 미칠 바가 아니다. 이러한 뜻은 《두억》에서 이미 말하고 있으나 자세하지 않다. 그들이 겪은 참상에 대해서는 더군다나 말이 필요 없을 것이다.(起有猛虎攫人之勢. 前云踰牆去, 後云與翁別, 明係此翁爲此婦所匿. 蓋翁不匿, 則老亦不免. 婦出應, 則身猶可脫也. 偏云力衰備炊, 偏不告哀祈免, 其膽智具不可及. 此意杜臆語焉而不詳. 至所事之慘苦, 更不待言.)

(**박홍준**)

54. 新婚別

신혼의 이별

兎絲附蓬蔴[1] 引蔓故不長[2] 嫁女與征夫[3] 不如棄路傍
結髮爲妻子[4] 席不煖君牀[5] 暮婚晨告別 無乃太怱忙[6]
君行雖不遠[7] 守邊赴河陽[8] 妾身未分明[9] 何以拜姑嫜[10]
父母養我時 日夜令我藏[11] 生女有所歸[12] 雞狗亦得將[13]
君今生死地[14] 沈痛迫中腸[15] 誓欲隨君去[16] 形勢反蒼黃[17]
勿爲新婚念[18] 努力事戎行[19] 婦人在軍中 兵氣恐不揚[20]
自嗟貧家女 久致羅襦裳[21] 羅襦不復施[22] 對君洗紅粧
仰視百鳥飛 大小必雙翔 人事多錯迕[23] 與君永相望[24]

토사가 쑥과 삼에 붙어서 사니
넝쿨을 늘려도 길 수 없는 법.
딸을 출정하는 사람에게 시집보냄은
길가에 버리는 것보다 못하답니다.

머리 묶고 아내가 되었지만
그대의 침상 자리 따뜻할 새도 없이
저녁에 혼인하고 새벽에 이별을 고하니
너무나 총총한 게 아닌가요?
그대 가시는 길 비록 멀지 않다 하나
변방을 지키러 하양에 가야 할 판.

첩의 신분 아직 분명하지 않으니,
어떻게 시부모님께 절을 올려야 하나요?

부모님 나를 기르실 적에
밤낮으로 나를 집에 있게 하셨지만,
딸을 낳으면 시집을 가는 법,
닭과 개도 거느리고 가지요.
그대 이제 생사가 걸린 곳에 가시니
침통함이 창자 속까지 밀어닥쳐요.
맹세코 그대를 따르고자 하나
그러면 사정이 도리어 어렵게 되겠지요.

신혼이라 괘념치 마시고
힘써 군대 일을 보십시오.
아녀자가 군대에 있으면
병사들의 사기 떨치지 못할 것입니다.
스스로 한탄하거니와, 가난한 집의 딸이
오랜만에 비단 옷을 장만했지만
비단 옷 다시는 입지 못하고
그대 보는 앞에서 붉은 화장을 지우게 되었습니다.

고개 들어 뭇 새들 나는 것 보니
크나 작으나 반드시 쌍쌍이 날갯짓을 합니다.
인간사 어긋나는 일이 많지만
그대와 영원히 서로 바라보겠습니다.

이 시는 결혼하자마자 신랑이 출정하게 되어 생이별을 하는 신혼 부부를 보고서, 신부의 말을 빌려 그 비극을 그려낸 시이다. 저작 시기는 건원 2년이다.

《보주두시》 시에서 '변방을 지키러 하양에 간다'고 하였으니 응당 건원 2년에 지은 것이다.(詩云, 守邊赴河陽, 當是乾元二年作.)

주 석

1 兎絲(토사) – 일년생一年生 기생만초寄生蔓草. 실과 같은 줄기로 다른 나무에 붙어서 생장한다. 흔히 출가한 여자를 비유한다. 附蓬麻(부봉마) – 다북쑥과 삼에 붙다. 여기서는 좋은 사람에게 시집가서 의지하고 살 수 없음을 비유한다.

〈고시십구수古詩十九首〉 그대와 갓 결혼하니 토사가 여라에 의지한 듯하다.(與君爲新婚, 兎絲附女蘿.)

《독두심해》에 인용된 《비아埤雅》 나무에 있는 것은 여라이고 풀에 있는 것은 토사이다.(在木爲女蘿, 在草爲兎絲.)

2 故(고) – 당연히. '고固'와 같은 뜻이다. '固'로 된 판본도 있다.

〔兎絲 2구〕 기생 식물인 토사가 키가 작은 쑥과 삼에 붙었기 때문에 넝쿨을 길게 늘일 수가 없다는 것은 출정하는 사람에게 시집가면 백년해로하기 힘들다는 사실을 비유한다.

《구가집주두시》 조언재 주 토사는 의당 소나무나 잣나무에 붙어야 하는데, 도리어 다북쑥과 삼에 붙었으니, 그 있을 곳을 얻지 못한 것이다.(兎絲當附松柏, 而乃附蓬麻, 爲不得其所矣.)

3 征夫(정부) – 출정하는 사내. 먼 길 가는 사람.

《두시상주》에 인용된 황생 주: 이 이하 세 시의 제명題名이 서로 비슷한

데, 유독 신혼 부인의 경우는 서두에서 말을 만들기가 어렵다. 그래서 특별히 비흥의 수법으로 시작하였다.(此下三題相似, 獨新婚之婦, 起難設辭, 故特用比興發端.)

4 結髮(결발)－머리를 묶다. 고대의 예제禮制에 의하면, 여자 나이 15살이 되면 머리를 묶고 비녀를 꽂아 성인이 되었다. 妻子(처자)－처. 번황樊晃본에는 '君妻'로 되어 있다.

《문선·시사수詩四首》 '結髮爲夫婦'의 이선李善 주 '결발'은 처음으로 성인이 되는 것이니, 남자 나이 20살 여자 나이 15살 때에 비녀 꽂고 갓을 써서 의식을 치르는 것을 말한다.(結髮, 始成人也, 謂男年二十女年十五時, 取笄冠爲義也.)

《두시상주》에 인용된 《일지록日知錄》 속어에서 처를 처자라고 한다. 이것이 전아하지 않은 말이기는 하지만 또한 유래가 있다. 《한비자》에 "정현 사람 복선생이 그의 처에게 바지를 만들게 하고 '내 예전 바지와 같게 하라'고 하였다. 그랬더니 처가 새것을 훼손하여 예전 바지와 같게 하였다"라는 이야기가 있는데, 두시는 이것에 근원한 것이다.(俗稱妻爲妻子, 此不典之言, 然亦有所自, 韓非子, 鄭縣人卜子, 使其妻爲袴, 曰象吾故袴, 妻子因毁新, 令如故袴, 杜詩本此.)

《독두시설》 시에서 '결발위처자'라 하고, "번황 본에는 '군처'라 하였다"고 주를 붙이고, 고염무顧炎武가 "처를 처자라고 한 것은 《한비자》에 근원한 것이다"라고 한 말을 인용하였다. 지금 아우 관이 남전에서 처자를 데리고 강릉에 온 것을 읊은 뒤의 시의 제명을 살펴보면, 그 당시 관이 막 처를 얻어 응당 자식이 있지 않았을 터인데도 '처자'라고 하여 또한 이 경우와 같다. 그러나 이 시는 전편이 그의 처를 대신하여 말한 것이니 번씨 본을 따라야 할 듯하다. 부인이 지아비에 대하여 자신을 '군처'라고 부를 수는 있어도 또한 '처자'라고 부를 수는 없는 것이다.(詩云, 結髮爲妻子, 注, 樊晃本作爲君妻. 引顧亭林曰, 謂妻爲妻子, 本韓非子. 今按後舍弟觀自藍田攜妻子至江陵題, 其時觀方娶妻, 不應已有子, 云妻子, 亦與此同. 惟此詩, 通首代其妻言, 似當從樊本, 婦人對夫言, 可自稱君妻, 不當亦自稱妻子也.)

5 席不(석불) 구 – 침상의 자리에 누워서 따뜻해질 겨를도 없다는 뜻이다.

《두시언해》 자리가 따뜻하지 않다는 것은 시간이 오래되지 않았음을 말한다.(席不暖, 言未久也.)

6 匆忙(총망) – 다급하다.

7 雖(수) – '旣'로 된 판본도 있다.

8 赴(부) – '戍'로 된 판본도 있다. 河陽(하양) – 하남성河南省 맹현孟縣. 당시 곽자의가 지키고 있었다.

《구가집주두시》 하양은 낙양이다.(河陽, 東都也.)

《구가집주두시》 조언재 주 하양은 맹주의 현이다. 동도는 지금의 서경이다. 곽자의가 당초 하양을 지켰는데, 조칙을 받아 동도의 유수가 되었다. 얼마 뒤에 곽자의는 소환되고 반군 사사명이 다시 동경을 함락하였다. 이에 하양의 전투가 있었으니, 구주에서 하양이 동도라고 한 것은 큰 잘못이다.(河陽, 孟州之縣, 東都, 今西京也. 郭子儀初保河陽, 而被詔留守東都, 未幾子儀召還, 賊思明復陷東京, 於是有河陽之戰, 舊注, 河陽東都也, 大誤.)

9 妾身(첩신) 구 – '신身'은 신분을 뜻한다. 고대의 예제에 의하면, 신부는 시집와서 사흘째 되는 날에 가묘家廟와 조상의 산소를 찾아 혼인한 사실을 알리고, 연후에 비로소 혼례가 정식으로 성립한다. 그런데 그 전에 지아비가 떠나게 되어 시집에서의 신분이 분명하지 못하게 된 것이다.

10 姑嫜(고장) – 시어머니와 시아버지.

《한서 · 경십삼왕전景十三王傳》 '背尊章'의 안사고 주 '존장'은 시부모라는 말과 같다. 지금 관중에서 민간의 며느리가 시아버지를 '종鍾'이라고 부르는데, '종'은 '장章'의 발음이 변화한 것이다.(尊章, 猶言舅姑也. 今關中俗婦呼舅爲鍾. 鍾者章聲之轉也.)

〔妾身 2구〕

《두공부초당시전》 부인이 시집가서 사흘이 되어 가묘에 알리고 분묘墳

墓를 찾은 뒤에야 비로소 혼례가 성립하였다고 한다. 혼례가 이미 분명해진 연후에야 시부모라고 부르는 명분이 바로 선다. 그런데 지금은 아직 혼례가 성립되지 않았는데 헤어지게 되었다. 그래서 '첩의 신분이 아직 분명하지 않으니 어떻게 시부모께 절을 올리나'라고 한 것이다. '장'은 시어머니의 지아비이다.(婦人嫁三月('日'의 오자誤字), 已告廟上墳, 始謂之成婚. 婚禮旣明白, 然後稱謂姑嫜之名正也. 今未成婚而別, 故曰妾身未分明, 何以拜姑嫜, 嫜, 姑之夫也.)

#《두시상주》: 이 단락은 갓 결혼하여 이별을 아쉬워하는 것을 서술하였는데, 말에 수줍어하는 뜻을 담고 있다.(此敍初婚惜別, 語意含羞.)

11 日(일) - '月'로 된 판본도 있다. 藏(장) - 외출하지 않는 것을 뜻한다. 이 구절은 부모가 자신을 깊은 규방 안에서 키웠음을 말한다.

12 歸(귀) - 시집가는 것을 뜻한다.

《두시상주》에 인용된 《곡량전穀梁傳》 부인의 도리는 시집가는 것을 '귀'라고 한다.(婦人之義, 謂嫁曰歸.)

13 雞狗(계구) 구 - '장將'은 '거느리다'의 뜻이다. 닭과 개를 가지고 가는 것을 말한다. '狗'가 '犬'으로 된 판본이 있다. '得'이 '相'으로 된 판본이 있다. 이 구는 시집갈 때 닭과 개도 또한 거느리고 간다는 뜻인데, 이렇게 하는 이유는 시집살이를 오래도록 잘하기 위해서이다. 이 구의 풀이에는 이설이 있어서, '將'을 '따르다'의 뜻으로 보고 '지아비가 어떤 사람이든 그를 따라야 한다'로 풀이하기도 한다.

《두공부초당시전》 여자가 시집갈 때에 닭과 개 같은 자질구레한 것까지도 또한 가지고 갈 수 있다는 것이니, 아끼는 것이 없음을 말한다.(女子之嫁, 雖雞狗瑣細之物, 亦得將行, 言無所吝也.)

《두시상주》 시집갈 때 닭과 개를 데리고 가는 것은 시가의 살림을 오래도록 잘 꾸려가려는 것이다.(嫁時將雞狗以往, 欲爲室家久長計也.)

《독두시설》 속어에 '닭에게 시집가면 닭을 따르고, 개에게 시집가면 개를 따른다'는 말이 있는데, 어쩌면 당시에 이미 그런 말이 있었을 것이다. 공의 시에 본래 속어를 쓴 것이 있는데, 이 시도 어쩌면 또한 이런 예일 것이다. '장'은 '수隨' 자의 뜻이니, 뒤의 시 〈송왕십오판관부시환검중득개자送王十五判官扶侍還黔中得開字〉의 '대고동정장자회(조대고가 동으로 갔다가 아들 따라서 돌아왔다)'의 '장'자와 같다.(俗有嫁鷄隨鷄, 嫁狗隨狗語, 或當時已云, 公詩固有用俗語者, 此或亦是. 將卽隨字意, 猶後詩大姑東征將子回之將.)

14 今生死地(금생사지) – 판본에 따라서 '今死生地', '今往死地', '生往死地'로 되어 있다.

15 迫中腸(박중장) – 창자 속까지 아픔이 밀어닥친다는 뜻이다.

16 誓(서) – 발어사로 볼 수도 있다. 去(거) – '往'으로 된 판본도 있다.

17 形勢(형세) 구 – 상황이 도리어 어려워질 것이기 때문에 따라갈 수 없음을 말한다. '창황蒼黃'은 '倉皇' 또는 '蒼皇'과 같고, '황급하다' 또는 '어렵다'의 뜻이다. 이를 '바뀌다'의 뜻으로 보아 이 구를 '자기가 따라가면 상황이 도리어 원하는 것과 달라져서 군대에 좋지 않은 결과를 줄 것이다'로 풀이할 수도 있다.

《두시경전》 '창황倉皇'과 같다.(與倉皇同.)

《두공부초당시전》 행역이 급함을 말한다.(謂行役之急也.)

《두시상주》 〈북산이문〉에 '이리저리 바꾼다'라는 말이 있다.(北山移文, 蒼黃反覆.)

《두시상주》: 이 단락은 앞뒤의 정황을 생각한 것으로 말의 뜻이 아주 참담하다.(此憶前後情事, 詞旨慘切.)

18 爲(위) – 위하여. 때문에. '改'로 된 판본도 있다.

19 戎行(융항) – 군대의 대오. 군대를 뜻한다.

20 兵氣(병기) – 군대의 사기.

〔婦人 2구〕 이릉李陵의 고사를 암용暗用한 것이다.

《두시상주》에 인용된 《한서·이릉李陵전》 "우리 군대의 사기가 조금 쇠퇴하여 고취가 되지 않는 것은 무엇 때문이냐? 군중에 아마 여자가 있나 보다"라고 말하고 찾아서 모두 베어 죽였다.(我士氣少衰而鼓不起者, 何也. 軍中豈有女子乎. 搜得, 皆斬之.)

21 久致(구치) - 오랜 시간이 지나서 겨우 만들었다는 뜻이다. 羅襦裳(나유상) - 엷은 비단으로 만든 짧은 웃옷과 치마. '羅'가 '此'로 된 판본도 있다. '襦'는 길이가 짧은 웃옷이다.

《설문》 '유'는 짧은 옷이다.(襦, 短衣也.)

22 施(시) - 몸 위에 걸치다. 옷을 입는 것을 뜻한다.

〔羅襦 2구〕

《두시언해》 지아비가 있지 않기 때문에 복식을 아름답게 하고자 하지 않음을 말한다.(言夫不在, 故不欲美服飾也.)

《두시상주》: 위의 두 단락은 부부가 나뉘게 되어 시름이 만 가지이니, 이는 인정에서 나온 것이다. 이 한 단락은 그 지아비를 면려하고 또 스스로를 면려하였으니 바로 예의에 머물렀다는 것이다.(上二段, 夫婦分離, 愁緒萬端, 此發乎人情者也. 此一段, 旣勉其夫, 且復自勵, 乃止乎禮義者也.)

23 事(사) - '生'으로 된 판본도 있다. 錯迕(착오) - 어긋나고 잘못되다. 사람의 뜻대로 되지 않음을 뜻한다.

24 相望(상망) - 서로 생각하는 것을 뜻한다. 이 구에는 남편에 대한 굳건한 다짐이 있다.

《두시경전》: 부부가 서로 모여 살기를 끝내 바라고 있다.(終望夫婦相聚也.)

《두시상주》: 끝에서 비유의 뜻으로 시를 마치며, 부부가 서로 모여 살기를 끝내 바라고 있다.(末用比意收, 終望夫婦之相聚也.)

《두시상주》에 인용된 진덕수眞德秀 설: 선왕이 정치할 때에는 새로

혼인한 사람은 일 년 간 부역이 없었다. 이 시에서 원망한 것이 그 떳떳한 본분을 다하였으면서도 능히 예의를 잊지 않았다.(先王之政, 新有婚者, 期不役政. 此詩所怨, 盡其常分, 而能不忘禮義.)

《두억》: 시를 시작한 4구는 진정한 악부이고 《시경》의 시상 일으키는 법이다. '저녁에 결혼하고 아침에 이별을 고한다'가 이 시의 중심이다. 전편이 모두 부인의 말로서 공이 그 마음을 헤아려 말한 것이다.(起來四句, 是眞樂府, 是三百篇興起法. 暮婚晨告別, 是詩柄. 一篇都是婦人語, 而公揣摩以發之.)

《독두심해》: 〈신혼별〉은 보내는 이의 글이다. 비유체로 시작하여 비유체로 끝맺었다.(新婚別, 送者之詞也. 比體起, 比體結.)

《두시언해》: 부인의 뜻을 대신하여 지은 것이다.(代婦人之意而作.)

(**이 영 주**)

55. 垂老別

늘그막의 이별

四郊未寧靜[1] 垂老不得安[2] 子孫陣亡盡[3] 焉用身獨完
投杖出門去 同行爲辛酸[4] 幸有牙齒存[5] 所悲骨髓乾[6]
男兒旣介冑[7] 長揖別上官[8] 老妻臥路啼 歲暮衣裳單[9]
孰知是死別 且復傷其寒[10] 此去必不歸 還聞勸加餐[11]
土門壁甚堅[12] 杏園度亦難[13] 勢異鄴城下[14] 縱死時猶寬[15]
人生有離合[16] 豈擇衰老端[17] 憶昔少壯日 遲廻竟長嘆[18]
萬國盡征戍[19] 烽火被岡巒[20] 積屍草木腥 流血川原丹
何鄉爲樂土 安敢尙盤桓[21] 棄絶蓬室居[22] 塌然摧肺肝[23]

사방 교외가 안정되지 않으니
늘그막에도 편안할 수 없구나.
자손들이 군대에서 다 죽었는데
어떻게 이 몸이 홀로 온전하겠는가?

지팡이 던지고 문을 나서니
동행하는 이들 나를 위해 가슴 아파한다.
다행히 치아는 남아 있지만
골수가 마른 것이 슬프다.
남아가 기왕에 갑옷 입고 투구를 썼으니
길게 읍하여 상관과 이별을 해야겠지.

늙은 아내는 길에 누워 우는데
세모에 옷은 홑겹이다.
이것이 사별인지 누가 알랴마는
또다시 아내 추운 것이 가슴 아프다.
이번에 가면 반드시 돌아오지 못할 터인데
또한 식사 많이 하라 권하는 소리 듣는다.

토문은 성벽이 매우 견고하고
행원은 건너기가 또한 어려우니
업성 아래와는 형세가 달라
비록 죽더라도 때는 오히려 늦춰지겠지.
인생에 헤어짐과 만남이 있다지만
어찌 노쇠한 때를 택하겠는가?
지난 젊은 날들을 생각해 보고는
머뭇거리며 결국 길게 탄식한다.

만국이 다 출정하여 수자리를 서니
봉화가 산등성이를 덮는다.
쌓인 주검으로 초목은 비리고
흐르는 피로 하천과 들판이 붉다.
어느 곳이 즐거운 땅이겠는가?
어찌 감히 아직도 망설이는가?
쑥으로 덮인 내 살던 집 내버리니
덜컥 폐와 간이 꺾인다.

이 작품은 늘그막에 분연히 전쟁터에 나서는 노인의 모습을 묘사하였는데 노인이 직접 자신의 마음을 말하는 형식을 취하고 있다. 저작연대는 이설이 있으나 삼리 삼별의 다른 작품과 같이 건원 2년으로 본다.

《보주두시》 건원 3년 안경서는 사사명에게 피살되고 사사명은 하남으로부터 네 갈래 길로 나누어 변주에서 회합하였다. 이로부터 동경과 정주, 활주 등이 이어서 함락되니 방어하는 것이 더욱 급박해졌다. 이 작품은 그해 겨울 늦게 지은 것이 분명하다. 양권도는 지덕 2년에 편재하였는데, 잘못이다.(乾元三年, 安慶緒爲史思明所殺, 而思明自河南分爲四道, 會于汴, 自是東京與鄭滑等州相繼陷沒, 而防守愈急. 此當是其年冬晩作. 梁權道編在至德二載, 非.)

《두시언해》 이 작품은 두보가 이별하는 사람의 마음을 대신하여 지은 것이며, 아래 작품 〈무가별無家別〉도 같다.(此篇甫代別者之意而作, 下篇同.)

《독두심해》 〈수로별〉은 길 떠나는 이의 말이다. 〈석호리〉의 아내는 지혜로써 그 남편을 벗어나게 했고 〈수로별〉의 노인은 분개함으로써 그 집을 버렸는데 그 괴로움은 같다.(垂老別, 行者之詞也. 石壕之婦, 以智脫其夫. 垂老之翁, 以憤捨其家. 其爲苦則均.)

주 석

1 四郊－사방 교외.

2 垂老(수로)－늘그막. 노년에 다다르다. '老'는 '死'로 된 판본도 있다.

3 陣(진)－군대의 진영.

《두시상주》: 전편이 모두 노인의 말로 되어 있는데, 첫 단락은 늘그막에

전쟁에 나가게 됨을 탄식하는 것이다.(通篇皆作老人語, 首爲垂老從戎而歎也.)

4 同行(동행) – 함께 길가는 사람. 辛酸(신산) – 가슴 아파하다.

5 存(존) – 남아 있다. '好'로 된 판본도 있다.

6 骨髓乾(골수간) – 골수가 마르다. '髓'는 '肉'으로 된 판본도 있다.

7 介冑(개주) – 갑옷을 걸치고 투구를 쓰다.

8 長揖(장읍) – 길게 읍揖하다. '읍'은 두 손을 맞잡고 위로 들었다가 밑으로 내리며 하는 인사를 말한다.

> 《두시상주》에 인용된 《한서·주아부전周亞夫傳》 아부가 병기를 들고 읍을 하며 말하기를 "갑옷을 입고 투구를 쓴 군사는 절하지 않습니다"라고 하였다.(亞夫持兵揖曰, 介冑之士不拜.)

《두시상주》: 이 단락은 문을 나설 때 강개하여 앞으로 나아가는 모습을 서술하였으니 바로 동행하는 이들에게 답한 것이다.(此敍出門時慷慨前往之狀, 乃答同行者.)

9 衣裳單(의상단) – 옷이 홑겹이다. 이 구절은 세모의 추운 날씨에 늙은 아내가 옷이 없어 여름 홑옷을 입고 있음을 말하고 있다.

10 傷其寒(상기한) – 아내가 추운 것을 가슴 아파하다.

11 勸加餐(권가찬) – 식사를 많이 하라고 권하다. 이는 아내가 전쟁터에 나가는 늙은 남편을 걱정하며 권하는 말이다.

> 〈古詩十九首·行行重行行〉 그만두고 더 이상 말하지 마세요. 식사나 많이 하도록 노력하세요.(棄捐勿復道, 努力加餐飯.)

《두시상주》: 이는 이별할 때에 부부가 헤어지기 아쉬워하는 정을 서술하였으니 바로 그 아내에 대한 것이다. 남편은 아내가 추워하는 것을

가슴 아파하고, 아내는 남편에게 밥을 많이 먹으라고 권하고 있는데 모두 영결의 말이다.(此敍臨別時夫婦繾綣之情, 乃對其妻者. 夫傷妻寒, 妻勸夫餐, 皆永訣之詞.)

12 土門(토문) - 지명. 그 정확한 위치는 분명하지 않다.

《두시상주》에 인용된 《당시》 진주 획록현에 토문관이 있는데 바로 옛날 정형관이다.(鎭州獲鹿縣有土門關, 卽舊井陘關.)

13 杏園(행원) - 지명. 그 정확한 위치는 분명하지 않다.

《두시상주》 《구역지》에 "형주 급현에 행원진이 있다"고 하였다. 《구당서》에 "곽자의가 행원으로부터 황하를 건너 위주를 포위했다"고 하였다. 주학령 주에 "당시 곽자의, 이광필이 서로 이어 하양을 지켰는데 토문 행원은 모두 하북에 있었으므로 반드시 엄하게 방비해야 했다. 옛 주는 오류가 심하다"고 하였다.(九域志, 衡州汲縣有杏園鎭. 舊唐書, 郭子儀自杏園渡河圍衛州. 朱注, 時子儀光弼相繼守河陽, 土門杏園皆在河北, 故須嚴備. 舊注謬極.)

《독두심해》 토문 행원은 모두 소재지가 분명하지 않다. 대체로 모두 하양에서 멀리 떨어지지는 않은 것 같다. 또한 황하 이남 지역이 분명하다.(土門杏園, 俱未詳所在. 大約皆去河陽不遠. 亦當是河以南地.)

14 鄴城下(업성하) - 업성 아래. 업성 아래에서의 전투를 가리킨다.

15 猶(유) - 오히려. '獨'으로 된 판본도 있다. 寬(관) - 늦추다.

〔土門 4구〕

《두시상주》에 인용된 노원창 주 업성에서의 전투는 반군이 주인이고 아군이 객이었으며, 토문 행원을 지킬 때는 아군이 주인이고 반군이 객이었다. 수고로움과 편안함이 달랐으므로 형세가 다르다고 말한 것이다.(鄴城之役, 賊爲主, 我爲客. 土門杏園之守, 我爲主, 賊爲客也. 勞逸不同, 故曰勢異.)

16 離合(이합) - 헤어짐과 만남.

17 衰老端(쇠로단) – 노쇠한 때를 말한다. '老'는 '盛'으로 된 판본도 있다.

18 遲迴(지회) – 망설이다. 머뭇거리다.

《두시상주》 포조의 시 '임로독지회'의 주에 "장선이 이르기를 '지회'는 나아가지 못하는 모양이다"라고 하였다.(鮑照詩, 臨路獨遲迴. 注, 張銑曰, 遲迴, 不行貌.)

〔人生 4구〕

《두시상주》에 인용된 원주遠注 헤어짐과 만남의 일을 어찌 노쇠하다고 해서 벗어나겠는가마는 다만 몸이 젊지 않으니 자기도 모르는 사이에 머뭇거리게 될 뿐이다.(離合之端豈因衰老而免, 特身非少壯, 不覺遲迴耳.)

《두시상주》: 이 단락은 아내를 위로하면서 아울러 자신을 위로하는 말이다. 위 4구는 이번 행군은 사망에까지는 이르지 않을 것이라고 말하고 아래 4구는 헤어짐과 만남에는 정해진 운명이 아닌 것이 없다고 말하였다.(此慰妻而兼爲自解之詞. 上四, 言此行不至死亡. 下四, 言離合莫非定數.)

19 征戍(정수) – 출정하여 국경을 수비하다. '東征'이라고 된 판본도 있다.

20 被(피) – 덮다. 岡巒(강만) – 연이어진 산등성이.

21 盤桓(반환) – 망설이다.

《두시상주》 《역》 '반환리거정盤桓利居貞'의 주에 " '반환'은 나아가기 어려워하는 모양이다"라고 하였다.(易, 盤桓利居貞, 注, 盤桓, 難進之貌.)

22 蓬室(봉실) – 쑥으로 엮은 집. 가난한 사람이 사는 초가집을 말한다.

23 塌然(탑연) – 애통해하는 모양. 실망한 모양. 움푹 꺼지는 모양. 摧(최) – 꺾다. 슬퍼하다. 肺肝(폐간) – 폐와 간. 속마음을 비유한다.

《두시언해》 '탑'은 꺾이어 무너지는 모양이다.(塌, 摧頹貌.)

《두시상주》: 이 단락은 난리를 슬퍼하고 격동하여 자신을 분발시키는

말이다. 난리를 만나 죽는 것보다 반군을 토벌하다 죽는 것이 낫다고 말하였으니 의연히 적개심을 불태우고 왕실에 충성을 다하려는 뜻이 있다. 앞에서는 머뭇거리며 길게 탄식을 한다고 말하여 오히려 나이 많음에 스스로 미련을 보였는데 여기서는 '어찌 감히 배회하는가'라고 말하여 더이상 몸이나 집을 염두에 두지 않았다.(此傷亂而激爲奮身之語. 言與其遭亂而死, 不如討賊而亡, 毅然有敵愾勤王之義. 前云遲迴長歎, 尙以年邁自憐, 此云安敢盤桓, 不復以身家爲念矣.)

《두억》: '남아가 기왕에 갑옷 입고 투구를 썼으니 길게 읍하여 상관과 이별을 해야겠지'는 지극한 고통 가운데 또한 혈기왕성한 말을 집어넣어 비로소 생동감이 있게 되었다. '늙은 아내는 길에 누워 운다'는 것은 마치 배우가 등장한 것 같다. 멀리 길을 떠날 때는 반드시 옷자락을 끌면서 이별을 통곡하는 처자가 있어야 정취가 있는 법이다. '또다시 아내 추운 것을 가슴 아파하는' 사람은 남편인데 '옷이 홑겹'인 데서 비롯된 것이다. 음식을 많이 먹을 것을 권한 사람은 아내이며, 그렇기 때문에 아래에 '비록 죽더라도 때는 오히려 늦춰지겠지'라는 말이 있는 것이다. 종성鍾惺은 단순히 위 2구만을 남기려 하였지 이것을 보아내지는 못하였다. '어느 곳이 즐거운 땅이겠는가? 어찌 감히 아직도 망설이는가?'는 천하가 모두 어지러워 죽음에서 도망칠 곳이 없으므로 집도 연연해할 만하지 못하다는 것이다. 그러나 왕의 일에 죽으면 죽음이 그 마땅한 곳을 얻게 되니 죽음을 무릅쓰고 가야지 어찌 감히 망설이겠는가? 또한 왕실을 위하여 충성을 다하는 대의를 드러낸 것이다.(男兒旣介冑, 長揖別上官, 極苦痛中, 又入壯語, 才有生色. 老妻臥路啼, 如優人登場, 當遠行時, 必有妻子牽衣哭別, 才有情致. 且復傷其寒者夫也, 根衣裳單來. 勸加湌者妻也, 故下有縱死時猶寬之語. 鍾欲單存上二句, 見不到此. 何鄕爲樂土, 安敢尙盤桓, 天下盡亂, 無處逃死, 家不足戀也. 然死于王事, 死得其所, 拚死而往, 安敢盤桓. 又發勤王之大義.)

《독두심해》: 모두 3단락이다. 첫 단락(제1구~제8구)은 문을 나서는 것을 서술하였는데 곧바로 일으키는 방법을 사용하여 처음 시작하면서부터 바로 시제를 언급하였다. '자손' 2구는 〈석호리〉 가운데의 16구에 해당한다. 가운데 단락(제9구~제24구)은 아내와의 이별을 서술하였다. 홀연히 영결하고 홀연히 서로 위로하며 홀연히 스스로 분발하고 있어 천 번 굽고 백 번 꺾이었다. 마지막 단락(제25구~제32구)은 또 해설과 비유를 해나가고서 실망하여 풀이 죽은 말을 하고 있는데 전혀 깨끗한 땅이 없다고 말하는 것과 같아 더욱 비통함을 더하고 있다.(凡三段. 首段敍出門, 用直起法, 開首卽點. 子孫二句, 抵石壕中十六句. 中段敍別妻. 忽而永訣, 忽而相慰, 忽而自奮, 千曲百折. 末段又推開解譬, 作死心塌地語, 猶云無一寸乾淨地, 愈益悲痛.)

(**이 석 형**)

56. 無家別
헤어질 가족조차 없다

寂寞天寶後[1] 園廬但蒿藜[2] 我里百餘家[3] 世亂各東西
存者無消息 死者爲塵泥[4] 賤子因陣敗[5] 歸來尋舊蹊[6]
久行見空巷[7] 日瘦氣慘淒[8] 但對狐與狸 豎毛怒我啼[9]
四鄰何所有[10] 一二老寡妻 宿鳥戀本枝[11] 安辭且窮棲[12]
方春獨荷鋤[13] 日暮還灌畦[14] 縣吏知我至[15] 召令習鼓鞞[16]
雖從本州役[17] 內顧無所攜[18] 近行止一身 遠去終轉迷[19]
家鄉旣盪盡[20] 遠近理亦齊[21] 永痛長病母 五年委溝溪[22]
生我不得力[23] 終身兩酸嘶[24] 人生無家別 何以爲蒸黎[25]

쓸쓸하니 천보 이후로
뜰과 집은 쑥과 명아주뿐.
우리 마을에 백여 가구
세상이 어지럽자 각자 동서로 흩어졌다.
살아 있는 사람은 소식이 없고
죽은 자는 흙과 먼지가 되었건만,
미천한 몸 전투에서 패하여
돌아와 옛 길을 찾았다.

한참을 가도 텅빈 골목만 보이니
해가 빛을 잃어 기상이 참담한데,

단지 여우와 이리만을 대하게 되니
털을 곧추세운 채 내게 성내며 울어댄다.
사방 이웃에 무엇이 있나?
늙은 과부 한둘뿐.
깃들려는 새는 옛 가지를 그리워하는 법,
어찌 잠시 가난한 생활을 한다고 마다하리오?
봄을 맞아 홀로 호미를 짊어지다가
저녁이 되면 다시 밭에 물을 준다.
마을 관리가 내가 온 것을 알고는
나를 불러 북을 익히게 한다.

비록 고향에서 일을 하게는 되었지만
안을 돌아봐도 헤어질 사람이 없다.
가까이 가도 홀몸일 뿐이지만
멀리 간다면 결국 더욱 길을 잃고 말 것이다.
그러나 고향 식구들 다 사라진 바에야
먼 곳이나 가까운 곳이나 이치상 매한가지.
영원토록 가슴 아픈 것은 어머니가 오래도록 병마에 시달리셨건만
5년이나 도랑과 시냇물에 버려둔 것.
나를 나으시고 도움을 받지 못하시어
죽을 때까지 둘이 슬피 울었다.
사람이 살아감에 헤어질 가족조차 없다면
어떻게 사람이라 할 수 있으리오?

이 시는 건원 2년에 지어진 것으로 추정된다.

《보주두시》 건원 2년 작품이다. 양권도는 지덕 2년에 지은 것으로 편재하였다. 그러나 시에서 "영원토록 가슴 아픈 것은 어머니가 오래도록 병마에 시달리셨건만, 5년이나 도랑과 시냇물에 버려둔 것"이라고 한 것은 아마도 천보 14년 을미년 안녹산이 반란을 일으켰을 때 군역을 나갔다가 건원 2년 기해년까지가 5년이라는 말일 것이다. 또 "미천한 몸 전투에서 패했다"고 한 것은 바로 아홉 절도사의 군대가 상주에서 무너진 것을 가리키는 말일 것이다.(乾元二年作. 梁權道編在至德二載, 而詩云, 永痛長病母, 五年委溝溪, 殆謂天寶十四載乙未祿山反時調役, 至乾元二年己亥爲五年. 又曰, 賤子因陣敗, 正指九節度之師潰相州而言.)

《두공부초당시전》 두보가 집이 없다고 한 것은 아마도 헤어져 가정을 꾸릴 수 없다는 것을 말하는 것일 게다.(甫言無家者, 蓋言離別不成家計爾.)

주석

1 寂寞(적막) – 쓸쓸하다. 전란으로 황폐한 것을 말한다.

《독두시설》 이제 살펴보면, 천보 뒤라는 말은 지덕과 건원 때를 말한다. 안녹산이 천보 14년에 반란을 일으키자 이듬해 7월에 숙종이 영무에서 즉위하여 연호를 지덕이라고 고쳤다. 그해 정월에 가서한이 동관에서 패하고, 안녹산이 경사를 함락하였는데, 징병은 아직 급하지 않은 때였다. 아홉 절도사의 군대가 업성에서 패하면서 징병이 비로소 다급해졌다. 그래서 천보 말이라 하지 않고 천보 뒤라고 한 것이다.(今按天寶後, 是言至德乾元之時. 祿山反在天寶十四載, 至明年七月, 肅宗卽位靈武, 改元至德, 是年正月, 哥舒翰敗于潼關, 祿山陷京, 徵調猶未急也. 至九節度之師潰于鄴城, 調兵始急, 故不曰天寶末, 而曰天寶後.)

2 蒿藜(호려) – 쑥과 명아주. 고향집이 황폐해진 것을 비유한다.

《구가집주두시》 반란이 일어나 뜰과 집이 망가졌다는 뜻이다.(喪亂, 園廬殘破也.)

3 餘(여) – '萬'으로 되어 있는 판본도 있다.

4 爲(위) – '委'로 되어 있는 판본도 있다.

5 賤子(천자) – 미천한 사람. 자신을 낮추어 한 말이다.

《두시언해》 '천자'는 가족과 헤어진 사람 자신을 말한다.(賤子, 別者自謂.)

6 舊蹊(구혜) – 옛 길. 즉 고향집을 말한다. '舊'는 '故'로 되어 있는 판본도 있다.

《두시상주》 '패해서 돌아왔다'는 것은 업성 전투에서의 패배를 말한다.(敗歸, 謂鄴城之敗.)

《두시상주》: 시 전체에 걸쳐 군역에 참가한 사람의 말을 대신하고 있다. 첫 단락에서는 난리 후에 고향에 돌아간 것을 말하고 있는데, 경관과 심경을 함께 서술하고 있다.(通章代爲征人之語. 首言亂後歸鄕, 景情並敍.)

7 巷(항) – '室'로 되어 있는 판본도 있다.

8 日瘦(일수) – 해가 빛을 잃다. 慘悽(참처) – 참담하고 처량하다.

《두시상주》 '일수'는 해가 빛을 잃어 분위기가 처참해지는 것을 말한다.(日瘦, 謂日色無光, 氣象慘悽.)

9 竪毛(수모) – 털을 곧추세우다.

〔但對 2구〕

《구가집주두시》 이상 두 구절은 농토와 마을이 황폐해지고 인적이 드물어 오직 여우와 이리만 있다는 것을 말한다.(言田里荒蕪, 人跡罕少, 惟狐狸爾.)

10 四鄰(사린) - 사방의 이웃.

《구가집주두시》 '四鄰'은 살고 있던 곳의 가까운 이웃을 뜻한다.(四鄰, 所居之鄰近也.)

〔四鄰 2구〕

《구가집주두시》 사람들이 대부분 군역에 나갔다가 죽어서 살고 있는 사람이라곤 과부들뿐이라는 말이다.(人多死于征役, 所居者惟寡婦爾.)

11 宿鳥(숙조) - 깃들려는 새. 이 구절은 고향 떠난 사람이 고향을 그리워하는 것을 비유하고 있다.

《두시언해》 이 구절은 수자리하는 군인이 고향을 그리워하는 것은 새가 옛 나뭇가지를 그리워하는 것과 같다는 것을 말한다.(此言戍卒思鄉土, 猶鳥戀故枝也.)

12 安辭(안사) - 어찌 사양하리오? 가난하더라도 고향에서 사는 것이 좋다는 것을 말한다.

《구가집주두시》 사람이 정리상 고향을 그리워하는 것은 깃들려는 새가 본래의 가지를 그리워하는 것과 같으니, 비록 가난하게 산다 해도 어찌 감히 마다하겠는가? 사람은 인정상 고향 땅에 안주하고 싶어 한다는 것을 말한다. 당 태종이 태원의 노인들에게 말하길 "날아가던 새도 고향을 지날 때는 머뭇거리기 마련이거늘, 하물며 어렸을 때 놀던 고향임에야 말할 나위가 있겠소?"라 하였다.(人情之戀故鄉, 如宿鳥之戀本枝也. 雖窮棲, 且安敢辭. 言人情之安土也. 唐太宗謂太原父老曰, 飛鳥過故鄉, 猶躑躅, 況少小所游之鄉里乎.)

13 荷鋤(하서) - 호미를 짊어지다.

14 灌畦(관휴) - 밭에 물을 대다. 농사짓는 것을 말한다.

15 縣吏(현리) - '縣令'으로 되어 있는 판본도 있다.

16 習鼓鞞(습고비) - 북을 익히다. 즉 전투에 대비하도록 훈련시키는 것을

말한다.

《두공부초당시전》 '鞞'는 '鼙'와 같다. 전쟁에서 사용하는 북이다.(鞞與鼙同, 戰鼓也.)

《두시상주》: 이 단락은 사실을 적은 것으로 돌아와 보니 가족이 없다는 것을 말하고 있다. 앞의 여섯 구절은 고향이 황폐해진 상황을 말하고 있고, 아래 여섯 구절은 잠시 돌아왔다가 곧 부역을 하게 되는 고통을 말하고 있다.(此段敍事, 言歸而無家也. 上六, 說故里荒凉之狀, 下六, 說暫歸旋役之苦.)

17 本州役(본주역) - 고향에서의 부역.

18 無所攜(무소휴) - 헤어질 바가 없다. 즉 가족이 없다는 말이다.

《두시상주》 '무소휴'는 헤어질 사람조차 없다는 것이다.(無所攜, 無與離別者.)

19 轉(전) - 더욱.

《두시상주》: '종전미'는 가려고 해도 갈 곳이 없다는 것을 말한다.(終轉迷, 言往無定所.)

20 盪盡(탕진) - 다 없어지다. 즉 가족들이 죽은 것을 말한다.

21 理亦齊(이역제) - 이치상 같다. 즉 식구들이 없는 바에야 타향이나 고향이나 쓸쓸하기는 마찬가지라는 뜻이다.

〔近行 4구〕

《두공부초당시전》 이제 내 가까운 곳으로 가면 단지 한 몸뿐이고, 이에 비해 먼 곳으로 떠나면 여러 해 동안 길을 잃고 돌아오지 못하는데, 고향 식구들 각자 다 사라지니, 멀리 가든 가까운 데로 떠나든 가족이 없기는 매한가지일 따름이다.(今吾近行, 惟止於一身, 比之遠去者, 長年迷而不反, 家鄕各已蕩盡, 或遠或近, 此其爲無家, 則一而已.)

《두시언해》 이상 네 구절은 가까이로는 몸을 숨길 수 있고, 멀리 떠나면 관리를 따르기에 길을 잃어 고향을 찾을 수 없겠지만, 고향이 이미 망가져 먼 곳이나 가까운 곳이나 매한가지이므로 이 마을에서의 일에 기꺼이 종사하며 떠나지 않겠다는 것을 말한다.(此言近可以隱匿, 遠去則官從, 迷失不得, 家鄕旣敗亡, 遠近皆同, 故甘從此州之役而不去也.)

22 五年(오년)－5년 동안. 委溝溪(위구계)－도랑과 시냇물에 버려두다. 모친의 무덤을 돌보지 못한 것을 말한다.

《두시전주》 천보 14년 안녹산이 범양에서 반란을 일으킨 뒤로 이때까지가 딱 5년이다.(天寶十四載, 祿山反范陽, 至此恰五年.)

23 不得力(부득력)－힘을 얻지 못하다. 어머니가 자식의 효도를 받지 못한 것을 말한다.

24 兩酸嘶(양산시)－둘이서 슬피 울다. 모자가 함께 슬픔에 잠겼던 것을 말한다.

《두시상주》 '양산시'는 모자가 한을 삼키는 것을 말한다.(兩酸嘶, 謂母子飮恨.)

25 爲蒸黎(위증려)－사람이 되겠는가? 사람이라 여길 수 없다는 것을 말한다.

《두시상주》 《시경》 '천생증민'의 모장 주에 "'증'은 대중이라는 뜻이다"라 하였고, 주자의 《시집전》에 "'려'는 검다는 뜻으로, 진나라 때 백성을 검은 머리라고 말한 것과 같다"고 하였다.(詩, 天生蒸民, 毛萇曰, 蒸, 衆也. 朱子詩傳, 黎, 黑也, 猶秦言黔首.)

《두시상주》: '위증려'는 사람이라 칠 수 없다는 것을 말한다.(爲蒸黎, 不得比於人數也.)

〔永痛 6구〕

《두공부초당시전》 어머니가 돌아가셔도 도랑에 내버려 둔 채 무려 5년이나 거두어 장사지내지 못한 것을 애통하게 생각하고 있다. 백성으로서 이러하다면 당시 정치가 얼마나 참혹했는지를 알 수 있겠다.(痛念母死委之溝壑, 凡五年, 不得收葬. 爲民若此, 足知時政之虐也.)

《두시언해》 이는 어머니를 봉양할 수 없는 것을 가슴 아파하는 것이다.

(此傷不得養母.)

《두시상주》: 이 단락은 감정을 서술하고 있는데, 다시 헤어질 가족조차 없다는 것을 말하고 있다. 앞의 여섯 구절은 홀몸이어서 의지할 데가 없다는 것을 마음 아파하고 있고, 뒤의 여섯 구절은 모친이 돌아가셔서 뵐 수 없는 것을 가슴 아파하고 있다. 두보의 시에는 몇 구절에 겹쳐서 활용하여 열었다 닫았다 한 표현들이 있다. 예를 들면, '고향에서 일을 하게 되었다'는 것은 다행스럽게 여기는 것이지만, '안으로 헤어질 사람이 없다'는 것은 마음 아파하는 것이다. 홀몸으로 가까운 곳을 가는 것은 멀리 떠나는 것에 비할 바가 아니니, 다시 고향을 다행스럽게 여기는 것이다. 고향 식구들 다 없어졌으니 먼 곳이나 가까운 곳이나 마찬가지가 되었기에, 고향에 있는 것 역시 가슴 아픈 일이 되고 말았다. 말의 뜻이 점점 비통해져 가고 있다.(此段敍情, 言無家又別也. 上六, 傷隻身之莫依. 下六, 痛親亡之不見. 杜詩有數句疊用開闔者, 如云從役本州, 幸之也. 內無所攜, 傷之也. 隻身近行, 非比遠去, 又以本州爲幸矣. 家鄉旣盡, 遠近齊等, 卽在本州亦傷矣. 語意輾轉悲痛.)

《두시상주》에 인용된 황생黃生 주: 시에서 '집 안을 돌아본다'고 한 것은 아내가 없다는 것을 말하고, '영원히 고통스럽다'고 한 것은 모친이 안 계신 것을 말한다. 모친이 돌아가시고 아내가 떠났다는 데서 가족이 없는 참담한 심경이 자세히 표현되고 있다.(詩言內顧, 無妻也, 言永痛, 無母也. 母亡妻去, 曲盡無家之慘.)

《두시상주》: 앞 시에서는 나라에 보답하고자 하는 충성으로 끝맺음을 하고 있고, 마지막 이 시에서는 모친을 그리워하는 효심으로 끝맺음을 하고 있어, 모두가 인륜과 관련이 있다.(上章結出報國之忠, 此章結出思親之孝, 俱有關於大倫.)

《독두심해》: 〈무가별〉도 행역 나간 사람의 노래이다. 작품 전체가 하나의 조각일 뿐이다. 처음 8구에서는 가족이 없는 이유를 되새기고 있다. '久

行' 6구는 온 마을에 집이 없는 경관을 묘사하고 있다. '宿鳥'에서부터 비로소 자신 얘기로 들어가면서 도리어 '別'자에서 벗어나고 있다. 돌아오고 나니 가족은 없지만 잠시 생업에 종사하고 있다는 것을 말하고 있다. '縣吏' 4구는 제목을 끌어들이고 있다. '近行' 8구는 본인이 가족이 없는 사정을 말하고 있다. 앞의 4구는 지극히 곡진하여 멀리 떠나는 것이 가까운 곳으로 가는 것보다 확실히 힘들지만, 결국 가족이 없으니 원근을 따질 필요가 없다는 것을 말하고 있다. 뒤집어가며 한층 더 진척하여 의사를 드러내고 있다. 예전에는 이를 이해하지 못했다. 마지막 2구는 제목을 제기함으로써 결말을 짓고 있다. '어떻게 사람이라 할 수 있으리오?'라는 말로 시 여섯 수(삼별 삼리)부분의 총결로 삼을 수 있다. 그 말을 뒤집어서 질의한다면, 직설적으로는 "어떻게 백성들의 임금이라 할 수 있으리오?"라고 말할 수 있을 것이다.(無家別, 亦行者之詞也. 通首只是一片. 起八句, 追敍無家之由. 久行六句, 合里無家之景. 宿鳥以下, 始入自己, 反踢別字. 言旣歸來, 雖無家, 且理生業耳. 縣吏四句, 引題. 近行八句, 本身無家之情. 其前四極曲, 言遠去固艱於近行, 然總是無家, 亦不論遠近矣. 翻進一層作意. 舊未得解. 末二, 以點作結. 何以爲蒸黎, 可作六篇總結. 反其言以相質, 直可云, 何以爲民上.)

(**김 만 원**)

57. 夏日歎

여름날의 탄식

夏日出東北　陵天經中街[1]　朱光徹厚地[2]　鬱蒸何由開[3]
上蒼久無雷[4]　無乃號令乖[5]　雨降不濡物[6]　良田起黃埃
飛鳥苦熱死[7]　池魚涸其泥[8]　萬人尙流冗[9]　擧目唯蒿萊[10]
至今大河北[11]　化作虎與豺[12]　浩蕩想幽薊[13]　王師安在哉
對食不能餐　我心殊未諧[14]　眇然貞觀初[15]　難與數子偕[16]

여름 해가 동북에서 나와
하늘 높이 올라 황도를 지나간다.
붉은 빛이 두꺼운 땅에 깊이 스며들었으니
찌는 듯한 무더위 무슨 수로 사라지게 하리오.

하늘에는 오랫동안 우렛소리 없으니
호령이 잘못된 것은 아닐는지
비가 와도 만물을 적시지 못하니
옥토밭은 누런 먼지만 일어나는구나.
나는 새들은 극한 더위에 죽어가고
연못 물고기는 진흙 속에서 말라버렸다.

수많은 사람들 아직도 이리저리 떠도는데
눈을 들어 바라보면 잡초만 가득할 뿐

지금에 이르러 황하 북쪽은
범과 승냥이의 땅이 되어 버렸다.
아득히 유주와 계주를 생각하니
왕의 군대는 지금 어디에 있는가?

음식을 대하여도 먹을 수 없나니
내 마음이 심히 평안치 못해서라.
아득하여라, 정관의 처음 시절이여!
여러 훌륭한 이들과 함께 하기 어렵구나.

이 시는 건원 2년 여름 두보가 사공참군으로 화주에서 근무할 당시에 적은 것이다. 당시 관중은 큰 가뭄이 들어서 백성들이 기근으로 고생하고 있었다. 두보는 이 시를 써서 가뭄의 심각함을 묘사하고 고난 받는 백성들과 위태로운 시국에 대한 관심을 표현하였다.

《두시상주》 이 시는 건원 2년 여름 화주에서 지은 것이다. 《구당서》에 "건원 2년 4월 계해에 오랜 가뭄으로 저자를 옮기고, 기우제를 지냈다"는 기록이 있다. 《자치통감》에는 "당시 천하가 기근이 들었다. 아홉 절도사의 군대가 업성을 포위하였는데 모든 군대가 양식이 부족하여 사람들은 스스로 뿔뿔이 흩어지기를 바랐다"고 하였다. 시에서 '하늘에는 오랫동안 우렛소리가 없다'고 한 것이나 '유랑하는 사람들', '승냥이와 범' 등의 말들과 딱 들어맞는다.(此乾元二年夏在華州作. 舊唐書, 乾元二年四月癸亥, 以久旱徙市, 雩祭祈雨. 通鑑, 時天下饑饉, 九節度圍鄴城, 諸軍乏食, 人思自潰. 與詩中上蒼久無

雷, 及流冗豺虎等語正合.)

주 석

1 陵天(능천)－하늘 높이 오르다. '陵'은 '凌'의 뜻이다. 經中街(경중가)－황도를 지나가다. 정오가 되어 태양이 하늘 중천에 있다는 말이다. '中'을 '東'으로 쓴 판본도 있다. 이 구절 전체를 '經天陵中街'로 쓴 판본도 있다.

《구가집주두시》 '中街'는 황도가 지나가는 곳이다.(中街, 黃道之所經也.)

《두억》 '中街'는 정오를 말한 것이다. 주석에서 황도가 지나가는 곳이라고 한 것은 틀렸다.(中街, 亭午也. 注言黃道所經, 非.)

《두시상주》에 인용된 주학령 주 '中街'는 곧 황도이다. 《천관서》를 보면 '街南', '街北'이 있는데, '가남'은 필성이 주관하고, '가북'은 묘성이 주관한다.(中街, 則中道也. 天官書有街南街北. 街南, 畢主之. 街北, 昴主之.)

《독두심해》 주학령 주에 이르기를 "《천관서》에 '街南'과 '街北'이 있다고 했다. '가남'은 필畢성이 주관하고, '가북'은 묘昴성이 주관한다"고 하였다. 살펴보건대, 이 주가 인용한 근거가 가장 부합한다. 대개 4월과 5월 사이에 해는 바로 묘, 필성 자리를 운행한다. 묘성은 필성의 서쪽에 있고 황도 안쪽으로 들어간다. 필성은 묘의 동쪽에 있어서 황도 밖으로 나온다. 그 사이에 '천가天街'라고 불리는 두 작은 별이 있는데, 바로 황도에 걸쳐 있다. 그래서 '중가'라고 말할 수 있는 것이다. 이 시기에 해는 처음 동북쪽에서 나온다.(朱注, 天官書有街南街北. 街南, 畢主之. 街北, 昴主之. 按, 此援據最合. 蓋四五月之交, 日行正在昴畢之界. 昴在畢西, 入黃道內. 畢在昴東, 出黃道外. 其間有二小星曰天街, 正跨黃道, 故可云中街也. 是時日初出在東北.)

〔夏日 2구〕

《구가집주두시》 조언재 주 천문서에서는 대개 춘분과 추분에는 해가 묘에서 떠서 유로 들어간다고 하고, 하지에는 인에서 떠서 술로 들어가며, 동지에는 진에서 떠서 신으로 들어간다고 한다. 하지에 인에서 떠오른다 하였는데, '인'은 동북쪽의 땅을 가리킨다. '중가'는 정오임을 말한 것이다.(天文書蓋以春分秋分日出卯入酉, 而夏至則出寅入戌, 冬至則出辰入申. 以夏至之出寅, 寅東北之地也. 中街, 意言亭午也.)

2 朱光(주광) – 붉은 햇빛. 徹厚地(철후지) – 두꺼운 땅을 뚫다. 이 구절은 뜨거운 햇빛이 땅위로 쏟아진다는 말이다.

3 鬱蒸(울증) – 찌는 듯한 더위를 뜻한다. 開(개) – 사라지다. 없어지다.

《두시상주》: 이 시는 가뭄을 걱정하여 지은 것이다. 첫 단락에서는 여름 해가 작열하는 위세를 서술하였다.(此詩憂旱而作也, 首敍夏日炎威.)

4 上蒼(상창) – 하늘.

5 無乃(무내) – ~이 아니겠는가? 號令乖(호령괴) – 호령이 잘못되다. 우레를 관장하는 뇌공雷公의 호령에 차질이 생긴 것이 아니냐는 말이다. 이 구절을 임금의 명령이 때에 맞지 않음을 비유한 것으로 보기도 한다.

《두시상주》에 인용된 《후한서 · 낭의전郎顗傳》 《역전》에 "우레가 울려야 할 때에 울리지 않는 것은 양기가 약해서이다"라고 기록되어 있다. 우레가 호령하는 것은 그 덕이 낳고 기르는 데 있다.(後漢郎顗傳, 易傳曰, 當雷不雷, 陽德弱也. 雷者號令, 其德生養.)

《구가집주두시》 조언재 주 임금의 명령이 때에 맞지 않음을 말한 것이다.(言君令之不時也.)

《독두심해》에 인용된 《두천杜闡》 이보국이 금위군을 장악하고 있어서 조서는 모두 그가 하는 일이었다.(輔國專掌禁兵, 制勅皆其所爲.)

6 濡物(유물) – 만물을 적시다.

7 苦熱(고열) – 혹심한 더위.

8 涸其泥(학기니) – 연못 물고기가 진흙탕 속에서 말라버렸다는 말이다.

《두시상주》: 이 단락에서는 시정에 대한 유감과 오랜 가뭄이 재앙이

된 것에 대한 탄식을 서술하였다. 우레는 정령을 비유하고, 비는 은택을 비유한다. 물고기와 새로써 만물이 모두 말라 시들었음을 말하였다.(此有感時政, 而歎久旱爲災. 雷比政令, 雨比恩澤, 魚鳥言萬物皆枯.)

9 流冗(유용) – 떠돌아다니다. 일정한 업이 없이 떠돌다.

10 擧目(거목) – 눈을 들어 보다. 蒿萊(호래) – 쑥과 명아주. 잡초. 이 구절은 오랜 전쟁으로 인해 전답에 온통 잡초만 무성하게 자라 있다는 말이다.

11 大河(대하) – 황하.

12 化(화) – '盡'으로 된 판본도 있다. 虎與豺(호여시) – 범과 승냥이. 이 구절은 황하 북쪽에 오랜 전란과 가뭄으로 인해 백성들이 심각한 기근에 시달리다 보니 마치 범이나 승냥이처럼 성격이 포악해져서 서로를 해치고 있다는 말이다.

〔至今 2구〕

《구가집주두시》 황하 이북의 백성이 모두 굶주려서 마치 호랑이처럼 서로를 삼키려고 한다는 말이다.(言大河之北, 民皆餓饑, 相吞如虎也.)

13 浩蕩(호탕) – 드넓은 모습. 마음이 정처없이 아득한 모습. 幽薊(유계) – 유주幽州와 계주薊州. 황하 북쪽의 반군이 있는 지역을 가리킨다.

《두시상주》 유주는 범양군이요, 계주는 어양군이다. 모두 하북도에 속하였다.(幽州范陽郡, 薊州漁陽郡, 俱屬河北道.)

《구가집주두시》 유주와 계주는 안녹산의 지경이다.(幽州薊門, 祿山境也.)

《두시상주》: 이 단락에서는 또 시사를 슬퍼하고 병사와 백성들이 함께 곤고함을 탄식하였다. 전란 후에 흉년이 들어 백성들이 도적이 될 판이었고, 왕의 군대는 오랜 전쟁으로 군량미 조달에 어려움이 많았을 것이다.(此又慨時事, 而嘆兵民交困. 亂後凶荒, 民將爲盜, 王師久戍, 艱於饋餉矣.)

14 未諧(미해) – 조화롭지 못하다. 평안하지 않다.

15 眇然(묘연) – 아득히 먼 모습.

《두시상주》에 인용된 사씨師氏의 설 태종 정관 때에는 방현령房玄齡, 두여회杜如晦, 왕규王珪, 위징魏徵과 같은 제신들을 임명하여, 간언한 것을 행하고 말한 것을 따랐으니 호령이 잘못됨이 없었다. 이에 황제의 은혜가 두루 퍼져서 쌀 한 말이 3전이었으므로 나그네는 식량을 가지고 다니지 않았었다. 지금은 그런 사람들과 함께 하고 싶어도 불가능한 일이 되었다.(太宗貞觀時, 任房杜王魏諸臣, 諫行言聽, 號令無乖, 膏澤流布, 斗米三錢, 行旅不齎糧. 今欲與數子偕不可得矣.)

16 數子(수자) – 여기서는 태종 정관 시절의 여러 현신들을 가리킨다.

#《두시상주》: 마지막에서는 현재를 슬퍼하고 옛날을 그리워하였으니, 조정에 어진 재상이 없음을 탄식한 것이다.(末乃傷今思古, 歎朝無賢相也.)

(**김 성 곤**)

58. 夏夜歎
여름밤의 탄식

永日不可暮[1] 炎蒸毒我腸[2] 安得萬里風[3] 飄搖吹我裳[4]
昊天出華月[5] 茂林延疏光[6] 仲夏苦夜短[7] 開軒納微涼[8]
虛明見纖毫[9] 羽蟲亦飛揚[10] 物情無巨細[11] 自適固其常[12]
念彼荷戈士[13] 窮年守邊疆[14] 何由一洗濯[15] 執熱互相望[16]
竟夕擊刁斗[17] 喧聲連萬方[18] 青紫雖被體[19] 不如早還鄉
北城悲笳發[20] 鸛鶴號且翔[21] 況復煩促倦[22] 激烈思時康[23]

긴 해 저물지 아니하고,
찌는 더위가 내 창자를 괴롭히는데,
어찌 해야 만 리에 부는 바람을
내 옷에 나부끼게 할까.

넓은 하늘에 빛나는 달이 돋아,
무성한 숲엔 성긴 빛 머물렀다.
한여름이라 밤은 몹시 짧기만 하여,
창 열치고 약간의 시원함을 들인다.
허명한 빛에 가는 터럭조차 보이나니,
깃 가진 벌레들 또한 날고 있구나.
만물의 정리란 크고 작음 없이,

자적함이야말로 진실로 그 항상 된 모습인 것을.

생각하노니, 저 창을 진 병사들은,
일 년 내내 변경을 지키고 있지.
어찌하면 한 번 씻어낼 수 있을까
더위 속에서 서로 바라볼 뿐이라네.
밤새 조두를 치니,
떠들썩한 소리 만방에 이어지네.
청자관복이 비록 몸에 걸쳐 있지만,
일찌감치 고향으로 돌아가느니만 하겠는가?

북성에선 구슬픈 피리소리 울리고,
황새와 학은 울부짖으며 날고 있는데,
하물며 또 무더위로 지쳐 있음에랴.
간절히 태평시대를 그리워한다네.

전편 〈하일탄夏日嘆〉과 같이 건원 2년 여름에 지은 시이다. 여름밤 창을 열치고 잠시 시원한 바람을 쐬면서 더위 속에서 고생스레 수자리 서고 있는 병사들을 생각하고는 태평시절이 도래하기를 염원하는 내용이다.

《두시상주》 상편(〈夏日嘆〉)과 같은 시기의 작품이다.(與上篇同時之作.)

주 석

1 永日(영일) - 긴 해. 긴 여름 해를 가리킨다. 不可暮(불가모) - 저물 수 없다. 찌는 듯한 더위로 인하여 여름철의 긴 해가 더욱 길게 느껴지기에 이렇게 말한 것이다.

2 炎蒸(염증) - 불꽃처럼 찌는 듯한 더위. 毒我腸(독아장) - 나의 창자를 괴롭게 하다. '我'가 '中'으로 된 판본도 있다.

《구가집주두시》 열이 몸속에서 일어나기 때문에, 나의 창자를 괴롭힌다고 한 것이다.(言熱自中起, 故毒我腸也.)

3 萬里風(만리풍) - 만 리 멀리까지 부는 바람. 만리장풍.

4 飄搖(표요) - 나부끼다. 옷에 바람이 나부끼는 모습을 형용한 말이다.

《두시상주》: 날이 저물 무렵 바람을 그리워하여 밤의 경물을 이끌어내고 있다.(日暮思風, 引起夜景.)

5 昊天(호천) - 창천蒼天. 원기元氣가 호대한 하늘. 특별히 여름 하늘을 가리키는 말로 쓰이기도 한다. 華月(화월) - 빛나는 달.

《이아爾雅 · 석천釋天》의 '여름에는 호천이 된다(夏爲昊天)'에 대한 곽박郭璞 주 기운이 밝고 성한 것을 말한다.(言氣皓旰)

6 茂林(무림) - 무성한 수풀. 延疏光(연소광) - 성긴 달빛을 끌어들이다. 부드러운 달빛이 수풀에 비쳐드는 모습을 형용한 말이다.

7 仲夏(중하) - 음력 5월. 한여름에 해당한다. 苦(고) - 괴롭게도. 몹시도.

8 開軒(개헌) - 창을 열다. 納微涼(납미량) - 약간의 서늘한 기운을 쐬다.

9 虛明(허명) - 맑고 밝은 밤에 달빛의 밝은 모습을 형용한 말이다. 纖毫(섬호) - 가는 터럭.

10 羽蟲(우충)－깃을 가지고 있는 벌레. 날벌레. 飛揚(비양)－날다. 날벌레들이 이리저리 날아다니는 것을 두고 한 말이다.

11 物情(물정)－사물의 정리情理. 無巨細(무거세)－크고 작은 것에 상관없이. 큰 것이나 작은 것이나 모두.

12 自適(자적)－스스로에게 알맞게 하다. 자신의 뜻에 적합하게 하다. 其常(기상)－그것의 일정한 이치. 여러 종류의 날벌레들이 밤하늘을 이리저리 날고 있는 모습을 보고 만물이 타고난 본성을 따르고 있는 것이라고 말한 것이다.

《두시상주》: 이 단락은 밤의 서늘한 경치이다. 사물의 정리란 제각각 흡족히 하는 것이라는 말은 아래 문장의 전쟁에 나간 병사들을 이끌고 있다.(此夜涼之景. 物情各適, 起下文征人.)

13 荷戈士(하과사)－창을 메고 있는 병사들. 전쟁에 나간 병사들을 가리킨다.

14 窮年(궁년)－한 해가 다가도록. 일년 내내. 守邊疆(수변강)－변경지역을 지키다.

15 何由(하유)－어떻게. 무슨 방법을 써서. 洗濯(세탁)－씻다. 여기서는 더위를 씻어낸다는 뜻이다.

16 執熱(집열)－고열苦熱. 혹심한 더위에 괴로워하다. 뜨거운 것을 집는다는 견해도 있다. 互相望(호상망)－서로 바라보다.

《두시상주》에 인용된 종성鍾惺 설: 고정考亭 주희朱熹는 '執熱'을 '執持'의 '執'으로 풀이하였는데, 지금 사람들이 물로 손을 씻고서 어찌 곧 뜨거운 물건을 잡을 수 있겠는가? 대체로 더위를 '執熱'이라고 하니, 열을 풀어버릴 수 없다고 하는 말과 같다. 이것은 고문에서 글자를 운용하는 심오한 부분이다. '濯'은 곧 '洗濯'의 '濯'으로 몸을 씻으면 열을 해소할 수 있다. 두보의 시에서는 자주 '執熱'이란 글자를 사용하고 있는데, 모두 실제적인 뜻으로 사용한 것으로서, 이것이 한 증거가 된다.(考亭解執熱作

執持之執, 今人以水濯手, 豈便能執持熱物乎. 蓋熱曰執熱, 猶云熱不可解. 此古文用字奧處. 濯卽洗濯之濯, 浴可解熱也. 杜詩屢用執熱字, 皆作實用, 是一證據.)

《보주두시》에 인용된 사씨師氏 주 전란이 일어난 이래로 비가 내리고 해가 나는 것이 질서를 잃게 되어, 두보는 가뭄과 더위를 괴로워했다. 날벌레들이 여름 밤에 날아다니며 자기의 본성을 따르는 것을 보고서, 이내 저들 창을 짊어진 병사들이 더위 속에서도 한 번 씻을 수도 없는 상황을 생각하였다. 천하에 임금 노릇하는 사람이 편안함을 좋아하고 수고로움을 싫어하는 마음을 미루어 중인들과 함께 할 수 없다면, 어찌 이른바 백성들의 부모이겠는가?(兵革以來雨暘失序, 甫苦于旱熱, 因覩羽蟲夏夜飛揚而適其性, 乃念彼荷戈之士執熱而不得一濯, 君天下者不能推好逸惡勞之心與衆共之, 豈所謂爲民父母也哉.)

17 竟夕(경석) – 밤새. 擊刁斗(격조두) – 조두를 치다. 조두는 자루가 달린 다리 셋의 냄비로서 군진에서 사용한다. 주간에 밥솥으로 사용되다가 밤이 되면 소리를 내는 바라의 용도로 사용되었다.

《두시상주》 《이광전》에 "정불식은 대오의 편제나 행군의 대열, 진영을 바로잡아 조두를 치고 날이 밝아서야 스스로 편안하게 지낼 수 있었다"라 하였다. 《한서》 주에 "구리로 다리 셋의 자루 달린 냄비를 만드는데 한 말 들이이다. 주간에 밥을 지어 먹고 야간에 치면서 가지고 다녔는데, 이름을 조두라 한다"고 하였다.(李廣傳, 程不識正部曲行伍營陣, 擊刁斗, 至天明自便. 漢書注, 以銅作鐎, 受一斗, 晝炊飯食, 夜擊持行, 名曰刁斗.)

18 喧聲(훤성) – 떠들썩한 소리. 連萬方(연만방) – 사방팔방으로 이어지다.

19 '靑紫(청자)' 2구 – '靑紫'는 높은 벼슬아치의 복식으로 고관의 뜻으로 사용되었다. '被體(피체)'는 몸에 걸치다. 즉 입고 있다는 뜻이다. 전체적으로 높은 직위에 있더라도 일찌감치 고향으로 돌아가느니만 못하다는 뜻이다.

《보주두시》 《통감》에 이르기를, "지덕 2년 5월 곽자의가 왕사례와

흩수 서쪽에서 군사를 합하여 안수충安守忠과 싸워 패한 뒤에, 관부의 창고에는 축적된 것이 없어 오로지 관작을 가지고 공로가 있는 자에게 상을 주었으며, 청거에서 패한 뒤로는 오로지 관작을 가지고 흩어진 군졸들을 모았다. 이로부터 모병에 응하여 군에 입대한 자들은 모두 금자金紫를 입게 되었다"라 하였다.(通鑑云, 至德二載五月子儀與王思禮合軍於潏西, 與安守忠戰敗後, 府庫無積蓄, 專以官爵賞功, 及淸渠之敗, 專以官爵收散卒, 由是應募入軍者一切衣金紫.)

《두시상주》: 이 단락은 밤 더위에 대한 느낌이다. 창을 메고 변경을 지킨다는 것은 상주의 군사들을 가리킨다.(此夜熱之感. 荷戈守邊, 指相州之衆.)

20 北城(북성) – 북성. 화주華州를 가리킨다. 진주秦州를 가리킨다고 보는 견해도 있다. 悲笳(비가) – 구슬픈 피리소리. '笳'는 악기 이름이다.

《두시상주》 북성北城은 화주華州를 가리킨다.(北城, 指華州.)

《보주두시》 황희 주 공은 여름철 화주에 있었다가 7월에 진秦으로 갔다. 북성北城은 진秦을 가리켜 말한 것이다.(公夏在華, 七月之秦. 北城指秦而言也.)

21 鸛鶴(관학) – 황새와 학. 군사들을 가리키는 말로 볼 수 있다. 號且翔(호차상) – 울부짖으며 날다.

《보주두시》 황희 주 황새와 학은 군사들을 말한다.(鸛鶴言軍士.)

22 況復(황부) – 하물며 다시. '復'가 '懷'로 된 판본도 있다. 煩促(번촉) – 급박함. 더위가 견디기 어려울 정도로 심한 상태를 표현한 말이다. 倦 – 나른하다. 지치다.

23 激烈(격렬) – 심하게. 몹시. 時康(시강) – 시절의 편안함.

《두시상주》: 마지막 단락은 바로 밤에 들리는 것에 감촉되어 세상일을 슬퍼하며 탄식한 것이다.(末乃夜觸所聞, 傷歎世事也.)

《독두심해》: 이 시는 '萬里風' 세 글자를 가지고 일으켰다. 만리풍은 능히 조두를 불어 없앨 수 있고, 또한 능히 편안한 시절을 불어올 수가 있는 것이다. '昊天' 이하는 서늘한 달빛 속의 뭇 사물로 말미암아 밤새 수자리 서는 병사들을 탄식한 것이다. 끝 단락에서는 마침내 밤이 짧고 더위가 괴롭히는 것을 가지고 편안한 시절을 만나기 어려움을 탄식한 것이다.(此以萬里風三字提起. 萬里風能吹去刁斗, 亦能吹至時康. 昊天以下, 由涼月中羣物, 而歎竟夕之戍士. 末遂以夜短熱煩, 歎時康難遇也.)

(**이 남 종**)

59. 立秋後題

입추 뒤에 쓰다

日月不相饒[1] 節序昨夜隔[2] 玄蟬無停號[3] 秋燕已如客[4]
平生獨往願[5] 惆悵年半百[6] 罷官亦由人[7] 何事拘形役[8]

해와 달이 봐주지 않아
절기가 어젯밤에 바뀌었다.
매미는 쉬지 않고 울고
가을 제비는 이미 나그네 같다.
평소 홀로 가고자 하는 바람,
나이 반백이라 마음이 슬프구나.
벼슬 그만두는 것도 또한 남의 결정에 따르는 터,
무슨 일로 육신의 부림에 구속되나?

이 시는 건원 2년 입추 다음 날에 쓴 시로, 당시 두보는 화주사공참군으로 있었다. 시 속에 벼슬을 버리고 떠나려는 심사가 드러나 있다.

《보주두시》 '벼슬 그만두는 것도 또한 남의 결정에 따른다'는 말로 보아 이 시가 건원 2년 벼슬을 그만두려고 할 때에 지은 것임을 알 수 있다.(以罷官亦由人, 知是乾元二年欲棄官時作.)

주 석

1 饒(요) - 너그럽게 대해 주다. 이 구는 세월이 무정하게 흘러간다는 뜻이다.

2 節序(절서) - 절기. 여기서는 입추를 가리킨다. 昨夜隔(작야격) - 어제가 입추였다는 뜻이다.

《독두심해》 입추 다음 날이라는 것이다.(立秋次日也.)

3 玄蟬(현선) - 가을 매미.

4 客(객) - 두보 자신을 두고 한 말이다. 이 구는 제비가 두보 자신처럼 멀리 떠나고자 한다는 것이다.

《두시상주》에 인용된 노원창 주 가을 제비는 공이 스스로를 비유한 것이다. 화주를 떠나려는 것이 제비가 둥지를 떠나는 것과 같음을 말하였으니, 그래서 나그네와 같다고 한 것이다.(秋燕公自喩, 言將去華, 如燕離巢, 故云如客.)

5 獨往願(독왕원) - 홀로 가고자 하는 바람. 세속을 떠나 홀로 자유롭게 놀고자 하는 바람을 뜻한다.

《장자 · 재유在宥》 상하 사방을 출입하며 구주를 노닐면서 홀로 가고 홀로 오는 것을 독유라고 한다.(出入六合, 遊乎九州, 獨往獨來, 是謂獨有.)

6 惆悵(추창) - 마음 아파하다. 탄식하다. 年半百(연반백) - 나이가 오십 세이다. 당시 두보는 48세였다.

《보주두시》 건원 원년에 공은 47세였다. 지금 '반백'이라 한 것은 성수를 들어 말한 것이다.(乾元元年, 公年四十七, 今云半百, 擧成數而言也.)

7 罷官(파관) 구 - 벼슬을 그만두는 것도 남의 결정에 달렸음을 말한다.

8 形役(형역) - 마음이 육신에 의해서 사역되는 것을 뜻한다.

도잠 〈귀거래사歸去來辭〉 이미 스스로 마음이 육신에 부림을 받았는데, 어찌 마음 아파하며 홀로 슬퍼하리오.(旣自以心爲形役, 奚惆悵而獨悲.)

《두시상주》: 앞의 4구는 입추 후의 경물이고, 뒤의 4구는 시를 지은 뜻이다.(前四秋後之景, 後四所題之意.)

(**이 영 주**)

60. 貽阮隱居
은자 완씨에게 주는 시

陳留風俗衰[1] 人物世不數[2] 塞上得阮生[3] 逈繼先父祖[4]
貧知靜者性[5] 白益毛髮古[6] 車馬入鄰家[7] 蓬蒿翳環堵[8]
淸詩近道要[9] 識子用心苦[10] 尋我草逕微[11] 褰裳踏寒雨[12]
更議居遠村 避喧甘猛虎[13] 足明箕潁客[14] 榮貴如糞土

진류 지방의 풍속이 쇠하여
걸출한 인물 대대로 꼽을 것이 없더니만
변방에서 그대를 만나고 보니
아득히 선조를 계승하였구려.

청빈함으로 은자의 성품을 알겠고
흰머리가 더하여 모발의 예스러움을 더했네.
수레는 이웃집으로 들고
쑥대만 집을 가렸네.

맑은 시는 도의 요체에 가까우니
그대의 참담 고심함을 알겠거니와
나를 찾아 좁은 풀숲 길을
옷자락 걷어 올리고 찬비 밟고 왔구려.

먼 곳으로 은거할 것을 의논하며
시끄러운 세상 피할 수 있다면 맹호도 상관없다 하니
은자의 길을 걷는 그대에게
부귀영화란 분토만도 못한 것임을 확연히 알겠네.

이 시는 건원 2년 늦가을 두보가 화주에서 진주로 가서 지은 것이다. 초야에 은거해 살아가는 완방阮昉과의 만남을 통해 느낀 소회를 피력하고 있다. 저작 시기를 건원 원년이라고 보는 견해도 있다.

《두시상주》 이 시는 건원 2년 화주에서 진주로 갔던 가을과 겨울 사이의 작품이다.(此乾元二年, 自華州之秦, 秋冬間作.)

《보주두시》 '변방에서 그대를 만나게 되었으니'라는 구절로 보아 의당 두보가 화주에서 진주로 가서 지은 작품이다. 건원 원년 가을과 겨울 사이의 작품인데, 시에서 '옷자락 걷어 올리고 찬비 밟고 왔구려'라는 구절이 바로 그 증거이다.(以塞上得阮生, 當是公自華之秦作. 乾元元年秋冬間. 詩云, 褰裳踏寒雨是也.)

주 석

1 陳留(진류) – 지명. 하남성河南省 개봉현開封縣 부근으로 후에 변주汴州라고도 하였다. 완방의 조상인 완적阮籍의 고향이다.

《보주두시》 진류군은 곧 변주이다. 변방은 진롱秦隴을 말하는데, 곧 완방의 은거지이고 진류는 곧 그의 조상들이 나온 곳이다.(陳留郡乃汴州, 塞上謂秦隴乃阮之所隱, 而陳留卽其父祖之所出也.)

《두시상주》에 인용된 《진서晋書》 완적은 진류군 위씨현 사람이다.

아버지 우瑀는 위 승상부의 관리를 지냈다. 아들 혼渾, 조카 함咸, 함의 아들 첨瞻, 첨의 아우 부孚, 함의 조카 수修, 부의 집안 동생 방放, 방의 아우 유裕 모두 당대에 이름이 높아서 인물로는 제일간다는 평을 들었다.(阮籍, 陳留尉氏人. 父瑀, 魏丞相掾. 子渾, 姪咸, 咸子瞻, 瞻弟孚, 咸從子修, 孚族弟放, 放弟裕, 皆知名當世, 推爲人物第一.)

《두시상주》에 인용된 《세설신어世說新語》 왕평자가 일찍이 진류군을 지나면서 그 태수에게 말하기를 "예전에 이곳은 풍속으로 이름이 높았다"라고 하였다.(王平子嘗經陳留郡界, 語太守曰, 舊名此邦有風俗.)

2 人物(인물) - 걸출한 인물. 世不數(세불수) - 대대로 꼽을 것이 없다. 즉 대대로 헤아릴 만한 인물이 없었다는 뜻이다. '世'를 세상에서로 풀이하기도 하고, '不數'를 무수히 많다는 뜻으로 보기도 한다.

《후한서·문원열전文苑列傳》 나머지 사람들은 평범해서 헤아릴 만한 인물이 없다.(餘子碌碌, 莫足數也.)

3 塞上(새상) - 변방. 여기서는 진주를 말한다. 阮生(완생) - 완은거阮隱居, 즉 완방阮昉을 말한다.

《두시상주》에 인용된 주학령 주 《고금주》에 변방은 오랑캐를 막는 곳이라고 하였다. 두보의 진주秦州와 기주夔州 시에서는 매번 '새상塞上'이라는 단어를 사용하였는데, 대개 진주는 강이羌夷와 경계를 이루고 기주는 오계五溪의 만족蠻族과 경계를 이루고 있으니 이 두 지역이 모두 통로를 지키는 관문을 갖추고 있었기 때문일 것이다.(古今注, 塞者, 所以壅塞夷狄也. 公秦州夔州詩, 每用塞上字, 蓋秦界羌夷, 夔界五溪蠻, 二州皆有關隘之設.)

4 逈繼(형계) - 아득히 계승하다. 즉 완씨 집안의 전통을 완방이 계승하고 있음을 말한 것이다.

《두공부초당시전》 완적의 자손들이 크게 성하여 남완과 북완으로 나뉘었고, 당세에 인물로는 제일간다고 추앙을 받았다. 진류의 풍속이 쇠하면서 후세의 자손들은 마침내 그 재주로 일컬을 만한 자가 없게 되었다. 두보는 이제 완방을 만나고서 그 자질이 조상의 유풍에 결코 뒤지지 않는다고 칭찬한 것이다.(籍族係盛, 分爲南北阮, 當世推爲人物第一. 自陳留風俗旣衰, 後世子孫, 其才無足數取者. 甫旣接阮昉, 美其質不墜其父祖之遺風也.)

《두시상주》: 첫 연에서는 완씨 집안의 가계를 서술하였다.(首敍阮氏家世.)

《구가집주두시》 조언재 주: 누보는 완씨 집안에 신대 사람 이후로는 별 이름이 없었는데, 이제 진주에서 완방을 만나게 되었음을 말하고 있다.(公言, 阮氏自晉人之後, 無所聞, 今日於秦州, 得阮昉也.)

5 貧(빈)－가난함. 청빈함. 여기서는 완방의 청빈함을 말한다. 靜者(정자)－청정한 도를 체득하여 세상에 초연한 사람. 은자.

《두공부초당시전》 완방은 성품이 차분하고 고요하여 가난함을 편안히 여겼다.(昉性沈靜, 而安於貧也.)

《구가집주두시》에 인용된 사씨師氏 설 논어에서 인자는 고요하다고 하였고, 그 주에서 욕심이 없어 고요한 성품이니 고요한 자는 오래 산다고 하였다.(語曰, 仁者靜. 注, 無欲, 故靜性, 靜者多壽.)

6 '白'은 '自'로 된 판본도 있다. 毛髮古(모발고)－모발이 예스럽다. 이 구절은 흰머리가 난 완방의 외모를 형용한 것이다.

〔貧知 2구〕

《두시상주》에 인용된 황씨黃氏 주 '貧知' 2구는 예스런 마음과 예스런 모습이 드러난다.(貧知二句, 見古心古貌.)

7 車馬(거마)－수레. 이 구절은 사람의 기질이 서로 달라, 유유상종함을 말한 것이다.

《독두심해》 사람의 종류가 각각 다르다는 것을 보여준다.(見氣類各別.)

8 蓬蒿(봉호)－쑥. 翳(예)－가리다. 環堵(환도)－사방에 한 장 길이의 벽이 둘러 있는 집. 곧 협소하고 누추한 집을 비유한다.

《두공부초당시전》 환도는 곧 둘러쳐진 벽이다. 완방은 한 장 둘레의 집안을 편안히 여기며 쑥덩굴이 마음대로 자라게 두었는데, 때에 수레를 타고 왕래하는 자들은 오직 이웃집으로만 들어가고 완방의 집에는 담장 둘레에 쑥덩굴만 무성할 따름이었다.(環堵, 環牆也. 昉安於環牆之室, 任長蓬蒿. 時車蓋往來者, 唯入鄰家, 而昉之室, 堵環翳蒿耳.)

《두시상주》: 이 단락은 그가 가난함을 편안히 여겨 자득함을 말한 것이다.(此言其安貧自得.)

9 淸詩(청시) – 맑은 시. 道要(도요) – 도의 요체. 진리.

《두공부초당시전》 당인들의 시는 대부분 곱고 아름다운데, 오직 완방만이 홀로 이취를 담고 있다.(唐人詩多綺麗, 惟昉獨有理趣.)

10 子(자) – 그대. 완방을 말한다. '字'로 된 판본도 있다. 이 경우 완방이 전서와 예서 같은 서예를 잘한다는 뜻으로 보는 것이다.

《두공부초당시전》 '子'는 완방을 가리킨다. 그가 시를 짓는데 고심하는 것을 좋게 본 것이다.(子, 指昉也. 美其苦用心於爲詩也.)

《구가집주두시》 조언재 주 완방의 시가 도의 요체에 가까이 다가설 수 있었던 이유가 그의 참담 고심함에 있었으니, 오직 두보만이 그 사실을 알고 있었음을 말하고 있다.(言阮爲詩, 所以近道要者, 以其用心苦也, 惟杜公識之.)

《두공부초당시전》 완방은 전서와 예서를 잘 썼기에 이렇게 말한 것이다.(謂昉善篆隸, 故云.)

11 草逕微(초경미) – 풀숲 길이 좁다. 즉 좁은 풀숲 길을 헤쳐 찾아왔음을 말한다.

12 褰裳(건상) – 옷을 걷어 올리다. 踏寒雨(답한우) – 찬비를 밟다.

《시경 · 정풍鄭風 · 건상褰裳》 치마 걷고 진수를 건너겠다.(褰裳涉溱.)

《두시상주》: 이 단락은 완방이 학문을 좋아하고 다정함을 말한 것이다.(此言其好學多情.)

13 避喧(피훤) – 시끄러운 곳을 피하다. 甘猛虎(감맹호) – 사나운 호랑이도

달갑다. 여기서 '감甘'은 '달게 여기다', '기꺼이 하다'의 뜻이다.

《두시상주》에 인용된 황씨黃氏 주 시끄럽다는 것은 수레를 지칭하여 말한 것으로 도연명의 시에 연원을 둔 것이다.(喧指車馬, 本陶詩.)

14 箕潁(기영) - 기산箕山과 영수潁水. 옛날 요임금 시절 허유許由가 은거했던 곳이다. 후에는 은자가 거처하는 곳을 지칭하는 말로 사용되었다. 糞土(분토) - 더러운 흙. 비천한 사물을 비유한다.

《두시상주》 기산과 영수는 허유와 소보가 은거했던 곳이다.(箕山潁水, 許由巢父隱處.)

《두공부초당시전》 두보는 완방이 진실로 은자의 절조를 지니고 있어, 부귀영화를 더러운 흙처럼 보는 것을 찬미하고 있다.(甫美阮昉眞有箕山潁水之節, 視榮貴如糞土.)

《두시상주》: 마지막 단락에서는 완방에게 세상을 피하는 고매한 기풍이 있음을 드러낸 것이다.(末見隱居有避世高風.)

《독두심해》: 마지막 4구에서는 한층 더 심화하여 곧바로 함께 더불어 사람과의 관계를 끊고서 세상에서 도망하고자 하는 것이다.(末四句, 更進一層, 直欲相與絶人逃世.)

《두억》: 쑥대가 둘러친 담장보다 이웃집 수레를 먼저 이야기하고, 먼 마을에 살 것을 의논하면서 이어서 사나운 호랑이도 기꺼이 가까이 할 수 있다 하였으니 은자의 성품이 이와 같아야 비로소 진짜 은자라고 할 것이다. 참으로 지극히 묘한 형용이라 하겠다.(蓬蒿環堵, 而先以車馬鄰家. 議居遠村, 而繼以甘近猛虎. 靜者性如是, 才是眞隱. 可謂妙極形容.)

《독두심해》에 인용된 황생黃生 설: 이와 같이 고매한 선비가 있었음이 두보의 시를 통해서 전해지게 되었다.(有此高士, 賴公詩以傳.)

(**박 홍 준**)

시구 찾아보기

• 첫 글자는 두음법칙을 따르고 나머지는 본음대로 배열하였음.

ㄱ

嫁女與征夫 367
可念此翁懷直道 140
街頭酒價常苦貴 128
可憐爲人好心事 263
家貧苦宦卑 136
袈裟憶上泛湖船 98
賈生對鵩傷王傅 140
可惜刻漏隨更箭 255
可恨鄰里間 128
家鄉既盪盡 384
脚下高蹄削寒玉 275
艱難歸故里 41
艱難奮長戟 348
看畫曾飢渴 89
感子故意長 303
江上小堂巢翡翠 57
江亭晚色靜年芳 70
絳幘鷄人報曉籌 9
姜侯設鱠當嚴冬 263
豈傍青門學種瓜 53
豈復憂西都 348
豈意賊難料 337
豈知驅車復同軌 255
開軒納微涼 399
客子念故宅 231
客行新安道 337
更覺良工心獨苦 102
更試明年春草長 148
更欲題詩滿青竹 196
更議居遠村 409
去年今日侍龍顏 245
去年行宮當太白 270
車馬入鄰家 409
擧目唯蒿萊 393
車箱入谷無歸路 200
巨顙拆老拳 158
去歲奔波逐餘寇 148
去歲茲晨捧御牀 240
去住損春心 41
乾坤空崢嶸 169
褰裳踏寒雨 409
乾元元年春 113
劍佩聲隨玉墀步 6
激烈思時康 399
見爾不能無 192
見人慘澹若哀訴 148
結髮爲妻子 367
兼將老藤杖 250
京口渡江航 89
京師皆騎汗血馬 310
竟夕擊刁斗 399
竟日留歡樂 214
更長愛燭紅 179
經天復東注 109
驚呼熱中腸 303
雞狗亦得將 367
雞鳴問寢龍樓曉 310
鷄鳴紫陌曙光寒 12

高空得蹭蹬　158
高堂見生鶻　169
告別莫匆匆　179
顧步獨紆鬱　169
孤城此日腸堪斷　245
高尋白帝問眞源　200
顧我蓬屋資　113
告我欲遠適　113
孤雲隨殺氣　214
故園花自發　293
故人得佳句　78
故人還寂寞　192
高秋爽氣相鮮新　223
衰職曾無一字補　36
骨骼硉兀如堵牆　148
骨肉恩書重　109
空留一院陰　41
共沐恩波鳳池裏　6
功成失所往　158
空外一鷙鳥　236
孔雀徐開扇影還　245
共傳收庾信　83
空知賣酒壚　192
共此燈燭光　303
郭相謀深古來少　310
冠蓋日雲積　113
冠冕通南極　47
關中既留蕭丞相　310
鸛鶴號且翔　399
巧刮造化窟　169
鵁鶄鸂鶒滿晴沙　53
嗷哮來九天　158
舊犬知愁恨　296
舊來好事今能否　98
久念與存亡　296
驅兒羅酒漿　303
九重春色醉仙桃　1
九天閶闔開宮殿　9
久致羅襦裳　367
久行見空巷　384
君今生死地　367
君隨丞相後　78
君行雖不遠　367
掘壕不到水　337
窮年守邊疆　399
窮愁應有作　83
宮雲去殿低　31
宮衣亦有名　175
宮衣著更香　89
宮殿青門隔　41
宮殿風微燕雀高　1
宮中每出歸東省　20
宮草霏霏承委珮　14
窮巷悄然車馬絶　140
歸軍星散營　337
歸期豈爛漫　113
歸來尋舊蹊　384
歸來稍暄暖　250
歸院柳邊迷　31
近經潏水湄　158
近侍歸京邑　182
近侍即今難浪跡　53
近行止一身　384
今夕復何夕　303
禁城春色曉蒼蒼　6
今日時淸兩京道　270
禽鳥亦有行　229
急難心炯然　158
急應河陽役　358
棋局動隨幽澗竹　98
麒麟不動爐烟上　245
騎馬欲鷄棲　31
豈無柴門歸　229
豈無一日還　232
奇兵不在衆　214
其父從西歸　158
淇上健兒歸莫懶　311
奇祥異瑞爭來送　310
寄語楊員外　250
幾日賽城隍　89
祇殘鄴城不日得　310
棄絶蓬室居　376
豈擇衰老端　376
飢寒奴僕賤　136

飢寒傍濟州 290
飢寒永相望 229
金闕曉鐘開萬戶 12

ㄴ

羅襦不復施 367
懶朝眞與世相違 65
懶回鞭轡成高宴 255
樂極傷頭白 179
洛陽大道時再淸 275
落日更見漁樵人 223
落磑何曾白紙濕 263
落花遊絲白日靜 36
難與數子偕 393
亂後故人雙別淚 140
亂後誰歸得 296
男女忽成行 303
南登吟白華 113
南望靑松架短壑 205
南飛覺有安巢鳥 310
藍水遠從千澗落 217
男兒旣介冑 376
男兒性命絶可憐 128
內顧無所攜 384
內帛擎偏重 89
乃知畫師妙 169
念彼荷戈士 399
寧辭酒盞空 179
寧爲衆禽沒 169
禰衡實恐遭江夏 140
老去悲秋强自寬 217
老去新詩誰與傳 98
老嫗力雖衰 358
老大徒傷未拂衣 65
努力事戎行 367
老馬夜知道 211
老夫生平好奇古 102
老夫淸晨梳白頭 102
老婦出看門 358
老雁春忍饑 113
鑪烟細細駐游絲 14
老翁踰牆走 358
老妻臥路啼 376
論文笑自知 136
樓雪融城濕 31
累日喜得俱東行 275
凜欲衝儒冠 158
陵天經中街 393
泥滑不敢騎朝天 128

ㄷ

多才依舊能潦倒 270
但恐天河落 179
但對狐與狸 384
端午被恩榮 175
斷絶人烟久 293
短草辭蜿蜒 158
談笑無河北 214
堂上會親戚 113
當暑著來淸 175
當時歷塊誤一蹶 148
當爲斸靑冥 250
對君洗紅粧 367
代北有豪鷹 113
大城鐵不如 348
大小必雙翔 367
對食不能餐 393
對食暫餐還不能 205
對酒不能喫 113
對此興與精靈聚 102
徒步翻愁官長怒 128
桃花細逐梨花落 65
獨立萬端憂 236
獨與老翁別 358
獨有鳳凰池上客 12
獨任朔方無限功 310
獨贈白頭翁 78
東家蹇驢許借我 128
東郊瘦馬使我傷 148
東歸貪路自覺難 263
洞門對霤常陰陰 36
東西消息稀 293

同心不減骨肉親 270
動如參與商 303
同調嗟誰惜 136
東走無復憶鱸魚 310
同行爲辛酸 376
頭白昏昏只醉眠 98
斗上捩孤影 158
頭上銳耳批秋竹 275

ㅁ

莫守鄴城下 283
莫受二毛侵 41
莫厭傷多酒入脣 57
莫自使眼枯 337
幕下復用張子房 310
萬古用一夫 348
萬國兵前草木風 310
萬國衣冠拜冕旒 9
萬國盡征戍 376
晩來幽獨恐傷神 196
萬馬救中原 214
萬姓始安宅 113
萬人尙流冗 393
晩節慵轉劇 113
每愁悔吝作 113
每語見許文章伯 270
每日江頭盡醉歸 60
緬思雲沙際 169
面上三年土 300
鳴鳩乳燕靑春深 36
明年此會知誰健 217
明日隔山岳 303
明朝牽世務 179
明朝有封事 27
毛暗蕭條連雪霜 148
暮惹御香歸 80
暮投石壕村 358
暮婚晨告別 367
牧馬役亦輕 337
眇然貞觀初 393
無乃太怱忙 367
無乃號令乖 393
無令軒車遲 113
無路從容陪語笑 240
茂林延疏光 399
無聲細下飛碎雪 263
無時病去憂 290
撫養甚分明 337
無才日衰老 182
問君話我爲官在 98
問答未及已 303
問我來何方 303
文章落上台 47
勿爲新婚念 367
物情無巨細 399
物情有報復 158

ㅂ

攀龍附鳳勢莫當 310
盤剝白鴉谷口栗 223
飯煮靑泥坊底芹 223
絆之欲動轉欹側 148
訪舊半爲鬼 303
方朔虛傳是歲星 140
方外酒徒稀醉眠 128
方春獨荷鋤 384
放筯未覺金盤空 263
百萬化爲魚 348
白髮悲花落 80
白蛇登其巢 158
白水暮東流 337
白盜毛髮古 409
百戰今誰在 293
百囀流鶯遶建章 6
翻動龍蛇窟 250
翻身入長烟 158
邊隅今若何 283
別意終感激 113
兵戈久索居 188
兵氣恐不揚 367
兵在見何由 290
僕射如父兄 337

蓬生非無根　231
封書寄與淚潺湲　98
鳳臆龍鬐未易識　275
封題鳥獸形　250
蓬蒿翳環堵　409
烽火被岡巒　376
復道諸山得銀甕　311
父母養我時　367
簿書何急來相仍　205
扶汝醉初醒　250
芙蓉別殿漫焚香　70
腐儒衰晩謬通籍　36
婦人在軍中　367
扶顚始知籌策良　310
婦啼一何苦　358
不知死與生　229
不知滄海使　47
不知何國致白環　311
府帖昨夜下　337
北城悲笳發　399
北庭送壯士　283
粉墨且蕭瑟　169
分曹限紫微　80
不見旻公三十年　98
不寄一行書　188
不問鄴城圍　293
不復歸本叢　231
不比得陳琳　83
不比俗馬空多肉　275
不是愛微軀　128
不如棄路傍　367
不如早還鄕　399
不寢聽金鑰　27
不必須白晳　113
不恨我衰子貴時　263
非關足無力　128
肥男有母送　337
碑到百蠻開　47
飛鳥苦熱死　393
飛鳥不能踰　348
飛鳥避轅門　214
貔虎數尤多　283
鬢髮各已蒼　303
貧知靜者性　409
憑軒忽若無丹靑　102

人

四郊未寧靜　376
司徒淸鑒懸明鏡　310
四鄰何所有　384
兎絲附蓬麻　367
斯須領健鶻　158
使我潛動魄　113
死亦垂千年　158
詞人解撰淸河頌　311
死者爲塵泥　384
死者長已矣　358
士卒多騎內廐馬　148
士卒何草草　348
四鎭富精銳　211
寫此神俊姿　169
數問夜如何　27
削跡共艱虞　192
山添扇枕凉　89
山寒少茯苓　250
三男鄴城戍　358
三年獨此心　83
三年望汝歸　293
三年門巷空　231
三年笛裏關山月　310
颯爽動秋骨　169
相看過半百　188
相顧免無兒　136
喪亂聞吾弟　290
相逢皆老夫　192
相逢苦覺人情好　270
相逢難袞袞　179
常思仙仗過崆峒　310
尙書氣與秋天杳　310
常愁夜來皆是蝎　205
尙衣方進翠雲裘　9
常在覊旅中　231
上蒼久無雷　393

塞上得阮生 409
色與春庭暮 109
生雖滅衆雛 158
生我不得力 384
生涯能幾何 231
生女有所歸 367
生子毛盡赤 113
西郊胡正繁 182
西岳崚嶒竦處尊 200
西掖梧桐樹 41
誓欲隨君去 367
昔別君未婚 303
昔別是何處 192
席不煖君牀 367
昔者相過今不得 128
昔在洛陽時 232
羨君齒髮新 113
雪殘鳷鵲亦多時 14
城南思婦愁多夢 311
星臨萬戶動 27
城上春雲覆苑牆 70
成王功大心轉小 310
聖朝無闕事 80
聖朝新孝理 89
城池未覺喧 214
細看六印帶官字 148
細葛含風軟 175
世亂各東西 384
歲晚莫情疏 188
歲暮衣裳單 376
世事兩茫茫 303
洗魚磨刀魚眼紅 263
勢異鄴城下 376
細推物理須行樂 57
小來習性懶 113
召令習鼓鞞 384
蘇武看羊陷賊庭 140
巢邊野雀群欺燕 196
所悲骨髓乾 376
小城萬丈餘 348
少壯能幾時 303
笑倩傍人爲正冠 217
束帶發狂欲大叫 205
速宜相就飮一斗 128
送客東郊道 232
松下丈人巾屨同 102
送行勿泣血 337
衰疾悲宿昔 113
誰家且養願終惠 148
修關還備胡 348
數金憐俊邁 300
瘦男獨伶俜 337
愁對寒雲雪滿山 245
垂頭傍我牀 296
垂老不得安 376
修鱗脫遠枝 158
豎毛怒我啼 384
睡美不聞鐘鼓傳 128
守邊赴河陽 367
收汝淚縱橫 337
樹羽成皐間 232
羞將短髮還吹帽 217
水精宮殿轉霏微 65
手提新畫青松障 102
雖從本州役 384
水荇牽風翠帶長 70
宿鳥戀本枝 384
孰知是死別 376
乘出千人萬人愛 275
時來不得誇身强 310
時來知宦達 188
柴門空閉鎖松筠 223
詩成珠玉在揮毫 1
試誦白頭吟 83
侍臣緩步歸青瑣 14
時危慘澹來悲風 102
時哉高飛燕 113
始知神龍別有種 275
詩罷能吟不復聽 140
識子用心苦 409
辛勤養無益 113
神妙獨難忘 89
愼勿學哥舒 348
辛夷始花亦已落 128

身長九尺鬚眉蒼 310
新炊間黃粱 303
新歡便飽姜侯德 263
失主錯莫無晶光 148
室中更無人 358
心肝奉至尊 214
尋我草逕微 409
十九授校書 113
十年過父老 89
十觴亦不醉 303
十五富文史 113
十日不一見顏色 128
十八足賓客 113
雙瞻御座引朝儀 20

ㅇ

我居巷南子巷北 128
我軍取相州 337
我今日夜憂 229
我里百餘家 384
我貧無乘非無足 128
我心殊未諧 393
我往日華東 78
握髮呼兒延入戶 102
渥洼騏驥兒 113
安敢尙盤桓 376
眼枯卽見骨 337
案頭乾死讀書螢 140
安得萬里風 399
安得仙人九節杖 200
安得壯士挽天河 311
安得赤脚踏層冰 205
安辭且窮棲 384
安穩高詹事 188
顏狀老翁爲 136
仰看雲中雁 229
仰視百鳥飛 367
藹藹咸陽都 113
愛汝玉山草堂靜 223
哀哉桃林戰 348
哀號待枯麥 113
掖垣竹埤梧十尋 36
鶯囀皇州春色闌 12
野館穠花發 47
夜久語聲絕 358
夜雨剪春韭 303
也沾新國用輕刑 140
養子黑柏顚 158
良田起黃埃 393
陽春一曲和皆難 12
於我見子眞顏色 263
憶君誦詩神凜然 128
憶昔少壯日 376
憶昨狂催走 290
憶昨逍遙供奉班 245
偃蓋反走虬龍形 102
焉能終日心拳拳 128
焉用身獨完 376
焉知二十載 303
如覺天地窄 113
汝骨在空城 300
與君永相望 367
如今契闊深 83
汝等豈知蒙帝力 310
如聞泣幽咽 358
汝書猶在壁 296
汝翁草明光 113
汝妾已辭房 296
力强不可制 158
聯步趨丹陛 80
娟娟花蕊紅 78
烟塵阻長河 232
連雲列戰格 348
練卒依舊京 337
軟炊香飯緣老翁 263
冉冉柳枝碧 78
斂衽就行役 113
炎蒸毒我腸 399
榮貴如糞土 409
永日不可暮 399
縈窗素月垂秋練 255
永痛長病母 384
五更三點入鵷行 240

吾今意何傷　169
五年委溝溪　384
五夜漏聲催曉箭　1
遨遊宿南山　232
烏鵲滿樛枝　169
玉階仙仗擁千官　12
玉几由來天北極　245
玉山高並兩峯寒　217
饔人受魚鮫人手　263
王師安在哉　393
妖氛擁白馬　283
要我下馬行　348
聊爲義鶻行　158
窈窕清禁闥　78
欲別上馬身無力　263
欲知世掌絲綸美　1
欲知趨走傷心地　240
欲出畏虎狼　229
用激壯士肝　158
用急始如神　211
龍武新軍深駐輦　70
用舍何其賢　158
容易往來遊　236
雨降不濡物　393
尤異是虎脊　113
偶坐似是商山翁　102
羽蟲亦飛揚　399
雲近蓬萊常五色　14
雲斷岳蓮臨大路　196
雲山紫邏深　41
雲水長和島嶼青　140
鬱蒸何由開　393
雄飛遠求食　158
遠去終轉迷　384
遠近理亦齊　384
園廬但蒿藜　384
苑邊高塚臥麒麟　57
元帥待琱戈　283
苑外江頭坐不歸　65
月傍九霄多　27
委棄非汝能周防　148
爲我指山隅　348
有骨已剁觜春葱　263
惟共水東流　290
猶得備晨炊　358
柳拂旌旗露未乾　12
有吏夜捉人　358
有孫母未去　358
有時自發鐘磬響　223
有時顚倒著衣裳　240
猶有淚成河　109
惟有乳下孫　358
流傳江鮑體　136
謬通金閨籍　113
流血川原丹　376
劉侯歡我攜客來　255
戎車滿關東　231
隱士休歌紫芝曲　311
銀燭朝天紫陌長　6
陰崖却承霜雪幹　102
陰崖二蒼鷹　158
應有未招魂　182
衣冠身惹御爐香　6
意內稱長短　175
倚門固有望　113
已見楚山碧　113
移官豈至尊　182
二男新戰死　358
已令請急會通籍　128
二三豪俊爲時出　310
二十聲輝赫　113
怡然敬父執　303
吏情更覺滄洲遠　65
李舟名父子　113
已知仙客意相親　102
吏呼一何怒　358
已喜皇威清海岱　310
人間好少年　113
引蔓故不長　367
人物世不數　409
人事多錯迕　367
人生無家別　384
人生不相見　303
人生五馬貴　41

人生有離合 376
人生七十古來稀 60
人生許與分 158
人生會合不可常 255
因風想玉珂 27
人寰可超越 169
人稀書不到 290
一擧累十觴 303
一男附書至 358
日暮不收烏啄瘡 148
日暮還灌畦 384
一聞說盡急難才 275
一病緣明主 83
日色纔臨仙掌動 9
日夕望其平 337
日瘦氣慘淒 384
日夜令我藏 367
日月不相饒 406
一二老寡妻 384
日日愁隨一線長 240
一片花飛減却春 57
臨岐意頗切 113
臨危經久戰 211
林花著雨燕支濕 70

ㅈ

自覺諫書稀 80
自恐二男兒 113
紫禁正耐烟花繞 310
自矜胡騮奇絶代 275
子孫陣亡盡 376
自失論文友 192
茲實鷙鳥最 158
慈顔赴北堂 89
自有煙霧質 169
雌者鳴辛酸 158
自適固其常 399
自從官馬送還官 128
自知白髮非春事 53
自嗟貧家女 367
自天題處濕 175
昨夜邀歡樂更無 270
昨日今日皆天風 263
雀啄江頭黃柳花 53
暫時相賞莫相違 60
暫醉佳人錦瑟傍 70
張公一生江海客 310
丈夫貴壯健 232
長雲濕褒斜 113
長揖別上官 376
丈人視要處 348
丈人才力猶强健 53
丈人駿馬名胡騮 275
障子松林靜杳冥 102
長翮如刀劍 169
才大今詩伯 136
寂寞天寶後 384
積屍草木腥 376
田家望望惜雨乾 311
箭栝通天有一門 200
前年避賊過金牛 275
傳語風光共流轉 60
轉益愁向駑駘輩 275
折尾能一掉 158
節序昨夜隔 406
點水蜻蜓款款飛 60
旌旂日暖龍蛇動 1
整頓乾坤濟時了 310
正想氤氳滿眼香 240
淨洗甲兵長不用 311
庭樹雞鳴淚如霰 255
精銳舊無敵 283
鄭縣亭子澗之濱 196
諸峯羅立似兒孫 200
第五橋東流恨水 140
諸弟各異邦 229
祖席倍輝光 89
照室紅爐簇曙花 255
朝飮漢水暮靈州 275
朝朝染翰侍君王 6
詔從三殿去 47
朝罷須裁五色詔 9
朝罷香煙攜滿袖 1

詔許辭中禁　89
朝回君是同舍客　270
朝回日日典春衣　60
足明箕潁客　409
足以靜風塵　211
存者無消息　384
存者且偸生　358
縱死時猶寬　376
終身兩酸嘶　384
終身荷聖情　175
終身恨不平　300
縱飮久判人共棄　65
從弟人皆有　300
晝刻傳呼淺　31
酒酣懶舞誰相拽　140
朱光徹厚地　393
拄到玉女洗頭盆　200
晝漏稀聞高閣報　20
駐馬望千門　182
駐馬偶識雲卿面　255
蛛絲仍未收　236
舟也衣綵衣　113
朱衣只在殿中間　245
酒債尋常行處有　60
主稱會面難　303
竹引趨庭曙　89
中男絶短小　337
衆道三軍遺路旁　148
重上君子堂　303
中允聲名久　83
衆中每一見　113
仲夏苦夜短　399
中興諸將收山東　310
卽今千種恨　290
至今大河北　393
至今猶破膽　182
池上于今有鳳毛　1
池魚涸其泥　393
只在顧盼間　158
池中足鯉魚　188
遲迴竟長嘆　376
直爲心厄苦　296
陳留風俗衰　409
疾風吹塵暗河縣　255
執熱互相望　399
徵起適遇風雲會　310

ㅊ

且看欲盡花經眼　57
此去必不歸　376
此豈有意仍騰驤　148
此道昔歸順　182
借問潼關吏　348
借問新安吏　337
且復傷其寒　376
此事樵夫傳　158
次選中男行　337
此身那得更無家　53
此心炯炯君應識　128
且將款曲終今夕　255
且盡芳樽戀物華　53
且喜河南定　293
鑿氷恐侵河伯宮　263
窄狹容單車　348
斬鯨遼海波　283
慘憺如荒澤　113
慘戚非朱顔　232
悵望但烽火　231
悵望聊歌紫芝曲　102
悵望且爲今相憶　263
蒼鷹饑著人　211
天開地裂長安陌　255
天遣幾時廻　47
天機近人事　236
天明登前途　358
天門日射黃金牓　14
天上多鴻雁　188
天顔有喜近臣知　20
賤子因陣敗　384
天子正前席　113
千條弱柳垂青瑣　6
天地終無情　337
天晴宮柳暗長春　196

天下盡化爲侯王 310
天寒落萬里 231
天寒遠放雁爲伴 148
穿花蛺蝶深深見 60
捷書夜報淸晝同 310
妾身未分明 367
聽婦前致詞 358
靑山猶哭聲 337
淸觴異味情屢極 263
淸詩近道要 409
靑雲羨鳥飛 80
靑紫雖被體 399
請從吏夜歸 358
淸峻流輩伯 113
請囑防關將 348
靑春復隨冠冕入 310
靑袍白馬更何有 310
初驚無拘攣 169
稍待秋風涼冷後 200
草露亦多濕 236
寸地尺天皆入貢 310
總角愛聰明 300
摧鋒皆絶倫 211
秋燕已如客 406
追蹤恨淼茫 89
惆悵恐是病乘黃 148
惆悵年半百 406
啾啾棲鳥過 27
築城潼關道 348
春旗簇仗齊 31
春帆細雨來 47
春深逐客一浮萍 140
春日鳥還飛 293
春殿晴曛赤羽旗 14
春風草又生 300
出入無完裙 358
充君眼中物 169
就糧近故壘 337
醉把茱萸仔細看 217
側腦看靑霄 169
側身注目長風生 275
置酒張燈促華饌 255
親友相追攀 232
七月六日苦炎蒸 205
沈痛迫中腸 367

ㅋ

快意貴目前 158

ㅌ

他鄕勝故鄕 296
呑噬恣朝餐 158
塌然摧肺肝 376
台州地闊海冥冥 140
土門壁甚堅 376
痛憤寄所宣 158
退食從容出每遲 14
退食遲廻違寸心 36
退朝花底散 31
投杖出門去 376

ㅍ

罷官亦由人 406
罷朝歸不同 78
佩聲歸向鳳池頭 9
偏勸腹腴愧年少 263
平生獨往願 406
平生飛動意 192
布穀處處催春種 311
飽腸皆已穿 158
漂泊難相遇 109
飄蕭覺素髮 158
飄搖吹我裳 399
漂蕩隨高風 231
飄颻搏擊便 236
風吹紫荊樹 109
風飄萬點正愁人 57
風迴返無處 109
皮乾剝落雜泥滓 148
避寇一分散 229
避人焚諫草 31

避喧甘猛虎 409
偪側何偪側 128

ㅎ

河間尙戰伐 300
河間雙白鷗 236
河廣傳聞一葦過 310
河凍味魚不易得 263
何得立突兀 169
何事拘形役 406
何時詔此金錢會 70
何時太夫人 113
何用浮名絆此身 57
何爲西莊王給事 223
何由一洗濯 399
何以拜姑嫜 367
何以守王城 337
何以爲蒸黎 384
何人却憶窮愁日 240
夏日出東北 393
何鄕爲樂土 376
何況道路長 229
鶴駕通宵鳳輦備 310
漢水饒巨石 113
寒盡春生洛陽殿 255
行路難行澀如棘 128
行子隔手不相見 255
行己能夕愓 113
杏園度亦難 376
幸有牙齒存 376
香羅疊雪輕 175
向非劉顥爲地主 255
香烟欲傍袞龍浮 9
香飄合殿春風轉 20
虛明見纖毫 399
許身愧比雙南金 36
軒然恐其出 169
玄都道士來相訪 102
絢練新羽翮 113
縣吏知我至 384
玄蟬無停號 406
縣小吏無丁 337
迥繼先父祖 409
形勢反蒼黃 367
胡來但自守 348
虎頭金粟影 89
湖城城東一開眼 255
戶外昭容紫袖垂 20
胡危命在破竹中 310
戶牖憑高發興新 196
昊天出華月 399
浩蕩想幽薊 393
花落辭故枝 109
花覆千官淑景移 20
花迎劍佩星初落 12
花隱掖垣暮 27
化作虎與豺 393
花底山蜂遠趁人 196
驊騮不慣不得將 148
還聞勸加餐 376
還聞獻士卒 211
黃口無半存 158
況乃王師順 337
況乃秋後轉多蠅 205
況復煩促倦 399
況我與子非壯年 128
黃鳥時兼白鳥飛 65
皇陂岸北結愁亭 140
會送夔龍集鳳池 20
回首載酒地 232
廻身視綠野 113
淮陰淸夜驛 89
回鞭卻走見天子 275
回紇餧肉蒲萄宮 310
曉來急雨春風顚 128
曉隨天仗入 80
後漢今周喜再昌 310
喧聲連萬方 399
喧呼聞點兵 337
揮淚各西東 179
休語艱難尙酣戰 255
恰有三百靑銅錢 128
興來今日盡君歡 217

역해자 소개(가나다순)

김 만 원

서울대학교 중어중문학과 졸업
서울대학교 대학원 졸업(문학박사)
강릉대학교 중어중문학과 교수
저서: 《두보 초기시 역해》(솔출판사, 공저), 《두보 지덕연간시 역해》(한국방송통신대학교출판부, 공저), 《두보 진주동곡시기시 역해》(서울대학교출판부, 공저), 《두보 성도시기시 역해》(서울대학교출판문화원, 공저), 《두보 재주낭주시기시 역해》(서울대학교출판문화원, 공저), 《사불휴: 두보의 삶과 문학》(서울대학교출판문화원, 공저), 《두보 2차성도시기시 역해》(서울대학교출판문화원, 공저)

김 성 곤

서울대학교 중어중문학과 졸업
서울대학교 대학원 졸업(문학박사)
한국방송통신대학교 중어중문학과 교수
저서: 《두보 초기시 역해》(솔출판사, 공저), 《두보 지덕연간시 역해》(한국방송통신대학교출판부, 공저), 《중국역대시가강독》(한국방송통신대학교출판부, 공저), 《두보 진주동곡시기시 역해》(서울대학교출판부, 공저), 《두보 성도시기시 역해》(서울대학교출판문화원, 공저), 《두보 재주낭주시기시 역해》(서울대학교출판문화원, 공저), 《사불휴: 두보의 삶과 문학》(서울대학교출판문화원, 공저), 《두보 2차성도시기시 역해》(서울대학교출판문화원, 공저)

박 홍 준

서울대학교 중어중문학과 졸업
중국 화동사범대학 대학원 졸업(문학박사)
성신여자대학교 중어중문학과 교수
저서: 《두보 지덕연간시 역해》(한국방송통신대학교출판부, 공저), 《두보 진주동곡시기시 역해》(서울대학교출판부, 공저), 《두보 성도시기시 역해》(서울

대학교출판문화원, 공저), 《두보 재주낭주시기시 역해》(서울대학교출판문화원, 공저), 《두보 2차성도시기시 역해》(서울대학교출판문화원, 공저)

이 남 종

서울교육대학교 졸업
한국방송통신대학교 중어중문학과 졸업
서울대학교 대학원 졸업(문학박사)
서울대학교 중국어문학연구소 객원연구원
저서: 《두보 지덕연간시 역해》(한국방송통신대학교출판부, 공저), 《맹호연 시선》(민미디어), 《맹호연시 연구》(서울대학교출판부), 《두보 진주동곡시기시 역해》(서울대학교출판부, 공저), 《두보 성도시기시 역해》(서울대학교출판문화원, 공저), 《두보 재주낭주시기시 역해》(서울대학교출판문화원, 공저), 《두보 2차성도시기시 역해》(서울대학교출판문화원, 공저)

이 석 형

서울대학교 중어중문학과 졸업
서울대학교 대학원 졸업(문학박사)
중앙대학교 아시아문화학부 중국어문학 전공 교수
저서: 《두보 초기시 역해》(솔출판사, 공저), 《두보 지덕연간시 역해》(한국방송통신대학교출판부, 공저), 《두보 진주동곡시기시 역해》(서울대학교출판부, 공저), 《두보 성도시기시 역해》(서울대학교출판문화원, 공저), 《두보 재주낭주시기시 역해》(서울대학교출판문화원, 공저), 《두보 2차성도시기시 역해》(서울대학교출판문화원, 공저)

이 영 주

서울대학교 중어중문학과 졸업
서울대학교 대학원 졸업(문학박사)
서울대학교 중어중문학과 교수
저서: 《두보 초기시 역해》(솔출판사, 공저), 《두보 지덕연간시 역해》(한국방송통신대학교출판부, 공저), 《한자자의론》(서울대학교출판부), 《한문독해법》(명문당, 공저), 《한국시화에 보이는 두시 연구》(서울대학교출판부), 《두

보 진주동곡시기시 역해》(서울대학교출판부, 공저), 《두보 성도시기시 역해》(서울대학교출판문화원, 공저), 《두보 재주낭주시기시 역해》(서울대학교출판문화원, 공저), 《사불휴: 두보의 삶과 문학》(서울대학교출판문화원, 공저), 《두보 2차성도시기시 역해》(서울대학교출판문화원, 공저)

정본완역 두보전집
제3권 두보위관시기시역해

초판 1쇄 발행 2004년 8월 25일
초판 2쇄 발행 2018년 8월 30일

역해자 김만원·김성곤·박홍준·이남종·이석형·이영주
펴낸이 성낙인
펴낸곳 서울대학교출판문화원

출판등록 제15-3호

주소 08826 서울 관악구 관악로 1
대표전화 02-880-5252 | 팩스 02-888-4148
홍보마케팅팀(주문 상담) 02-889-4424, 02-880-7995
이메일 snubook@snu.ac.kr
홈페이지 www.snupress.com

ISBN 978-89-521-1969-8 94820
978-89-521-1189-0 (세트)

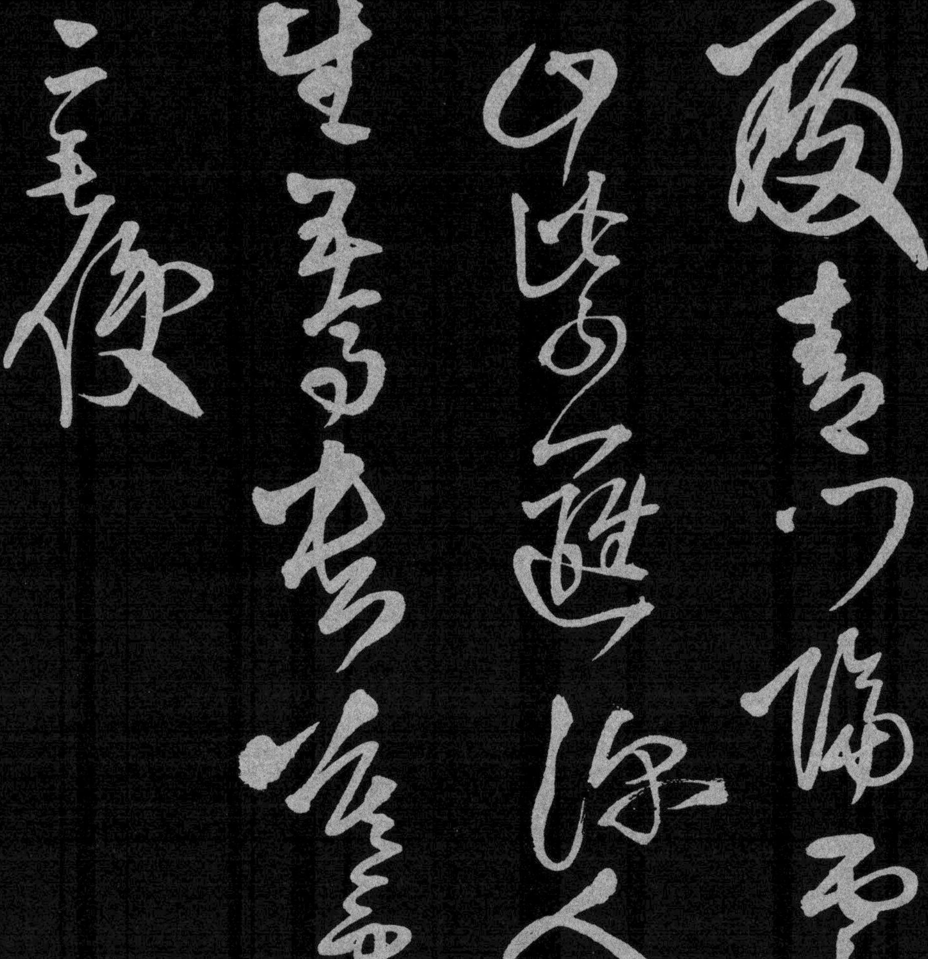